Regionen in der Frühen Neuzeit

ZEITSCHRIFT FÜR HISTORISCHE FORSCHUNG

Vierteljahresschrift zur Erforschung des Spätmittelalters u. der frühen Neuzeit

Herausgegeben von

Johannes Kunisch, Klaus Luig, Peter Moraw

Beiheft 17

Regionen in der Frühen Neuzeit

Reichskreise im deutschen Raum, Provinzen in Frankreich, Regionen unter polnischer Oberhoheit: Ein Vergleich ihrer Strukturen, Funktionen und ihrer Bedeutung

Herausgegeben von

Peter Claus Hartmann

Duncker & Humblot · Berlin

Die Deutsche Bibliothek – CIP-Einheitsaufnahme

[Zeitschrift für historische Forschung / Beiheft]
Zeitschrift für historische Forschung : Vierteljahresschrift zur Erforschung des Spätmittelalters und der frühen Neuzeit. Beiheft. — Berlin : Duncker und Humblot.
Früher Schriftenreihe
ISSN 0931-5268

17. Regionen in der frühen Neuzeit. – 1994

Regionen in der frühen Neuzeit : Reichskreise im deutschen Raum, Provinzen in Frankreich, Regionen unter polnischer Oberhoheit : ein Vergleich ihrer Strukturen, Funktionen und ihrer Bedeutung / hrsg. von Peter Claus Hartmann. – Berlin : Duncker und Humblot, 1994
(Zeitschrift für historische Forschung : Beiheft ; 17)
ISBN 3-428-08078-5
NE: Hartmann, Peter Claus [Hrsg.]

Fremddatenübernahme und Druck:
Berliner Buchdruckerei Union GmbH, Berlin
Printed in Germany

ISSN 0931-5268
ISBN 3-428-08078-5

Vorwort

In letzter Zeit ist viel von einem Europa der Regionen die Rede, das manche politischen Kräfte als wünschenswert ansehen. Ausgehend von diesem Aktualitätsbezug kam mir der Gedanke, ein entsprechendes internationales, interdisziplinäres, vergleichendes Kolloquium in Mainz über „Regionen in der Frühen Neuzeit" durchzuführen. Um entsprechende regionale Einheiten im Heiligen Römischen Reich deutscher Nation mit solchen in Frankreich und unter polnischer Oberhoheit zu vergleichen, stelle ich eine sehr elastische, weitgefaßte Definition dessen, was ich in diesem Zusammenhang unter Region verstehe, voran: „Politische regionale Einheiten, die im Rahmen und gleichsam unter dem Dach größerer politischer Einheiten ein starkes Eigenleben führten, viele Bereiche der damaligen staatlichen Aufgaben in diesen regionalen Einheiten erfüllten." In einer solchen recht elastischen Definition von Regionen im weitesten Sinne lassen sich sicherlich viele historische Beispiele unterbringen. Da es sich bei „Region" jedoch um keinen historischen Begriff für die untersuchten Einheiten handelt, sondern einen recht verschieden definierbaren und verwendbaren Ausdruck, wurde er in den lebhaften, fruchtbaren und anregenden Diskussionen auch sehr unterschiedlich gebraucht und manchmal für die behandelten und verglichenen historischen Gebietseinheiten durch andere Begriffe ersetzt. Es wurde auch da und dort betont, daß es sich bei jenem untersuchten Reichskreis, jener Provinz etc., nicht um eine richtige Region handele, bei anderen konnte dies hingegen bejaht werden. Es kam jedenfalls die recht komplexe historische Wirklichkeit mit allen Unterschieden und Gemeinsamkeiten zum Tragen. Wichtig war es mir in diesem Zusammenhang vor allem, daß durch das Kolloquium neue Anstöße für weitere vergleichende Forschungen über Deutschland, Frankreich und Polen, aber auch speziell für die Analyse der Bedeutung, Rolle und Funktion der Reichskreise im europäischen Vergleich gegeben wurden. Dazu trug erfreulicherweise bei, daß Kollegen aus Frankreich, Lettland, Polen, Österreich und den verschiedenen Teilen Deutschlands bereit waren, an dem Kolloquium teilzunehmen, und zwar neben Historikern auch Rechtshistoriker wie Herr Sellert aus Göttingen oder Herr Salmonovicz aus Thorn / Warschau, Wirtschaftshistoriker und -wissenschaftler wie Herr Kirschgässner aus Mannheim, Politologen wie die Herren Buchheim und Falter oder ein Philosoph wie Herr Saame aus Mainz. Die anwesenden Historiker waren

Spezialisten für westeuropäische, deutsche, osteuropäische, neuzeitliche oder mittelalterliche Geschichte sowie für Landesgeschichte.

Dieses Kolloquium, das im Philosophicum der Johannes-Gutenberg-Universität und im Erbacher Hof in Mainz vom 30. März bis 2. April 1993 stattfand, wurde vor allem von der VW-Stiftung finanziert, der hier herzlich gedankt sei. Außerdem förderten die Universität Mainz und die Vereinigung „Freunde der Universität Mainz" die Veranstaltung. Auch ihnen gilt mein Dank, ebenso der Leitung und dem Personal des Erbacher Hofs.

Ganz besonders bedanke ich mich auch bei meinem Schüler und damaligen wissenschaftlichen Mitarbeiter Bernd Blisch M. A., der bei der Organisation aller praktischen, materiellen und technischen Dinge mit viel Engagement und Geschick Ausgezeichnetes geleistet hat. Für ihre Hilfestellung danke ich außerdem meinen Schülern / Schülerinnen Dr. Konrad Amann, Christian Ohler, Helmut Schmahl, Alexander Begert, Ursula Adam, Anette Pelizaeus und Ludolf Pelizaeus. Dieser hat die sehr umfangreiche Diskussion zum Ergebnisprotokoll zusammengefaßt, während Herr Michael Müller das Register angefertigt hat.

Schließlich gilt mein Dank der Universität Mainz und ihrer Vizepräsidentin Frau Prof. Dr. Dagmar Eißner für die Bereitstellung eines Druckkostenzuschusses, Herrn Kollegen Prof. Dr. Johannes Kunisch (Universität Köln), der den Sammelband als Beiheft der „Zeitschrift für Historische Forschung" in seine Reihe aufgenommen hat und dem Verlag Duncker und Humblot in Berlin für die gute Zusammenarbeit.

Mainz, im März 1994 *Peter Claus Hartmann*

Inhaltsverzeichnis

Provinzen in Frankreich

Regionen in der Frühen Neuzeit — Modell für ein Europa der Regionen?

Einführung in die Thematik und Problematik des Kolloquiums

Von Peter Claus Hartmann, Mainz

Nachdem 1989 das kommunistische Mittel- und Osteuropa von einer allgemeinen Freiheitsbewegung erfaßt worden war, die ähnlich wie 1789 eine große Freiheitsbegeisterung in ganz Europa hervorrief, sind in der Folgezeit, wie in den Jahren nach 1789 viele Probleme aufgetaucht, die z. T. zu chaotischen Zuständen und Bürgerkriegen geführt haben. Zu diesen Problemen gehört auch das Auseinanderbrechen mehrerer im 19. Jahrhundert oder nach dem Ersten Weltkrieg weitgehend künstlich mit Druck geschaffener Nationalstaaten wie Jugoslawien, die Tschechoslowakei oder teilweise die Sowjetunion. Ralf Dahrendorf sprach in diesem Zusammenhang bei einem Vortrag auf dem Historikertag in Hannover (23.9.1992) von der „wildgewordenen Vielheit“.[1] In großen westlichen Nationalstaaten gewinnen jedoch ebenfalls separatistische Bewegungen an Gewicht, man denke an Spanien (Baskenland), Frankreich (Korsika) oder Großbritannien (Nordirland), aber auch an Belgien, wo manche für eine staatliche Trennung von Flandern und Wallonien eintreten. Gleichzeitig vollzieht sich im Rahmen dieser relativ zentralistischen Nationalstaaten eine Aufwertung der Regionen, eine neue Betonung historischer Eigenarten und geschichtlicher Traditionen von Landesteilen. Angesichts einer überall in Europa zunehmenden Staatsverdrossenheit wächst auch das Unbehagen über viele bürgerferne Entscheidungen, Unvollkommenheiten und verknöcherte Bürokratien der Zentralen. Man hat den Eindruck, daß trotz der fortschreitenden Einigung Europas der Ruf nach Stärkung bürgernaher regionaler Verwaltungsinstitutionen lauter wird, die oft wesentlich besser im Interesse der Menschen entscheiden können als ferne zentrale Bürokratien. In Deutschland mit seinem Föderalismus und seinen Bundesländern begehren diese auf, da die Gefahr besteht, daß ihnen durch die weitere europäische Einigung wesentliche Kompetenzen an die EG verloren gehen könnten.

---

1 *Lord R. Dahrendorf,* Eröffnungsvortrag, Europa — Einheit und Vielheit, in: Bericht über die 39. Versammlung deutscher Historiker in Hannover, Stuttgart u. a. 1994, 16.

Ohne Zweifel erweckt ein Europa, das von der zentralen Brüsseler Bürokratie reglementiert wird, Ängste und Unbehagen, Unzufriedenheit und Kritik der Bürger in Großbritannien, Dänemark, wie auch in Deutschland, Frankreich und anderswo. Das bisher geschaffene Europa hat deshalb viel an Popularität verloren. Oft wird die Bürokratie in Brüssel als undurchschaubar, als ohne sichtbare Verantwortung agierend und als ferner anonymer Entscheidungsträger empfunden. Vielfach fordert man deshalb eine stärkere Beschneidung der Kompetenzen der EG und eine viel weitergehende Übertragung dieser Kompetenzen an regionale politische Institutionen. Es ist z. B. für den Bürger schwer einzusehen, warum die Bürokratie in Brüssel europaweit vorschreiben muß, ab welcher Schneehöhe in den Alpen Ski gefahren werden darf. All dies führt in weiten Teilen der Bevölkerung trotz der vielen Vorteile, welche die europäische Einigung bietet und trotz der Eile, mit der die führenden Politiker den Einigungsprozeß vorantreiben, zu einer verbreiteten Europamüdigkeit.

Nach einer Emnid-Umfage vom Dezember 1992 geht den meisten Deutschen die europäische Einigung zu schnell. Zwei Drittel sprachen sich demnach gegen die gemeinsame Währung aus. Sie fürchten, daß der europäische ECU nicht die Stabilität der Deutschen Mark aufweisen würde. Nach zwei Hyperinflationen und Währungsreformen im 20. Jahrhundert sind die Deutschen in diesem Bereich besonders sensibel. Diese Sorgen sind vielleicht nicht ganz unberechtigt. Bei einem Vortrag im September 1992 hat der Vizepräsident der Bundesbank Hans Tietmeyer sich zwar für die gemeinsame europäische Währung ausgesprochen, aber auch auf die Gefahren hingewiesen, die für deren Stabilität entstünden, wenn die Mitgliedsstaaten keine solide, fiskalisch vernünftige Finanzpolitik betreiben würden. Wie soll man aber, so frage ich mich, bei Politikern, die gewählt werden wollen, in den verschiedensten Ländern Europas garantieren, daß sie eine sparsame Haushaltspolitik ohne unzulässige Verschuldung führen ?

Man hat also den Eindruck, daß viele Bürger Europas und auch manche Tendenzen der Zeit nicht ein zu sehr vereinheitlichtes Europa wünschen, sondern eher eine Regionalisierung Europas. So wäre zur Diskussion zu stellen, ob es nicht auf weitere Sicht sinnvoll wäre, innerhalb des schon geschaffenen und noch erheblich nach Osten zu erweiternden gemeinsamen europäischen Dachs ein Europa der Regionen in der Zukunft anzustreben, das mit großen Kompetenzen für die Regionen die Einheit in möglichst großer Vielfalt und eine Verwaltung in starker Bürgernähe mit weitgehender Berücksichtigung der diversen regionalen Interessen, Traditionen, Unterschiede und Bedürfnisse garantiert. Die vor kurzem geschaffene „Versammlung der Regionen Europas" (VRE) mit dem gegenwärtigen Präsidenten, dem Ministerpräsidenten von Katalonien Pujol, ist ein Schritt in diese Richtung. Diese VRE betont das Subsidiaritätsprinzip.

Um ein solches Europa der Regionen zu konzipieren und weiter auszubauen, ist es vielleicht interessant, sich an historischen Regionen und regionalen Staatsgebilden und Institutionen zu orientieren, die oft jahrhundertelang im Rahmen größerer staatlicher Einheiten durchaus segensreich für die dort lebenden Menschen und nicht ohne Effizienz ein mehr oder minder großes Eigenleben führten.

Wie ist der Ausdruck Region zu definieren? Heute spricht man vielfach vom Europa der Regionen, versteht aber unter Region sehr unterschiedliche Einheiten. Konsultiert man die einschlägigen Lexika oder Wörterbücher, so bedeutet Region „Bezirk, Gegend, manchmal Provinz". In Deutschland könnte man die Bundesländer als politische Regionen betrachten, vielfach wird der Ausdruck jedoch für viel kleinere Bezirke, etwa Landkreise oder mehrere Kreise gebraucht, wenn von Regionalplanung, Regionalzentren, Regionalentwicklung u. ä. gesprochen wird. In Frankreich versteht man heute vor allem die 1982/86 als neue Bezirke gebildeten 22 Regionen darunter. Hier wurden jeweils mehrere Departements in Anlehnung an ehemalige historische Provinzen zusammengefaßt und mit bestimmten, allerdings im Vergleich mit unseren Bundesländern recht beschränkten Kompetenzen versehen. Auch in Spanien hat man in Nachahmung der historischen Länder oder Provinzen Regionen wie Kastilien-Leon, Katalonien etc. mit eigenen Regierungen und Ministerpräsidenten geschaffen. In Italien bedeutet Region ein neben der Provinz bestehendes Verwaltungsgebiet mit eigener Verfassung. Es sind auch grenzübergreifende Regionen gebildet worden, die in bestimmten Bereichen fruchtbar zusammenarbeiten, wie etwa die Arge-Alp (Salzburg, Bayern, Tirol, Südtirol-Trentino etc.). Selbstverständlich spricht man auch von Kulturregionen und staatenübergreifenden Großregionen wie der Mittelmeerregion.

Der Ausdruck „Region" wird heute also recht unterschiedlich definiert und das Wort in recht verschiedenem Sinne gebraucht. Es handelt sich auch um keinen historischen Begriff, so daß seine Anwendung für die frühe Neuzeit ebenfalls Definitionsprobleme aufwirft. Wie heutzutage könnte man auch für die Zeit von Anfang des 16. bis Ende des 18. Jahrhunderts den Ausdruck für recht unterschiedliche geographische oder politische Einheiten verwenden. Es ist somit eine klare Definition vonnöten, die abgrenzt, in welchem Sinne *hier* der Ausdruck „Region in der frühen Neuzeit" angewendet werden soll, eine Definition, die auch eine historische Vorgabe für ein Europa der Regionen des 20. oder 21. Jahrhunderts bieten könnte.

Unter Region möchte ich hier politische regionale Einheiten verstehen, die im Rahmen und gleichsam unter dem Dach größerer politischer Einheiten ein starkes Eigenleben führten, viele Bereiche der damaligen staatlichen Aufgaben in diesen regionalen Einheiten erfüllten. Es interessieren hier also, so würde man es in heutiger Terminologie ausdrücken, Regionen, wo das Subsidiaritätsprinzip stark ausgeprägt war und die Zentralgewalten zumindest teilweise wenig Kompetenzen hatten.

An sich gab es im Europa der frühen Neuzeit viele solcher „Regionen“, die man heranziehen könnte, im Heiligen Römischen Reich die mittleren und größeren Territorien, in der Habsburger Monarchie die einzelnen Länder Böhmen, Österreich unter der Enns usw., in Spanien die Provinzen oder Länder Kastilien, Andalusien etc. Wenn hier nun bestimmte historische Regionen ausgewählt werden, so könnte jemand sagen, dies sei willkürlich. Aber solche Phänomene wie das politische Eigenleben von Regionen sind in begrenzter Zeit nur dann seriös zu behandeln, wenn man signifikante Beispiele herausgreift. Sonst würde man nur an der Oberfläche bleiben oder man müßte sich mit theoretischen Überlegungen begnügen, die leicht den Bezug zur Wirklichkeit verlören. Man sollte vielmehr versuchen, dieser historischen Realität durch Analyse der einschlägigen Quellen möglichst nahe zu kommen.

In diesem Kolloquium werden Beispiele aus drei europäischen Bereichen behandelt und verglichen, die in der frühen Neuzeit eine grundverschiedene Verfassung hatten: das Heilige Römische Reich deutscher Nation und die Königreiche Frankreich sowie Polen-Litauen.

War das Heilige Römische Reich besonders seit 1648 ein relativ locker zusammengehaltenes, kollegial-kooperatives, vom Dualismus Kaiser und Reichsstände bestimmtes Wahlkaiserreich[2], so stellte Frankreich eine relativ zentralistische „absolute“ Erbmonarchie dar, in der allerdings, wie neuere Forschungen betonen, besonders auf unterer und mittlerer staatlicher Ebene noch sehr viele partikulare Rechte, Privilegien, Gewohnheiten und Kräfte eine entscheidende Rolle spielten. Wirklich völlig zentralisiert wurde Frankreich erst in der Revolutions- und Napoleonszeit.[3] Als drittes Beispiel für eine wieder andere Situation soll das polnische Wahlkönigreich

2 Vgl. u. a. dazu Johann *Jacob Moser,* Teutsches Staats-Recht, T. 3, Frankfurt a. M. u. a. 1740, 194 ff.; *Hermann Conrad* (Hrsg.), Recht und Verfassung des Reiches in der Zeit Maria Theresias. Die Vorträge zum Unterricht des Erzherzogs Joseph im Natur- und Völkerrecht sowie im Deutschen Staats- und Lehnrecht, Köln u. a. 1964 (Wiss. Abhandlungen d. Arbeitsgemeinsch. f. Forschung d. Landes Nordrhein-Westfalen, Bd. 28), 403; *Karl Otmar Frhr. v. Aretin,* Heiliges Römisches Reich 1776-1806. Reichsverfassung und Staatssouveränität, Bd. 1, Wiesbaden 1967 (Veröffentlichungen d. Inst. f. europäische Geschichte Mainz, 38), 68 f.; *Heinz Duchhardt,* Deutsche Verfassungsgeschichte 1495-1806, Stuttgart u. a. 1991 (Kohlhammer Urban-Taschenbücher, 417), 18 ff.

3 Siehe dazu: *Roland Mousnier,* Les Institutions de la France sous la monarchie absolue, 1598-1789, 2 Bde., Paris 1974-1980; *Peter Claus Hartmann,* Französische Verfassungsgeschichte der Neuzeit (1450-1980). Ein Überblick, Darmstadt 1985 (Grundzüge, 61), 3 ff., 45 ff; *Jacques Godechot,* Les Institutions de la France sous la Révolution et l'Empire, Paris 1968.

dienen, das letztendlich eine Adelsrepublik mit monarchischer Spitze darstellte.[4]

Es besteht seit alters her bei den Historikern der Streit, wieweit es zulässig ist, bestimmte geschichtliche Phänomene in so unterschiedlichen historischen Staatsgebilden zu vergleichen.

Ist es, um ein Beispiel zu zitieren, angesichts der völlig anderen Verfassungs- und Gesellschaftsstrukturen Frankreichs und Englands erlaubt und sinnvoll, das Steuersystem dieser beiden Königreiche im 18. Jahrhundert zu vergleichen? Dies werden die einen vielleicht verneinen. Hat aber nicht das englische Steuersystem, das viel weniger Privilegien und Mißstände aufwies als das französische und das deshalb viel effizienter war, nicht entscheidend dazu beigetragen, daß England in diesem harten Ringen der beiden europäischen Großmächte im 18. Jahrhundert die Oberhand gewann? Da beide Mächte gleichzeitig agierten und ihre Rivalitätspolitik in Europa und Übersee betrieben, ist es da nicht gerade für die weiterführende historische Erkenntnis von besonderem Interesse, die gleichzeitig existierenden Steuersysteme zu vergleichen, ihre Gemeinsamkeiten und vor allem auch ihre Unterschiede zu untersuchen und aufzuzeigen?[5] So ein komparativer Ansatz trägt m. E. stark dazu bei, den historischen Horizont zu erweitern, zu vertiefen und zu einer subtileren geschichtlichen Forschung und Erkenntnis zu kommen.

Ähnliches kann, so meine ich, auch für die Analyse von politischen Regionen in der Frühen Neuzeit gelten, die ein starkes Eigenleben im Rahmen einer übergeordneten staatlichen Einheit entwickelten. Geht man von dieser allgemein gehaltenen Prämisse aus, so erscheint es mir historisch interessant und auch weiterführend, solche Regionen, ihr politisches Eigenleben mit Erfüllung zahlreicher staatlicher Funktionen im Rahmen dreier recht verschiedener staatlicher Großgebilde zu vergleichen, die gemeinsamen Züge, aber auch die Unterschiede herauszuarbeiten.

Besonders gute Beispiele für unseren Fragenkomplex stellen die Reichskreise dar, soweit sie funktionierten; denn auf der Ebene der Reichskreise wurde gleichsam nach dem Subsidiaritätsprinzip all das kooperativ durchgeführt, beschlossen und geregelt, was unter dem Dach des Reiches, dieser

---

[4] Vgl. *Gotthold Rhode,* Polen-Litauen vom Ende der Verbindung mit Ungarn bis zum Ende der Vasas (1444 - 1669), in: Handbuch der europäischen Geschichte, hrsg. v. Th. Schieder, Bd. 3, Stuttgart 1971 (85), 1003 ff.; *Hans Roos,* Polen von 1668 bis 1795, in: idem, Bd. 4, Stuttgart 1968, 690 ff.

[5] Vgl. *Peter Claus Hartmann,* Die Steuersysteme in Frankreich und England am Vorabend der Französischen Revolution. Ein Strukturenvergleich, in: Vom Ancien Régime zur Französischen Revolution. Forschungen und Perspektiven, hrsg. v. E. Hinrichs / E. Schmitt / R. Vierhaus, Göttingen 1978 (Veröffentl. d. Max-Planck-Instituts f. Gesch., 55), 43 - 65.

lockeren Konförderation mit monarchischer Spitze an Reichsangelegenheiten zu regeln war, also alles das, was über die Angelegenheiten der oft winzigen einzelnen Territorien des Reiches mit ihrer Landesherrschaft bzw. Landeshoheit hinausging.

Auf der Ebene der Kreise wurden im wesentlichen die Beschlüsse des Reichstags und die Forderungen und Vorschläge des Kaisers in die Tat umgesetzt, aber nicht im Sinne eines straffen, zentralistischen Staates, in dem die mittleren Behörden die Befehle und Anordnungen der Regierung ausführen, sondern in weitgehend kollegialer Art, der den einzelnen Gliedern des Reiches hier jeweils viel Mitbestimmung, ja in der Praxis oft die eigentliche Entscheidung beließ, die dann allerdings nicht selten anders als die Reichstagsbeschlüsse und im regionalen Interesse getroffen wurde.[6] Wenn ich hierfür Beispiele bringe, so vor allem aus dem von der Forschung bisher vernachlässigten bayerischen Reichskreis, mit dem ich mich seit Jahren beschäftige, weil er in den Referaten nicht eigens berücksichtigt wird, aber doch ein viel lebendigeres und effektiveres Kreisleben bis Ende des 18. Jahrhunderts aufwies, als bisher von den Historikern angenommen worden ist.[7]

Als im Polnischen Thronfolgekrieg (1733-35/38) der Immerwährende Reichstag in Regensburg auf die Forderung Kaiser Karls VI. hin mit großer Mehrheit den Reichskrieg und die Aufstellung eines bedeutenden Reichsheeres beschloß, wurde darüber auf dem von Salzburg 1734 geleiteten bayerischen Kreistag in Mühldorf am Inn eingehend diskutiert. Die Vertreter der Kreisstände, die ja auch als Reichsstände ihre Gesandten auf dem Regensburger Reichstag sitzen hatten, erklärten die vom Reichstag bewilligten Truppen seien zu hoch und könnten unmöglich aufgestellt werden. Deshalb beschloß der Kreistag, statt der 12.000 Mann, die der bayerische Kreis laut Reichstagsbeschluß liefern hätte sollen, nur 3.200 Mann zu schicken. Da vor allem der wichtigste Kreisstand, der Kurfürst von Bayern, gegen die Reichskriegserklärung opponierte, weil er nicht Truppen gegen das mit ihm verbündete Frankreich kämpfen lassen wollte, wurde auf dem Kreistag die ganze Angelegenheit durch endlose Debatten und Einwände lange hinausgezögert, vom Kreisoberst und einem Teil der Kreisstände, vor allem Bayern, die Aufstellung, Einkleidung und Ausrüstung der Kontingente unter allen möglichen Vorwänden verschoben. Schließlich war das beschlossene Kontingent beisammen und einsatzbereit, aber so spät, daß diese Reichssoldaten nicht mehr schießen mußten, da Ludwig XV. und der Kaiser bereits ihre Kämpfe beendet hatten.[8]

---

6 Vgl. *Winfried Dotzauer,* Die deutschen Reichskreise in der Verfassung des Alten Reiches und ihr Eigenleben (1500-1806), Darmstadt 1989, 8 ff.

7 In Vorbereitung ist die Monographie: *Peter Claus Hartmann,* Der bayerische Reichskreis (1500 bis 1806) im Rahmen der Kreisverfassung und der allgemeinen institutionellen Entwicklung des Heiligen Römischen Reiches.

Auch bei der Exekution der Urteile der beiden höchsten Reichsgerichte, die den Kreisen oblag, bei der regelmäßigen Eintreibung der für die Unterhaltung des Reichskammergerichts bestimmten Kammerzieler war die Reichszentrale auf die gutwillige, weitgehend kollegiale Mitarbeit der Kreisstände, besonders ihrer kreisausschreibenden Fürsten angewiesen.[9]

Wenn auch der Reichstag manche Beschlüsse im wirtschaftlichen Bereich faßte, so wurde das überterritoriale Wirtschaftsleben, Geld- und Münzwesen ebenfalls auf Kreisebene geregelt. Dabei arbeiteten meist mehrere Kreise kollegial zusammen. Im süddeutschen Raum kooperierten z. B. der bayerische, schwäbische und fränkische Kreis, die von 1564 bis 1761 nicht weniger als 129 gemeinsame Münzprobationstage abhielten. Man versammelte sich jeweils abwechselnd in einer Reichsstadt der Kreise (Regensburg, Augsburg, Nürnberg), um alle Fragen und Probleme des Münz- und Geldwesens in einvernehmlicher Weise zu regeln. Betrachten wir die Münz-Probations-Abschiede, d. h. die von den Deputierten der drei Kreise unterschriebenen und gesiegelten Beschlüsse dieser Versammlungen, so zeigt sich, daß es hier im einzelnen vor allem um die Regelung folgender Fragen ging: Prägung von Münzen durch verschiedene auf der Versammlung vertretene Reichsstände wie z. B. das Erzstift Salzburg oder die Reichsstadt Regensburg und die Überprüfung des Metallwertes dieser Münzen, ferner Kontrolle anderer Münzen, die im Reich oder auch außerhalb, etwa in Siebenbürgen oder in der Freien Stadt Danzig geprägt wurden, Anfertigung von Verzeichnissen der verschiedensten Münzarten mit Abbildung und Wertangabe, Ermahnung der Stände, die Münzwesensbeschlüsse einzuhalten, Koordinierung des Münzwesens mit anderen Reichskreisen u. a.[10] Man ging bei der Überprüfung der umlaufenden Münzen durchaus ins Detail, wie etwa der „Münz-Probations-Abschied" der drei „Correspondierenden Kreise" Franken, Bayern und Schwaben von Augsburg den 14./4. Mai 1655 und die dort „in vertrauliche[r] Conferenz und Deliberation gezogen[en], verhandelt[en] und geschlossen[en] Punkte" zeigen.[11]

Weitere Kreisaktivitäten waren die Schlichtung kreisinterner Streitigkeiten, gemeinsame Verbrechensbekämpfung, Regelung des Gesindewesens und teilweise sogar gemeinsamer Chausséebau, wie dies Bernd Wunder für den schwäbischen Kreis nachweisen kann.

---

8 Vgl. *[Johann Jacob Moser]*, Geschichte und Thaten des Kaysers Carl des Siebenden unpartheyisch beschrieben und mit Anmerckungen erläutert, Frankfurt u. Leipzig 1745, 27-43; *Peter Claus Hartmann*, Karl Albrecht — Karl VII., Glücklicher Kurfürst — Unglücklicher Kaiser, Regensburg 1985, 147 ff.

9 *Conrad* (Hrsg.), Recht und Verfassung (wie Anm. 2), 427; siehe auch den Beitrag in diesem Band von *Sellert*, Die Bedeutung der Reichskreise für die höchste Gerichtsbarkeit im alten Reich; *Dotzauer*, Die deutschen Reichskreise (wie Anm. 6), 21.

10 Siehe dazu: *Johann Christoph Hirsch*, Des Teutschen Reichs Münz-Archiv, Bd. 1-8, Nürnberg 1756-1768 [ND 1977/78].

11 *Hirsch*, Des Teutschen Reichs Münz-Archiv IV, 326 ff.

Es wurden also besonders in den westlichen und südlichen Teilen Deutschlands im Rahmen dieser Kreise, d. h. dieser regionalen Reichsinstitutionen viele überterritoriale, das Reich betreffende Angelegenheiten nicht ohne Effizienz, aber kollegial und im 18. Jahrhundert sogar teilweise genossenschaftlich geregelt. Mit Recht sieht Karl Otmar Freiherr von Aretin hier im Ansatz eine Möglichkeit „zu einer Überwindung des territorialstaatlichen Prinzips“ im Heiligen Römischen Reich, und er verweist dabei besonders auf die positive Entwicklung im fränkischen und schwäbischen Kreis, auch noch im 18. Jahrhundert.[12] Diese Kreise mit ihren Institutionen könnten also auch ein Modell bilden für ein zu schaffendes Europa der Regionen oder zumindest eine Orientierungshilfe dafür bieten.

Die wichtigen Arbeiten von Borck, Laufs, Storm, Vann, Wunder[13] u. a. zeigen, wie gut der etwa 100 Kreisstände umfassende schwäbische Reichskreis funktionierte. Es entwickelte sich dort ein reges und fruchtbares ständisch-vorparlamentarisches Leben mit zahlreichen, später regelmäßig jedes Jahr abgehaltenen Konventen. Über diesen als politische Region besonders interessanten Kreis wird Herr Bernd Wunder referieren. Ähnlich positiv wirkte auch der fränkische Reichskreis als regionale Institution. Die 24 bis 30 Kreisstände hielten von 1517 bis 1791 (einschließlich Münzkonvente, Teil- sowie Assoziationskonvente) nicht weniger als 322 Versammlungen ab. Bernhard Sicken weist z. B. nach, daß der fränkische Kreis im Spanischen Erbfolgekrieg jährlich den beachtlichen Betrag von 1 Million fl. für das Reichsheer aufgebraucht hat, eine gewaltige Summe.[14]

---

[12] *v. Aretin,* Heiliges Römisches Reich (wie Anm. 2), 75.

[13] *Günter Borck,* Der Schwäbische Reichskreis im Zeitalter der französischen Revolutionskriege (1792 - 1800), Stuttgart 1970 (Veröffentl. d. Komm. f. geschichtl. Landeskunde in Baden-Württemberg B, 61), bes. 39 ff.; *Adolf Laufs,* Der Schwäbische Kreis. Studien über Einungswesen und Reichsverfassung im deutschen Südwesten zu Beginn der Neuzeit, Aalen 1971 (Untersuch. zur dt. Staats- u. Rechtsgesch, NF 16), bes. 156 ff.; *Peter-Christoph Storm,* Der Schwäbische Kreis als Feldherr. Untersuchungen zur Wehrverfassung des schwäbischen Reichskreises in der Zeit von 1648 bis 1732, Berlin 1974 (Schriften zur Verfassungsgesch., 21), bes. 127 ff.; *James Allen Vann,* The Swabian Kreis, Institutional Growth in the Holy Roman Empire, 1648 - 1715, Brüssel 1975 (Studies pres. to the Internat. Comm. for the history of represent. and parlam. Institutions, 53), bes. 21, 35 ff.; *Bernd Wunder,* Frankreich, Württemberg und der Schwäbische Kreis während der Auseinandersetzungen über die Reunionen (1679 - 97). Ein Beitrag zur Deutschlandpolitik Ludwigs XIV. (Veröffentlichungen d. Komm. f. geschichtliche Landeskunde in Baden-Württemberg, Reihe B Forschungen, Bd. 64), Stuttgart 1971; ders., Die Kreisassoziation 1672 - 1748, in: ZGO 128 (1980), 167 - 266. *Reinhard Graf von Neipperg,* Kaiser und Schwäbischer Kreis (1714 - 1733). Ein Beitrag zu Reichsverfassung, Kreisgeschichte und kaiserlicher Reichspolitik am Anfang des 18. Jahrhunderts (Veröffentlichungen d. Komm. f. geschichtliche Landeskunde in Baden-Württemberg, Reihe B Forschungen , Bd. 119) Stuttgart 1991.

[14] Vgl. *Rudolf Endres,* Staat und Gesellschaft. Zweiter Teil: 1500 - 1800, in: Handbuch der bayerischen Geschichte, hrsg. v. Max Spindler, Bd. 3, München ^{2}1979, 193 ff., 212 ff., 245 ff.; *Bernhard Sicken,* Der Fränkische Reichskreis. Seine Ämter

Wenn man die für den bayerischen Kreis erhaltenen Quellen durcharbeitet, so stößt man überall auf Unterlagen, die zeigen, daß auch dieser Kreis sehr viel Geld, d. h. viel mehr als in der Forschung bisher angenommen, aufgebracht hat. Dies gilt vor allem für die Türkenkriege im 16., 17. und 18. Jahrhundert. So führten die beiden Kreiseinnehmer z. B: in ihrer Rechnung „der eine Löbl. Bayer. Craiß in ao 1595 auf 25 Monat des einfachen Römerzugs . . . verwilligte Extraordinari Contribution . . . wider den Erbfeindt" Kreisausgaben von 153.945 fl. an,[15] angesichts des damaligen Geldwertes ein beachtlicher Betrag. Davon zahlten u. a. das Erzstift Salzburg 45.700 fl., das Herzogtum Bayern das gleiche, das Hochstift Passau 13.200 fl., die Reichsabtei St. Emmeram 2.400 fl. und die freie Reichsstadt Regensburg 8000 fl.[16] 1738 überwies, um ein anderes Beispiel zu nennen, der bayerische Reichskreis für die 50 vom Reichstag bewilligten Römermonate (Reichssteuern) bei einem Soll von 250.121 fl. immerhin 246.605 fl., wie aus einer Aufstellung hervorgeht, die sich im Wiener Hofkammerarchiv befindet.[17]

Die bedeutende fränkische Region wird von den Herren Endres, Ebneth und Sicken behandelt. Der ebenfalls wichtige, sehr große oberrheinische Kreis, zu dem u. a. die Hochstifte Worms, Speyer, Straßburg, Basel, die Reichsabtei Fulda, das Herzogtum Lothringen, die Landgrafschaft Hessen, die Grafschaften Nassau-Saarbrücken und Nassau-Wiesbaden und Reichsstädte wie Frankfurt, Speyer oder Wetzlar gehörten, wird von Herrn Dotzauer analysiert. Herr Neuhaus beschäftigt sich mit dem niederrheinisch-westfälischen Kreis, der noch in der Revolutionszeit eine Rolle spielte.

Besonders erfreulich ist es, daß Herr Blaschke über den in der Forschung stark vernachlässigten obersächsischen Kreis referiert, der einen großen Teil des heutigen Ostdeutschlands umfaßte. Die Bedeutung der Reichskreise für die beiden höchsten Reichsgerichte, das Hofkammergericht und den Reichshofrat, analysiert schließlich Herr Sellert.

Waren die funktionierenden Reichskreise, so kann man zusammenfassend fragen, politische Regionen, wo letztlich das in die Tat umgesetzt wurde, was im Rahmen des lockeren, eine Art Föderation bildenden Reiches an überterritorialen Reichsaufgaben und -beschlüssen anfiel: Erhebung der Reichssteuern, Aufstellung des Reichsheeres, Exekution der Reichsgerichtsurteile, Friedenswahrung, Geld- und Münzwesen, Polizei- und Wirtschaftsmaßnahmen ?

---

und Einrichtungen im 18. Jahrhundert, Würzburg 1970 (Veröff. d. Ges. f. fränk. Gesch., 1), 124 ff.; *ders.*, Das Wehrwesen des fränkischen Reichskreises, Aufbau und Struktur (1681 - 1714), Diss. Würzburg 1970, 274.

15 Bayer. HStA K. schw. 14143: „1595 Rechnung".

16 Idem

17 H. K. A. Wien: Reichsakten, Fasz. 129.

Dies gilt — so kann man wenigstens teilweise feststellen — auch noch für die letzten Jahrzehnte des 18. Jahrhunderts. In diesem Zusammenhang kann Ferdinand Magen in seinem 1992 erschienenen Buch „Reichsexekutive und regionale Selbstverwaltung im späten 18. Jahrhundert" nachweisen, daß entgegen der bisher verbreiteten Forschungsmeinung die süd- und westdeutschen Reichskreise auch *nach* dem Siebenjährigen Krieg wesentliche Funktionen als regionale Träger der Reichsexekutive ausübten. Er zeigt dies im einzelnen durch die Analyse der Funktion und Rolle dieser Reichskreise „bei der Handelsregulierung im Reich aus Anlaß der Hungerkrise von 1770/72" auf.[18]

Jeder Kreis hatte zur Erfüllung dieser Aufgaben mehrere Institutionen, d. h. ein oder zwei Kreisausschreibende Fürsten und Kreisdirektoren, einen Kreisoberst und vor allem auch eine Kreisversammlung. Da innerhalb der Kreise meist alles weitgehend kollegial vor sich ging, waren die Kreistage oft recht lebendige Ständeversammlungen, in denen eifrig diskutiert und um die Beschlüsse gerungen wurde. Dabei kamen durchaus die Vertreter der kleineren Kreisstände häufig zu Wort, wenn auch selbstverständlich die Gesandten der großen und mittleren Kreisterritorien eine dominierende Rolle spielten.

Auf den fränkischen Kreistagen wurde, wie Endres zeigt, meist emsig diskutiert, beraten und beschlossen, man löste viele anstehende Probleme und leistete auf regionaler Ebene einen wichtigen Beitrag für das Reich.[19] Dies gilt in ganz ähnlicher Weise für den schwäbischen, aber auch für den bisher wenig untersuchten bayerischen Kreis.

Beim bayerischen Kreistag beispielsweise, der vom 23. November 1648 bis zum 15. April 1649 in der kurbayerischen Stadt Wasserburg abgehalten wurde, gab es laut Protokoll 37 Sitzungen, 837 verschiedene Interventionen der Kreisstände und des Direktoriums. Dabei kamen durchaus auch die Vertreter kleiner Kreisstände, wie die der Reichsäbtissin von Niedermünster, des Reichspropstes von Berchtesgaden oder des Grafen von Ortenburg häufig zu Wort. Der Kreisdirektor konnte meist erst nach zähem Ringen die einzelnen Beschlußfassungen formulieren und zur Abstimmung bringen. Votiert wurde nach dem Mehrheitsprinzip.[20]

---

18 *Ferdinand Magen,* Reichsexekutive und regionale Sebstverwaltung im späten 18. Jahrhundert. Zu Funktion und Bedeutung der süd- und westdeutschen Reichskreise bei der Handelsregulierung im Reich aus Anlaß der Hungerkrise von 1770/72, Berlin 1992 (Historische Forschungen, 48).

19 Vgl. *Endres,* Staat und Gesellschaft (wie Anm. 14), 193 ff., 212 ff., 245 ff.

20 Vgl. *Peter Claus Hartmann,* Die Kreistage des Heiligen Römischen Reiches — Eine Vorform des Parlamentarismus ? Das Beispiel des bayerischen Reichskreises (1521-1793), in: Zeitschr. f. Histor. Forschung 19 (1992) 29-47, bes. 37 ff.

Diese Reichskreise, die mit ihren Kreistagen wenigstens im süddeutschen Raum lebendige und funktionierende politische Regionen im Reich darstellten, sollen nun verglichen werden mit einigen Provinzen im „absolutistischen", relativ zentralistischen Frankreich, die durchaus noch ein starkes, durch Privilegien und Herkommen abgesichertes Eigenleben kannten, mit speziellen Institutionen und Aktivitäten.

Ein besonders signifikanter Fall einer solchen Provinz war das Languedoc, ein typisches pays d'états. Dort versammelten sich noch im 18. Jahrhundert die Provinzialstände regelmäßig einmal im Jahr, meist in Montpellier. Sie bestanden aus 112 Personen, die 88 Stimmen hatten, 22 für den Klerus, 22 für den Adel und 44 für den Dritten Stand. Diese Provinzialstände bewilligten und erhoben die direkten Steuern, leisteten regionale Verwaltungsaufgaben, kümmerten sich um den Brücken- und Chausséebau u. a.[21]

Als Beispiele werden hier allerdings die Bretagne, die Provence und das Elsaß (ab 1680/81) von den Kollegen Meyer, Pillorget und Vogler analysiert.

Bildeten diese Provinzen trotz des relativ starken französischen Erbkönigtums und der im Vergleich zum Heiligen Römischen Reich und zu Polen recht ausgeprägten zentralen Regierung in mancher Hinsicht noch durchaus politische Regionen mit einem Eigenleben, mit relativer Autonomie und teilweise eigenen Provinzialständen ? Hier wird viel zu differenzieren sein, es werden außerdem Gemeinsamkeiten und auch viele Unterschiede aufzuzeigen sein.

Besonders stark war die Autonomie und das Eigenleben jedoch in den zu behandelnden Beispielen unter polnischer Oberhoheit. Sie unterstanden nur recht locker dem polnischen König und Oberlehensherrn und konnten ihre inneren Angelegenheiten weitgehend selbständig regeln, soweit man sich im Lande einig war. Im Konfliktfall griff allerdings der König ein und konnte eine entscheidende Rolle spielen, wie etwa in Kurland während der Auseinandersetzungen der Herzöge mit dem Adel von 1561 bis 1617.[22] Über Kurland wird Herr Oberländer referieren, während Herr Małłek Polnisch Preußen in seiner Frühzeit als ein Beispiel weitgehend autonomer politischer Einheiten innerhalb des polnisch-litauischen Königreiches präsentieren kann.

---

21 *Marcel Marion*, Dictionnaire des Institutions de la France XVIIe-XVIIIe siècles, Paris 1923 (ND 1984), 323 ff.

22 Vgl. *Martin Hübner*, Herzog und Landschaft: Die Verfassung im Herzogtum Kurland bis 1617, in: Ilgvars Misans / Erwin Oberländer, Das Herzogtum Kurland 1562-1795. Verfassung, Wirtschaft, Gesellschaft, Lüneburg 1993, 29-55.

Es wird also, so hoffe ich, durch die Referate mancher Stoff geboten werden für Vergleiche und für die Präsentierung von Gemeinsamkeiten und Unterschieden, außerdem für die Frage, inwieweit die behandelten Beispiele als Regionen in dem oben definierten Sinne (politische regionale Einheiten, die im Rahmen und gleichsam unter dem Dach größerer politischer Gebilde ein starkes Eigenleben führten, viele Bereiche der damaligen staatlichen Aufgaben in diesen regionalen Einheiten erfüllten) zu bezeichnen sind. Vor allem könnten diese Beispiele auch zeigen, wie in der Frühen Neuzeit in verschiedenen europäischen Räumen wenigstens teilweise jahrhundertelang politische Regionen im Rahmen größerer Staatsgebilde ein funktionierendes Eigenleben führten und Kompetenzen ausübten, die in den Nationalstaaten des 19. und 20. Jahrhunderts meist den Zentralregierungen zufielen bzw. die sie noch heute innehaben. Es handelt sich um Bereiche, die teilweise sogar heute schon von der EG-Zentrale in Brüssel geregelt werden. Nicht selten könnten jedoch auch heutzutage viele Angelegenheiten nach dem Subsidiaritätsprinzip viel bürgernäher und von der Bevölkerung leichter nachvollziehbar und kontrollierbar auf der Ebene von politischen Regionen erledigt werden. Dies würde die Akzeptanz eines vereinten, durch Länder wie Polen, die Tschechei, Ungarn, vielleicht auch Litauen, Lettland etc. erweiterten Europas in der Bevölkerung wesentlich verstärken. Vielleicht kann unser heutiges Europa etwas von den hier vorgestellten Regionen, Provinzen oder autonomen Staatsgebilden der Frühen Neuzeit lernen, auch wenn die historische Wirklichkeit, wie die Beispiele zeigen, uns zu sehr differenzierten Urteilen zwingen wird.

Die Reichskreise

Der Schwäbische Kreis

Von Bernd Wunder, Konstanz

Der Schwäbische Kreis gilt als der „aktivste und lebendigste der einstigen Reichskreise“[1]. Das darf aber nicht über die gemeinsamen Grundlagen und Aufgaben hinwegtäuschen, die Schwaben mit den fünf anderen 1500 abgegrenzten Kreisen teilte. Die Besonderheit Schwabens besteht im Fortbestehen der Kreisorganisation über den Dreißigjährigen Krieg hinaus und in seiner erfolgreichen Tätigkeit bis ans Ende des 18. Jahrhunderts. Die Ursachen für diese Lebensfähigkeit der Kreisorganisation liegen einmal in der hohen Anzahl der Mitglieder: Mit ca. 100 Ständen umfaßte Schwaben, der „vielherrigste“ aller Kreise[2], rund doppelt so viel Reichsstände wie die mitgliederstärksten Kreise Westfalen oder Oberrhein. Die Ursachen der Lebensfähigkeit Schwabens liegen zum anderen in seiner geographischen Lage als Grenzland im Südwesten des Reiches gegenüber Frankreich und der Schweiz am Rhein und Bodensee.

Im Folgenden soll in einem ersten Teil die Organisation des Schwäbischen Kreises behandelt und dabei der Nachdruck auf die Besonderheiten und Eigenentwicklungen in Schwaben gelegt werden[3]. In einem zweiten Teil wird auf die auffallenden Aktivitäten in den letzten anderthalb Jahrhunderten seiner Existenz eingegangen: Die Errichtung des Kreismilitärs, des miles perpetuus circuli, im Rahmen der Reichsarmee und ferner Eigenentwicklungen im Rahmen der Polizei: Die Bewaffnung von Kriegsschiffen auf dem Bodensee zur Sicherung der Zollgrenze, die Errichtung von Kreiszuchthäusern als Maßnahme der Gefahrenabwehr und der Bau von Chausseen zur Beförderung des Gemeinwohls.

---

1 *Walter Grube,* Das Archiv des Schwäbischen Kreises in: ZWLG 37 (1964), 282.

2 *Peter-Christoph Storm,* Der Schwäbische Kreis als Feldherr, Berlin 1974, 54.

3 Zum Kreis allgemein: *Adolf Laufs,* Der Schwäbische Kreis, Aalen 1971; jetzt: *Winfried Dotzauer,* Die deutschen Reichskreise in der Verfassung des alten Reichs und ihr Eigenleben (1500-1806), Darmstadt 1989, 205-36; immer noch: *Ernst Langwerth von Simmern,* Die Kreisverfassung Maximilians I. und der schwäbische Reichskreis in ihrer rechtsgeschichtlichen Entwicklung bis zum Jahre 1648, Heidelberg 1896.

I.

Bei der Schaffung der Reichskreise im 16. Jahrhundert stand die Durchführung des Landfriedens im Mittelpunkt. Kreishauptmann, später Kreisobrist, und zugeordnete Räte waren anfangs die wichtigsten Organe. Entsprechend stand ihre Tätigkeit im Mittelpunkt der Reichsexekutionsordnung von 1555 und der ihr nachgebildeten Exekutionsordnung des Schwäbischen Kreises von 1563[4]. Die Übertragung zusätzlicher Aufgaben an den Kreis schon im 16. Jahrhundert, von den Wahlen für das Reichskammergericht und das Reichsregiment im Jahre 1500, über die Aufstellung eines Kontingentes für den Türkenkrieg 1530, bis zur Durchführung der Münzordnung 1559, die Regelung der Wollausfuhr 1566 usw., stärkte jedoch die Versammlung der Kreisstände gegenüber dem Kreishauptmann, was in Schwaben schließlich mit der Ersetzung des Kreisobristen durch den Kreiskonvent endete. Hatten Kreise und Kreishauptmann ihre Existenz schon dem Ziel der Schaffung einer kaiserfreien, ständischen Exekutive im Reich zu verdanken, so bedeutete die Machtzunahme des Kreiskonventes eine weitere Stärkung der ständischen und eine Einschränkung der herrschaftlichen Elemente: Die Gleichberechtigung aller Kreisstände auf dem Kreiskonvent — der entscheidendste Unterschied zum Kuriensystem des Reichstages — hatte sich aus dem Wahlmodus des Kreishauptmannes 1522 entwickelt. Das hier zentrale Mehrheitsprinzip der Kreiskonvente wurde schließlich 1559 sogar vom Reichstag bestätigt.

Eine Besonderheit Schwabens war, daß die minderen Stände wie Reichsstädte und Prälaten aufgrund ihrer großen Zahl die geistlichen und weltlichen Fürsten jederzeit überstimmen konnten[5]. Rechnet man noch die Grafen zu diesen Gruppen, die im Osten des Reichs ebenfalls landsässig waren, so war ihre Mehrheit erdrückend: Bei rund 100 Stimmen, die auf ca. 90 Territorien entfielen, stellten im Jahre 1700 die 31 Reichsstädte ein Drittel, und die 28 Grafen und Herren ein zweites Drittel der Stände. Auch die 18 Prälaten konnten mit den 31 Reichsstädten rechnerisch die Mehrheit bilden. Die 18 weltlichen Fürsten bestanden ferner zum großen Teil aus gefürsteten Grafen wie Hohenzollern, Fürstenberg, Öttingen oder aus eingekauftem Wiener Hofadel wie Auersberg, Schwarzenberg oder Liechtenstein. Der mit Abstand größte Kreisstand war das Herzogtum Württemberg, das allein ein Drittel des Kreisterritoriums umfasste (185 Quadratmeilen). Die nächstgrößten Stände — die Markgrafschaft Baden-Durlach und das Hochstift Augsburg — besaßen ihrerseits nur ein Viertel (45 Quadratmeilen) des württembergischen Territoriums an Größe wie Einwohnerzahl. An Macht wie an Rang besaß das Herzogtum Württemberg also ein erdrük-

---

4 Die Kreisexekutionsordnung ist gedr.: *Langwerth* (Anm. 3), 385-465.

5 Detaillierte Angaben über Zahl und Größe der Kreisstände um 1700 bei *Storm* (Anm. 2), 46-56.

kendes Übergewicht, dem allenfalls die badischen Markgrafen und die Hochstifte Augsburg und Konstanz widersprechen, aber keinen Widerstand entgegensetzen konnten. Der eigentliche Gegner Württembergs im Schwäbischen Kreis waren aber nicht die zahlreichen Kleinstterritorien, sondern der Kaiser, der als Landesherr der ausgekreisten vorderösterreichischen Besitzungen in der Südhälfte des Kreises — neben dem Breisgau besaß er die Markgrafschaften Burgau, Hohenberg und Nellenburg, Bregenz, Feldkirch und die Landvogteien Schwaben und Ortenau — auch der politische Mittelpunkt für Prälaten, Grafen und Reichsstädte war[6]. Dieser politischen Zweiteilung des Kreises zwischen Württemberg und Habsburg entsprach auch die konfessionelle: Habsburg und seine Anhängerschaft waren katholisch geblieben, Württemberg seit der Rückkehr seiner Dynastie 1534 lutherisch, und ihm hatten sich die mehrheitlich protestantischen Reichsstädte angeschlossen. Numerisch waren die Protestanten am Kreiskonvent aber mit rund einem Fünftel der Stimmen immer eindeutig unterlegen. Württembergs offizieller Gegenspieler im Kreis war so der Fürstbischof von Konstanz[7]. Hatte der Kaiser im 16. Jahrhundert den Bischofsstuhl noch wie eine ihm gehörige Pfründe besetzt, so gelang es im 17. Jahrhundert der Reichsritterschaft am Bodensee, sich diesen einflußreichen Posten zu sichern und am Ende des 17. Jahrhunderts auch alle Versuche des Kaisers, aber auch anderer Reichsfürsten, auf diese Position abzuwehren. Allerdings mußte sich die Hegauritterschaft seit 1689 diese Pfründe mit der Donauritterschaft teilen. Der Kaiser verzichtete nach kurzem Zögern auf eine direkte Besetzung des Konstanzer Bischofsstuhls mit seinen Anhängern, da auch die Reichsritter letztlich seine Politik unterstützten.

Entscheidend für die Politik des Kreises waren jedoch nicht die Mehrheitsverhältnisse im Plenum des Kreiskonventes, sondern die Verteilung der Kreisämter und die Besetzung der Ausschüsse des Kreises[8]. Die Regelung dieser Frage geht auf die Frühzeit des Kreises in den 1540er Jahren zurück. Das reichsrechtlich nicht vorgesehene Kreisausschreibamt fiel in Schwaben paritätisch an das Herzogtum Württemberg als weltlichem und den Bischof von Konstanz als geistlichem Fürsten, doch es gelang Württemberg durch die Bildung eines eigenen Kreisdirektoriums, die „Mund und Feder" des Kreises, die tatsächliche Führung der Kreiskonvente sowie die Kreiskanzlei unter seine alleinige Leitung zu stellen. 1556 ließ Württemberg sich diese Regelung vom Kreiskonvent bestätigen, und es behauptete sie gegenüber

---

6 *Volker Press,* Schwaben zwischen Bayern, Österreich und dem Reich 1486-1805 in: Probleme der Integration Ostschwabens in den bayerischen Staat, hrsg. v. Pankraz Fried, Sigmaringen 1982, 17-78.

7 *Rudolf Reinhardt,* Die Beziehungen von Hochstift und Diözese Konstanz zu Habsburg-Österreich in der Neuzeit, Wiesbaden 1966; vgl. *Bernd Wunder,* Der Bischof im Schwäbische Kreis in: Die Bischöfe von Konstanz I, hrsg. v. Elmar L. Kuhn u. a., Friedrichshafen 1988, 189-99.

8 Außer *Langwerth* (Anm. 3), s. *Storm* (Anm. 2), 127-81.

dem mitausschreibenden Konstanz bis zum Ende des alten Reiches. Im Gegenzug gelang es Konstanz — mit kaiserlicher Rückendeckung —, den württembergischen Herzog aus dem Kreisobristenamt zu verdrängen. Nach einer letzten Wahl eines württembergischen Herzogs 1622 verhinderten die katholischen Stände ab 1648 jede Wahl eines Kreisobristen. Darauf fielen bei der Reichsarmatur 1670 seine Befugnisse an den Kreiskonvent. Allerdings wurde mit der Charge eines Kreisgeneralfeldmarschalls, die seit 1707 die württembergischen Herzöge bekleideten, ein rangmäßiger Ausgleich geschaffen.

Dem Kreiskonvent gelang es sehr schnell, seine organisatorische Form zu finden. Vorbild dabei war die Arbeitsweise des Schwäbischen Bundes von 1488 bis 1534, der in vielem eine Vorläuferorganisation des Kreises war. So bestand seit den 40er Jahren eine Einteilung der Stände in fünf Bänke — geistliche und weltliche Fürsten, Prälaten und Grafen sowie Reichsstädte — und 1559 wurde der Kreis in vier Kreisviertel eingeteilt. Wichtig war die Bankeinteilung vor allem dadurch, daß die Ausschüsse des Kreiskonventes sich aus den Direktoren und Vizedirektoren jeder Bank zusammensetzten. Dies waren Württemberg und Baden für die weltlichen und Konstanz und Augsburg für die geistlichen Fürsten sowie die Reichsstädte Augsburg und Ulm. Die Bankdirektoren der Grafen und Prälaten wurden auf Lebenszeit gewählt, wobei bei den Prälaten sich die Benediktiner und Prämonstratenser abwechselten. Dieser, schließlich Ordinari-Deputation genannte Zehner-Ausschuß wurde sehr bald zu einer ständigen Einrichtung, in der die Tagesordnungspunkte der Vollversammlung beraten und vorentschieden wurden. Die Ordinari-Deputation konnte auch eigens einberufen werden und wurde dann Engerer Kreiskonvent genannt. Dieser engere Kreiskonvent hatte jedoch nur eingeschränkte Kompetenzen für ihm explizit übertragene Aufgaben. Er diente vor allem während der ludovizischen Kriege der Rechnungsabhör für die Militärausgaben. In die Zuständigkeit der Bankdirektoren fiel auch das Recht, Bankversammlungen einzuberufen, die bei Reichsstädten, Prälaten und Grafen weitgehend mit der Organisation der Kuriatsstimmen am Reichstag zusammenfielen. Die vier fürstlichen Mitglieder der Ordinari-Deputation waren zugleich Direktoren der vier Kreisviertel, so daß es ein württembergisches, ein badisches, ein Konstanzer und ein Augsburger Viertel gab. In der Ordinari-Deputation und im engerem Kreiskonvent bzw. zwischen den Bankdirektoren und Kreisviertelsdirektoren fielen also die politischen Entscheidungen des Kreises. Dem entsprach, daß die Bankdirektoren auf den Bankkonventen häufig mit der Vertretung von Stimmen der Angehörigen ihrer Bänke beauftragt wurden. So vertrat Ulm allein z. B. 1573 23 Reichsstädte[9].

9 *Herbert Jäger,* Reichsstadt und Schwäbischer Kreis, Göppingen 1975; *A. v. Reden-Dohna,* Reichsstandschaft und Klosterherrschaft. Die schwäbischen Prälaten im Zeitalter des Barock, Mainz 1982.

Seit der Mitte des 16. Jahrhundert war der Kreiskonvent ein reiner Gesandtenkongreß, der aus Räten, Bürgermeistern oder Amtleuten der Kleinstterritorien, zumeist aus Juristen, bestand. Seit 1542 tagte der Kreis — nach dem Vorbild des Schwäbischen Bundes — überwiegend in der Reichsstadt Ulm. So wurden schon im 16. Jahrhundert 51 von insgesamt 62 Kreiskonventen dort abgehalten. Tagungen in anderen Reichsstädten fanden im 17. und 18. Jahrhundert fast nur in Kriegszeiten statt. Beschlüsse des Kreiskonventes, soweit sie Weisungen an die Untertanen enthielten, wurden von den Kreisausschreibämtern in Form gedruckter Mandate erlassen. Während die großen Stände wie Württemberg und Durlach diese Mandate im eigenen Namen an ihre Amtleute erließen, übernahmen die kleineren Stände die Kreismandate anscheinend direkt und publizierten sie durch Bekanntmachungen oder Anschläge, z. B. an Zollstationen. Publikation, Durchführung und Kontrolle der Einhaltung dieser Mandate blieb den jeweiligen Obrigkeiten überlassen. Auch die vom Kreis beschlossenen Steuern wurden von den jeweiligen Ständen erhoben, allerdings bürgerte sich in den Territorien eine eigene Kasse und Organisation für Reichs- und Kreissteuern ein. Bei der Aufstellung von Kreistruppen griffen die truppenstellenden Stände von Fall zu Fall auf Werbungen zurück. Gleiches galt auch für die Durchführung der 1559 angeordneten Streifen zur Dingfestmachung von Räubern und Landstreichern. Hatte der Kreis anfangs keine Exekutionsmöglichkeit außer einer Klage beim Reichsgericht, so bürgerte sich nach erfolglosen schriftlichen Mahnungen die Einquartierung von Militär beim Schuldner auf dessen Kosten bis zur Bezahlung der Ausstände ein. Dafür wurde z. B. 1693 eine entsprechende Instruktion erlassen[10]. Über eigenes Exekutivpersonal verfügte der Kreis kaum: Der seit 1543 angestellte württembergische Kreissekretär versah sein Amt nebenamtlich ebenso wie der Kreiseinnehmer, seit 1556 ein Ulmer Bürgermeister. Gleiches gilt für den seit 1572 von Württemberg gestellten Kreismünzwardein. Erst am Ende des 17. Jahrhunderts, erstmals in Zusammenhang mit der Aufstellung eines Korps stehender Truppen, wurde 1693 ein eigenes Kreiskriegskommissariat mit hauptamtlich tätigen Bediensteten geschaffen. Im 18. Jahrhundert erhielten Kreiskanzlei und Kreiskasse ebenfalls ein hauptamtliches Personal. Insgesamt läßt sich also feststellen, daß der Kreis im wesentlichen ein beschließendes Gremium war, das für die Durchführung seiner Beschlüsse auf die jeweiligen Obrigkeiten und deren Personal angewiesen war. Insofern wiederholte sich die Konstellation des Reichstages auf Kreisebene. Trotz des Fehlens einer Exekutive im modernen Sinn war der Kreis jedoch erstaunlich effizient. Der Grund hierfür lag in der Existenz von Kreisvierteln.

---

10 Gedr.: *Johann Jakob Moser,* Neues Teutsches Staatsrecht, Frankfurt / Leipzig 1773, 713 ff.

II.

Die spektakulärste Tätigkeit entwickelte der Kreis auf dem Gebiet des Militärwesens[11] und der Reichsarmatur, ein Bereich, der dem Kreis im 16. Jahrhundert nur zusätzlich und befristet bei den Türkenhilfen zugefallen war. Die besondere Bedeutung der Reichsarmatur ergab sich für Schwaben aus seiner Grenzlage gegenüber Frankreich. Die Reichsarmatur, 1670 noch auf sechs Jahre befristet und 1681 unbefristet vom Reichstag beschlossen, erlegte den zehn Kreisen als Rekrutierungsbezirken für die Reichsarmee 1670 die Stellung eines Simplums von 30.000 und 1681 von 40.000 Mann auf. Da die Reichsarmatur aber nur für Kriegszeiten geregelt wurde, fiel den Kreisen die Aufrechterhaltung ihres Kontingentes und die Verfügungsgewalt im Frieden zu, insbesondere in Spannungszeiten vor Ausbruch eines Krieges. Die Verfügungsgewalt und der Einsatz der Kreistruppen machten daher die Reichskriegserklärung des Reichstages z. B. 1702 zur Farce. Der Kaiser und die Reichskreise entschieden über die Stellung des Reiches in europäischen Konflikten, wobei der Kaiser sich der Kreise seit 1701 über eine Kreisassoziation versicherte.

Diese militärische Bedeutungszunahme der Kreise, die neue Rolle des Kreises als Feldherr, wie der plakative Titel der detaillierten Untersuchung von Peter Christoph Storm lautet, beruhte darauf, daß die Stände die Reichsarmee nicht nur finanzierten, sondern sie auch aufstellten. Der Reichstag hatte jedem Kreis die Zuständigkeit für rund ein Zehntel der Reichsarmee übertragen. Damit wurde die alte Reichsmatrikel und Beteiligung am Römerzug von 1521 überholt, wenn auch die Kreise die Aufteilung ihres Kontingentes auf die Einzelstände nach einer revidierten, moderierten Wormser Matrikel vornahmen. Kreiskonvent und Kreisausschreibamt regelten unter Übergehung der Kreisviertel die Aufstellung und Finanzierung der Kreisregimenter bis ins Detail. Die jeweiligen Kontingente wurden zumeist von den Einzelständen geworben. Nur der berüchtigte halbe Kavallerist der Äbtissin von Gutenzell war eine rechnerische Einheit. Die Besetzung der Offiziersstellen wurde anteilig von den Kreisständen vorgeschlagen und vom Kreiskonvent bestätigt. Auf diese Weise wurde ein Truppenkorps von zumeist 6.000 Mann (eineinhalb Simpla), und in Kriegszeiten von bis zu 12.000 Mann, dem Triplum, aufgestellt: Der Ist-Stand blieb im Frieden nur um ca. 15%, im Krieg um ca. 20% hinter dem Soll-Stand zurück. Das Durchschnittsalter des Offizierskorps lag 1732 bei Stabsoffizieren bei 52 Jahren, allerdings bei Leutnants auch bei 45 Jahren. Hier wirkte sich der wachsende Anteil bürgerlicher Offiziere der Kontigente minderer Stände aus (Prälaten 85%, Städte 75%, Grafen 68%)[12]. Die

---

[11] Vgl. hierzu *Storm* (Anm. 2).

[12] Ebd., 262 f., 409.

Struktur und Zusammensetzung wie auch die Kampfkraft dieser Kreistruppen läßt sich in den ludovizischen Kriegen durchaus mit der der Truppen der Armierten vergleichen.

Die Aufstellung des Kreiskontingentes für die Reichsarmee war aber nicht nur eine reichsständische Pflicht, sondern sie sicherte den Klein- und Kleinstständen das politische Überleben in den kriegerischen Jahrzehnten der Ära Ludwigs XIV.[13]. Trotz der traditionellen Einteilung der Reichsarmee in Kontingente war dies noch keine Entscheidung für diesen Rekrutierungsmodus gewesen. Der Kaiser hielt vielmehr zäh an seiner Vorstellung einer kaiserlichen oder Reichsarmee unter seiner Führung fest und wollte zumindest die Kleinstände auf die Finanzierung dieser Armee beschränken. Die reichsverfassungsmäßigen Beiträge der kleineren Stände waren ihm Verhandlungsmasse in seinen Bündnissen mit den armierten Fürsten, denen er die Militärbeiträge der kleinen Stände als Assignationen zuwies und überdies insbesondere Winterquartiere in den frontnahen Gebieten. Aufgrund dieser Politik hatte der völlig erschöpfte Schwäbische Kreis während des holländischen Krieges 1677 seine Kreistruppen entlassen müssen. Das gleiche Schicksal drohte dem Kreis wieder im Pfälzer Krieg, als der Kaiser Armierten wie Bayern und Sachsen Assignationen auf die Kreise und Winterquartiere zuwies. Als trotz dieser doppelten Belastung der Kreise die Armierten ihre Truppen 1691 und 1692 von der Oberrheinfront abzogen, beschlossen die Kreise Schwaben und Franken, ihren Schutz durch eine freiwillige Verdopplung ihrer Kontingente selbst zu übernehmen. Die einzige Bedingung für dieses Angebot — so in einem kaiserlich-fränkischen Vertrag 1689 —, „in eine ansehnliche Armatur sich zu setzen und selbige aus eigenen Mitteln zu unterhalten", war, „wann man dagegen von allen Winterquartieren, Belegungs- und weiteren Prästationen befreit sein würde"[14]. Die Wende in der kaiserlichen Politik, eine teilweise Abkehr von den Armierten und Hinwendung zu den Kleinständen, war erstmals in der Laxenburger Allianz 1682 unter besonderen politischen Bedingungen deutlich geworden: Im Pfälzer Krieg wurde sie von Schwaben und Franken wiederaufgegriffen und in der Nördlinger Assoziation 1702 auf die vorde-

---

[13] *Bernd Wunder,* Frankreich, Württemberg und der Schwäbische Kreis während der Auseinandersetzungen über die Reunionen (1679-97), Stuttgart 1971; *ders.,* Die bayerische Diversion Ludwigs XIV. in den Jahren 1700-1704. Kurbayern, Schwaben und Franken zwischen Habsburg und Bourbon zu Beginn des Spanischen Erbfolgekrieges in: ZBLG 37 (1974), 416-78; *Ruth Gebauer,* Die Außenpolitik des Schwäbischen Reichskreises vor Ausbruch des Spanischen Erbfolgekrieges, phil. Diss. Heidelberg 1966.

[14] Vgl. allgemein *Bernd Wunder,* Die Kreisassoziationen 1672-1748 in: ZGO 128 (1980), 167-266 (Zitat: 219). — Zur Kritik von *Karl Otmar von Aretin* (Das Reich. Friedensgarantie und europäisches Gleichgewicht 1648-1806, Stuttgart 1986, 167-208) vgl. *Bernd Wunder,* Die Erneuerung der Reichsexekutionsordnung und die Reichsassoziationen 1654-1674 in: ZGO 139 (1991), 494-502.

ren Kreise, das später sogenannte Reich, ausgedehnt. Trotz einiger Neutralitätsgelüste dieser Assoziation zu Beginn des spanischen Erbfolgekrieges gelang es dem Kaiser durch seinen Beitritt formal als Direktor des nur auf dem Papier bestehenden österreichischen Kreises, sich die Assoziation der vorderen Kreise politisch unterzuordnen. Tatsächlich hat die Kreisassoziation die Front am Oberrhein seit dem Pfälzer Krieg im wesentlichen allein gehalten und damit französische Truppen gebunden, die anderweitig, in Italien oder den Niederlanden, fehlten. Die Militärlasten waren hoch. Sie betrugen im holländischen Krieg jährlich 428.000 fl., 1648 - 1714 1,6 Millionen fl., danach 152.000 fl.[15].

Hans Hubert Hoffmann hat schon 1970 die Assoziation als die „Organisationsform eines zwischen den deutschen und europäischen Machtblöcken Behauptung suchenden Rumpfreiches" bezeichnet und damit ein ähnliches Urteil des jüngeren Mosers von 1747 wieder aufgenommen[16]. Durch die freiwillige Übernahme erhöhter Militärlasten zu Gunsten des Kaisers stellten die Kleinstände im Westen des Reiches ihr militärisches Potential dem Kaiser für seine Politik im europäischen Staatensystem zur Verfügung. Dem Verzicht der kleineren Stände auf Außenpolitik entsprach das Protektorat des Kaisers, der Schutz vor Mediatisierungen durch die Armierten im Krieg und mit Hilfe des Krieges: Die Assoziationen sicherten den Kleinststaaten Westdeutschlands des 16. Jahrhunderts das Überleben bis 1802. Der Kaiser sagte ihnen, wie es in den Verträgen hieß, „eine Spezialgarantie" zu: Eine Nische für die Adelsgesellschaft in einem von der Machtpolitik des Absolutismus bestimmten Europa.

Am Beispiel der Kreisarmatur und Assoziationspolitik Schwabens läßt sich auch ein Faktor fassen, der entscheidend für die Fortexistenz des Schwäbischen Kreises war, nämlich die aktive Kreispolitik Württembergs bzw. seine Unterordnung unter den Kreis. Württemberg war der einzige Stand Schwabens, der das Potential zu einem Armierten gehabt hätte. Daran hinderte den Herzog jedoch die starke Stellung seiner Landstände, die seinen finanziellen Spielraum einengten. Hinzu kam die doppelte Katastrophe der württembergischen „Außenpolitik", die zweimal — 1519 und 1634 — zur Vertreibung des Herzogs aus seinem Lande durch den Kaiser geführt hatte. Die württembergische Regierung hatte daraus die Lehre gezogen, hinfort den Kaiser als stärkste Macht in Südwestdeutschland zu respektieren, doch verbot der konfessionelle Gegensatz und das dynastische Selbstwertgefühl eine bedingungslose Unterordnung unter Habsburg. Die württembergische Politik definierte sich daher als Reichspolitik, d. h. sie schloß sich der Mehrheit der Reichsstände an, um einerseits einen gewissen

---

15 *Storm* (Anm. 2), 475 f.

16 *Hans Hubert Hofmann,* Reichsidee und Staatspolitik. Die vorderen Reichskreise im 18. Jahrhundert in: ZBLG 33 (1970), 984.

Spielraum gegenüber dem Kaiser zu wahren und andererseits sich nicht isoliert der offenen Gegnerschaft des Kaisers auszusetzen. Dies führte dazu, daß Württemberg bis 1802 seine Übermacht im Kreis nicht ausspielte und loyal sein Schicksal mit dem der Kleinststände verband. Nur manchmal wurden die Grenzen württembergischer Selbstverleugnung sichtbar, wenn die oberschwäbischen Stände, und d. h. die Mehrheit des Kreises, sich bedingungslos und ungeachtet einer Gefährdung durch Frankreich dem Kaiser in die Arme werfen wollten: 1684-1686, 1700-1702 und erneut 1746-1748 verhinderte Württemberg einen sofortigen Anschluß des Kreises an den Kaiser, d. h. mit der Drohung, den Kreis zu sprengen, gelang es Württemberg während einer Übergangsfrist, zwischen Frankreich und dem Kaiser eine neutrale Stellung zu wahren. Die Gefahr eines Verlustes des Kreisausschreibamtes wurde durch die Tatsache, daß es keinen machtmäßig vergleichbaren Konkurrenten im Kreise gab, eingeschränkt. Die Existenz Württembergs und seine verfassungsmäßige Opposition gegen den Kaiser war andererseits aber auch die Voraussetzung für den erfolgreichen Widerstand der kleinen Stände Oberschwabens gegen eine Mediatisierung durch die vorderösterreichische Regierung.

III.

Die Anerkennung der Machtverhältnisse bzw. der Verzicht auf eine eigene Politik im europäischen Staatensystem ermöglichte den westdeutschen Kleinstaaten und insbesondere dem Schwäbischen Kreis das Überleben im Rahmen ihrer Kreisorganisation. Ernst Rudolf Böckenförde hat die These geäußert, daß genossenschaftliche Vereinigungen — und bei den aktiven Reichskreisen handelte es sich um genossenschaftliche Selbstverwaltungskörper — zur Weiterentwicklung unfähig wären, d. h. auf die Erhaltung und Nutznießung des status quo beschränkt seien. Dies trifft nicht zu, wie die folgenden Betrachtungen zeigen.

Die Kompetenzen des Kreises außerhalb der Außenpolitik waren durch die Reichspolizeiordnungen des 16. Jahrhunderts bestimmt, auch wenn den Kreisen nicht in jedem Fall ihre Durchführung aufgetragen wurde. Johann Jakob Mosers bekannte Definition der Polizei erfaßt diesen Bereich sehr gut, wenn er 1773 dazu alles zählt, was „zur Einführ- oder Erhaltung der Sicherheit, guten Zucht und Ordnung, Notdurft, Wohlstand, Bequemlichkeit und Nutzen des allgemeinen bürgerlichen Lebens gereichet“ [17]. Zur Sicherheit zählte er den Schutz vor Räubern und Seuchen, zu Zucht und Ordnung Sonntagsheiligung, Luxusverbote, Verbote des Bettelns und Handwerksordnungen. Die Notdurft wurde gesichert durch Wucherverbote

---

17 *Moser* (Anm. 2), 736.

und Unterbindung des Exports von lebensnotwendigen Feldfrüchten und Rohstoffen. Wohlstand und Bequemlichkeit wurden durch Straßenbau, Post- und Münzwesen befördert, und Nutzen der Kreisinsassen heißt bei Moser Schutz vor der Konkurrenz fremder Kaufleute, Exportverbote von Rohstoffen und Zollermäßigungen. Fast all diese Politikfelder lassen sich an Hand der Kreisschlüsse als Sicherung eines — auskömmlichen — Status quo in Wirtschaft und Gesellschaft exemplifizieren. In diesem Zusammenhang gehören Kreismandate gegen Wucher und überhöhte Zehrkosten (1577), Dienstboten- und Tagelöhnerordnungen (1651 und 1652) oder eine Handwerkerordnung (1669)[18]. Neuerungen in den Kreisaktivitäten bestanden nicht in einem Wechsel der Ziele, sondern in einem Wechsel der Mittel zur Erreichung gleichbleibender Ziele. Diese Aktivitäten fanden insbesondere auf der Ebene der Kreisviertel statt, die bisher noch ungenügend erforscht ist.

Im Folgenden soll dies an drei Beispielen verdeutlicht werden. Als erstes Beispiel soll die Zollpolitik des Kreises näher betrachtet werden. Zollfragen waren ein altes Thema des Reichstages. In den Reichskriegen gegen Ludwig XIV. wurden Export- und Importverbote nach Frankreich verhängt und 1705 vom Kaiser eine entsprechende Zollordnung erlassen. Da die Schweiz als Durchgangsland nach Frankreich im Verdacht stand, die Verbote zu unterlaufen, fiel auch sie unter diese Bestimmungen. Dies traf insbesondere die Ostschweiz, die sich traditionell in Oberschwaben mit Getreide versorgte. Die von Kaiser und Reich verhängte Fruchtsperre am Bodensee, die zugleich die Versorgung der kaiserlichen und Reichstruppen am Oberrhein sichern sollte, wurde vom Schwäbischen Kreis durchgeführt. Entsprechende Kreisschlüsse und Mandate der kreisausschreibenden Fürsten wurden vom Fürstbischof von Konstanz in seiner Eigenschaft als Kreisvierteldirektor des oberen, Konstanzer Viertels durchgeführt. Frank Göttmann[19] hat für die Zeit von 1675-1795 insgesamt 24 Viertelskonferenzen zumeist in der Residenz des Fürstbischofs Meersburg ausfindig gemacht, die sich mit der Durchführung der Fruchtsperre, tatsächlich einer Regulierung des Fruchthandels am Bodensee, beschäftigten. Teilnehmer waren nicht nur die Bodenseehäfen, sondern auch die Produzenten des oberschwäbischen Hin-

---

18 *Karl Siegfried Bader,* Der Schwäbische Kreis in der Verfassung des Alten Reichs in: Ulm und Oberschwaben 37 (1964), 9-24; *Heinz Villinger,* Die Tätigkeit des Schwäbischen Reichskreises auf dem Gebiet des Polizeiwesens, jur. Diss. Heidelberg 1950 (msch.); *James A. Vann,* The Swabian Kreis. Institutional Growth in the Holy Roman Empire 1648-1715, Brüssel 1975; *Reinhard Graf von Neipperg,* Kaiser und Schwäbischer Kreis (1714-1733), Stuttgart 1991; *Fritz Kallenberg,* Spätzeit und Ende des Schwäbischen Kreises in: Jahrbuch der oberdeutschen Reichsstädte 14 (1968), 61-93.

19 *Frank Göttmann,* Der Bischof und die Fruchthandelspolitik des Schwäbischen Kreises in: Kuhn I (Anm. 7), 199-208; *ders.,* Getreidemarkt am Bodensee. Raum, Wirtschaft, Politik, Gesellschaft (1650-1810), 1991.

terlandes, und zwar unabhängig davon, ob sie Kreisstände waren oder nicht. Die vorderösterreichischen Hafenstädte und Oberämter nahmen ebenso wie die Reichsritterschaft an diesen Konferenzen teil. Die Beschlüsse regulierten die Zahl der Exporthäfen, kontingentierten oder sperrten den Export völlig und sorgten für die Überwachung des Verbotes durch die Ausrüstung von Kriegsschiffen. Das Hochstift Konstanz ließ drei, Österreich zwei weitere Schiffe auf dem Bodensee operieren. Vereidigte Inspektoren überwachten und kontrollierten den Schiffsverkehr in den Häfen. Auch hier wurde mit einem Minimum an Organisation das gewünschte Ziel erreicht: In der Regel griffen Kreis und Kreisviertel auf das Personal der Kreisstände zurück, die für ihren Mehraufwand aus der Kreiskasse entschädigt wurden. Die Fruchtsperre gegenüber der Schweiz in Kriegs- und Teuerungszeiten wurde vom oberen Kreisviertel effektiv durchgeführt.

Ein zweites Beispiel ist der Bau von Zuchthäusern[20]. Der Wechsel in den Mitteln und eine — für die Zeitgenossen — modernere und effektivere Lösung war die Errichtung von Zuchthäusern zur Bekämpfung der Bettler- und Gaunerplage, einem säkularen Problem agrarischer Gesellschaften. Nach dem Vorbild des Schwäbischen Bundes hatte der Kreis zu diesem Zweck eine Streife in jedem Kreisviertel eingerichtet, die bis 1777 als Kreis- oder Viertelsstreifen zur Vertreibung und Festnahme vagierender Schichten durchgeführt wurden. Das Netz der Streifen, Militärabteilungen von sechs bis sieben Mann unter einem Offizier, wurde einmal zunehmend verfeinert. Das Augsburger Kreisviertel hatte sein Territorium bis 1750 in sieben Distrikte mit ebensovielen Streifen eingeteilt. 1750 wurde ihre Zahl auf 16, 1758 bis auf 25 Distrikte und Streifen erhöht. Parallel dazu registrierte das Viertel die einheimischen, tolerierten Bettler und kennzeichnete sie 1751 durch ein einheitliches Bettelzeichen — eine ovale Blechscheibe mit eingestanzter Nennung des Kreisviertels —, einen Bettlerausweis und einen Heimweisungszettel für die Rückkehr eines Bettlers an seinen Geburtsort. Für Zwangsarbeiter hatte der Kreis 1563 ein Abkommen mit Genua abgeschlossen, das die Galeerensträflinge des Kreises an der Kreisgrenze in Lindau abholen ließ. Später übernahm Augsburg den entsprechenden Transport nach Venedig. Das merkantilistische Bemühen, die Arbeitskräfte der Bettler und Kriminellen der eigenen Wirtschaft zu Gute kommen zu lassen, führte aber dazu, daß der Kreiskonvent seit ungefähr 1700 sich mit der Errichtung von Kreiszuchthäusern nach dem Vorbild vor allem reichsstädtischer Einrichtungen in Deutschland befaßte. Der Vor-

20 *Karl Brauns,* Das Zucht- und Arbeitshaus in Ravensburg 1725-1808 in: ZWLG 10 (1951), 158-65; *Beate Fuhl,* Randgruppenpolitik des Schwäbischen Kreises im 18. Jahrhundert. Das Zucht- und Arbeitshaus zu Buchloe in: Zeitschrift des historischen Vereins für Schwaben 81 (1988), 63-115; vgl. *Bernhard Stier,* Fürsorge und Disziplinierung im Zeitalter des Absolutismus. Das Pforzheimer Zucht- und Waisenhaus und die badische Sozialpolitik im 18. Jahrhundert, Sigmaringen 1981.

schlag, ein evangelisches Zuchthaus in Eßlingen und ein katholisches in Donaueschingen zu errichten, scheiterte jedoch 1714 an der Finanzierungsfrage. 1720 überließ der Kreis die Organisation von Zuchthäusern den Kreisvierteln. Der eigentliche Grund waren jedoch die Bestrebungen der größeren Stände, sich diese scheinbar lukrative Einrichtung nicht entgehen zu lassen. So wurde 1718 im durlachischen Pforzheim ein Waisen-, Zucht- und Arbeitshaus errichtet. Württemberg folgte nach der Errichtung eines Waisenhauses in Stuttgart 1710 im Jahre 1736 mit einem Zuchthaus in Ludwigsburg, und Fürstenberg zog 1759 in Hüfingen ebenfalls mit einem Zuchthaus nach. In den beiden oberen Kreisvierteln kam es aber zur Errichtung von gemeinsamen Zuchthäusern, so 1722 in Buchloe für das Augsburger Viertel und 1725 in Ravensburg für das Konstanzer Viertel. Die Stände des Augsburger Viertels schlossen 1721 eine Zuchthausassoziation unter Einbeziehung der Reichsritterschaft ab und erbauten ein 1725 eröffnetes Zuchthaus, das jedoch 1735 wegen Bankrott geschlossen wurde. 1747 beschloß ein Kreisviertelskonvent die Wiedererrichtung des Zucht- und Arbeitshauses, an dem sich jetzt außer der Reichsritterschaft auch die österreichische Markgrafschaft Burgau beteiligte. Das Zuchthaus, das 1806 von Bayern übernommen wurde, war seit 1728 sogar mit einem eigenen, gemeinschaftlichen Kriminalgericht verbunden und beschäftigte insgesamt ein Personal von 32 Personen, darunter 19 Soldaten als Wachmannschaft. Im Konstanzer Viertel schlossen sich die Stände des Viertels, Schwäbisch-Österreich und der Ritterkanton Donau, insgesamt 42 Stände, 1725 ebenfalls in einem Vertrag zur Errichtung eines gemeinsamen Zuchthauses in der Reichsstadt Ravensburg zusammen. Die Unkosten wurden auf die Assoziationsmitglieder nach der Zahl der Feuerstellen umgelegt, später für jeden Sträfling ein Zuschuß von jedem Stand verlangt. Auch dieses Zuchthaus bestand bis zum Ende des Kreises 1806.

Für die Organisation von Zuchthäusern lagen keine Reichsschlüsse oder kaiserlichen Mandate vor. Die Sicherheitsfrage bzw. die Bekämpfung des Bettelns war aber die zentrale Aufgabe des Kreises von Alters her. Das Vorbild der Gründung von Zuchthäusern außerhalb des Kreises führte aber zur Übernahme dieser Lösung der Sicherheitsfrage im Kreis. Bezeichnend ist wie bei der Fruchtsperre am Bodensee, daß auch Nicht-Kreisstände beteiligt wurden, zum anderen, daß immer die Kreisviertel den organisatorischen Rahmen für die Koordination der Mitglieder und die Lösung der Aufgabe boten. Dabei kam der Kreis wieder mit einem Minimum an Organisation und Personal aus. Zwar mußte man in Buchloe ein eigenes Personal — Verwalter, Ökonom, Chirurg, Zuchtmeister und Kaplan — einstellen, aber das Wachpersonal bestand aus Soldaten des stiftaugsburgischen Kreiskontingentes und die Kontrolle, d. h. der Rechnungsabhör, wurde durch den Kreisviertelkonvent wahrgenommen.

Das dritte und erstaunlichste Beispiel der Formulierung und Durchführung einer öffentlichen Aufgabe durch den Kreis ist der Chausseebau in Schwaben[21]. Hierfür lag kein Reichsgesetz vor. Der Auftrag der Reichspolizeiordnung von 1577, der die Sicherheit auf den Straßen vorschrieb, war bei der Novellierung von Teilen der Polizeiordnung 1668 zwar auch auf die Sicherheit der Straßen, d. h. ihre gefahrlose Nutzung, ausgedehnt worden, doch diese Rechtsgrundlage war Anfang des 18. Jahrhunderts in Vergessenheit geraten. Karl VI., der 1712 in seinen Erblanden mit dem Chausseebau anfing, hatte kein Interesse an einem generellen Chausseebau, da sein Ziel, die Erhöhung der Zolleinnahmen durch eine Vermehrung des Transithandels war und jede zusätzliche Chaussee eine Konkurrenz für die eigenen Zollstätten bedeutet hätte. Daher hatte sich Karl VI. beim Bau der Rheintalchaussee zwischen Basel und Frankfurt, die durch den österreichischen Breisgau lief, nicht an den Reichstag oder die Kreise, sondern direkt an die betroffenen Reichsfürsten gewandt und ihre Mitwirkung gefordert.

Das Thema des Chausseebaus in Schwaben brachte erstmals Württemberg 1736 vor den Kreiskonvent. Württemberg hatte ab 1730 die durch sein Land ziehende Straße von Frankfurt nach Ulm auszubauen begonnen, ebenfalls um so seine Zolleinnahmen zu steigern. Es sah jedoch bald ein, daß die fehlende Weiterführung durch die angrenzenden Kleinstaaten seine Bemühungen zur Erfolglosigkeit verurteilte. Der Kreis nahm die Forderung Württembergs zwar wohlwollend auf, war aber nicht zu einem verbindlichen Beschluß zu bewegen, v. a. da die Rechtsgrundlage für ein Vorgehen, „der Flor der Commerzien", d. h. letztlich das Gemeinwohl, beliebig war. Die Ordinari-Deputation legte 1737 zwar die Kreisstraßen für den chausseemäßigen Ausbau mit Stuttgart / Cannstatt, Ulm und Augsburg als Mittelpunkten fest, aber der Konvent ging nicht über die Verabschiedung einer im Druck verbreiteten „Information [. . .] über die Verbesserung der Wege und Straßen" hinaus. Diese Information, eine von Durlach 1729 erbetene und übersetzte Denkschrift eines elsässischen Ingenieurs, lieferte nur eine detaillierte, technische Anweisung für den Chausseebau, der die Erfahrung des Tiefbaus bei der Errichtung von Festungen auf den Zivilbereich übertrug. Der Kreiskonvent machte 1737 ein weiteres Vorgehen in dieser Frage von der Unterstützung durch den Kaiser in den Erblanden und bei der Reichsritterschaft abhängig. Doch der Kaiser reagierte auf diese Aufforderung nicht, und der Chausseebau in Schwaben beschränkte sich weiterhin auf die Durchgangsstraßen innerhalb der badischen Markgrafschaften und Württembergs.

Zehn Jahre später brachte ein taktischer Zug des kaiserlichen Gesandten am schwäbischen Kreiskonvent den Chausseebau wieder in die Diskussion.

---

21 Über den Chausseebau im Reich während des 18. Jahrhunderts, insbesondere in Schwaben und Österreich, bereite ich eine größere Untersuchung vor.

Als 1748 Württemberg die Erneuerung der Kreisassoziation mit dem Kaiser durch einen Abbruch des Konventes verhindern wollte, legte der kaiserliche Kommissar im Namen des Kaisers eine Denkschrift über den Chausseebau vor, um eine Fortsetzung der Beratungen zu erreichen. Dies mißlang zwar, aber 1749 wiederholte der Konvent seine Bitte an den Kaiser von 1737, die im Kreis eingeschlossenen, aber nicht eingekreisten Territorien der Ritterorden und der Reichsritterschaft „durch kaiserliche allerhöchste Autorität" zum Chausseebau anzuhalten. Der Kaiser willfahrte dieser Bitte durch ein Patent an den Schwäbischen Kreis vom 1. VII. 1749, in dem er allen Ständen Schwabens und den im Kreis gelegenen, nicht eingekreisten Territorien gebot, die dem Gemeinwohl dienenden Beschlüsse des Kreises im Chausseebau auszuführen bzw. sich ihnen anzuschließen. Die vom Kreis geforderte Vollmacht, notfalls mit Exekutionsmaßnahmen gegen nicht zum Kreis gehörende Stände vorzugehen zu können, verweigerte er jedoch. Der Kaiser war aufgrund seiner „reichsväterlichen Fürsorge" grundsätzlich bereit, — wie der Reichsvizekanzler Colloredo einmal später ausführte — dem Gemeinwohl dienenden Maßnahmen seine Zustimmung zu geben, wenn sie vom ganzen Kreis erbeten wurden. Für den Schwäbischen Kreis brachte die kaiserliche Unterstützung jedoch den Durchbruch. Das kaiserliche Mandat wurde sofort im Druck verbreitet und die schon 1737 zur Durchführung bestimmten Kreisviertel mit ihrer Erledigung beauftragt. Bezeichnend ist, daß die führenden Stände im Kreis nicht wagten, den kostspieligen und wegen der damit verbundenen Frondienste verhaßten Chausseebau durch Mehrheitsbeschluß oder überhaupt durch einen Kreisschluß einzuführen. Der Kaiser erteilte seine Zustimmung als Zeichen seiner Huld bzw. seiner Fürsorge für das Reich, konkret als taktischen Schritt im Zuge der Assoziationsverhandlungen von 1748 / 49.

Erst 1764 wurde im Zuge der Verhandlungen über die kaiserliche Wahlkapitulation eine Rechtsgrundlage für die Zuständigkeit von Kaiser und Reich für den Chausseebau geschaffen. Damals stimmten die Kurfürsten zwar nicht der von Wien geforderten Aufnahme des Straßenbaus in die kaiserliche Wahlkapitulation zu, doch ließen sie sich zu einer entsprechenden Bitte an den Kaiser herbei. Darauf trug dieser unter dem 4. VIII. 1764 allen Kreisen die „Reparierung der Straßen" — dies war die rechtlich unverfängliche Form der Anordnung des Chausseebaus — auf. Für Schwaben war diese Entwicklung aber belanglos, da ein vom Kaiser unterstützter Chausseebau seit 1750 durchgeführt wurde.

Die 1750 einberufenen Viertelskonferenzen legten die 1737 festgelegten Straßenzüge im Detail fest, d. h. sie listeten alle durch die Straßenführung unmittelbar und durch die Konkurrenz zum Straßenbau — ein beidseitiger Streifen von zwei Stunden — mittelbar betroffenen Stände fest und teilten die Straßen in Distrikte ein. Ritterschaft und vorderösterreichische Obervögte wurden zu den Viertelskonferenzen eingeladen, zumindest zu den anschließenden Distriktsverhandlungen aller am Bau eines Straßenstückes beteiligten Gemeinden bzw. Stände vorgeladen. Widerstände und Schwierigkeiten hatten die Viertelsdirektoren dem Kreis d. h. der Ordinari-Deputation zu melden, die darauf vom Plenum gutgeheißene Mahnschreiben mit Androhnung der Exekution an widerspenstige Kreisstände ergehen ließ. Bei nichtkreissässigen Ständen wandte sich der Kreis an den Kaiser, der über seinen Kreisgesandten mit dem Entzug der kaiserlichen Gnade drohte, ein — wie sich zeigte — gegenüber Reichsrittern und Reichsklöstern effektives Mittel. Morose Kreisstände wurden äußerstenfalls durch die Versteigerung ihres Anteils am Straßenbau an private Bauunternehmer und ihre Belastung mit den Kosten von Kreises wegen und durch eventuelle Militärexekutionen zur Teilnahme gezwungen. Der Kaiser und seine Diplomaten beschränkten sich im allgemeinen auf schriftliche und mündliche Ermahnungen, die aber sehr harsch ausfallen konnten. Verzögerungen gab es vor allem durch Rechtsstreitigkeiten, Unfähigkeit und technische Inkompetenz. Insgesamt wurde der Chausseebau aber erfolgreich durchgeführt. Versuche des Kaisers, insbesondere der vorderösterreichischen Regierung seit 1774, ein „System" in den Straßenbau zu bringen, d. h. durch den Kaiser oder den Kreis, Ingenieure einzustellen oder eine kontrollierende zentrale Behörde einzurichten, scheiterten am Widerstand des Kreises. Im Gegensatz zum Militär kam der Kreis hier ohne eigenen Verwaltungsapparat aus. Andererseits verweigerte Württemberg eine 1772 vom Kreis beschlossene Einführung eines Wegegeldes trotz des Drängens des kaiserlichen Gesandten, dem Kaiser zur Billigung vorzulegen. Die Durchführung des Straßenbaus, die Festlegung der Hauptstraßen wie auch die Mittel zur Erreichung dieses Zweckes fielen allein in die Kompetenz des Kreises. Auch sie wurde — sieht man von einigen Ingenieuren ab — ohne zusätzliches Personal oder Kosten durchgeführt.

Vergleicht man die drei Fälle — die sich vermehren lassen — von Kreisaktivitäten — Kriegsschiffe auf dem Bodensee, Zuchthäuser und Chausseen — so läßt sich überall eine effektivere, modernere Lösung gesetzter Aufgaben feststellen: Die Effizienzsteigerung wurde ohne Aufbau eines absolutistischen, arbeitsteiligen und hauptberuflichen Staatsapparates erreicht. Die Intensivierung der bestehenden lokalen Einheitsverwaltung kam durch wenige Aufsichtsbeamte und Techniker zustande.

IV.

Überblickt man die fast dreihundertjährige Entwicklung des Kreises, so muß man einmal feststellen, daß der Kreis trotz der großen Zahl — formal gleichberechtigter — Mitglieder sich mit der Kombination von Ausschreibamt, Ordinari-Deputation und Kreisviertelsdirektorien eine geschmeidige Organisation schuf, die sowohl das übermächtige Württemberg einband, wie den minderen Ständen ein Mitspracherecht gab und eine gemeinsame Antwort des Kreises auf die drängenden Fragen der Zeit bzw. der Großmächte ermöglichte. Die Kreisstände mußten die Anerkennung ihrer Unabhängigkeit durch hohe Rüstungslasten zu Gunsten des Kaisers erkaufen. Die Militärlasten machten den mit Abstand größten Teil der Kreissteuern aus. Die Übernahme dieser Lasten war das Zugeständnis der Stände an den herrschenden Absolutismus. Weitere Zugeständnisse an einen innenpolitischen Zentralismus konnten vermieden werden.

Territoriale Veränderungen außer systemkonformen Erbteilungen und Erbfällen auf der Grafenebene traten in dieser Zeit nicht ein; nur zwei Reichsstädte wurden mit Konstanz 1548 und Donauwörth 1608 mediatisiert. Allerdings wurden die ausschließlich vom Kaiser drohenden Gefährdungen des Besitzstandes — die Annektion Württembergs 1519 und 1634 und die Durchsetzung des Restitutionsediktes 1629 — nicht durch Reich und Kreis, sondern durch die Machtverhältnisse des europäischen Staatensystems verhindert. Gegen eine schleichende Säkularisierung und Mediatisierung der oberschwäbischen Stände durch Vorderösterreich bot aber die Kreismitgliedschaft und die Intervention des Kreises Schutz.

Interessant ist nun die Art und Weise, in der die Stände ihren politischen Freiraum im Inneren nutzten. Hier liegt auch die Besonderheit des Schwäbischen Kreises im Reich und in der Reichsorganisation. Die Anstöße zur Modernisierung bei der Lösung von Gemeinschaftsaufgaben gingen nur vereinzelt vom Kaiser aus, so z. B. bei der Fruchtsperre gegenüber der Schweiz. Der Zuchthausbau wurde anscheinend von den Reichsstädten initiiert, und der Chausseebau ging von den weltlichen Fürsten aus. Der Kaiser beschränkte sich darauf, die Kreisaktivitäten zu sanktionieren. Die Stände wachten aber eifersüchtig über ihre Landeshoheit und verhinderten die Ausbildung eines Verwaltungsapparates durch den Kreis. Nicht die Tatsache, daß die Umsetzung politischer Entscheidungen auf der Verwaltungsebene langwierig und unterschiedlich verlief, ist hier entscheidend — dies kennzeichnet auch die Verwaltung absolutistischer Staaten im 18. Jahrhundert —, sondern die Tatsache, daß eine dezentrale Lösung von Gemeinschaftsaufgaben möglich war. Der Schwäbische Kreis scheint ein Beleg für die Möglichkeit, daß auch im Reich eine dezentrale, regionale Modernisierung von Herrschaft und Gesellschaft möglich war.

Der Kreis zerfiel erst, als Kaiser und Armierte bzw. absolutistische Fürsten an dem Mächtegleichgewicht des Reiches nicht mehr interessiert waren und das Reich mit Hilfe des Auslandes liquidierten. Der letzte Konvent des Schwäbischen Kreises in Esslingen 1804 wurde vom Gesandten des Kaisers abgebrochen, als Württemberg, Bayern und Baden die

Kreisorganisation zur Mediatisierung der letzten selbstständig gebliebenen Kreisstände nutzen wollten[22].

22 *Heinz-Günter Borck,* Der Schwäbische Reichskreis im Zeitalter der französischen Revolutionskriege (1792 - 1806), Stuttgart 1970; *Klaus-Peter Schroeder,* Das Alte Reich und seine Städte. Untergang und Neubeginn. Die Mediatisierung der oberdeutschen Reichsstädte im Gefolge des Reichsdeputationshauptschlußes 1802 / 03, München 1991.

Der Fränkische Reichskreis im 16. und 17. Jahrhundert

Von Bernhard Ebneth, München und Rudolf Endres, Bayreuth

Alle Reichskreise beruhten grundsätzlich auf einer gemeinsamen, einheitlichen Rechtsgrundlage[1]. Durch Reichsabschiede wurde seit den Reformmaßnahmen des Jahres 1500 der Aufgabenbereich der Kreise immer genauer definiert und erweitert und auch ihre innere Struktur stärker verdichtet. Somit waren die Reichskreise primär ein Element der Reichsverfassung und „vielleicht das wichtigste Produkt der ‚Reichsreform'[2].

Zugleich läßt sich — gerade am Fränkischen Kreis[3] — aufzeigen, wie einzelne Kreise innerhalb dieser vom Reich vorgegebenen einheitlichen verfassungsrechtlichen Rahmenbedingungen eine mehr oder minder starke Eigendynamik bei der konkreten Ausgestaltung und Ausprägung ihres Wirkungsbereiches entfalten konnten. Während einerseits die Auffassung vertreten wird, die Kreise seien keine selbständigen Einrichtungen, sondern

---

1 Zur Definition vgl. *Johann Jacob Moser,* Von der Teutschen Crays-Verfassung (Neues Teutsches Staatsrecht 10), Frankfurt / Main, Leipzig 1773 (ND Osnabrück 1967), 3. Die grundlegenden Reichssatzungen von 1500 bis 1522 zur Konstituierung des Reichsregiments und des Reichskammergerichts sind ediert v. *Karl Zeumer,* Quellensammlung zur Geschichte der deutschen Reichsverfassung in Mittelalter und Neuzeit, 2. Tl., Tübingen ^{2}1913, 297-329; die Reichsexekutionsordnung von 1555, in: *Zeumer,* ebd., 342 ff.; die Reichsmünzordnung 1559, in: Neue und vollständigere Sammlung der Reichsabschiede, Frankfurt / Main 1747 (ND Osnabrück 1967), 197; der „Jüngste Reichsabschied" von 1654, in: *Zeumer,* ebd., 446 ff.; die Reichsdefensionalordnung von 1681, in: *Carl F. Gerstlacher,* Handbuch der Teutschen Reichsgesetze, 6. Tl., Karlsruhe 1786-94; vgl. auch die Zusammenstellung von *Hanns Hubert Hofmann* (Hrsg.), Quellen zum Verfassungsorganismus des Heiligen Römischen Reiches deutscher Nation 1495-1815, Darmstadt 1976. Bemerkenswert ist, daß die Sammlung von *Heinz Duchhardt* (Hrsg.), Quellen zur Verfassungsentwicklung des Heiligen Römischen Reiches deutscher Nation (1495-1806). Auf der Grundlage der von Hanns Hubert Hofmann herausgegebenen ‚Quellen zum Verfassungsorganismus des Heiligen Römischen Reiches deutscher Nation 1495-1815', für den Studiengebrauch bearbeitet (Quellentexte zur Neueren und Neuesten Geschichte, hrsg. v. Winfried Baumgart), Darmstadt 1983, 1-77 speziell dem Reichskreiswesen verhältnismäßig viel Raum widmet.

2 *Volker Press,* Kriege und Krisen. Deutschland 1600-1715 (Neue Deutsche Geschichte 5, hrsg. v. Peter Moraw, Volker Press, Wolfgang Schieder), München 1991, 95; Vgl. auch: *Heinz Angermeier,* Die Reichsreform 1410-1555. Die Staatsproblematik in Deutschland zwischen Mittelalter und Gegenwart, München 1984; sowie *Karl Otmar Freiherr von Aretin,* Das alte Reich 1648-1806, 1. Bd.: Föderalistische oder hierarchische Ordnung, Stuttgart 1993, 148-154.

3 *Rudolf Endres,* Der Fränkische Reichskreis, in: Max Spindler (Hrsg.), Handbuch der bayerischen Geschichte III / 1, München ^{2}1979, 193-196, 212-216 u. 245-250.

nur „ausführende Organe“[4] der Reichsverwaltung gewesen, so sieht die jüngere Geschichtswissenschaft in den Kreisen, neben den Territorien, immer mehr auch „verfassungsrechtlich das eigentlich dynamische, neue Akzente setzende Element im Reich“[5].

Welche dieser beiden Interpretationen die historische Realität angemessener beschreibt und erklärt, und welche Einschränkungen, Modifizierungen und Differenzierungen im einzelnen zu beachten sind, soll im folgenden für den seit 1522 so bezeichneten Fränkischen Reichskreis[6] im 16. und 17. Jahrhundert überprüft werden. Zu diesem Zweck sind einige Merkmale, die der Fränkische mit den anderen Kreisen gemeinsam hatte, darzustellen, aber auch seine Besonderheiten, die ihn von den übrigen Kreisen unterschieden und hervorhoben.

Franken, eines der staufischen Kernlande, zeichnete sich seit dem Hochmittelalter durch eine ausgeprägte Königsnähe aus[7]. Als Landbrücke zwischen den Gebieten am Mittelrhein und Böhmen blieb es später auch für den Luxemburger Karl IV. und seine Territorialpolitik von besonderem Rang.

Seit 1340 werden durch die Landfriedenseinungen[8], an denen in Franken auch der König maßgeblich beteiligt war, gemeinsame Sicherheitsinteres-

---

4 *Karl Otmar Frhr. v. Aretin,* Die Kreisassoziationen in der Politik der Mainzer Kurfürsten Johann Philipp und Lothar Franz von Schönborn 1648-1711, in: Ders. (Hrsg.), Der Kurfürst von Mainz und die Kreisassoziationen 1648-1746. Zur verfassungsmäßigen Stellung der Reichskreise nach dem Westfälischen Frieden (VeröffInstEurG. Abtlg. Universalgeschichte, Beihf. 2), Wiesbaden 1975, 31-86, überarbeiteter und ergänzter Wiederabdruck in: Ders., Das Reich. Friedensgarantie und europäisches Gleichgewicht 1648-1806, Stuttgart 1986, 167-208, hier 188.

5 Einleitung von *Duchhardt,* Quellen (Anm. 1), 12.

6 Grundlegende Literatur speziell zum Fränkischen Kreis bei: *Rudolf Endres,* Zur Geschichte des fränkischen Reichskreises, in: WürzburgDiözGBll 29 (1967), 168-183; ders., Fränkischer Reichskreis (Anm. 3), 193 f.; ders., Der Fränkische Reichskreis, in: Deutsche Verwaltungsgeschichte, hrsg. v. K. G. A. Jeserich u. a., 1. Bd., Stuttgart 1983, 599-615; *Bernhard Sicken,* Der Fränkische Reichskreis. Seine Ämter und Einrichtungen im 18. Jahrhundert (VeröffGesFränkG, Fotodruckreihe, 1), Würzburg 1970; *Winfried Dotzauer,* Die deutschen Reichskreise in der Verfassung des Alten Reiches und ihr Eigenleben (1500-1806), Darmstadt 1989, 132-176 u. 347-351.

7 Dieses Moment wird besonders von *Peter Moraw,* Franken als königsnahe Landschaft im späten Mittelalter, in: BllDtLdG 112 (1976), 123-138, betont, desgleichen von *Ernst Schubert* Franken als königsnahe Landschaft unter Karl IV., in BllDtLdG 114 (1978), 865-890. *Press,* Kriege und Krisen (Anm. 2) sieht darin ein Moment, das auch noch den frühneuzeitlichen Verdichtungsprozeß prägte. Vgl. ders., Franken und das Reich in der Frühen Neuzeit, in: JbFränkLdForsch 52 (1992) (FS Alfred Wendehorst zum 65. Geburtstag), 325-347.

8 *Gerhard Pfeiffer,* Die königlichen Landfriedenseinungen in Franken, in: VortrrForsch 14 (1971), 229-254. 1. Juli 1340: Landfriedensbündnis zwischen den Söhnen des Kaisers Ludwig, den Bischöfen von Bamberg, Eichstätt und Würzburg, dem Amt von Fulda sowie mehreren Grafen und Städten in Franken; Regest in:

sen und ein verstärktes Zusammengehörigkeitsbewußtsein in der Region zwischen Odenwald und Fichtelgebirge quellenmäßig faßbar[9]. Diese von dem Vorgehen gegen das Fehdewesen ausgehende Tendenz zu einer dauerhaften landschaftlichen Zusammenfassung und Einheit in Franken wurde schließlich im ausgehenden Mittelalter durch die Reichsreform noch verstärkt.

Gerade der durch Landfriedenseinungen zusammengeschlossene fränkische Raum bildete eine feste Größe bei der Bestimmung der Wahlbezirke für die Räte zum Reichsregiment Kaiser Maximilians I. im Jahr 1500 und wurde als „der erst und furnembst“[10] Kreis bezeichnet.

Diese Nennung an erster Stelle weist nicht nur auf die traditionelle Königsnähe hin, sondern auch auf die zentrale Lage mitten im Reich. Denn nach der seit 1512 weitgehend definitiven Einteilung des Reichs in insgesamt zehn Kreise war Franken umgeben von sechs weiteren Nachbarkreisen und dem Königreich Böhmen.

Neben dieser exponierten geographischen Lage gehörte auch die ständische Zusammensetzung des Fränkischen Kreises zu den entscheidenden Faktoren, die seine Struktur und seine Wirksamkeit maßgeblich prägten[11].

War der Kreis im Jahr 1500 zunächst nur durch die Fürsten und ihre Herrschaftsgebiete bezeichnet worden, so trat um 1521 durch § 19 der Reichsregimentsordnung eine konkrete, bis zum Ausgang des 18. Jahrhunderts dauerhafte territoriale Abgrenzung und Festschreibung aller einzelnen Mitglieder ein. Demnach zählten zum Fränkischen Kreis vor allem die folgenden, in vier ‚Bänke‘ getrennten Territorien:

1. Auf der Bank der geistlichen Fürsten stand an vornehmster Stelle das exemte Hochstift Bamberg[12], welches das Direktorium[13] ausübte, die

---

Gerhard Pfeiffer, Quellen zur Geschichte der Fränkisch-Bayerischen Landfriedensorganisation im Spätmittelalter, München 1975, 28-30. Hier auch die Regesten der weiteren fränkischen Landfriedensbündnisse von 1349 (34-37), 1378 (78-80) und 1389 (90-94). Siehe auch *Endres,* Fränkischer Reichskreis (Anm. 6), 169.

9 *Heinz Angermeier,* Königtum und Landfriede im deutschen Spätmittelalter, München 1966, 169 ff. zu dieser Einung der Hochstifte Bamberg, Würzburg, Eichstätt, Fulda, der Burggrafen von Nürnberg, der Grafen von Henneberg, Castell und Hohenlohe mit den Städten Bamberg, Würzburg, Eichstätt, Nürnberg und Rothenburg im Jahr 1340.

10 *Fritz Hartung,* Geschichte des fränkischen Kreises 1521-1559, 1. Bd. (VeröffGesFränkG II,1), Leipzig 1910, 122; zur frühen Entwicklung vgl. *Henry Beck,* Die Geschichte des fränkischen Kreises von 1500 bis 1533. Aufgrund archivalischer Studien dargestellt, in: ArchHistVUntFrank 48 (1906), 1-186.

11 Die Regimentsordung Kaiser Karls V., zit. nach *Duchhardt,* Quellen (Anm. 1), 8; nahezu wörtlich übernommen aus § 6 der Regimentsordnung Maximilians I. von 1500, ebd., 4.

12 *Hans Joachim Berbig,* Das kaiserliche Hochstift Bamberg und das Heilige Römische Reich vom Westfälischen Frieden bis zur Säkularisation, 2 Tle. (Beiträge

Kreiskanzlei und das Archiv[14] verwaltete. Das — mehrmals in Personalunion mit Bamberg verbundene — Hochstift Würzburg übertraf zwar flächenmäßig, wirtschaftlich und nach der Höhe seiner Matrikularbeiträge die anderen fränkischen Territorien, aber es war nicht gelungen, aus dem Titel eines „Herzogs zu Franken" einen höheren Rang herzuleiten. Daneben hatten noch der Bischof von Eichstätt[15] und der Hochmeister des Deutschen Ordens in der Ballei Franken[16] ihren Sitz auf der geistlichen Fürstenbank.

2. Die Bank der weltlichen Fürsten nahmen zunächst allein die 1415 gefürsteten hohenzollerschen Markgrafen von Brandenburg mit den beiden Linien Ansbach und Kulmbach (Bayreuth) ein, sowie die drei Linien der schon 1310 gefürsteten Grafen von Henneberg. Den Hohenzollern als dem vornehmsten weltlichen Stand war das Mitausschreibeamt[17] übertragen, und in der Regel wurden sie auch zum Kreisobristen[18] gewählt. Im Zuge weiterer Fürstenerhebungen durch den Kaiser, der insbesondere die katholische Partei stärken wollte, traten im 17. und 18. Jahrhundert noch die einstigen Grafen von Schwarzenberg (1671 gefürstet), Löwenstein-Wertheim (1711 gefürstet) und Hohenlohe-Waldenburg (1746 gefürstet) hinzu.

3. Ursprünglich zählten diese drei zuletzt genannten zu der Bank der Grafen und Herren[19], von denen u. a. die Hohenlohe(-Neuenstein), die

---

zur Geschichte der Reichskirche in der Neuzeit, 5 u. 6), Wiesbaden 1976, bes. 116-121.

13 *Sicken,* Fränkischer Reichskreis (Anm. 6), 179-225.

14 *Sicken,* ebd., 304-307.

15 *Anton Schindling,* Das Hochstift Eichstätt im Reich der Frühen Neuzeit. Katholisches Reichskirchen-Fürstentum im Schatten Bayerns, in: SbbHistVEichstätt 80 (1988), 37-56.

16 *Gerhard Rechter, Dieter J. Weiss,* Die Ballei Franken, in: 800 Jahre Deutscher Orden (Ausstellungskatalog), hrsg. v. Germanischen Nationalmuseum und der Internationalen Historischen Kommission zur Erforschung des Deutschen Ordens, Gütersloh, München 1990, 507 ff.

17 Historische Sendschreiben vom Mit-Ausschreibenden Fürsten-Amt im Löblichen Fränckischen Craiß, Und Was es mit demselben, zwischen beeden Hoch-Fürstlichen Häußern Brandenburg Culm- und Onolzbach, vor eine eigentliche Bewandnuß gehabt und noch habe, Frankfurt / Main, Leipzig 1739; *Sicken,* Fränkischer Reichskreis (Anm. 6), 225-237.

18 *Johann Chr. Hirsch,* Kurze Beleuchtung des Ursprungs und der Beschaffenheit des Creys-Obristen-Amts insgemein, und des Fränkischen insonderheit, Ansbach 1766; Der Kreisobrist wurde gewählt. *Sicken,* Fränkischer Reichskreis (Anm. 6), 237-255.

19 Zu ihrer Stellung vgl. *Ferdinand Magen,* Reichsgräfliche Politik in Franken. Zur Reichspolitik der Grafen von Hohenlohe am Vorabend und zu Beginn des Dreißigjährigen Krieges (ForschWürttFrank 10), 1975; *Volker Press,* Reichsgrafenstand und Reich. Zur Sozial- und Verfassungsgeschichte des deutschen Hochadels in der frühen Neuzeit, in: Jürgen Heideking, Gerhard Hufnagel, Franz Knipping (Hrsg.), Wege in die Zeitgeschichte. FS zum 65. Geburtstag von Gerhard Schulz, Berlin, New York 1989, 3-29.

Castell, die Erbach, die Schenken von Limpurg, die Grafen von Dernbach, von Giech und nicht zuletzt die Schönborn[20] zu nennen sind.

4. Unter den Städten hatte Nürnberg[21], wo sich bald die Kreiskasse und das Kreiszeughaus befanden, eine unbestrittene Führungsposition, der sich die kleineren fränkischen Reichsstädte[22] Rothenburg, Windsheim, Schweinfurt und Weißenburg in der Regel anschlossen.

Die wechselseitigen Verflechtungen mit den benachbarten Kreisen wurden dadurch verstärkt, daß einige fränkische Dynastien ausstarben und an ihrer Stelle auswärtige Adelsgeschlechter Territorien in Franken erwarben und dadurch auch Sitz und Stimme im Kreis erhielten. Hierzu gehören die schwäbischen Grafen von Löwenstein[23] als Erben der Grafen von Wertheim (1556), das kurrheinische Erzstift Mainz als Erbe der Grafen von Rieneck (1559), die obersächsischen Wettiner und die oberrheinischen Landgrafen von Hessen-Kassel als Erben der Grafen von Henneberg (1583) und schließlich die 1668 neu aufgenommenen bayerischen Grafen von Wolfstein.

Seit der Reformation war die konfessionelle Spaltung auch für den Fränkischen Kreis kennzeichnend, allerdings besaßen weder die Katholiken noch die Protestanten eine klare Vorherrschaft: Den Hochstiften und dem Deutschen Orden standen insbesondere die beiden zollerischen Fürstentümer und die überwiegend evangelisch-lutherischen Reichsstädte gegenüber. Die territoriale Gemengelage und die engen wirtschaftlichen Verflechtungen erforderten über alle Differenzen hinweg jedoch immer wieder neue Formen der Koexistenz und Kooperation.

Während die Bischöfe die Mitgliedschaft im Kreis ursprünglich nur auf die Fürsten beschränkt sehen wollten, gelang es den Markgrafen, auch für

---

20 *Friedhelm Jürgensmeier,* Die Schönborn. Ihr Aufstieg von nassauischen Edelleuten zu Reichs- und Kreisfürsten, in: *Rudolf Endres,* Adel in der Frühneuzeit (Bayreuther Historische Kolloquien 5), Köln 1992, 1 - 16.

21 *Eugen Franz,* Nürnberg, Kaiser und Reich. Studien zur reichsstädtischen Außenpolitik, München 1930, bes. 349 ff.; *Gerhard Pfeiffer* (Hrsg.), Nürnberg — Geschichte einer europäischen Stadt, München 1971; *Rudolf Endres,* Die Reichsstädte, in: Spindler, Handbuch III / 1 (Anm. 3), 361 - 369; *Gerhard Hirschmann,* Das Zeughaus des Fränkischen Kreises in Nürnberg, in: MittVGNürnb 59 (1972), 211 - 221; *Franz Willax,* Reichskreis und Städtebündnis. Zur Politik des Nürnberger Rates 1663 - 1672, ebd. 69 (1982), 283 - 303.

22 Vgl. *Peter Fleischmann,* Der fränkische Reichskreis und die Reichsstädte, in: Rainer A. Müller (Hrsg.), Reichsstädte in Franken, Aufsätze (Veröff. zur Bayerischen Geschichte und Kultur 15), München 1987, 2. Bd., 115 - 124.

23 *Christl Hutt,* Maximilian Carl Graf zu Löwenstein-Wertheim und der fränkische Kreis 1700 - 1702. Eine Studie zur Reichs- und Kreispolitik (Diss. Würzburg 1968) Würzburg 1969; *Erwin Riedenauer,* Die Erhebung des kaiserlichen Administrators in Bayern Graf Maximilian Karl von Löwenstein in den Reichsfürstenstand, in: Egon Johannes Greipl, Alois Schmid, Walter Ziegler (Hrsg.), Aus Bayerns Geschichte. Forschungen als Festgabe zum 70. Geburtstag von Andreas Kraus, St. Ottilien 1992, 333 - 376

die — in der Mehrzahl protestantischen — fränkischen Grafen und Herren erweiterte Mitspracherechte im Kreis zu erwirken. Der stete Gegensatz zwischen den Bischöfen und den evangelischen Markgrafen trug entscheidend dazu bei, daß die fränkischen Grafen ein eigenes Grafenkollegium im Rahmen der Kreisverfassung konstituieren konnten[24], das 1641 auch eine Kuriatstimme im Reichstag erhielt.

Gerade die ‚mindermächtigen' Stände leisteten somit einen erheblichen Beitrag zur Stabilisierung des Kreises, in dem sie auch einen gewissen Schutz gegen Übergriffe und einen Garanten ihrer Rechte sahen. Ihre Vertreter trafen sich vielfach schon im Vorfeld der allgemeinen Kreiskonvente, um auf eigenen Grafen- bzw. Städtetagen[25] gemeinsame Verhandlungslinien zu vereinbaren und um so ihre Interessen angemessen zur Geltung bringen zu können.

Kennzeichnend für den Fränkischen Kreis war also seine ausgeprägte politische, konfessionelle und wirtschaftliche ‚Balance'[26]. Er wurde nicht — wie z. B. der Bayerische oder wie der Sächsische Kreis — von einem einzigen mächtigen, armierten Reichsstand dominiert, war aber andererseits auch nicht — wie z. B. der Schwäbische Kreis — durch eine allzu große Anzahl von Mitgliedern in seiner Entscheidungs- und Handlungsfähigkeit beeinträchtigt[27].

Insgesamt bestand der Fränkische Reichskreis aus nie mehr als 27 Territorien, deren Stimmen im Kreiskonvent jedoch mehrfach geteilt waren, so daß im ausgehenden 17. Jahrhundert bis zu 43 Landesherren im fränkischen Kreistag vertreten waren.

Diese ‚Balance' gewährleistete allerdings keineswegs ein dauerhaftes gegenseitiges Einvernehmen. Am auffälligsten war das ausgeprägte Konkurrenzdenken zwischen dem Bischof von Bamberg einerseits und den Markgrafen andererseits, sowohl in Prestigefragen als auch bei realen Vorrechten.

---

24 *Ernst Böhme,* Das fränkische Reichsgrafenkollegium im 16. und 17. Jahrhundert. Untersuchungen zu den Möglichkeiten und Grenzen der korporativen Politik mindermächtiger Reichsstände (VeröffInstEurG 132, zugl. Beitrr. zur Sozial- und Verfassungsgeschichte des Alten Reiches Nr. 8, Diss. Tübingen 1985), Wiesbaden 1989, bes. 134-136; Böhme sieht in der Konsolidierung und im Ausbau des Fränkischen Reichskreises den Hauptgrund für eine größere Intensität und Kontinuität bei der Zusammenarbeit der fränkischen Grafen. Allerdings bildete der Markgrafenkrieg eine Zäsur innerhalb dieser Entwicklung.

25 *Georg Schmidt,* Der Städtetag in der Reichsverfassung. Eine Untersuchung zur korporativen Politik der Freien und Reichsstädte in der ersten Hälfte des 16. Jahrhunderts (VeröffInstEurG Abtlg. Universalgeschichte 113), Stuttgart 1984.

26 *Endres,* Fränkischer Reichskreis (Anm. 3), 214.

27 *Endres,* Geschichte (Anm. 6), 173.

Besonders heftig wurde dabei um das Ausschreibamt gestritten[28]. Auf dem Augsburger Reichstag 1559 hatten beide Parteien zwar vereinbart, das Ausschreibamt gemeinsam auszuüben. Kreistage sollten erst dann einberufen werden, nachdem beide über Tagungsort, Termin und Tagesordnung eine Einigung erzielt hätten. Solange der Konvent jedoch tagte, führte Bamberg „Mund und Feder“, behielt sich also die alleinige Leitung, das Direktorium vor[29].

Als eine wichtige Einschränkung der politischen und administrativen Wirksamkeit ist ferner zu beachten, daß der Fränkische Reichskreis keineswegs eine flächendeckende, geschlossene Verwaltungseinheit bildete — von Reichsprovinzen zu sprechen, wäre daher etwas irreführend[30]. Nachteilig wirkte sich aus, daß die zahlreichen Reichsritter des Landes zu Franken[31] nicht in die Kreisverfassung integriert waren. Sie unterstanden vielmehr unmittelbar dem Kaiser, konnten durch kaiserliche Privilegien ihre Eigenständigkeit noch ausbauen und bildeten eine eigene, in sechs Kantone gegliederte Korporation. Da die Ritterschaft nicht an die Kreisbeschlüsse gebunden war, konnten diese ständig unterlaufen werden, und ihre Truppen waren nicht in das Kreisheer eingegliedert.

Die Wurzel für die Herausbildung Frankens als territorialpolitische Einheit lag bei der spätmittelalterlichen Landfriedensbewegung, doch selbst während des Bauernkriegs[32] 1524/25 und bei der Sickingen-Fehde[33] zeigte sich, daß der Kreis faktisch noch nicht in der Lage war, den Landfrieden zu wahren. Ebenso versagte der Kreis trotz erweiterter Kompetenzen, als sein militärisch weitaus mächtigstes Mitglied, Markgraf Albrecht Alcibiades 1552 in einem brutalen Expansionskrieg die fränkischen Bistümer und das Landgebiet der Reichsstadt Nürnberg verheerte. Erst Herzog Moritz von Sachsen konnte die über Albrecht Alcibiades wegen Landfriedensbruchs verhängte Reichsacht vollstrecken.

---

28 *Sicken*, Fränkischer Reichskreis (Anm. 6), 225 - 237.

29 Hist. Sendschreiben 11. August 1559; Bayerisches Staatsarchiv Bamberg H 2 Bd. 351 fol. 44^{v}. Regelung des Kreisausschreibeamts; *Friedrich Carl Moser*, Des hochlöblichen Fränckischen Crayses Abschide und Schlüsse, vom Jahr 1600. biß 1748. Aus Archiven an das Licht gestellt, 2 Tle., Nürnberg 1752, 1375; *Sicken*, Fränkischer Reichskreis (Anm. 6), 179 - 225; *Berbig*, Kaiserliches Hochstift (Anm. 12), 116 f.

30 *Ferdinand Magen*, Die Reichskreise in der Epoche des Dreißigjährigen Krieges. Ein Überblick, in: ZHF 9 (1982), 409 - 460, hier 415.

31 *Volker Press*, Kaiser und Reichsritterschaft, in: Endres, Adel (Anm. 20), 163 - 194.

32 *Rudolf Endres*, Franken, in: Horst Buszello, Peter Blickle, Rudolf Endres (Hrsg.), Der deutsche Bauernkrieg, Paderborn, München, Wien, Zürich, ^{2}1991, 134 - 153.

33 Sie wurde schließlich durch den Schwäbischen Bund unterdrückt. *Rudolf Endres*, Adel in der Frühen Neuzeit in Deutschland (Enzyklopädie deutscher Geschichte 18, hrsg. v. Lothar Gall), München 1993, 10 f.

Obwohl die auf dem Augsburger Reichstag 1555 beschlossene Reichsexekutionsordnung[34] militärische Selbsthilfemaßnahmen im Rahmen der Kreisverfassung, insbesondere das „ius armorum" zuließ, besserte sich die Situation dadurch nicht unmittelbar.

In den 1560er Jahren, bei der Fehde des Ritters Wilhelm von Grumbach gegen den Bischof von Würzburg[35] scheiterte der Fränkische Kreis erneut. Die „Grumbach'schen Händel", wurden durch die Fürsten, voran August von Sachsen, beendet, obwohl nach der Reichsexekutionsordnung die Durchsetzung und Vollstreckung von Reichsgerichtsurteilen ausdrücklich den Kreisen übertragen worden war[36].

Da die Kreistruppen entsprechend dem in der Reichsmatrikel 1521 festgelegten Schlüssel von den einzelnen Ständen aufgeboten wurden, war man jeweils darauf angewiesen, daß alle ihr Soll erfüllten. Allerdings bemühten sich einige Stände immer wieder, „Moderationen" ihrer Beiträge zu erlangen[37], oder sie ließen ihre Kontingente — wie z. B. das Hochstift Würzburg im Reichskrieg gegen Ludwig XIV. — nicht mit den übrigen Einheiten des Fränkischen Kreises marschieren, sondern in diesem Fall mit denen des Oberrheinischen Kreises[38]. Trotz aller Schwierigkeiten im einzelnen funktionierte das Wehrwesen im großen und ganzen jedoch erstaunlich gut. So darf der Anteil der — oft bespöttelten — Kreistruppen im Krieg gegen die Osmanen und gegen Ludwig XIV. nicht zu gering veranschlagt werden[39].

---

34 An ihrem Zustandekommen hat der Fränkische Kreis wegen der Verwicklungen des Markgrafenkrieges allerdings nicht aktiv mitgewirkt. Auf dem Frankfurter Reichskreistag waren neben den fränkischen Bischöfen, dem Deutschmeister und den Grafen von Mansfeld nur noch die Reichsstadt Nürnberg vertreten, nicht jedoch der Markgraf. Vgl. *Helmut Neuhaus,* Reichsständische Repräsentationsformen im 16. Jahrhundert. Reichstag, Reichskreistag, Reichsdeputationstag (Schrr. zur Verfassungsgeschichte 33), Berlin 1982, 232. Zum Krieg gegen Albrecht Alcibiades siehe *Rudolf Endres,* Der zweite Markgräflerkrieg, in: Spindler, Handbuch III/1 (Anm. 3), 208-211.

35 *Volker Press,* Wilhelm von Grumbach und die deutsche Adelskrise der 1560er Jahre, in: BllDtLdG 113 (1977), 396-421; *Endres,* Adel (Anm. 33), 13 u. 66 f.

36 *Duchhardt,* Quellen (Anm. 1), 27 f.

37 Zu den andauernden Differenzen wegen der Höhe der Matrikularbeiträge vgl. u. a.: Vermehrte Gründliche Ausführung, Daß denen Ständen des Reichs, Welche sich Über ihre Matricular-Anschläg zu beschweren erhebliche Ursachen gehabt / und theils noch haben / bey so langer Entstehung eines Moderations-Tags / durch den Hochpreißlichen Reichs-Convent zu Regenspurg / eine Provisional-Moderation Nach Gestalt und Beschaffenheit ihrer Gravaminum, von Rechts und Billichkeit wegen / nicht nur zu ertheilen gewesen / sondern theils noch zu ertheilen / und auch dabey zu manuteniren seyen; Und wie die Clausula zu verstehen / daß solche Provisional-Moderationes andern Creysen und Ständen ohne Nachtheil seyn sollen, ND Regensburg 1734. *Sicken,* Fränkischer Reichskreis (Anm. 6), 283-296.

38 *Bernhard Sicken,* Das Wehrwesen des fränkischen Reichskreises. Aufbau und Struktur (1681-1714), Nürnberg 1967.

39 *Bernd Wunder,* Die bayrische Diversion Ludwigs XIV. in den Jahren 1700-1704. Kurbayern, Schwaben und Franken zwischen Habsburg und Bourbon zu

Einen Höhepunkt erreichte das Kreiswehrwesen insbesondere seit der Reichsdefensionalordnung von 1681, die eine permanente Kreisarmatur zur Folge hatte[40]. Zwischen 1683 und 1714 waren die fränkischen Kreistruppen an nicht weniger als 30 Feldzügen beteiligt, und zwar mit wechselndem Erfolg und hohen Opfern.

Die fränkische Reichsritterschaft stellte dabei eigene Einheiten auf. Es sollte aber nicht außer Acht gelassen werden, daß zeitweilig die von den Rittern in erheblichem Umfang erbrachten finanziellen Leistungen, die sog. „Charitativsubsidien" an den Kaiser, die Veranlagung des Kreises übertrafen[41].

Der Zusammenhalt des fränkischen Reichskreises zeigte sich vor allem bei Belastungen und Forderungen, die von außen herangetragen wurden. Als Kaiser Rudolf II. den Kreisen direkt, unter Umgehung des Reichstags, Steuern auferlegen wollte, und im Jahr 1610 zu diesem Zweck anordnete, daß „die Convocationes Circulares [. . .] ohne Vorwißen, Willen Ihrer Maj. nicht sollen angestellt, auch ohne Beyordnung jedesmahls Sr. Maj. sonderbahren Commissarien gehalten"[42] werden, wehrte sich der Fränkische

---

Beginn des spanischen Erbfolgekrieges, in: ZBayerLdG 37 (1974), 421-435; Zur Zusammensetzung der Kontingente im ausgehenden 18. Jh. vgl. *[Karl August Frhr. v. Soden]*, Nachricht von den Fränkischen Craistrouppen. Nebst einem Anhang von den schwäbischen Creisregimentern, Nürnberg 1782 (ND Neustadt / Aisch 1984).

40 Seit 1694 unterhielt der Fränkische Kreis ein stehendes Heer. Von insgesamt fast 36.000 Reitern und 74.000 Soldaten zu Fuß für das Reichsheer hatte der Fränkische Kreis 2940 zu Pferd bzw. 5703 zu Fuß, also etwa 8 % zu stellen. Mit diesem Anteil rangiert er unter den zehn Kreisen an 7. Stelle, wie aus einer Übersicht aller Kreise in der Reihenfolge ihrer militärischen Leistungsfähigkeit hervorgeht.

Triplum des Reichsanschlags 1681:

Kreis	zu Pferd	zu Fuß
Österreich	7563	16521
Schwaben	3963	8121
Burgund	3963	8121
Westfalen	3963	8121
Niedersachsen	3963	8121
Obersachsen	3963	8121
Franken	2940	5703
Kurrhein	1800	8121
Bayern	2400	4479
Oberrhein	1473	8559

Zusammengestellt anhand der Angaben von *Johann Adam Kopp,* Gründliche Abhandlung Von der Association derer vordern Reichs-Craysse Worinnen zuvorderst Die Errichtung derer Reichs-Craysse überhaubt, und darauf gefolgten, auch bey dem gantzen Associations-Wesen jederzeit zum Grund gelegten Executions-Ordnung / So dann der Ursprung, Fortsetzung und heutige Beschaffenheit dieser Associations-Verfassung Insbesondre, Aus bewehrten Scriptoribus, vielen Archivalischen Nachrichten und Actis publicis, gründlich beschrieben, Und Mit allen und jeden vorhandenen Associations-Recessen ans Licht gestellet, Frankfurt / Main 1739, Beilagen, 102; vgl. *Sicken,* Wehrwesen (Anm. 38), 32.

41 *Endres,* Adel (Anm. 33), 68 f.

Kreis geschlossen gegen einen derart massiven Versuch, die Einflußnahme des Kaisers auf die Kreiskonvente zu verstärken und er richtete daher ein dringendes Ersuchen an Rudolf II., es solle „bey den Reichs-Verfaßungen und bekandten Herkomen gelaßen werden“ [43]. Trotz aller unterschiedlichen Auffassungen und Konflikte, die sonst immer wieder im Kreistag zum Ausbruch kamen, herrschte unter den fränkischen Kreisständen angesichts dieser Forderung, die von allen als Bedrohung empfunden wurde, eine sehr ausgeprägte Einigkeit.

Die größte Belastungsprobe für den Zusammenhalt des Fränkischen Reichskreises stellte ohne Zweifel der Dreißigjährige Krieg dar [44]: Schon im Vorfeld war es immer wieder zu konfessionellen Spannungen [45] gekommen, was u. a. zu protestantischen Partikularkonventen geführt hatte. So traten 1611 die evangelischen Kreisstände — getrennt von den katholischen — zu einer eigenen Versammlung zusammen und erließen einen „Neben-Abschid“ [46], in dem sie sich gegen „Neuerungen“ und Rekatholisierungsbestrebungen des Bischofs von Bamberg wehrten.

---

42 *Moser,* Kreisabschiede (Anm. 29), 83; 4. / 14. Aug. 1610; vgl. *Magen,* Reichskreise (Anm. 30), 423.

43 *Moser,* ebd.

44 *Rudolf Endres,* Der Dreißigjährige Krieg in Franken, in: JbHistVMFrank 91 (1982 / 83); Ders., Der Dreißigjährige Krieg in Franken: Anlaß — Ablauf — Schrekken — Schutzmaßnahmen — Auswirkungen — Wiederaufbau, in: Gustav Adolf, Wallenstein und der Dreißigjährige Krieg in Franken, Ausstellung des Staatsarchivs Nürnberg zum 350. Gedenkjahr (1632 - 1982) (Ausstellungskatalog der Staatlichen Archive Bayerns 14), Neustadt / Aisch 1982, 11 - 26.

45 Als ein Beispiel lassen sich die Auseinandersetzungen des Jahres 1611 in der Gemeinde Hausen anführen. Das Dorf gehörte zwar unstrittig zu dem bayreuthischen Amt Baiersdorf, doch das Präsentationsrecht für den Pfarrer alternierte zwischen dem Geschlecht von Haller und dem Bischof von Bamberg. Als dieser einen „Päpstischen Meß-Pfaffen“ einsetzte — schon allein die Wortwahl deutet auf eine sich verschärfende Polarisierung hin —, sahen die evangelischen Reichsstände darin einen Verstoß gegen die zugesicherte „Exercitio sinceræ Religionis“, denn sowohl vor als auch nach dem Passauer Vertrag vom 2. August 1552 übten in Hausen nur „Evangelische Praedicanten“ ihr Amt aus. Die evangelische Seite forderte daher die Entfernung des „eingeschleichten Sacrificulus“. Da dieser ohnehin von selbst entlaufen sei — ob freiwillig oder unter äußerem Druck sei dahingestellt —, sollten nun nach dem bisher praktizierten Turnus die Haller einen Kandidaten auf die Pfarrstelle präsentieren.

Der symptomatische Vorfall zeigt deutlich die bereits vor dem Dreißigjährigem Krieg gespannte Atmosphäre, in der die Konfessionsparteien auch vor gezielten Provokationen der Gegenseite nicht zurückschreckten, was auch die Arbeit des Fränkischen Kreises zunehmend belastete. „Neben-Abschid der Evangelischen Stände“ vom 27. Juni 1611, zitiert bei *Moser,* Kreisabschiede II (Anm. 29), 93.

46 Ebd. In den Rezessen wird zwar nur die Oberfläche langwieriger und meist kontroverser Verhandlungen sichtbar, aber solange die sehr umfangreichen Archivalien, insbes. im Bayer. Staatsarchiv Bamberg, daneben auch in den Staatsarchiven Nürnberg und Würzburg, aber auch in den Archiven der einstigen Standesherren sowie in den kommunalen Archiven der einstigen Reichsstädte erst ansatzweise ausgewertet sind, bieten die im 18. Jh. edierten Kreisabschiede die geeignetste

In der böhmischen Frage versuchte der Kreis zunächst, so lange als möglich seine Neutralität zu bewahren. Auf dem Nürnberger Konvent 1619 beabsichtigte man hierzu, sich enger an den Schwäbischen und an den Bayerischen Kreis anzuschließen. Angesichts der bedrohlichen Lage wurde 1621 die allgemeine Kreisrüstung beschlossen. Seit 1627 sollten fremde Truppendurchzüge durch eigens bestellte Kreisorgane kontrolliert und geregelt werden, was jedoch mißlang.

1629 versuchte der Kreis vergeblich, bei den Reichsgerichten gegen die Bestimmungen des vom Kaiser diktierten Restitutionsediktes zu klagen, während Würzburg und Bamberg mit der Rekatholisierung begannen[47].

Welche Bedeutung die Zeitgenossen dem Fränkischen Kreis zuschrieben, zeigt sich am deutlichsten daran, daß seine Strukturen selbst während des Dreißigjährigen Krieges grundsätzlich beibehalten wurden, auch nachdem das Hochstift Würzburg 1631 von Schweden besetzt worden war. Die dort installierte Regierung des Herzogs Bernhard von Sachsen-Weimar nahm sogar die Stimme des Kreisdirektors für sich in Anspruch und versuchte — aufgrund des Titels eines „Herzogs zu Franken" — die politische und wirtschaftliche Stellung des Direktors weiter auszubauen[48].

Ebenso wie der Fränkische Kreis zuvor in der Ablehnung der kaiserlichen Forderungen eine weitgehend geschlossene Front geformt hatte, so blieben jetzt jedoch die Anstrengungen Gustav Adolfs, der die einzelnen fränkischen Stände zu Spezialallianzen drängen wollte, weitgehend erfolglos. Auch die Einsetzung des Grafen Kraft von Hohenlohe als schwedischer Generalstatthalter in Franken und die geplante Einführung der schwedischen Kupferwährung gelangen nicht[49]. Allerdings ist im Fränkischen Kreis unter dem starken schwedischen Druck ein gewisser innerer Bruch nicht zu verkennen. Mit dem Frieden von Prag 1635 erfolgte wiederum eine Aussöhnung aller Kreisstände mit dem Kaiser. Insgesamt kam in Franken jedoch die Kreisorganisation auch während des Großen Krieges nie völlig zum Erliegen.

Möglichkeit, um sich zu unterrichten über die vorrangigen Aufgaben, Konflikte und die komplizierten Versuche zur Lösung der militärischen, verfassungsmäßigen, ökonomischen und sozialen Probleme im Fränkische Kreis während der Frühen Neuzeit.

47 *Magen,* Reichskreise (Anm. 30); *Bernhard Sicken,* Reformation und Gegenreformation 1517-1648. Franken, in: Handbuch der bayerischen Kirchengeschichte II: Von der Glaubensspaltung bis zur Säkularisation, hrsg. v. Walter Brandmüller, St. Ottilien 1993, 123-292.

48 *Christa Deinert,* Die Schwedische Epoche in Franken von 1631-1635, Diss. Würzburg 1966, 166 f.; ebd. 200 betont sie den „Zusammenhalt" und die „politische Potenz" des Fränkischen Kreises, der sich dagegen wehrte, zu einem bloßen „Instrument der schwedischen Politik" zu werden. Vgl. auch *Helmut Weigel,* Franken im dreißigjährigen Krieg. Versuch einer Überschau von Nürnberg aus, in: ZBayerLdG 5 (1932), 1-50 u. 193-218.

49 *Deinert,* Schwedische Epoche (Anm. 48), 203.

Ein gemeinsames Interesse fanden die Fränkischen Kreisstände schließlich wieder an einer baldigen und dauerhaften Befriedung. So beschloß er bereits 1644 die Entsendung einer eigenen Delegation zu den Friedensverhandlungen nach Westfalen[50]. Nach Beendigung des Krieges und durch die im Westfälischen Frieden 1648 festgeschriebene „Reintegration" der Kreise trat auch der Fränkische Kreis wieder voll in seine besonders auf der Reichsexekutionsordnung von 1555 und den folgenden Ergänzungen beruhenden Rechte und Funktionen ein[51].

Mit der fiskalischen Verfassung des Fränkischen Kreises, der auch für die Erhebung und Ausmittlung der Reichssteuern, der Römermonate und der Kammerzieler zuständig war, stand es infolge der enormen Belastungen während des Dreißigjährigen Krieges allerdings nicht zum besten. Für die Wirksamkeit der Kreisorganisation war es eine zentrale Frage, inwieweit die jeweils bewilligten und benötigten Geldmittel von den zugehörigen Ständen tatsächlich eingezogen werden konnten. Dabei mußte oft genug die Drohung ausgesprochen werden, rückständige Beiträge mittels Zwang einzutreiben. Die Kreiskasse[52] befand sich im 16. Jahrhundert zunächst in der Reichsstadt Rothenburg, wurde dann aber nach Nürnberg verlegt, wo sie vom Losungsamt, der reichsstädtischen Finanzbehörde, mitverwaltet wurde[53]. Dies gab jedoch Anlaß für manche Auseinandersetzungen, da die Verwaltung der Kapitalien von Stadt bzw. Reichskreis nur unzureichend getrennt und daher nicht genau kontrolliert werden konnte[54].

---

50 *W. Becker,* Der Kurfürstenrat. Grundzüge seiner Entwicklung in der Reichsverfassung und seine Stellung auf dem Westfälischen Friedenskongreß (Schriftenreihe der Vereinigung zur Erforschung der Neueren Geschichte 5), Münster 1973, 163; *Magen,* Reichskreise (Anm. 30), 455 zu der wichtigen Funktion der Kreise auf dem westfälischen Friedenskongreß.

51 *Wilhelm Schneider,* Die Politik des Fränkischen Kreises nach dem Dreißigjährigen Kriege (ErlangerAbhhMittlNeuerG 8), Erlangen 1931; *Rudolf Endres,* Vom Westfälischen Frieden bis zum Reichsdeputationshauptschluß. Franken 1648-1803, in: Handbuch der bayerischen Kirchengeschichte II (Anm. 47), 391-416.

52 Eine detaillierte Studie zur finanziellen Lage des Fränkischen Kreises sowie zu seiner Haushaltsführung steht noch aus. Vgl. aber *Sicken,* Fränkischer Reichskreis (Anm. 6), 274-283.

53 Ausschlaggebend waren offenbar technische Gründe, da von Nürnberg mit seiner hervorragenden Bedeutung als Verkehrs- und Wirtschaftszentrum finanzielle Transaktionen rasch und sicher durchgeführt werden konnten.

54 Die eingehenden Beträge, die Auszahlungen und das Rechnungswesen des Fränkischen Kreises unterstanden einem besoldeten Kreiskassier, der zugleich Kassensekretär des Losungsamtes war und als Personal über einen Schreiber verfügen konnte. Die Ernennung dieses Sekretärs wurde vom Nürnberger Rat vorgenommen, doch war er an die Weisungen des Kreiskonvents gebunden, er mußte Rechenschaft ablegen über Einnahmen, Ausgaben, Kredite und etwaige Zahlungsrückstände, und er mußte jeweils für das nächste Haushaltsjahr einen Etat entwerfen.

Erst als es in den 1770er Jahren zu scharfen Interessenkonflikten zwischen der Reichsstadt Nürnberg, die eine Moderation ihrer Beiträge zu erreichen suchte, und dem Kreis gekommen war, sollte das Rechnungswesen durch einen Ausschuß einer

Eine weitere Schwierigkeit ergab sich daraus, daß keine regelmäßigen Einnahmen vorhanden waren. Nur fallweise wurde im Fränkischen Kreis auf der Grundlage der Wormser Matrikel der sog. „numerus rotundus" in Höhe von 4000 fl. von den einzelnen Ständen erhoben[55].

Entsprechend den Hauptaufgaben des Kreises im ausgehenden 17. Jahrhundert waren die Ausgaben für das Militär der bei weitem größte Haushaltsposten und betrugen z. T. mehr als 90% des Jahresetats von 800.000 bis 1 Mio. rhein. Gulden[56].

Ähnliche Probleme gab es bei der Jurisdiktion: Da die Gerichtshoheit eines der wichtigsten Privilegien für den Ausbau der Landeshoheit bildete, achtete auch hierbei jedes Territorium eifersüchtig auf seine besonderen Rechte. Deshalb verfügte der Kreis über keinen eigenen Gerichtshof, hatte aber gemäß Reichsexekutionsordnung die Aufgabe, rechtskräftige Urteile zu vollstrecken. Als „Exekutivorgan für die Legislative und die Jurisdiktion des Reiches insgesamt"[57] funktionierte der Fränkische Kreis somit immer nur mit gewissen Einschränkungen.

Am wirksamsten und erfolgreichsten war der Fränkische Kreis offenkundig in der Regelung von ökonomischen Fragen, da alle Mitglieder an der Errichtung eines einheitlichen Wirtschaftsraumes — möglichst ohne Behinderungen durch Zölle und mit einem stabilen Münzwesen — durchaus interessiert waren und profitieren konnten.

Seit der Reichsmünzordnung 1559 war die Aufsicht über das Münzwesen oder die „Währungsstabilität" ganz den Kreisen überlassen. Diese sollten jährlich zwei Probationstage durchführen[58]. Seit 1564 vereinbarte der

---

eingehenden Kontrolle unterzogen werden, wogegen das Losungsamt heftig protestierte. Um die reale Finanzlage zu ermitteln, ernannte der Kreis 1783 — unter Verweis auf das hohe Alter des Kassiers — einen Adjunkten seines Vertrauens, der bald einen Fehlbetrag von mindestens 128 000 fl. ermittelte. Die Differenzen, wie dies auszugleichen sei, führten zu Überlegungen, die Kreiskasse etwa nach Rothenburg zu übertragen; Nürnberg kam dem 1785 dadurch zuvor, daß es erklärte, die Kassenführung niederzulegen. Nach zweijähriger Vakanz wurde ein Casteller Hofrat zum Kreiskassier bestellt, doch 1788 kam es wieder zu einer Einigung zwischen Kreis und Reichstadt: Bei verschärfter Kontrolle und einer von Nürnberg zu leistenden Entschädigung für die Unterschlagungen des einstigen Kassiers wurde dem Losungsamt erneut die Kassenführung anvertraut. *Sicken,* Fränkischer Reichskreis (Anm. 6), 274-283.

55 *G. L. Knapp,* Actenmäßige Erläuterungen über das deutsche Reichs- und Kreis-Matrikularwesen besonders den Fränkischen Kreis betreffend, Nürnberg 1794; Eine tabellarische Auflistung zur Höhe der Anschläge und ihrer Änderungen während des 18. Jahrhundert auch bei *Sicken,* Fränkischer Reichskreis (Anm. 6), 268.

Der volle Betrag wurde kaum je erzielt, da insbesondere die hoch verschuldeten Stände wie Nürnberg vehement Moderationen ihrer Matrikularbeiträge verlangten oder bei mangelnder Liquidität schlicht die Zahlungen verweigerten.

56 *Sicken,* ebd., 283 u. ders., Wehrwesen (Anm. 38), 1. Bd., 119 ff.

57 *Hartung,* Geschichte (Anm. 10).

Fränkische Kreis darüber hinaus gemeinsam mit dem Schwäbischen und mit dem Bayerischen Kreis Münzeinungen[59], in denen gemeinsame Maßnahmen gegen die stetige Geldentwertung und das Abfließen der guten Münzsorten vereinbart wurden. In zahlreichen Edikten wurden die im Kreis zugelassenen Zahlungsmittel, die aktuellen Umtauschverhältnisse und die „verrufenen" Münzen bekanntgegeben. Der Zweck dieser Maßnahmen bestand darin, daß „keine fremde ausländische Münz im Reich paßiert, eingeschleichet oder verschoben werden"[60] sollten. Bis auf die „Kipper- und Wipperzeit" zu Beginn des Dreißigjährigen Krieges konnte der Kreis dadurch die stetige Geldentwertung wenigstens teilweise eindämmen.

Ansätze zu einer Wirtschaftsunion entwickelten sich im Fränkischen Reichskreis besonders angesichts der Hungersnot während der Mißwuchsjahre 1570 / 71[61]. Im August 1571 beschloß eine Kreisversammlung in Nürnberg einschneidende Maßnahmen zur Beschränkung des Konsums bei den oft sehr aufwendigen Taufen, Hochzeiten, Kirchweihen und anderen Feierlichkeiten. Auch das Bierbrauen mußte drastisch eingeschränkt werden, die zulässigen privaten Getreidevorräte wurden mengenmäßig begrenzt und man verbot Spekulationen auf die noch nicht eingebrachte Ernte. Mit Rücksicht auf die benachbarten Kreise kam es zwar nicht zu dem zeitweise geplanten allgemeinen Ausfuhrverbot für Getreide im gesamten Kreisgebiet, doch eventuelle Überschüsse, die nicht innerhalb eines einzelnen Territoriums verkauft worden waren, sollten ohne Zoll und ohne sonstige Gebühren unmittelbar den übrigen Mitständen im Kreis angeboten werden, denen somit zu günstigen Konditionen ein Vorkaufsrecht eingeräumt wurde. Nicht zuletzt wurde der Fränkische Reichskreis dadurch praktisch zu einem einheitlichen Getreidemarkt mit strikten Preisbindungen erklärt.

Auch an die Reichsritterschaft, die rechtlich außerhalb der Kreisorganisation stand, erging eine Appell, sich diesem Kreisabschied anzuschließen. Denjenigen Rittern, welche die Beschlüsse des Kreises unterlaufen würden,

---

58 Diese Probationstage fanden sogar noch während des Dreißigjährigen Krieges statt.

59 *Hans-Heinrich Kaufmann,* Der fränkische Kreis von 1559 - 1567. Ein Vorbericht, in: ZBayerLdG 5 (1932), 250 f.; *Endres,* Geschichte (Anm. 6), 172; Vgl. *Kurt Wild,* Lothar Franz von Schönborn. Bischof von Bamberg und Erzbischof von Mainz 1693 - 1729. Ein Beitrag zur Staats- und Wirtschaftsgeschichte des 18. Jahrhunderts (HeidelbergAbhhMittlNeuerG 8), Heidelberg 1904 (ND Nendeln / Liechtenstein 1977), 114 ff. zu den Versuchen einer Kontrolle des Münzwesens in den korrespondierenden Kreisen.

60 Als Beispiel die Formulierung in dem Münz-Edikt v. 5. / 15. Okt. 1600, das sich speziell gegen minderwertige „Düttichen" aus Polen richtete; zit. in: *Moser,* Kreisabschiede (Anm. 29), 15.

61 *Rudolf Endres,* Zur wirtschaftlichen und sozialen Lage in Franken vor dem Dreißigjährigen Krieg, in: JbFränkLdforsch 28 (1968), 37 - 40.

drohte die Beschlagnahmung ihres Getreides, sobald es durch das Gebiet eines der fränkischen Kreisstände geführt werden sollte.

Der Mangel und die akute Teuerung führten also zu einer deutlichen Verstärkung merkantilistischer Tendenzen im Fränkischen Reichskreis.

Ähnliche Ansätze zu einer einheitlichen und gemeinsamen Wirtschaftspolitik aus eigener Initiative gab es auch bei den zum Schutz der einheimischen Handwerker beschlossenen zeitweiligen Verboten der Wollausfuhr und bei den Auflagen für die „geschenkten Handwerke". Von der Wirtschafts- und Handwerksordnung her verstand sich der Kreis dabei als eine einheitliche Region.

Eine wichtige infrastrukturelle Maßnahme war darüberhinaus der Bau von Straßen. Auch hier lag die Initiative primär bei den einzelnen Territorien, aber zusätzlich konnten innerhalb des Kreises Absprachen getroffen werden, um den Ausbau über die territorialen Grenzen hinweg besser zu koordinieren[62].

Gelegentlich intervenierte der Kreis sogar wie z. B. 1607 wegen der „bösen Weeg und Landstraßen"[63] im Würzburger Gebiet und bestellte Kommissionen, die den Zustand der Verkehrswege bei einzelnen Ständen kontrollieren und gegebenenfalls die Verbesserung veranlassen sollten.

Die ökonomischen Maßnahmen wurden zugleich von sozialen Aspekten begleitet, wie sich anhand der Preisregulierung und bei der Anlage von Getreidevorräten 1571 / 72 zeigen läßt[64]. Die Spekulation mit den knappen Grundnahrungsmitteln sollte eingedämmt werden, damit der „gemeine Mann" mit „billiger Nahrung" versorgt werden konnte, wobei für wirksame Maßnahmen wiederum eine Kooperation mit den korrespondierenden Nachbarkreisen erforderlich war.

Nicht zu unterschätzen sind schließlich die „Policey"-Funktionen des Kreises. Ebenso wie auf Reichsebene — sichtbar in der Reichspolizeiordnung Rudolfs II. vom 9. November 1577[65] — Ansätze zu einer umfassenden sozialen Disziplinierung vorhanden waren, so reagierte auch der Fränkische Kreis bereits früher in seinen Rezessen auf die brisanten sozialen Probleme[66].

---

62 *Eckart Schremmer,* Gewerbe und Handel zur Zeit des Merkantilismus, in: Spindler, Handbuch III / 1 (Anm. 3), 504 ff. betont die mangelnde Koordinierung wirtschaftspolitischer Entscheidungen und Maßnahmen in den einzelnen Territorien, allerdings ohne auf die entsprechenden Ansätze im Fränkischen Kreis einzugehen.

63 *Moser,* Kreisabschiede (Anm. 29), 61; Nebenabschied v. 17. / 27. Aug. 1607, § 3.

64 *Hans Heinrich Kaufmann,* Der Gedanke fränkischen Gemeinschaftsgefühls in Politik und Geschichte des fränkischen Reichskreises, in: ArchHistVUntFrank 69 (1931 - 1934), 205; *Endres,* Geschichte (Anm. 6), 172.

65 Auszüge bei *Duchhardt,* Quellen (Anm. 1), 120 ff.

Offenbar als einziger Kreis erließ der Fränkische 1572 — noch vor dem genannten Reichsabschied — eine eigene vorbildliche Polizeiordnung[67], die nahezu alle Lebensbereiche detailliert regelte, von Feiern wie Hochzeiten, Taufen, Kirchweihen und dem Einstand in gedingte Handwerke bis zum Betteln und zur Versorgung der „Hausarmen". Zu ihrer Durchsetzung, insbesondere der Restriktionen gegen „herrenloses Gesindel" das möglichst ausgegrenzt werden sollte, unterhielt der Fränkische Kreis ebenso wie der Schwäbische eigene Polizeitruppen.

Gerade die Kreisorganisation sah sich veranlaßt, gegen die zunehmende Zahl „gartender" Landsknechte, vagierender Bettler, Zigeuner und Gauner vorzugehen. Denn durch eine bloße Ausweisung und den Abtransport in das jeweils benachbarte Territorium, wo sie genauso wenig erwünscht waren, konnte das Problem nicht gelöst werden, sondern wurde nur verlagert.

Umherziehende Bettler wurden daher z. T. planmäßig im Auftrag des Fränkischen Kreises quasi kommerziell eingefangen, gesammelt und als billige Arbeitskräfte vor allem nach Venedig verkauft, wo sie als Ruderer auf den Galeeren eingesetzt wurden[68]. Zur Einrichtung eines Arbeitshauses auf Kreisebene gelangte man allerdings nicht, da die größeren Territorien in Franken bereits eigene Zucht- und Arbeitshäuser eingerichtet hatten[69].

Die Zusammengehörigkeit und der Gemeinschaftsgedanke im Fränkischen Reichskreis zeigte sich jeweils am stärksten in der Abwehr kollektiver Bedrohungen.

Das hervorragendste Beispiel hierfür bietet nach der Reintegration der Kreise am Ende des Dreißigjährigen Krieges der Zusammenschluß zu Kreisassoziationen. Angesichts der akuten militärischen Bedrohungen, die

---

66 Vgl. *Endres,* Wirtschaftliche und soziale Lage (Anm. 61),5-52.

67 Als Synthese aus den vorgelegten Polizeiordnungen der einzelnen Territorien vgl. Bayerisches Staatsarchiv Nürnberg, Nürnberger Kreistagsakten Tom. 6 u. Ansbacher Kreistagsakten Tom. 16 a; *Hanns Hubert Hofmann,* Mittel- und Oberfranken am Ende des Alten Reiches (1792) u. ders., Unterfranken und Aschaffenburg mit den Hennebergischen und Hohenlohischen Landen am Ende des Alten Reiches (1792) (Historischer Atlas von Bayern, Teil Franken, R. II, H. 1 u. 1 a), München 1954-1956, Erläuterungen, 30; *Endres,* Geschichte (Anm. 6), 172; ders., Zur wirtschaftlichen und sozialen Lage (Anm. 61), 42.

68 Analog hatte der Schwäbische Kreis mit der Republik Genua Vereinbarungen zwecks Übernahme von Galeerensträflingen getroffen. Vgl. *Bernd Wunder,* Der schwäbische Kreis, in diesem Bd.: Regionen in der Frühen Neuzeit, hrsg. v. Peter C. Hartmann, 23-39.

69 *Marlene Sothmann,* Das Armen-, Arbeits-, Zucht- und Werkhaus in Nürnberg bis 1806 (Nürnberger Werkstücke zur Stadt- und Landesgeschichte, 2), Nürnberg 1970, 36 f. u. 62 zu dem 1746 erneuerten „Pönal-Mandat wider das Diebs-, Räuberisch-, Zigeuner-, Jaunerisch-, Herrenloses- und anderes Bettelgesind"; *Rudolf Endres,* Das „Strafarbeitshaus" St. Georgen bei Bayreuth, in: Jb. der Sozialarbeit 4, 1981.

von den Osmanen und von dem Frankreich Ludwigs XIV. ausgingen, trat der Fränkische Reichskreis in engere politische und militärische Verbindungen mit den Nachbarkreisen, was durch verschiedene personelle Verflechtungen zudem erleichtert wurde. Besonders der Mainzer Kurfürst Johann Philipp von Schönborn, zugleich Fürstbischof von Würzburg, verfolgte mit Nachdruck das Projekt einer Assoziation der sechs vorderen Kreise[70]. 1682 trat der Fränkische Kreis der Laxenburger Allianz bei, welcher neben einigen Fürsten und Grafen der Oberrheinische Kreis und der Kaiser angehörten, und in der Folge war er auch an der 1686 ratifizierten Augsburger Allianz beteiligt[71]. Mit diesen Assoziationen erreichte der Fränkische Reichskreis am Ende des 17. Jahrhundert einen neuen Höhepunkt seiner Entwicklung und politischen Eigenständigkeit[72].

Zusammenfassend ist also festzustellen: Je nach Zeitumständen und je nach Interessenlage, Beziehungen und Kräfteverhältnissen der einzelnen Stände konnte der Fränkische Kreis einerseits in Teilbereichen eine sehr wirksame und dynamische Korporation sein, die in dem Bewußtsein, daß bestimmte territorienübergreifende Probleme nur durch Konsens gelöst werden können, einen erheblichen Beitrag leistete zur Ausbildung eines einheitlichen Wirtschaftsraums und einer auch politisch eigenständigen Region „Franken" mit ausgeprägtem Eigenverständnis. Dabei ging die Zusammenarbeit teilweise weit über das durch die Reichsverfassung vorgegebene engere Aufgabenspektrum hinaus.

Andererseits war der Kreis teilweise auch ein durch konträre Zielsetzungen blockierter, umständlicher Apparat „zur Verhinderung von Taten"[73]. Diese ambivalenten Tendenzen waren jeweils abhängig von den Spannungsverhältnissen im Kreis und im Reich.

---

70 Einladungsschreiben in: Haus-, Hof- und Staatsarchiv Wien, Mainzer Erzkanzlerarchiv, Friedensakten 70; *Aretin,* Kreisassoziationen (Anm. 4), 178; Vgl. *Hanns Hubert Hofmann,* Reichskreis und Kreisassoziation, in: ZBayerLdG 25 (1962), 377-413.

71 *Kopp,* Gründliche Abhandlung (Anm. 40), mit Edition weiterer Kreisabschiede und Allianzrezesse; *Aretin,* Kreisassoziationen (Anm. 4), 191 f.; *Alfred Schröcker,* Kurmainz und die Kreisassoziationen zur Zeit des Kurfürsten Lothar Franz von Schönborn, in: Aretin, Kurfürst von Mainz (Anm. 4), 69-77.

72 Eine problematische, zeitweilig jedoch auch erfolgreiche militärische wie politische Bedeutung kam dem Fränkischen Kreis während des Spanischen Erbfolgekriegs zu. Vgl. *R. Wines,* Die Entwicklung des fränkischen Reichskreises im spanischen Erbfolgekrieg, in: ZBayerLdG 30 (1967), 337-354; *Bernd Wunder,* Die bayrische Diversion Ludwigs XIV. in den Jahren 1700-1704. Kurbayern, Schwaben und Franken zwischen Habsburg und Bourbon zu Beginn des spanischen Erbfolgekrieges, ebd. 37 (1974), 416-478; *Franz Willax,* Die fränkischen Kreisstände im spanischen Erbfolgekrieg, in: ArchGObFrank 55 (1975), 299-336; Ders., Das Fürstentum Brandenburg-Ansbach und die Reichsstadt Nürnberg im Spanischen Erbfolgekrieg. Zur Politik des Fränkischen Kreises (Mittelfränk. Stud. 5), Ansbach 1984.

73 *K. Brandi,* in: GGA, 1898, 795, zit. nach: *Endres,* Geschichte (Anm. 6), 172.

Kann der Fränkische Reichskreis bis 1555 mit Einschränkungen noch als ein „leeres Gerüst“ gelten, so kam es in der zweiten Hälfte des 16. Jahrhunderts — mit der Münzaufsicht, der Polizeiordnung sowie den Preisregulierungsmaßnahmen — zu langfristig wirksamen, durch den Dreißigjährigen Krieg nur zeitweilig unterbrochenen, gemeinsamen Absprachen für die soziale und ökonomische Gesamtordnung des Kreises. Die Kreisbeschlüsse wurden teilweise durch Kreisorgane, wie den Münzwardein[74], kontrolliert oder etwa durch Polizeitruppen durchaus effektiv durchgeführt.

Eine starke Belastung stellte jedoch die konfessionelle Spaltung dar, die sich während der Gegenreformation verschärfte. Während des Dreißigjährigen Krieges reichten der Zusammenhalt und der Gemeinschaftsgedanke nicht aus, um zu verhindern, daß die katholischen Stände in Franken sich zum Kaiser, die evangelischen — nach langem Zögern — dagegen zu König Gustav Adolf bekannten. Allerdings wurden sowohl die kaiserlichen Forderungen, welche die Selbständigkeit der Territorien und des Kreises beeinträchtigten, abgelehnt wie auch die schwedischen.

In der Kreisorganisation war also tatsächlich ein eigenständiges, fortschrittliches Moment enthalten, das in der Durchführung zahlreicher konkreter Aufgaben für die politische, wirtschaftliche und soziale Ordnung im Alten Reich insgesamt positive, stabilisierende Effekte zur Folge hatte. Dabei handelte der Fränkische Kreis keineswegs ausschließlich im Auftrag des Reichs, sondern er entwickelte — im Unterschied zu den meisten anderen Kreisen — durchaus eine starke Eigendynamik. Infolge des Kräftegleichgewichts und seiner besonderen politischen und konfessionellen Zusammensetzung wurde allerdings ein großer Teil dieser vorhandenen Dynamik im Fränkischen Reichskreis durch interne Auseinandersetzungen und Interessengegensätze paralysiert.

Im Überblick sind drei Phasen bzw. Schwerpunkte der Zusammenarbeit und der Zusammengehörigkeit im Fränkischen Kreis hervorzuheben.

1. Auf dem Gebiet der Wirtschaft und der inneren Sicherheit wurden in der zweiten Hälfte des 16. Jahrhunderts entscheidende langfristige Maßnahmen eingeleitet, die zumindest bis zum Dreißigjährigen Krieg ein gemeinsames Vorgehen im Fränkischen Kreis garantierten und eine einheitliche Region schufen[75].

---

74 *Sicken,* Fränkischer Reichskreis (Anm. 6), 290 - 296.

75 Auch *Press,* Franken (Anm. 7), 338 betont die „Integrationskraft des Fränkischen Kreises“ und gelangt selbst für die Jahre nach 1555, trotz der Unfähigkeit des Kreises, die Grumbach'schen Händel zu beenden, zu dem Ergebnis: „Der Kreis [. . .] stützte die gewachsene territoriale Ordnung Frankens und war für den Zusammenhalt der zersplitterten Landschaft von größter Bedeutung.“ (ebd., 334).

2. Trotz aller internen Spannungen und Konflikte wurde selbst im Dreißigjährigen Krieg die etablierte Kreisorganisation in Franken nicht aufgegeben.

3. Nach 1681 leistete der Fränkische Reichskreis durch die Assoziationen in der Politik gegen Frankreich und die Osmanen einen nicht unerheblichen militärischen Beitrag zur Verteidigung und zur Stabilisierung des Reiches.

Weiterhin dürfte freilich die für das ausgehende 17. Jahrhundert formulierte Ansicht von Gerhard Oestreich zutreffen: „Wichtiger als die militärisch-politische Organisation scheint mir aber die zivile und ökonomische Zusammenarbeit der Vorderen Reichskreise zu sein.“ [76]

Beilage:

Übersicht der fränkischen Kreisstände entsprechend ihrer jeweiligen Veranlagung zur Reichsmatrikel (1521):

Reichsstadt Nürnberg	1480 fl.
Bistum Würzburg	1456 fl.
Bistum Bamberg	1088 fl.
Bistum Eichstätt	768 fl.
Brandenburg-Ansbach	516 fl.
Brandenburg-Kulmbach	516 fl.
Deutschmeister	448 fl.
Reichsstadt Rothenburg	380 fl.
Grafschaft Henneberg	320 fl.
Grafschaft Hohenlohe	256 fl.
Reichsstadt Windsheim	168 fl.
Grafschaft Wertheim	160 fl.
Reichsstadt Schweinfurt	148 fl.
Grafschaft Limburg	116 fl.
Reichsstadt Weißenburg	100 fl.
Grafschaft Erbach	64 fl.
Grafschaft Rieneck	44 fl.
Grafschaft Schwarzenberg	38 fl.
Grafschaft Seinsheim	14 fl.
	8080 fl.

[76] *Gerhard Oestreich,* Rezension von Aretin, Kurfürst von Mainz (Anm. 4), in: HZ 226 (1978), 721.

Der Fränkische Kreis im Zeitalter der Aufklärung — Institution des Reichs oder staatenbündischer Zusammenschluß?

Von Bernhard Sicken, Münster

§ 17 *Um die Absicht der Kreisverfassung zu erreichen, über das allgemeine Beste zu beratschlagen, werden Kreistage oder Versammlungen gehalten ...*

§ 18 *Die Stände werden von den kreisausschreibenden Fürsten dazu berufen, sooft es die Not oder Wohlfahrt des Kreises erheischt, auch ohne ausdrückliche kaiserliche Erlaubnis.* [1]

Mit diesen knappen Sätzen erläuterte Christian August Beck[2], Professor Juris Publici et Feudalis und von 1755 bis 1760 Lehrer Erzherzog Josephs, des späteren Kaisers Joseph II., Zweck und Nutzen der Reichskreise sowie die Funktion der Kreistage bzw. Konvente. Demnach war die Zuständigkeit unbegrenzt und blieb es den Kreisständen je nach ihrem Verständnis von Gemeinnutz und Zweckmäßigkeit überlassen, die Beratungsmaterien und ihren Umfang zu bestimmen, Beschlüsse zu fassen und den Vollzug zu regeln. Zwar war Beck die Genese der Reichskreise nicht unbekannt, und folglich unterrichtete er seinen hochgestellten Zögling auch über die den Kreisen durch das Reich übertragenen Aufgaben, namentlich über den Landfriedensschutz, die Münzaufsicht und vage über die Pflichten bei einem Reichskrieg, doch galten diese Aufträge offenbar als nachrangig, zumal sie nur von den sogen. Vorderen Reichskreisen — wenngleich oft mehr schlecht als recht — erfüllt wurden und daher für den Zusammenhalt und die Aktivität nicht konstitutiv waren. Nicht die reichsrechtlichen Verpflichtungen, denen die in der Epoche der Reichsreform entstandenen Körperschaften ihre Institutionalisierung und ihren dauerhaften Bestand verdankten, verliehen also den Reichskreisen im 18. Jahrhundert ihre eigentliche Bedeutung, sondern die ihnen von den Mitständen zur sachge-

---

1 *Hermann Conrad* (Hg.), Recht und Verfassung des Reiches in der Zeit Maria Theresias. Die Vorträge zum Unterricht des Erzherzogs Joseph im Natur und Völkerrecht sowie im Deutschen Staats- und Lehnrecht (Wissenschaftliche Abhandlungen der Arbeitsgemeinschaft für Forschung des Landes Nordrhein-Westfalen, 28), Köln / Opladen 1964, 424.

2 Zum beruflichen Werdegang Becks siehe *Hermann Conrad* (Anm. 1), 10 ff. Beck hatte einige Monate als Sekretär einem beim Fränkischen Kreis akkreditierten kaiserlichen Gesandten gedient und war offenbar mit den Verhältnissen der aktiven Reichskreise vertraut.

rechten Lösung überlassenen Aufgaben. Hierbei handelte es sich durchweg um Obliegenheiten, die nur sinnvoll in Zusammenarbeit mit den Nachbarn wahrgenommen werden konnten, sei es, weil die Kräfte vieler kleinerer Reichs- und Kreisstände nicht ausreichten, oder sei es, weil zersplitterte und vermischte Herrschaftsgebiete ein isoliertes Handeln schlichtweg ausschlossen. Die territoria inclausa et permixta an Rhein, Neckar und Main stellten daher in erster Linie jenes Gebiet dar, in denen den Reichskreisen ein umfangreiches Tätigkeitsfeld zufiel, da sie den Fürsten und Ständen zur Information, Koordination und Kooperation gute Dienste leisten konnten.

Neben dem Schwäbischen Kreis war es vor allem der Fränkische Kreis[3], der im 18. Jahrhundert über die Stellung eines provinzähnlichen Teils des Reichs hinauswuchs und ex jure foederis zu einer „engeren staatsgesellschaftlichen Verbindung“[4] wurde, die ihren Wirkungsbereich zunehmend ausdehnte, wobei die umfassend verstandenen Polizeibefugnisse[5] meist im Mittelpunkt standen. Zum Fränkischen Reichskreis gehörten im Untersuchungszeitraum die geistlichen Fürstentümer Bamberg, Würzburg, Eichstätt und der Deutsche Orden, die weltlichen Fürstentümer Brandenburg-Ansbach, Brandenburg-Bayreuth, die Henneberger Teilungslande Schleusingen, Römhild und Schmalkalden, Schwarzenberg, Löwenstein-Wertheim und Hohenlohe-Waldenburg, die Graf- und Herrschaften Hohenlohe-Neuenstein, Castell, Wertheim, Rieneck sowie sechs weitere kleinere Reichsstände und schließlich die Städte Nürnberg, Rothenburg, Windsheim, Schweinfurt und Weißenburg. Somit umfaßte die Körperschaft in etwa das Gebiet, das heute von den drei fränkischen Regierungsbezirken eingenommen wird. Davon auszunehmen sind jedoch die Region um Aschaffenburg und der größere Teil des Spessarts; hingegen sind einige an

3 Der Beitrag fußt in erster Linie auf der Studie von *Bernhard Sicken,* Der Fränkische Reichskreis. Seine Ämter und Einrichtungen im 18. Jahrhundert (Veröffentlichungen der Gesellschaft für fränkische Geschichte, Fotodruckreihe, 1), Würzburg 1970. Ergänzende Archivrecherchen konnten nur in geringerem Maß vorgenommen werden; die neueren einschlägigen Untersuchungen fanden Berücksichtigung. Zur Geschichte des Kreises siehe außerdem *Winfried Dotzauer,* Die deutschen Reichskreise in der Verfassung des Alten Reiches und ihr Eigenleben, Darmstadt 1989, vor allem 168 ff., *Rudolf Endres,* Der Fränkische Reichskreis, in: Deutsche Verwaltungsgeschichte, hrsg. v. Kurt G. A. Jeserich / Hans Pohl / Georg Christoph von Unruh, Bd. 1: Vom Spätmittelalter bis zum Ende des Reiches, Stuttgart 1983, 603 ff., *Hanns Hubert Hofmann,* Reichskreis und Kreisassoziation. Prolegomena zu einer Geschichte des fränkischen Kreises, zugleich ein Beitrag zur Phänomenologie des deutschen Föderalismus, in: Zeitschrift für bayerische Landesgeschichte 25 (1962), pass.

4 *Bernhard Sicken* (Anm. 3), 50.

5 *Franz Ludwig Knemeyer,* Polizei, in: Geschichtliche Grundbegriffe. Historisches Lexikon zur politisch-sozialen Sprache in Deutschland, hrsg. v. Otto Brunner / Werner Conze / Reinhart Koselleck, Bd. 4, Stuttgart 1978, 877 ff.

den Main angrenzende Landstriche Baden-Württembergs, die Hohenloher Ebene und Teile des westlich des Thüringer Walds liegenden Landes hinzuzurechnen. Das Kreisgebiet war nicht geschlossen und von zahlreichen reichsritterschaftlichen Besitzungen durchsetzt.[6]

Fragt man nach der wirtschaftlichen und fiskalischen Leistungskraft, der Zahl der Untertanen und der Größe der den Kreis bildenden Territorien, so springt trotz des Fehlens auch nur annähernd verläßlicher Angaben der enorme Unterschied unter den Mitständen ins Auge. Neben einem Fürstentum mit merklich über 200.000 Untertanen und mehreren tausend Quadratkilometern Fläche stand eine kleine Grafschaft, die lediglich einige Dörfer samt dazugehörigem Grund und Boden umfaßte, oder eine wirtschaftlich schwache Reichsstadt mit 3.000 oder 4.000 Bewohnern.[7] Mehr als einen groben Richtwert für die Einschätzung der Kreisstände bietet auch die Kreismatrikel (Steuerquote) nicht, auf die hier mit einigen Anschlägen jedoch zurückgegriffen sei, um die Diskrepanzen zu illustrieren.[8] Um 1770/80 belief sich die Quote des Fürstbistums Würzburg, das den höchsten Anteil an den Kreislasten zu tragen hatte, auf gut 21 %, dagegen jene der Herrschaft Wiesentheid, des am niedrigsten veranschlagten Mitstands, auf 0,1 %. Überproportional hoch lag die Belastung Nürnbergs, die mit 20 % kaum hinter der Würzburgs zurückblieb und offensichtlich zum finanziellen Ruin der Reichsstadt beitrug, während Bamberg mit 11 %, die Markgraftümer Ansbach und Bayreuth jeweils mit ungefähr 8 % und das Fürstbistum Eichstätt mit gut 6 % beizusteuern hatten. Diese sechs Stände brachten ca. 75 % der Mittel für gemeinsame Aufgaben auf, hingegen die übrigen 21 Mitstände gerade 25 %; dennoch gab es formal zwischen den Stimmen keine Unterschiede, sondern zählte ein Votum wie das andere.

Von den wenigen reichsrechtlichen Bestimmungen über die nur vage abgesteckte Mitgliedschaft, die delegierten Aufgaben und die notwendigen Kreisämter abgesehen, fehlen konkrete Normen, die die so vielfach beschworene Kreisverfassung in ihrer Struktur und ihrem Inhalt festlegte und präzisierte.[9] Denn die Kreisverfassung — verstanden als Gesamtzustand

6 Siehe *Hanns Hubert Hofmann,* Mittel und Oberfranken am Ende des Alten Reiches (1792), *ders.,* Unterfranken und Aschaffenburg mit den Hennebergischen und Hohenlohischen Landen am Ende des Alten Reiches (1792) (Historischer Atlas von Bayern, Teil Franken, Reihe II, 1, 1a), München 1954, 1956.

7 Mehr als punktuelle, zum Teil merklich abweichende Angaben zu Fläche und Einwohnerschaft der Territorien liegen nicht vor, weil die komplexen Herrschaftsstrukturen keine exakte Erfassung zulassen; vgl. *Hellmuth Rössler / Günther Franz,* Sachwörterbuch zur deutschen Geschichte, München 1958, 262 f.; *Emil Wallner,* Die kreissässigen Reichsterritorien am Vorabend des Lunéviller Friedens, in: Mitteilungen des Österreichischen Instituts für Geschichtsforschung, Ergänzungsband XI, (1929), 691 ff.

8 *Bernhard Sicken* (Anm. 3), 29 f., 268 f.

9 Vgl. *Rudolf Endres* (Anm. 3), 604.

der politischen Ordnung — gründete sich nicht nur auf Reichsgesetze, Privilegien und Weisungen des Reichsoberhaupts, sondern auch auf Herkommen und Gewohnheit bzw. die oft berufene Observanz, deren Ableitung wiederum aus der praktizierten Zusammenarbeit die Zuständigkeit den Bedürfnissen dynamisch anzupassen erlaubte, diese aber zugleich interpretierbar und somit oft strittig machte. Die „societätsmäßigen Verhältnisse“ [10] sind demnach nur anhand der tatsächlich wahrgenommenen Aufgaben sowie mit Hilfe der von den Mitständen zugewiesenen oder durch die Korporation beanspruchten Kompetenzen darzustellen, zumal es nicht einmal Ansätze zur Kodifikation gegeben hat und folglich das „kreisverfassungsgemäße Band“ unbestimmt blieb.

Wie angedeutet, ist hierbei allerdings zwischen den durch das Reich dekretierten Aufgaben auf der einen und den von den Fürsten und Ständen zur gemeinsamen Beratung und Entscheidung überwiesenen Materien auf der anderen Seite zu unterscheiden. Die Verbindlichkeit der Entschlüsse auf jenen Sachgebieten, die die Mitstände einer korporativen Regelung aus freien Stücken überlassen hatten, wurde nämlich dann meist angezweifelt, wenn das Ergebnis den eigenen Erwartungen widersprach. Berufungen auf die Kreisverfassung, die angeblich die Rechtsgültigkeit von Mehrheitsentscheidungen bestätigte, halfen über die Schwierigkeiten nur bei Einsprüchen minder mächtiger Kreisstände hinweg, wobei jedoch nicht Recht und Herkommen, sondern Macht und Einfluß den Ausschlag gaben. Das von den mächtigeren Kreisständen bei einer drohenden Majorisierung immer wieder angeführte Argument, nicht auf die Zahl der Voten, sondern auf deren Gewicht zu achten, konnte andererseits aber keine Anerkennung finden, sollte der Zusammenhalt nicht gesprengt werden. Und deshalb wurde das Mehrheitsprinzip in der Regel mit Vehemenz verteidigt und de iure ungeschmälert aufrechterhalten, mochte es dagegen im politischen Alltag auch noch so oft übergangen werden. Angefügt sei, daß die Umfragen bei einem Kreistag mit Debatten und Abstimmungen parlamentarischen Zuschnitts nicht zu vergleichen sind. Denn die Konvente wurden durch weisungsabhängige Gesandte beschickt, die nach dem ordo votandi, der Rang- und Reihenfolge der Fürsten und Stände [11], die Stellungnahmen ihrer Herren vortrugen und durchweg nur über einen geringen Handlungsspielraum verfügten, der allenfalls großzügiger gestaltet war, wenn die Weisung auf eine vorherige Absprache mit befreundeten Ständen lautete. Ließen die Voten keine größere Übereinstimmung erkennen und konnte somit kein Kreisbeschluß gefaßt werden, mußten entweder neue Instruktio-

10 *Bernhard Sicken* (Anm. 3), 34.

11 Vgl. die Aufstellung bei *Erwin Riedenauer,* Gesandter des Kaisers am Fränkischen Kreis. Aus der Korrespondenz des Grafen Schlick zwischen Fürstenbund und Reichskrieg, in: Zeitschrift für bayerische Landesgeschichte 28 (1965), 319 f.

nen eingeholt oder die Materien vertagt werden. Die Versammlungen, die in den ersten Dezennien des 18. Jahrhunderts teils jährlich, teils im zwei- oder höchstens dreijährlichen Abstand stattfanden, wurden später Jahr um Jahr einberufen und tagten über viele Monate, wobei sich die längste Versammlung über mehr als ein Jahrzehnt erstreckte; die Entwicklung schien analoge Züge zu der des „Immerwährenden Reichstags" anzunehmen. Die Verhältnisse bei den Kreisversammlungen, die im Untersuchungszeitraum durchweg in Nürnberg zusammentraten, waren allerdings überschaubarer, weil sie meist nur von zehn oder zwölf Gesandten besucht wurden, die zum Teil mehrere Stände vertraten; zudem waren die Interessen auf vielen Gebieten, insbesondere bei der Abwehr oder Begrenzung von Gefahren oder Belastungen, leichter zu bündeln, so daß sich die Voraussetzungen zur Kooperation im letzten Drittel des 18. Jahrhunderts merklich besserten, wie die vermehrten Aktivitäten belegen und die sich wandelnden Ansichten über die Staatsqualität des Kreises andeuten. Daß diese Entwicklung auf die vor allem bei den kleineren Kreisständen wachsende Erkenntnis zurückzuführen war, den zunehmenden staatlichen Anforderungen ohne eine solche Kooperation nicht mehr gerecht werden zu können, ist nicht von der Hand zu weisen und ließ den Anspruch auf strikte und umfassende Wahrung der Hoheitsrechte zurücktreten, mehr noch, ließ Eingriffe in die iura statuum hinnehmen und begünstigte offenkundig die Arbeit des Kreises.[12] Selbstverständlich wurde die supraterritoriale Zusammenarbeit von den Kreisgesandten nach Kräften gefördert, die zumeist über viele Jahre ihren Stand vertraten, zumal sie damit die eigene Position aufwerten konnten, doch scheint unter ihnen auch die Einsicht in die sachliche Notwendigkeit gemeinsamen Handelns merklich zugenommen zu haben.[13]

Vom Auftrieb der Kreisarbeit künden nicht nur die Regelmäßigkeit und Dauer der Konvente sowie die größere Verständigungsbereitschaft, sondern auch organisatorisch-institutionelle Neuerungen, die den Kreistag entlasteten und seine Entscheidungen vorbereiteten.[14] Hierzu griff man zunehmend auf Extradeputationen oder Ausschüsse zurück, die überwiegend aus der

---

12 Siehe auch *Volker Press*, Franken und das Reich in der Frühen Neuzeit, in: Jahrbuch für fränkische Landesforschung 52 (1992), 345, der auf die „territoriale Vielfalt im Zeichen einer unvollendeten Staatlichkeit" verweist, die durch „das politische System des Fränkischen Kreises konserviert und gebändigt" wurde.

13 Zum Einfluß und zu den politischen Intentionen der Kreisgesandten in den 80er und 90er Jahren siehe *Erwin Riedenauer*, Gesandter (Anm. 11), 320 ff., 327 ff., 365; *ders.*, Reichsverfassung und Revolution. Zur Persönlichkeit und Politik des fränkischen Kreisgesandten Friedrich Adolph v. Zwanziger, in: Zeitschrift für bayerische Landesgeschichte 31 (1968), 127, 134 ff.; *Peter Hanke*, Ein Bürger von Adel. Biographische Studien über Leben, Aktivitäten und schriftstellerisches Werk des Julius v. Soden (1754-1831), Diss. Würzburg 1987, 62 ff.

14 Siehe zu Folgendem *Bernhard Sicken* (Anm. 3), 153 ff.

Mitte der Kreisgesandten gebildet wurden und jene Sachfragen zu lösen hatten, die sich wegen ihrer Komplexität oder der erforderlichen Fachkenntnisse zur Behandlung im „Plenum“ weniger eigneten. Solche Deputationen gab es im 18. Jahrhundert als beständige Einrichtung für die Kassenprüfung und den feierlichen Empfang kaiserlicher und königlicher Gesandter, deren Besetzung sich die bankvorsitzenden Stände, also Bamberg, Ansbach und Bayreuth im Wechsel, Hohenlohe-Neuenstein und Nürnberg, vorbehielten. Waren daneben hin und wieder weitere Ausschüsse bestellt worden, die bei Bedarf im übrigen Sachverständige hinzuzogen, so verlor das Einsetzen derartiger Gremien spätestens in den 80er Jahren den Charakter des Ungewöhnlichen. Mit der verbreiteten Rezeption aufgeklärten Gedankenguts war ein neuer Geist in die Versammlung gekommen, und führten nunmehr einige Gesandte unter Berufung auf ihren „patriotischen Eifer“ [15] das Wort, die sich stärker dem Gemeinwohl verbunden fühlten und sich mehr als zuvor an Sachfragen orientierten, so daß die üblichen Differenzen um Privilegien und die Furcht vor präjudizierlichen Neuerungen zurücktraten. Mit dem Hinweis, dadurch ließen sich die überlangen und wegen der Kosten oft kritisierten Kreistage verkürzen, hatten sie zudem Argumente zur Hand, die sich mit guten Gründen nicht entkräften ließen und den Widerstand gegen Ausschüsse brachen. Längerfristig wurde auf diese Weise dem „Plenum“ allerdings ein Gutteil an Einwirkungsmöglichkeiten genommen, weil der Konvent in der Regel den Empfehlungen der Gremien folgte, zumal zu Mitgliedern im allgemeinen die regsamsten und angesehensten Gesandten gewählt wurden.

Eine dieser Deputationen hatte zum Beispiel die Kassenrückstände eines Mitstandes zu ermitteln, einer anderen wurde die inquisitio in vires et facultates, also die Prüfung der wirtschaftlichen und fiskalischen Leistungskraft eines Kreisstandes, übertragen, um auf verläßlicher Basis über die beantragte Senkung der Kreisbeiträge befinden zu können, und eine weitere wiederum hatte das Marschwesen neu zu ordnen, das durch die zahlreichen Durchzüge habsburgischer Truppen zwischen den Erblanden und den Niederlanden sowie die Rekrutentransporte „aus dem Reich“ als beträchtliche Bürde galt. Bald war es auch selbstverständlich, daß unerledigte ältere Abrechnungen, eine zweckmäßigere Formation der Kreistruppen, die Berechnung von Forderungen gegenüber fremden Mächten oder die Ausrüstungsansprüche der Kreisartillerie einem Ausschuß zur Bearbeitung und Vorentscheidung anvertraut wurden. Schließlich trat sogar eine „Provisorische fränkische Kreissanitätskommission“ ins Leben, die sich eine eigene Geschäftsordnung gab und ein Sekretariat errichtete, um administrativ im Kampf gegen eine Seuche bestehen zu können. Es entsprach dem Trend zur Institutionalisierung der Aktivitäten, daß im Kreistag mehr-

15 Staatsarchiv Bamberg, B 42^{III}, Bd. 7, Schriftstück 22, Beilage.

fach die Berufung eines sogen. Kreisgeschäftsmanns erwogen wurde[16], dem die ständige Überwachung des Finanzwesens zufallen und der die Sachbearbeitung für einen Teil der bisher Ausschüssen übertragenen Aufgaben übernehmen sollte. Nicht genug damit, er sollte außerdem bei den Konventen ein offizielles Protokoll sowie außerhalb der Tagungsperioden der Kreisversammlung den Schriftverkehr nach Anweisung des „Ausschreibenden Fürsten“ führen. Dieser Plan deutet insofern auf eine bemerkenswerte Entwicklung hin, als hier das Konzept eines sachkompetenten Kreissekretariats mit umfangreichen Befugnissen skizziert wird, das vermutlich bald auf die Kreispolitik beachtlichen Einfluß genommen hätte, wenn an die Spitze ein erfahrener und den Zusammenhalt fördernder Leiter berufen worden wäre.

Wie bereits erwähnt, nahm die überterritoriale Zusammenarbeit in den letzten Dezennien des 18. Jahrhunderts zu. Nicht in erster Linie neue oder spektakuläre Aufgaben waren es, die diese Entwicklung kennzeichneten, sondern die Intensität der Kooperation, die beinahe Züge einer „korporativen Staatlichkeit“[17] anzunehmen schien. Übereinkünfte zur Deckung des Nahrungsmittelbedarfs der Untertanen, Maßregeln zum Schutz vor ansteckenden Krankheiten, Reglements für Truppendurchmärsche, Patente gegen Raub- und Diebsgesindel hatte es nämlich früher bereits gegeben, doch mehrten sich nunmehr derartige Beschlüsse, und fast schien es eine Selbstverständlichkeit zu werden, daß die Fürsten und Stände der Körperschaft wesentliche Gebiete der umfassend verstandenen Polizeibefugnisse überließen.[18]

Eine der vorzüglichsten Pflichten der Landesherren war die Wohlfahrt der Bevölkerung; dabei galt die besondere Aufmerksamkeit der Sicherung der Brot- bzw. Getreideversorgung, womit in der Regel der Kreis zur Marktordnung und Steuerung der „Ausfuhr“ aufgerufen war, weil sich ein isoliertes Vorgehen im vielherrigen und herrschaftlich überwiegend kleinräumigen Franken von vornherein verbot. Vermehrte Beachtung widmete der Konvent indes erst im Aufklärungszeitalter wirtschaftlichen Problemen, seit Mehrheitsentscheidungen auf diesem Sektor als verbindlich erachtet wurden. Als ein, zwei Jahre nach dem Ende des Siebenjährigen Kriegs die überhöhten Lebensmittelpreise noch nicht auf das früher übliche

---

16 *Bernhard Sicken* (Anm. 3), 143 f. Siehe auch *Hans Joachim Berbig,* Das Kaiserliche Hochstift Bamberg und das Heilige Römische Reich vom Westfälischen Frieden bis zur Säkularisation (Beiträge zur Geschichte der Reichskirche in der Neuzeit, 5), Wiesbaden 1976, Bd. I, 144, 146, 199.

17 *Hanns Hubert Hofmann,* Reichsidee und Staatspolitik. Die Vorderen Reichskreise im 18. Jahrhundert, in: Zeitschrift für bayerische Landesgeschichte 33 (1970), 982. Zur terminologischen Vorwegnahme dieser Entwicklung siehe auch S. 62.

18 Siehe zum Folgenden resümierend *Rudolf Endres* (Anm. 3) 608, 614 sowie in ausführlicherer Darstellung *Bernhard Sicken* (Anm. 3), 86 ff.

Niveau gefallen waren, setzten die „Ausschreibenden Fürsten" Maßnahmen zur Preissenkung als Beratungspunkt für eine Kreisversammlung an. Über das Stadium vordergründiger und divergierender Stellungnahmen kam man dabei allerdings nicht hinaus, weil über die zu ergreifenden Maßregeln Unklarheit herrschte, doch beschloß der Konvent immerhin, den Mitständen eine wechselseitige Information und Absprache bei etwaigen Marktregulierungen zu empfehlen und den Meinungsaustausch fortzusetzen. Eine Mißernte im Jahr 1770 und in deren Folge große Aufkäufe von Getreide zwangen die Kreisversammlung schon bald, sich wiederum mit dem Markt für Brotfrüchte zu befassen.[19] Vor allem war jenen Kreisständen an einer Intervention gelegen, die auf Zukäufe bei ihren Nachbarn angewiesen waren und darum von Partikularsperren, also „Ausfuhrverboten" der Mitstände, schwer betroffen waren. Während verschiedene Territorien unter Führung von Ansbach-Bayreuth[20] für einen hohen Ausfuhrzoll des Kreises eintraten, hielt Bamberg einen „freien Markt" im Kreis für bedenklich und redete ständischen Regelungen das Wort, wobei den Nachbarn selbstverständlich nach Kräften ausgeholfen werden sollte. Da Bamberg weitere Erörterungen mit allgemeinen Einwänden und wohlklingenden Phrasen über gute Nachbarschaft verschleppte, kam man mit den Beratungen nicht voran, so daß im Sommer 1772 noch keine Entscheidung gefallen war. Unterdessen war allerdings der Getreidehandel zwischen den benachbarten Reichskreisen — in Franken fürchtete man den Aufkauf aus Schwaben — zum Erliegen gekommen und unter den fränkischen Kreisständen durch territoriale Embargos erheblich erschwert, wenn nicht zum Teil gar unterbunden worden. Ende 1772 zeichnete sich nach zufriedenstellender Ernte dann eine Entspannung ab, worauf man im Fränkischen Kreis zögernd die Sperren aufhob, doch nach wie vor dem „freien Markt" mißtraute, wie die wiederholte Beschäftigung des Konvents in den folgenden Jahren mit dem angeblich übergroßen „Export" von Getreide belegt.

Als einige Jahre später der Kauf großer Getreidemengen für die habsburgischen Truppen abermals zu einer Verknappung des Angebots und merklichen Preissteigerungen führte, sahen sich die Fürsten und Stände Frankens wiederum vor die Frage gestellt, wie eine krisenhafte Entwicklung zu Lasten der Untertanen zu verhindern sei. Im Kreistag, der als am besten geeignetes Forum von den besonders betroffenen Ständen daraufhin ange-

19 Siehe *Ferdinand Magen,* Reichsexekutive und regionale Selbstverwaltung im späten 18. Jahrhundert. Zu Funktion und Bedeutung der süd- und westdeutschen Reichskreise bei der Handelsregulierung im Reich aus Anlaß der Hungerkrise von 1770 / 72 (Historische Forschungen, 48), Berlin 1992, 33 f., 46 f., 74 ff., 119 ff., 126 ff., 176 ff.

20 1769 war die Bayreuther Linie des Hauses Brandenburg ausgestorben und das gleichnamige Fürstentum an Markgraf Alexander (Christian Friedrich Karl Alexander) von Ansbach gefallen, der seinerseits die Markgraftümer 1792 an Preußen abtrat.

rufen wurde, standen sich erneut zwei Lager gegenüber: auf der einen Seite setzte sich die Mehrheit unter Führung Ansbach-Bayreuths für Ausfuhrkontrollen der Gemeinschaft und somit für die Bildung eines durch die Kreisgrenzen markierten „Binnenmarkts" ein, auf der anderen Seite verteidigten Bamberg und Würzburg ihre längst verhängten Handelssperren, weil sie durch eine geschickte Handhabung des Embargos offensichtlich beträchtlichen Gewinn einstreichen konnten. Dennoch mußten sich die beiden Fürstbistümer dem Druck der Mehrheit schließlich beugen und stimmten unter Vorbehalten einer Aufhebung des generellen „Exportverbots" zu. Fortan war statt dessen den Untertanen der Mitstände jeweils das Vorkaufrecht vorbehalten; und nur wenn weder von den inländischen Verbrauchern noch von jenen der anderen Kreisstände Bedarf angemeldet worden war, galt die Abgabe an außerhalb des Kreises Ansässige als zulässig. Damit hatte der Konvent eine Lösung gefunden, die sowohl den Bedürfnissen der unterversorgten Mitstände als auch den Interessen der „Getreideexporteure" gerecht wurde und überdies den Reichskreis ordnungspolitisch als handlungsfähig auswies. Ob sich die Lösung aber auch in der Praxis bewährte, ist unbekannt und muß eher bezweifelt werden, zumal der Körperschaft eine Exekutive fehlte und sie darum auf die konsequente Einhaltung durch die Mitstände angewiesen war.

Mit der Koordination des Straßenausbaus, der von Kaiser und Reich im Jahr 1765 generell angemahnt worden war, fiel dem Kreis eine weitere wichtige Aufgabe zu, die sachgerecht nur durch Zusammenarbeit zu lösen war, wie die Fürsten und Stände wußten.[21] Einhellig stimmten sie deshalb auch den von Würzburger Fachkundigen vorgelegten Vorschlägen über die Breite und den Unterbau der Straßen, die Wölbung und Abflußgräben zu, und einmütig wurde zudem beschlossen, die fränkische Ritterschaft über das Vorhaben zu unterrichten und nachdrücklich zur Beteiligung aufzufordern. Die Vorteile guter und vor allem wetterfester Chausseen für Handel und Wandel waren zwar unstrittig, doch da der Kreistag weder die auszubauenden oder zu reparierenden Routen festgelegt noch ein Gremium eingesetzt hatte, das die von den Territorialherren ohne Absprache und nach Gutdünken begonnenen Arbeiten lenkte und überwachte, zeichnete sich als Ergebnis bald Stück- und Flickwerk ab, zumal die unzulängliche nachbarliche Abstimmung allenfalls die gröbsten Mißstände verhindern konnte. Darauf mehrten sich die Klagen in der Kreisversammlung, weil Routen eigenmächtig verändert oder neue Trassen einseitig festgelegt worden waren, weil über die Lastenverteilung bei gemischten Hoheitsrechten Unklarheit bestand oder ein bewußt verzögerter Straßenausbau zur indirekten Umlenkung der Verkehrsströme diente. Dennoch blieb dem Kreistag die Kompetenz für ein Durchgreifen oder gar zur verbindlichen Fixierung

---

21 *Bernhard Sicken* (Anm. 3), 91 ff.

des Straßennetzes versagt und somit das gemeinnützige Werk der Verständigung der Mitstände überlassen. Eine solche Zurückhaltung ließ der Konvent gegenüber der Reichsritterschaft allerdings nicht walten, der man ohne langes Bedenken mit Zwangsmitteln drohte, als Klagen über Nachlässigkeiten beim vorschriftsmäßigen Ausbau der Straßen einliefen.

Trotz vieler Unzulänglichkeiten erzielten die Fürsten und Stände beim Straßenbau Fortschritte, so daß zu Beginn der 80er Jahre ansehnliche Teile der wichtigen Handelsrouten fertiggestellt waren. Nunmehr trat der Konvent wieder auf den Plan und erließ eine Ordnung über die Straßenbenutzungsgebühren. Dadurch wurde u. a. das Tarifsystem in groben Zügen abgesteckt und den Ständen dringend empfohlen, zur Erleichterung des Verkehrs die Zahl der Mautstellen zu beschränken. Darüber hinaus schrieb man die Benutzung von Passagier- und Frachtzetteln nach einheitlichem Muster vor, um durch eine Vereinfachung der Formalitäten den Grenzübertritt unter den fränkischen Territorien zu erleichtern. Hierdurch sollte offensichtlich auch den Ständen eine wechselseitige Kontrolle sowie bei Mißständen eine Intervention „höheren Orts" ermöglicht werden, denn für das korrekte Erheben der Weggebühren galten die Landesherren der Gemeinschaft als verantwortlich, die sich folgerichtig von allen Mitständen ein Verzeichnis der ausgebauten Chausseen und der Benutzungsentgelte vorlegen ließ, um ihren Aufsichtspflichten nachkommen zu können. Zumindest auf dem Papier hatte der Kreis somit einen beachtlichen Schritt zur verkehrspolitischen Integration getan.

Keine große Mühe bereitete es hingegen, ein generelles Verbot aller Lotterien und Lottos zu erlassen[22]; solche Glücksspiele galten der Obrigkeit als schädlich für die Wirtschaft und die Moral. Gegen die sich anscheinend ungehemmt ausbreitende Spielleidenschaft halfen territoriale Maßnahmen nämlich wenig, und deswegen war nach überwiegender Ansicht der Fürsten und Stände der Kreis aufgerufen, von seiner Polizeibefugnis Gebrauch zu machen und Land und Leute durch ein allgemeines Vertriebs- und Kaufverbot vor Schaden zu bewahren.[23] Auf Ablehnung war das Vorhaben nur bei der Reichsstadt Nürnberg gestoßen, die die Kompetenz des Reichskreises in Zweifel gezogen und einen Beschluß zu verhindern versucht hatte; dieser Widerspruch richtete sich keineswegs gegen eine engere Zusammenarbeit im Kreis, sondern war auf materielle Motive zurückzuführen, war die finanziell schwer in Bedrängnis geratene Stadt fiskalisch doch eine bedeutende Nutznießerin des lukrativen Handels. Eine Drohung der Kreisversammlung mit Zwangsmitteln hatte aber schließlich der Opposition ein

22 Vgl. *Bernhard Sicken* (Anm. 3), 93 f.

23 Das im Druck publizierte Verbot erging bezeichnenderweise für alle „fränkischen Kreislande" und zielte auf den Schutz der „Kreisunterthanen"; Staatsarchiv Bamberg; B 42^{III}, Bd. 14, Schriftstück 58, Beilage.

Ende gesetzt, da die Stadt ihren Widerstand auf längere Sicht politisch kaum hätte durchhalten können.

Von den durch den Kreis eigenständig übernommenen Aufgaben, die hier lediglich aufgelistet werden können, künden ferner Regelungen zur Versorgung der Armen, Schutzvorkehrungen gegen die Ausbreitung von Seuchen bei Mensch und Tier, Ausfuhrbeschränkungen für Gold und Silber, Bestimmungen über den Handel mit Gift, Maßnahmen gegen die Abwerbung von Untertanen zur Niederlassung in fremden Ländern, Reglements zur Überwachung unruhiger Handwerksgesellen, Mandate gegen Bettler, Gesindel und Gauner.[24] Diese und vergleichbare Aktivitäten griffen weit über die durch Kaiser und Reich übertragenen Pflichten hinaus, unter denen bekanntlich die Formation des Kreiskontingents für das Reichsheer und die Mitverantwortung für das Münzwesen herausragten, und verliehen der Zusammenarbeit ex iure foederis ihre Konturen. Manche dieser Aufgaben wiederum nötigten zu Absprachen mit Nachbarkreisen, zumindest aber zur Information, um Mißhelligkeiten vorzubeugen und insbesondere in den Grenzregionen auf ein Minimum an indirekter Kooperation setzen zu können.[25] Beispielsweise traf das für die Seuchenprophylaxe, die häufigen Streifen gegen Gesindel, den Straßenbau, die Handelssperren und vor allem für die Lenkung habsburgischer Truppendurchzüge zu, die mit dem Oberrheinischen und dem Schwäbischen Kreis sogar zu konkreten Abmachungen führten.

Nicht durch Koordination, sondern eher durch Über- und Unterordnung waren hingegen die Beziehungen des Fränkischen Reichskreises zum Fränkischen Ritterkreis gekennzeichnet.[26] Durchweg verlangte der Kreistag eine Folgepflicht für seine Beschlüsse, wenn überterritoriale Ziele ein Abseitsstehen der enklavierten und anrainenden ritterschaftlichen Herrschaften nicht zuließen; das galt auch bei Einquartierungen und Durchmärschen fremder Truppen, gegen die sich der Reichskreis nicht hatte sperren können, die jedoch zum Teil kurzerhand der Ritterschaft aufgehalst wurden, ohne daß diese dagegen mehr als Proteste und Rechtsverwahrungen vorbringen konnte. Beeindrucken ließ sich der Konvent von solchen Beschwerden nicht; vielmehr spielte er seine Übermacht aus und drohte bei

---

24 Sammlung der Hochfürstlich-Würzburgischen Landes-Verordnungen, 3 Bde, Würzburg 1776-1801, Bd. II, 150 ff., 468 f., 857, Bd. III, 500 ff., 721 f., 845; Bernhard Sicken (Anm. 3), 96, 160.

25 *Bernhard Sicken* (Anm. 3), 97 ff.

26 *Bernhard Sicken* (Anm. 3), 100 ff. Vgl. beispielsweise die Stellungnahme des Ritterkantons Rhön-Werra zur Armenordnung des Kreises von 1791, deren Übernahme der Reichskreis erwartete, die dem Kanton aber anhand einiger Bestimmungen bedenklich erschien und außerdem in „terminis praeceptivis“ abgefaßt war, welche aus ritterschaftlicher Sicht eine unredigierte Publikation ausschlossen; Staatsarchiv Würzburg, Gebrechenamt VII, W 1095, datiert: Schweinfurt, 15.6.1791.

Widersetzlichkeit oder Nachlässigkeit kurzerhand unter Verweis auf die Reichsgesetze oder das Herkommen mit Zwangsmitteln. Trotzdem wurden die Bindungen im letzten Drittel des 18. Jahrhunderts aus pragmatischen Gründen enger, wobei die Beziehungen im wesentlichen aber denen in einer „societas leonina“ glichen. Ob angesichts dieser Schwierigkeiten der Erwerb einer korporativen Reichsstandschaft für die Reichsritterschaft, den einige fränkische Ritterkantone vergeblich gefordert hatten[27], die Position grundlegend verbessert hätte, ist zweifelhaft, denn zum einen wären herrschaftlich-strukturell die meisten Reibungsflächen erhalten geblieben, und zum anderen hätte eine dann vielleicht erreichte Kreisstandschaft die Schwierigkeiten nur verlagert, wenn nicht durch den Verlust des Rückhalts am Kaiser vergrößert. Zum Partner des Kreises wurde die Ritterschaft somit nicht, und demnach deutet die gelegentlich vom Konvent gegenüber Dritten zugunsten der Reichsritterschaft eingelegte Fürsprache weniger auf Wohlwollen hin, sondern eher auf eine wachsende Abhängigkeit. Die Mediatisierung stoppte die Entwicklung, die möglicherweise zu einer primär durch Pflichten bestimmte Assoziierung übergeleitet hätte, wie Äußerungen führender Kreisstände vermuten lassen.

Seit dem Westfälischen Frieden besaßen die Reichsstände völkerrechtliche Qualität und damit das aktive und passive Gesandtschaftsrecht. Diplomatische Missionen unterhielt der Fränkische Kreis nur ausnahmsweise, war die Außenpolitik in der Regel doch landesherrliche Domäne[28]; hingegen waren Gesandte anderer Mächte relativ häufig beim Kreis akkreditiert, weil sich eine Vertretung beim Kreistag mit der an den größeren fränkischen Fürstenhöfen vorteilhaft verbinden ließ.[29] In den Mittelpunkt rückte der Kreis vor allem in Krisenzeiten, so daß die erhöhte Aufmerksamkeit, die den Fürsten und Ständen oft gar nicht erwünscht war, durchweg episodenhafte Züge trug, wenn man von der regelmäßigen Beglaubigung kaiserlicher Gesandter einmal absieht. So fanden sich beim Ausbruch des Spanischen Erfolgekriegs, als sich die Parteien formierten, neben einem kaiserlichen Vertreter ein französischer, niederländischer und kurbayerischer Gesandter ein[30], um auf die Entscheidung für oder gegen eine

---

27 *Gerhard Pfeiffer,* Studien zur Geschichte der fränkischen Reichsritterschaft, in: Jahrbuch für fränkische Landesforschung 22 (1962), 269 ff.

28 Hingewiesen sei jedoch auf eine bemerkenswerte Ausnahme, durch die der Kreis im Jahr 1796 aus dem Reichskrieg gegen Frankreich auszuscheiden und einen neutralen Status zu erlangen versuchte; siehe dazu *Erwin Riedenauer,* Die Neutralitätspolitik des Fränkischen Kreises gegenüber dem revolutionären Frankreich 1792-1796, in: Die Auswirkungen der Französischen Revolution außerhalb Frankreichs, hrsg. v. Hanns-Albert Steger (Schriften des Zentralinstituts für fränkische Landeskunde und allgemeine Regionalforschung an der Universität Erlangen-Nürnberg, 30), 1991, 33 ff.

29 Vgl. dazu *Erwin Riedenauer,* Gesandter (Anm. 11), 263 f., 268.

Kriegsteilnahme Einfluß zu nehmen. Hin und wieder entsandte im Lauf des 18. Jahrhunderts auch Preußen Diplomaten nach Franken, wenn ein besonderer Anlaß — etwa die Durchsetzung von Erbansprüchen oder eine Entscheidung über Krieg und Frieden — bestand und die erhoffte Unterstützung durch die vetterlichen Linien Bayreuth und Ansbach unzureichend war oder ausblieb. Größere Beachtung gewann der Kreis dann nochmals gegen Ende des 18. Jahrhunderts.[31] Zu Beginn der 90er Jahre waren nämlich Repräsentanten des Kaisers, Rußlands, Preußens, Frankreichs und Kurpfalzbayerns akkreditiert, denen sich schließlich noch ein Konsul der Vereinigten Staaten von Amerika beigesellte, von dem allerdings nur die Ernennung durch Präsident George Washington bekannt ist. Auch wenn die diplomatische Präsenz von Großmächten, deren Vertreter sich meist nur kurzzeitig in Nürnberg aufhielten, politisch nicht überschätzt werden darf, so war sie staatsrechtlich insofern jedoch von größerer Bedeutung, als sie die Anerkennung des Reichskreises als föderatives Staatsgebilde unterstreicht.

Den staatenbündischen Charakter ihrer Gemeinschaft betonten im späten 18. Jahrhundert auch immer wieder viele Kreisstände und bezeichneten den Reichskreis als „Zusammenkunft freyer und voneinander gänzl[ich] unabhängiger Stände, welche zur Beförderung des öffentlichen Wohlstands miteinander in eine gleiche Gesellschaft getretten sind".[32] In dieser „Gesellschaft mit gleichen juribus begabter Stände" bzw. societas aequalis aber gab es keine Privilegien, und hatte in Abwehr Bamberger Leitungsansprüche demnach die „Direkzion der gemeinschaftlichen Geschäfte in gemeinschaftlichen Auftrags Namen" zu erfolgen, womit die tradierten Vorrechte des Hochstifts für obsolet und darüber hinaus die Amtsführung Bambergs zur weisungsgebundenen Aufgabe erklärt war. Diesen Grundsätzen entsprechend, resümierte der Ansbach-Bayreuther Kreisgesandte in Anlehnung an Montesquieus Lehre von der Gewaltenteilung in einem Bericht, daß „die beschließende Macht ... den sämtlichen Crais-Ständen oder deren Mehrheit, die Vollziehende [aber] dem Hochfürstl[ichen] Crais-Ausschreib-Amt" zustünde, und stieß damit am Hof in Ansbach um so weniger auf Widerspruch, als seine Interpretation der Kreisverfassung die markgräflichen Rechte am Ausschreibeamt konservierte, mehr noch, mittelbar infolge der Schwächung der Bamberger Direktorialbefugnisse sogar aufwertete. Derartige Vorstellungen waren unter den Anhängern der Aufklärungsideen

30 *Christl Hutt*, Maximilian Carl Graf zu Löwenstein-Wertheim-Rochefort und der fränkische Kreis 1700-1702. Eine Studie zur Reichs- und Kreispolitik, Diss. Würzburg 1969, Bd. I, 179 ff.

31 *Bernhard Sicken* (Anm. 3), 81 f.

32 *Bernhard Sicken* (Anm. 3) 42 f.; 213, 215; dort finden sich auch die Zitatnachweise.

offenbar verbreitet, denn im Gutachten eines im Dienst des Kreises stehenden Generals wurde der Kreistag kurzerhand als „Souverain oder gesätzgebende Macht“ apostrophiert und die „für den Willen aller“ gehaltene Stimmenmehrheit[33] sowohl für „einheimische als [auch] auswärtige politische Angelegenheiten“ als maßgebend bezeichnet. Wenngleich die Vorstellungen über die allumfassende Zuständigkeit bei einigen Mitständen auf Skepsis oder Ablehnung stießen, so teilte jedoch die überwiegende Mehrheit der Fürsten und Stände die Ansicht, daß dem Kreis in Polizeisachen, also in Materien der Ordnungs-, Wirtschafts-, Sozial- und Sicherheitspolitik, die Kompetenz zustehe[34] und Einsprüche dagegen unzulässig seien. Das Selbstverständnis des Kreises als Staatenbund fand schließlich sogar Eingang in die staatsrechtliche Literatur reichspatriotischer Prägung, wurde vereinzelt doch in den 90er Jahren den Kreisgesetzen der Rang zwischen den Reichs- und den Landesgesetzen zugesprochen[35] und somit deren hohe Verbindlichkeit betont.

Unwidersprochen blieben diese Grundsätze allerdings nicht, wie die Auseinandersetzungen im Fränkischen Kreis zeigen. Zunächst waren es vor allem die Fürstbistümer Bamberg und Würzburg, die sich gegen eine Beschränkung ihrer Landeshoheitsrechte durch Mehrheitsentscheidungen wehrten und die „gesetzgebende Befugnis der konkurrirenden Kreis-Stände“ nur insofern anerkannten, als diesem Anspruch reichsrechtliche Bestimmungen zugrunde lagen.[36] Doch nach dem Übergang Ansbach-Bayreuths an das Königreich Preußen und damit dem „Einbruch der Souveränität“[37] in den Kreis rückten die beiden Markgraftümer ebenfalls von einer vorbehaltlosen Zusammenarbeit ab; schließlich empfahl der dirigierende Minister v. Hardenberg der Berliner Regierung sogar, von jeder Mitarbeit im Reichskreis abzusehen, solange dessen „schädliches Einheits=, Gesamtheits= und Souveränitäts=System“ nicht beseitigt sei[38], weil es sich sowohl

---

[33] Analog betonte das Ansbacher Ministerium beispielsweise 1782 in einem Schreiben an Bamberg, daß ein Reichskreis „bekanntlich aus einer Gesellschaft besteht, in welcher alles durch die Mehrheit der Stimmen entschieden und beschlossen wird“; Staatsarchiv Bamberg, B 42^{III}, Bd. 7, Schriftstück 9, Beilage.

[34] Schutz vor inneren und äußeren Gefahren trat vor allem in Krisen- und Kriegszeiten in den Vordergrund und galt offenbar einhellig als gemeinsame Aufgabe; zur Verhinderung von Unruhen unter den „Kreis-Unthertanen“ 1789 / 90 siehe Staatsarchiv Bamberg, B 42^{III}, Bd. 16, Schriftstück 121, 175, zur Sicherung vor Kriegsgefahren siehe *Erwin Riedenauer,* Neutralitätspolitik (Anm. 28), 24 ff.

[35] *[Carl Friedrich] Häberlin,* Handbuch des Teutschen Staatsrechts nach dem System des Herrn Geheimen Justizrath Pütter, 3 Bde., Frankfurt, Leipzig, Bamberg 1794 - 1797, Bd. II, 175 f.

[36] *Bernhard Sicken* (Anm. 3), 45 f.

[37] *Hanns Hubert Hofmann,* Adelige Herrschaft und souveräner Staat. Studien über Staat und Gesellschaft in Franken und Bayern im 18. und 19. Jahrhundert (Studien zu bayerischen Verfassungs- und Sozialgeschichte, 2), München 1962, 163.

für die preußische Revindikationspolitik als auch den preußischen Führungsanspruch als hinderlich erwiesen habe. Von einer durch „patriotischen Eifer“ [39] gekennzeichneten Tätigkeit wie in den Jahren und Jahrzehnten zuvor konnte daraufhin keine Rede mehr sein, doch lebten die Aktivitäten wenige Jahre vor Untergang des Reichs und der Auflösung des Kreises nochmals auf, nachdem sich die Hohenzollernmonarchie neuerlich zur Mitarbeit bereitgefunden und Kurpfalzbayern die Herrschaft in Bamberg und Würzburg angetreten hatte; der Fränkische Kreis war demnach weiterhin ein wertvolles Forum zur Koordination und eine nützliche Institution zur Kooperation.

Der Kreistag war für den Vollzug seiner Beschlüsse auf die Mitstände angewiesen, da er — von unbedeutenden Ausnahmen abgesehen — über keine eigene Exekutive verfügte. Adressat der Resolutionen waren üblicherweise die Landesherren und reichsstädtischen Räte; vom guten Willen der Fürsten und Stände war es abhängig, ob und inwieweit die Entscheidungen und Anordnungen verwirklicht wurden, wobei sich naturgemäß die größeren Fürstentümer leichter als die minder mächtigen Grafschaften und Reichsstädte versagen konnten, während den kleineren Mitständen mitunter die Voraussetzungen zur sachgerechten Durchführung fehlten. Über irgendwelche Zuständigkeiten, die das Verhältnis zwischen Territorialherren und Untertanen sowie zwischen reichsstädtischer Obrigkeit und Bürgern, Einwohnern und Landbewohnern betrafen, gebot der Kreis nicht. Dennoch war er für die Bevölkerung kein unbekanntes Staatsgebilde; dafür sprechen nicht in erster Linie die gelegentlichen Bittgesuche oder Klagen von Untertanen beim Konvent, sondern Existenz und Unterhalt der Kreistruppen, selbst wenn vordergründig das territorialstaatliche Militär die Szene beherrschte. Darüber hinaus richteten sich de facto zahlreiche Beschlüsse und Anordnungen des Kreises unmittelbar an die Bevölkerung und wurden von der Territorialobrigkeit — meist ergänzt durch ihre Titulatur und formell sanktioniert — ohne redaktionelle Veränderungen veröffentlicht. [40] Doch auch in den landesherrlichen Mandaten und Verordnungen bezog man sich häufig auf einschlägige Resolutionen des Fränkischen Kreises [41], so daß von je nach Stand und Bildung teils konkreten, teils vagen

38 *Bernhard Sicken* (Anm. 3), 48. Siehe dazu auch *Erwin Riedenauer*, Reichsverfassung (Anm. 11), 500.

39 Staatsarchiv Bamberg, B 42^{III}, Bd. 7, Schriftstück 22, Beilage; vgl. auch Schriftstück 9, Beilage.

40 Siehe Sammlung der ... Landes-Verordnungen (Anm. 24), Bd. II, III passim.

41 Selbst geistliche Behörden bezogen sich mitunter auf Kreisbeschlüsse, wie aus einem Mandat der „Hochfürstlich Geistlichen Würzburgischen Regierung“ vom 22. Mai 1791 zu ersehen ist, in dem es heißt: „Diese neue und geschärfte Verordnung des löblichen Fränkischen Kreißes bleibt demnach sämtlichen Pfarrern und Seelsorgern mit fernerem Bedeuten unverhalten ...“; Sammlung der ... Landes-Verordnungen (Anm. 24), Bd. III, 50.

Vorstellungen in der Bevölkerung von den Aufgaben und der Bedeutung dieser supraterritorialen Körperschaft auszugehen ist.

Der Zusammenhalt unter den fränkischen Fürsten und Ständen manifestiert sich vor allem in der Zusammenarbeit; er fand jedoch auch in der Terminologie seinen Niederschlag, die begrifflich die politisch-historischen Erfahrungen spiegelt. Formulierungen wie „Kreispatent“ oder „Kreisverordnung“[42], die unzweideutig die Verbindlichkeit für die „fränkischen Kreislande“[43] betonen, verweisen auf die Ausbildung überterritorialer Gemeinsamkeiten, die sprachlich insbesondere in der Abgrenzung gegenüber Dritten faßbar wurden. Entsprechend begegnet man in offiziellen Verlautbarungen für das Publikum, die übrigens im Druck erschienen, hin und wieder Wendungen, die von den „Grenzen des fränkischen Kreises“, von „Kreisortschaften“ oder gar „Kreiseinwohnern“ sprechen[44], für die sich die Fürsten und Stände zur Förderung des „gemeinen Kreises Besten“[45] verantworlich fühlten. Doch damit nicht genug, in den offiziösen Kreistagsprotokollen, die allen Mitständen zugänglich waren, zeichnete sich in der Terminologie das Zusammenwachsen der Kreisstände zu einem Staatenbund noch prägnanter ab[46]; hier stößt man auf „Creiß-Gesätze“ oder „Creiß-Pollicey-Verordnungen“, durch die es etwa den „fränkischen Creiß-Commerce“ zu sichern oder „Inheimische Fränkische Papyrmacher“ vor der Konkurrenz zu schützen galt. Waren Ausdrücke wie „Creiß-Patriotismus“ oder „Fränkisches Vatterland“ relativ selten, so war dagegen der Terminus „Creiß-Unthertan“ durchaus geläufig und sowohl in den Berichten der Kreisgesandten als auch den Weisungen der Regierungen verbreitet. Beinahe nahtlos fügt sich dann als Folgerung an, daß alle Untertanen der Kreisstände als „Glieder eines und deßselbigen Staates“ zu behandeln und „alle fränk. Creiß-Lande [wie] ein zusammen gehöriger Staats Körper“ anzusehen seien. Darin artikulieren sich vor allem die Vorstellungen der Protagonisten für eine engere staatenbündische Integration, der offenbar

---

42 Sammlung der ... Landes-Verordnung (Anm. 24), Bd. II, 837, 899, Bd. III, 45, 109, 500, 721. Die folgenden Beobachtungen basieren auf der Auswertung gedruckter Würzburger Unterlagen, doch dürften die Befunde keineswegs untypisch sein, zumal das Hochstift Würzburg gegenüber der Kreispolitik durchweg eine beträchtliche Reserve bekundete und nicht als Vorkämpfer für die Integration zu betrachten ist.

43 Sammlung der ... Landes-Verordnungen (Anm. 24), Bd. II, 468, 820, 870, 901, Bd. III, 9, 140, 501.

44 Sammlung der ... Landes-Verordnungen (Anm. 24), Bd. III, 501, 722.

45 Sammlung der ... Landesverordnungen (Anm. 24), Bd. III, 8.

46 Siehe zum Folgendem *Bernhard Sicken* (Anm. 3), 315 ff. Ein Beleg für die Bezeichnung des Kreises als Vaterland findet sich auch bei Hans-Heinrich Kaufmann, Der Gedanke fränkischen Gemeinschaftsgefühls in Politik und Geschichte des Fränkischen Reichskreises, in: Archiv des Historischen Vereins von Unterfranken und Aschaffenburg 69 (1931/34), 240. Angemerkt sei, daß die oft variierende Schreibweise in den Zitaten vereinheitlicht wurde.

modernisierende Faktoren zuzubilligen sind[47], und damit wird zugleich eine Richtung angedeutet, die die weitere Entwicklung möglicherweise genommen hätte, wenn sich im Gefolge der Französischen Revolution, aber auch des Eindringens einer Großmacht in den Fränkischen Reichskreis, die politischen und strukturellen Voraussetzungen gegen Ende des 18. Jahrhunderts nicht entscheidend geändert hätten.

---

47 Verneint wird dagegen die Möglichkeit zur Modernisierung, allerdings generell bezogen auf kleinere Reichsstände und ohne Berücksichtigung der Reichskreise im Südwesten, von *Karl Otmar von Aretin,* Das Reich. Friedensgarantie und europäisches Gleichgewicht 1648 1806, Stuttgart 1986, 37.

Der Niederrheinisch-Westfälische Reichskreis — eine Region des Heiligen Römischen Reiches Deutscher Nation in der Frühen Neuzeit?*

Von Helmut Neuhaus, Erlangen

I.

„Westphalia and the Rhineland have well established boundaries“[1]. Mit diesen Worten begründete Sir William Strang, einer der maßgeblichen politischen Berater des britischen Oberbefehlshabers Feldmarschall Bernard L. Montgomery in den Jahren 1945 bis 1947 in Deutschland, im Sommer 1946 u. a. die Bildung des Landes Nordrhein-Westfalen aus dem nördlichen Teil der Rheinprovinz und der Provinz Westfalen. Sie erfolgte schließlich am 23. August 1946 mit der Verordnung Nr. 46 der britischen Militärregierung, nachdem innerhalb des Londoner Kabinetts lange Zeit Meinungsverschiedenheiten über die Grenzen des neuen Landes bestanden hatten. Die Befürworter der Vereinigung der drei Regierungsbezirke Aachen, Köln und Düsseldorf mit der preußischen Provinz Westfalen zum neuen Land Nordrhein-Westfalen hatten sich nicht zuletzt mit dem Hinweis durchgesetzt, bewährte Verwaltungseinheiten und eine weitgehende Berücksichtigung alter Grenzen würden die Entwicklung des neuen staatlichen Gebildes erleichtern.[2]

Die Zusammenlegung dieser beiden Provinzen bzw. einer Teilprovinz mit einer seit 1815 / 16 bestehenden Provinz erfolgte 1946 im wesentlichen vor dem Hintergrund der außenpolitischen Situation und der äußerst kontroversen Debatte um die Kontrolle des Ruhrgebietes, der wichtigsten Wirtschafts- und Industrieregion Deutschlands, die größtes internationales Interesse genoß. Eigene deutsche Vorstellungen, die z. B. auf die Bildung eines

---

* Der Wortlaut des am 31. März 1993 während des Mainzer Kolloquiums „Regionen in der Frühen Neuzeit“ gehaltenen Vortrags wurde im wesentlichen beibehalten. Die Fußnoten beschränken sich auf die notwendigsten Angaben.

1 Zitiert nach *Karl Teppe*, Zwischen Besatzungsregiment und politischer Neuordnung (1945 - 1949). Verwaltung — Politik — Verfassung, in: Westfälische Geschichte, Bd. 2: Das 19. und das 20. Jahrhundert. Politik und Kultur, hrsg. von Wilhelm Kohl, Düsseldorf 1983, 269 - 339, hier 319. Siehe auch *Lord Strang*, Home and Abroad, London 1956, NDr. Westport 1983, 74 - 76.

2 *Teppe*, Zwischen Besatzungsregiment und politischer Neuordnung (Anm. 1), 318 f.

großen Landes „Rheinland-Westfalen" hinausliefen[3], blieben ebenso Theorie wie die Bemühungen um die Schaffung kleinerer Länder, etwa die aus Westfalen kommenden Überlegungen und Anstrengungen, ein eigenes Land unter Einbeziehung jener westfälischen Gebiete zu gründen, die außerhalb der preußischen Provinz Westfalen lagen.[4] Daß dies nicht gelang, war gleichsam Ausdruck einer Kontinuität westfälischer Geschichte seit Jahrhunderten, denn nie hatte Westfalen den Status eines eigenen staatlichen Gebildes, die Qualität eines Staates erlangt. Und dies gilt auch für das Rheinland im Sinne der Rheinprovinz, wie sie im 19. Jahrhundert gebildet worden war.

Nordrhein-Westfalen wurde eines der zahlreichen Bindestrich-Länder der Bundesrepublik Deutschland, gebildet aus zunächst zwei Teilen, denen am 21. Januar 1947 mit der Verordnung Nr. 77 von der britischen Besatzungsmacht noch Lippe angefügt wurde, das nach 1933 bereits dem Gauleiter von Westfalen-Nord unterstellt war, zuvor aber bis 1918 ein eigenes Fürstentum, dann ein republikanisches Land innerhalb des Deutschen Reiches gewesen war.[5] Eine nordrhein-westfälische Landes-Identität mag es heute nach bald 50jährigem Bestehen des Landes, dann des Bundeslandes an Rhein, Ruhr, Ems und Lippe geben, aber mit Sicherheit hat sich auch das Eigenbewußtsein der Rheinländer und der Westfalen erhalten und damit mehr als nur ein regionales Bewußtsein. Zwar betonte mit Sir William Strang auch eine britische Erklärung vom 17. Juli 1946, daß das Territorium Nordrhein-Westfalens von „alten traditionellen Grenzen" umschlossen sei, die „umzustoßen [...] ein Unrecht wäre"[6], aber in der „Präambel" der Verfassung für das Land Nordrhein-Westfalen vom 28. Juni 1950 ist es nicht das Volk, daß sich diese Verfassung gegeben hat, sondern es sind „die Männer und Frauen des Landes Nordrhein-Westfalen" gewesen.[7] In einem künstlich zusammengesetzten Land gab es kein sich zusammengehörig fühlendes, historisch engstens verbundenes Volk, wie z. B. in Bayern, wo es im „Vorspruch" zur „Verfassung des Freistaates

3 *Horst Lademacher,* Die nördlichen Rheinlande von der Rheinprovinz bis zur Bildung des Landschaftsverbandes Rheinland (1815-1853), in: Rheinische Geschichte, hrsg. von Franz Petri und Georg Droege, Bd. 2: Neuzeit, Düsseldorf 1976, 475-866, insbes. 786 ff.

4 *Teppe,* Zwischen Besatzungsregiment und politischer Neuordnung (Anm. 1), 319 ff.

5 Zur Geschichte Lippes vgl. *Erich Kittel,* Geschichte des Landes Lippe, Köln 1957. Der Anschluß Lippes an Nordrhein-Westfalen bearb. von H. Niebuhr und K. Scholz, 1984.

6 *Peter Hüttenberger,* Nordrhein-Westfalen und die Entstehung seiner parlamentarischen Demokratie (Veröffentlichungen der Staatlichen Archive des Landes Nordrhein-Westfalen, Reihe C: Quellen und Forschungen, Bd. 1), Siegburg 1973, 217.

7 Vgl. den Text der „Verfassung für das Land Nordrhein-Westfalen", in: Gesetz- und Verordnungsblatt für das Land Nordrhein-Westfalen, Ausgabe A, 4 (1950), 127.

Bayern“ vom 2. Dezember 1946 heißt, daß „sich das Bayerische Volk, eingedenk seiner mehr als tausendjährigen Geschichte, nachstehende demokratische Verfassung [gibt]“ [8]. In Nordrhein-Westfalen, dessen Grenzen so sehr verschiedene Gebiete mit ihrer je eigenen Geschichte umfaßten, lebten „die Deutschen am Rhein und von Westfalen“ — wie es noch unschärfer in einem Verfassungsentwurf von 1947 heißt —, die „in Kultur und Wirtschaft zu einer Schicksalsgemeinschaft eng miteinander verbunden“ wurden. [9]

Die Frage, wie alt die „traditionellen Grenzen“ waren, beantwortete die britische Erklärung vom Sommer 1946 nicht, aber mit größter Wahrscheinlichkeit bezog man sich auf die Verwaltungsgrenzen des 19. Jahrhunderts in dem für Nordrhein-Westfalen vorgesehenen Raum, möglicherweise auf noch weiter zurückliegende Zeiten, in denen es in diesem Bereich immer wieder rheinländische und westfälische Überlagerungen gegeben hat. [10]

In der Frühen Neuzeit gehörten große Teile des Gebietes des Bundeslandes Nordrhein-Westfalen zum Niederrheinisch-Westfälischen Reichskreis, dem einzigen der seit 1512 bestehenden zehn Reichskreise mit einem durch Bindestrich verbundenen Doppelnamen. Dies bedeutet freilich nicht, daß die anderen neun Reichskreise alle eindeutiger zu fassen sind, so konkrete Landschaftsbezeichnungen — wie Fränkischer, Bayerischer, Schwäbischer, Oberrheinischer oder Niedersächsischer Reichskreis — sie auch tragen. War dieser Niederrheinisch-Westfälische Reichskreis — so ist zu fragen — eine Region? Stellte er in der Frühen Neuzeit — denn die Kreise, von denen hier zu sprechen ist, sind spezifisch frühneuzeitliche Phänomene —, stellte er unter geographischen, politischen und kulturellen Gesichtspunkten eine Einheit dar mit eigenen Funktionen und Kompetenzen innerhalb des Heiligen Römischen Reiches Deutscher Nation, unterhalb der Ebene des Reiches als Ganzem und oberhalb dessen reichsständischer Gliederung, eine Einheit, die ihn klar abgrenzte von anderen Einheiten, von anderen Regionen?

---

8 Vgl. die „Verfassung des Freistaates Bayern“, in: Bayerisches Gesetz- und Verordnungsblatt, Nr. 23, 1946, 333.

9 Vgl. *Alois Vogels,* Der Verfassungsentwurf für Nordrhein-Westfalen. Mit Hinweisen auf die Reichsverfassung und die neuen Länderverfassungen, Essen 1948, 26; siehe auch *Franz Petri,* Nordrhein-Westfalen, Ergebnis geschichtlicher Entwicklung oder politische Neuschöpfung?, in: Rheinische Vierteljahrsblätter 31 (1966 / 67), 139-176, hier 139 mit Anm. 1; ebd., 163, verweist er auf die zu Beginn der 1950er Jahre geäußerte Auffassung, die von der „'Naturwidrigkeit' der neuen Südgrenze des Landes Nordrhein-Westfalen“ sprach.

10 Vgl. dazu: *Franz Petri,* Gemeinsame Probleme der rheinischen und westfälischen Geschichte und Landesforschung, in: Blätter für deutsche Landesgeschichte 101 (1965), 159-177, insbes. 164 ff., 170 ff.

II.

Der Niederrheinisch-Westfälische Reichskreis erstreckte sich grob zwischen Maas und Weser einerseits, Nordseeküste und 50. Breitengrad (im Westen: Lüttich) andererseits.[11] In ihm stellte der westfälische Teil nördlich der Lippe sowie zwischen Ems und Weser — also ohne das kurkölnische Herzogtum Westfalen und das Vest Recklinghausen — ein weitgehend geschlossenes, kompaktes Gebiet dar, als Teil-Reichskreis darin etwa dem Fränkischen Reichskreis vergleichbar, sieht man einmal von den dortigen nicht zum Kreis gehörigen reichsritterschaftlichen Besitzungen ab. Der niederrheinische Teil war sehr viel weniger homogen, was vor allem auf die zum Kurrheinischen Reichskreis gehörenden Gebiete zurückzuführen war, aber auch auf den Burgundischen Reichskreis, der das Hochstift Lüttich besonders signifikant vom übrigen niederrheinischen Teil-Reichskreis abtrennte.

Die Zusammensetzung des Niederrheinisch-Westfälischen Reichskreises spiegelt insofern das Gesamtreich wider, als sie durch das Vorhandensein aller reichsständischen Gruppen mit Ausnahme der Kurfürsten gekennzeichnet ist: geistliche und weltliche Reichsfürsten, Reichsprälaten, Reichsgrafen und Reichsstädte. Auffallend ist, daß sich die Hochstifte mehrheitlich auf den westfälischen Teil erstreckten: Münster, Paderborn, Osnabrück, zunächst auch noch Minden und Verden, während im niederrheinischen Teil nur Lüttich erhalten blieb, Utrecht und Cambrai aber im 16. und 17. Jahrhundert an die Generalstaaten bzw. an Frankreich fielen.[12] Umgekehrt lagen mit den durch Personalunion verbundenen Herzogtümern Jülich-Berg und Kleve-Mark die weltlichen Fürstentümer links und rechts des Rheines, wobei lediglich die Grafschaft Mark wie die Ravensbergische westfälisch waren.[13] Im nördlichen und östlichen Teil des Niederrheinisch-Westfälischen Reichskreises lag im übrigen die Mehrzahl der Reichsgrafen

---

11 Siehe dazu die Karte „Niederrheinisch-Westfälischer Reichskreis 1560“, in: *Andreas Schneider,* Der Niederrheinisch-Westfälische Kreis im 16. Jahrhundert. Geschichte, Struktur und Funktion eines Verfassungsorgans des Alten Reiches (Düsseldorfer Schriften zur Neueren Landesgeschichte und zur Geschichte Nordrhein-Westfalens, Bd. 16), Düsseldorf 1985; „Die Kreiseinteilung des Reiches nach 1648“, in: *Antje Oschmann,* Der Nürnberger Exekutionstag 1649-1650. Das Ende des Dreißigjährigen Krieges in Deutschland (Schriftenreihe der Vereinigung zur Erforschung der Neueren Geschichte, Bd. 17), Münster 1991.

12 Vgl. dazu *Anton Schindling,* Reichskirche und Reformation. Zu Glaubensspaltung und Konfessionalisierung in den geistlichen Fürstentümern des Reiches, in: Neue Studien zur frühneuzeitlichen Reichsgeschichte, hrsg. von Johannes Kunisch (Zeitschrift für Historische Forschung, Beiheft 3), Berlin 1987, 81-112.

13 Die Territorien des Reichs im Zeitalter der Reformation und Konfessionalisierung. Land und Konfession 1500-1650, Bd. 3: Der Nordwesten, hrsg. von Anton Schindling und Walter Ziegler (Katholisches Leben und Kirchenreform im Zeitalter der Glaubensspaltung, Bd. 51), Münster 1991.

mit ihren flächenmäßig ausgedehnten Besitzungen, wenn man nur an Ostfriesland, Oldenburg, Hoya, Lippe oder Bentheim denkt. Die Reichsgrafschaften in Westerwald und Eifel konnten da schon aufgrund der mittelgebirgigen Gegebenheiten nicht mithalten.[14] Lediglich die Reichsprälaten und die Reichsstädte verteilten sich annähernd gleichmäßig.

Das Gebiet des Niederrheinisch-Westfälischen Reichskreises war — wie Rudolf Vierhaus einmal formuliert hat — ein „Raum der Nebenländer“[15], begünstigt durch eine breite reichsständische Differenziertheit, ohne daß ein Reichsstand eine herausragende politische Dominanz erlangt hätte, wie etwa der Herzog von Bayern im Bayerischen Reichskreis oder der Herzog von Württemberg im Schwäbischen. Ansätze dazu hat es im 16. Jahrhundert vor allem in der 1539 beginnenden Regierungszeit Herzog Wilhelms V., des Reichen (1516-1592), in den durch Personalunion verbundenen niederrheinischen Herzogtümern Jülich-Berg-Ravensberg und Kleve-Mark gegeben, die mit ihren Teilen Ravensberg und Mark ins Westfälische hineinreichten.[16] Mit dem Aussterben des Herzoghauses im Mannesstamm, das 1609 den Jülich-Klevischen Erbfolgestreit auslöste, gewann der kreisfremde Einfluß an Bedeutung: schon im Xantener Vertrag vom 12. November 1614 fielen Jülich und Berg an das wittelsbachische Pfalz-Neuburg, an Kleve, Mark und Ravensberg an das hohenzollerische Kurbrandenburg.[17] Der Einfluß der Wittelsbacher hatte 1581 mit der Bischofserhebung Ernsts von Bayern in Lüttich und seiner Übernahme der Administration der Abtei Stablo-Malmedy begonnen und dauerte bis zum Tode Clemens Augusts, des „Herrn Fünfkirchen“[18], im Jahre 1761. Beginnend 1583, d. h. von Ernst von

---

14 Siehe dazu: *Johannes Arndt,* Das niederrheinisch-westfälische Reichsgrafenkollegium und seine Mitglieder (1653-1806) (Veröffentlichungen des Instituts für Europäische Geschichte Mainz, Abteilung Universalgeschichte, Bd. 133; Beiträge zur Sozial- und Verfassungsgeschichte des Alten Reiches, Nr. 9), Mainz 1991.

15 *Rudolf Vierhaus,* Die Landstände in Nordwestdeutschland im späteren 18. Jahrhundert, in: Ständische Vertretungen in Europa im 17. und 18. Jahrhundert, hrsg. von Dietrich Gerhard (Veröffentlichungen des Max-Planck-Instituts für Geschichte, Bd. 27; Studies presented to the International Commission for the History of Representative and Parliamentary Institutions, Bd. 37), Göttingen ^{2}1974, 72-93, hier 76.

16 Vgl. dazu *Schneider,* Der Niederrheinisch-Westfälische Kreis im 16. Jahrhundert (Anm. 11), 86-161; *Franz Petri,* Im Zeitalter der Glaubenskämpfe (1500-1648), in: Rheinische Geschichte (Anm. 3), 1-217, hier insbes. 44 ff., 104 ff. u. ö.; siehe auch *Volker Press,* Kriege und Krisen. Deutschland 1600-1715 (Die Neue Deutsche Geschichte, Bd. 5), München 1991, 101-103.

17 Der Xantener Vertrag, in: Kurbrandenburgs Staatsverträge von 1601 bis 1700, bearb. von Theodor von Moerner, Berlin 1867, 67-71 (Nr. 30).

18 *Anton Schindling,* Kurfürst Clemens August, der „Herr Fünfkirchen“. Rokokoprälat und Reichspolitiker 1700-1761, in: Clemens August, Fürstbischof, Jagdherr, Mäzen. Katalog zu einer kulturhistorischen Ausstellung aus Anlaß des 250jährigen Jubiläums von Schloß Clemenswerth, hrsg. vom Landkreis Emsland, Meppen / Sögel 1987, 15-28.

Bayern an, stellten die Wittelsbacher über 180 Jahre hinweg die Erzbischöfe — und Kurfürsten — von Köln und über weite Strecken teilweise auch die Herren der geistlichen Reichsfürstentümer im Niederrheinisch-Westfälischen Reichskreis: außer den Bischof von Lüttich den von Münster und Paderborn sowie von Osnabrück; bis 1660 blieben sie auch in der Fürstabtei Stablo-Malmedy präsent. Abgesehen davon stellten sie im benachbarten Niedersächsischen Reichskreis von 1573 bis 1761 die Bischöfe von Hildesheim.[19]

Den neben den Wittelsbachern größten Einfluß übten die Hohenzollern aus. Nach Kleve, Mark und Ravensberg fielen infolge des Westfälischen Friedens von 1648 mit dem säkularisierten Fürstentum Minden (1648 als Entschädigung für Vorpommern) im 18. Jahrhundert mit den Grafschaften Moers (1702), Lingen (1702), Tecklenburg (1707), Ostfriesland (1744) und Sayn-Altenkirchen (1741, 1791) wichtige Besitzungen an sie.[20] Ferner wirkte mit den Welfen eine dritte der großen Dynastien des Reiches erheblich auf Gebiete des Niederrheinisch-Westfälischen Reichskreises ein: noch bevor im Westfälischen Frieden für das Hochstift Osnabrück die Lösung gefunden wurde, daß abwechselnd ein katholischer Fürstbischof und ein lutherischer Prinz aus dem Hause Braunschweig-Lüneburg regieren sollten[21], waren im 16. Jahrhundert die Grafschaften Hoya (1582) und Diepholz (1585) unter die Linien des Welfenhauses aufgeteilt worden und fielen 1705 an das Kurfürstentum Hannover, das dann auch das 1714 von den Schweden verlorene und 1719 abgetretene säkularisierte Herzogtum Verden erwarb. Außer der sieben Jahrzehnte dauernden schwedischen Herrschaft über Verden ist noch die mehr als hundertjährige Dänemarks über die seit

---

19 Vgl. z. B. die Übersicht bei *Rudolf Reinhardt,* Kontinuität und Diskontinuität. Zum Problem der Koadjutorie mit dem Recht der Nachfolge in der neuzeitlichen Germania Sacra, in: Der dynastische Fürstenstaat. Zur Bedeutung von Sukzessionsordnungen für die Entstehung des frühmodernen Staates, in Zusammenarbeit mit Helmut Neuhaus hrsg. von Johannes Kunisch (Historische Forschungen, Bd. 21), Berlin 1982, 115-155, hier 150. Siehe insgesamt: *Hans-Georg Aschoff,* Dynastische Interessen in westfälischen und niedersächsischen Bistümern während des 15. und 16. Jahrhunderts, in: Römische Quartalschrift für christliche Altertumskunde und Kirchengeschichte 87 (1992), 236-251; *Walter Ziegler,* Die Hochstifte des Reiches im konfessionellen Zeitalter 1520-1618, in: ebd., 252-281, insbes. die Übersicht „Die Hochstifte des Reiches 1500 bis 1648“ 275-281, in der Rubrik „Herrschaft fürstlicher Dynastien“; *Manfred Weitlauff,* Die bayerischen Wittelsbacher in der Reichskirche, in: ebd., 306-326; *Hans Erich Feine,* Die Besetzung der Reichsbistümer vom Westfälischen Frieden bis zur Säkularisation 1648-1803 (Kirchenrechtliche Abhandlungen, Bd. 97 / 98), Stuttgart 1921, NDr. Amsterdam 1964.

20 Dazu im Überblick noch immer: *Otto Hintze,* Die Hohenzollern und ihr Werk. Fünfhundert Jahre vaterländischer Geschichte, Berlin [5]1915.

21 Instrumenta Pacis Westphalicae. Die Westfälischen Friedensverträge 1648. Vollständiger lateinischer Text mit Übersetzung der wichtigeren Teile und Regesten, bearb. von *Konrad Müller* (Quellen zur Neueren Geschichte, Heft 12 / 13), Bern [2]1966, 61 (Art. XIII, § 1).

1647 verbundenen Grafschaften Oldenburg und Delmenhorst zu erwähnen (1667 - 1773).[22]

Auch ohne daß weitere Einflußsphären konkretisiert werden, wird deutlich, in welchem Maße der Niederrheinisch-Westfälische Reichskreis überfremdet war, seine „innere Überfremdung" — wie Winfried Dotzauer das zu Recht genannt hat — zum „zentralen Problem" wurde.[23] Auch wenn z. B. die wittelsbachischen Bischöfe in den Hochstiften des Niederrheinisch-Westfälischen Reichskreises keine der Münchener Politik immer kongruenten Programme verfolgten und sehr wohl auf Differenzierung Wert legten[24], insgesamt sind die äußerst vielfältigen, ganz unterschiedlichen politischen Zielen verpflichteten Fremdbestimmungen nicht zu übersehen, die freilich in ihrer zeitlichen und räumlichen Jeweiligkeit zu betrachten bleiben. Über die drei frühneuzeitlichen Jahrhunderte hinweg bietet der Niederrheinisch-Westfälische Reichskreis ein Bild größter politischer Heterogenität.

Zu diesem bisher entwickelten Bild nur partieller geographischer und mangelnder politischer Geschlossenheit paßt, daß der Niederrheinisch-Westfälische Reichskreis auch konfessionell geteilt war und blieb. Dies war vor allem das Ergebnis des Scheiterns der beiden Reformationsversuche der Kölner Erzbischöfe Hermann von Wied und Gebhard Truchseß von Waldburg von 1543 und 1583 / 84.[25] Während der politische wie militärische Druck der Habsburger von den Niederlanden aus 1543 neben dem Kölner Erzbischof auch Bischof Franz von Waldeck im Osnabrücker Hochstift und im Niederstift Münster scheitern ließ[26], stabilisierte die wittelsbachische Intervention im Kölner Krieg von 1583 / 84 die Position der Reichskirche nicht nur im Erzstift Köln, sondern im gesamten geistlichen Westfalen — und zwar entlang des Flußlaufes der Ems letztlich dauerhaft.[27] Die Refor-

---

22 Zur Geschichte dieser Grafschaften siehe *Arndt,* Das niederrheinisch-westfälische Reichsgrafenkollegium und seine Mitglieder (Anm. 14).

23 *Winfried Dotzauer,* Die deutschen Reichskreise in der Verfassung des Alten Reiches und ihr Eigenleben (1500 - 1806), Darmstadt 1989, 266; siehe auch schon *Schneider,* Der Niederrheinisch-Westfälische Kreis im 16. Jahrhundert (Anm. 11), der von der „seit Ende des 16. Jahrhunderts einsetzende[n] territoriale[n] Überfremdung des Kreises" spricht (228).

24 Das gilt z. B. für Clemens August; zu ihm insgesamt zuletzt: Clemens August. Fürstbischof, Jagdherr, Mäzen (Anm. 18), mit zahlreichen Beiträgen.

25 Zum Reformationsversuch Hermanns von Wied *August Franzen,* Hermann von Wied (1477 - 1552), in: Rheinische Lebensbilder, Bd. 3, Düsseldorf 1968, 57 - 77; *ders.*, Bischof und Reformation. Erzbischof Hermann von Wied in Köln vor der Entscheidung zwischen Reform und Reformation (Katholisches Leben und Kirchenreform im Zeitalter der Glaubensspaltung, Bd. 31), Münster 1971.

26 *Wilhelm Kohl,* Das Zeitalter der Glaubenskämpfe (1517 - 1618), in: Westfälische Geschichte, Bd. 1: Von den Anfängen bis zum Ende des Alten Reiches, hrsg. von Wilhelm Kohl, Düsseldorf 1983, 488 ff.

27 *Schindling,* Reichskirche und Reformation (Anm. 12), 94 ff., 100 ff.

mation war am Niederrhein zunächst nur in der Grafschaft Moers und in Westfalen außer in Bentheim und Tecklenburg nur in dem Bogen der Reichsgrafschaften von Ostfriesland entlang der Weser bis Lippe erfolgreich, dazu im Hochstift Minden. Vor allem die Einführung des Luthertums — zeitweise auch des Calvinismus — in Kleve, Mark und Ravensberg hat aber wohl die den Niederrheinisch-Westfälischen Reichskreis kennzeichnende katholische und lutherische Milieubildung beschleunigt und seine auch konfessionelle Spaltung entscheidend markiert, die den nordwestdeutschen Raum bis heute prägt.[28]

III.

Wie wirkte sich eine solche Beschaffenheit des Niederrheinisch-Westfälischen Reichskreises auf die Erfüllung seiner ihm aufgetragenen Aufgaben aus? — Bei der Beantwortung dieser Frage ist die Zugehörigkeit des Reichskreises zum im Jahre 1500 geschaffenen Reichskreis-System — bestehend aus sechs Reichskreisen — von der Zugehörigkeit zum im Jahre 1512 gebildeten Reichskreis-System — bestehend aus zehn Reichskreisen — zu unterscheiden.

Innerhalb des Sechs-Kreise-Systems hatte der Niederrheinisch-Westfälische Reichskreis — wie die übrigen fünf — lediglich die Funktion eines geographischen Bezirkes. Er begegnet in reichsrechtlich festgelegten Umrissen erstmals während des Augsburger Reichstages des Jahres 1500. In der Ordnung für das erste Reichsregiment vom 2. Juli dieses Jahres, das sich aus 20 „Personen von den Ständen deß Reichs Teutscher Nation" zusammensetzen sollte[29], war vorgesehen, daß u. a. „sechs Persohnen [. . .] aus den hernach bestimten Kreyßen" kommen sollten.[30] In der Reihenfolge der mit Ordnungszahlen bezeichneten sechs Reichskreise wurde als „der fünfte Kreyß" der genannt, dessen „Bistumb, Fürstenthumb, Land und Gebiet der Bischoffen von Baderborn, Lüttich, Utrecht, Münster, Oßnabrück, der Hertzogen von Jülich, Berg, Cleve, Geldern, der Grafen von Nassaw, Vianden, Vierenberg, Nieder-Eisenberg und die Niederland biß hinab an die Maaß, sonst alle andre Prelaten, Grafen, Herren, Frey- und Reich-Städt, der Ort gesessen oder gelegen"[31], also zwischen Maas und

---

[28] Zur Einführung der Reformation vgl. oben Anm. 13, ferner *Alois Schröer,* Die Reformation in Westfalen. Der Glaubenskampf einer Landschaft, 2 Bde., Münster 1979, 1983.

[29] Vgl. „Regiments-Ordnung Maximilians I." in: *Karl Zeumer,* Quellensammlung zur Geschichte der Deutschen Reichsverfassung in Mittelalter und Neuzeit, Teil 2: Von Maximilian I. bis 1806, Tübingen ^{2}1913, Nr. 177, 297 - 307, hier 298 f. (§ 4).

[30] Ebd. 299 (§ 5).

[31] Ebd., 300 (§ 10).

Niederrhein sowie in Westfalen. Aus ihm — wie aus den übrigen fünf Kreisen — sollte eine Person, ein Angehöriger der „Ritterschaft, Doctorn oder Licentiaten [...] genommen" werden[32], um Mitglied des Reichsregiments zu werden.

Es ist auffallend, daß der Raum des Reichskreises nicht unter Verwendung geographischer Kriterien und mit Hilfe von Landschaftsnamen beschrieben wird, sondern im Rahmen reichsständischer sozialer und politischer Ordnung von den geistlichen Reichsfürsten bis zu den Reichsstädten. Daran wurde auch im Reichstagsabschied von Konstanz 1507 nichts geändert, als die 1500 gebildeten sechs Reichskreise auch zu Rekrutierungsgebieten für die Bestellung von Beisitzern des Reichskammergerichts wurden, ohne daß sie über ein Wahlrecht verfügten, also zu Wahlkörpern wurden: es sollte lediglich aus den als „Kreyß und Cirkel" zusammengefaßten Reichsständen ein Personalvorschlag gemacht werden, der dann auf dem Reichstag zur Wahl stand.[33] Mit der Beschreibung von Reichskreisen war also keinerlei institutionelle Ausgestaltung verbunden, der gewählte Beisitzer war nicht Vertreter, Repräsentant eines Kreises, dem sein Reichsstand zugeordnet worden war.

Dies änderte sich erst nach 1521, als für das neugeschaffene zweite Reichsregiment erneut sechs Personen aus den sechs Reichskreisen rekrutiert werden sollten[34], ebenso ein Teil der Beisitzer des Reichskammergerichts[35], was wohl mit der stärkeren Herausbildung der Reichskreise und der allmählichen Entwicklung eines circularen korporativen Eigeninteresses zu begründen ist. Blieb die Existenz der Kreise als Wahlbezirke nach 1507 noch „durchaus blaß und ohne selbständiges Leben", weil sie sich „vorerst nicht auf besonderen Tagen als Wahlkörperschaften zu konstituieren" hatten — wie Adolf Laufs formuliert hat —, so brachte die Ordnung des Reichskammergerichts von 1521 „ein dauerndes Wahlrecht der Kreisstände mit sich"[36]. Im Westfälischen Frieden wurde dann — der Durchsetzung der paritätischen Besetzung des Reichskammergerichts Rechnung tragend — festgelegt, daß — wie im Fränkischen, Schwäbischen und

---

32 Ebd., 299 (§ 5).

33 Neue und vollständigere sammlung der reichs-abschiede, welche von den zeiten kaiser Konrads II. bis jetzo auf den Teutschen reichstägen abgefasst worden, samt den wichtigsten reichsschlüssen, so auf dem noch fürwährenden reichstage zur richtigkeit gekommen sind, Bd. 1, Teil II, Frankfurt / M. 1747 [zitiert: Reichsabschiede], siehe auch *Rudolf Smend,* Das Reichskammergericht, Weimar 1911, 280.

34 Vgl. „Regimentsordnung Karls V.", in: *Zeumer,* Quellensammlung (Anm. 29), Nr. 182, 318-324, hier 321 (§ 18); zum Niederrheinisch-Westfälischen Reichskreis ebd. (§ 23).

35 *Smend,* Das Reichskammergericht (Anm. 33), 281.

36 *Adolf Laufs,* Der Schwäbische Kreis. Studien über Einigungswesen und Reichsverfassung im deutschen Südwesten zu Beginn der Neuzeit (Untersuchungen zur deutschen Staats- und Rechtsgeschichte, N. F. Bd. 16), Aalen 1971, 51, Anm. 185.

Oberrheinischen Reichskreis — die lutherischen Stände des Niederrheinisch-Westfälischen Reichskreises zwei Assessoren präsentieren durften.[37] Die analoge Regelung für die katholischen Reichsstände erfolgte im Jüngsten Reichsabschied von 1654.[38]

Daß die Reichskreise nach 1521 als reichsständische Korporationen eigener Art deutlicher in Erscheinung traten, ist maßgeblich auf die Etablierung des Zehn-Kreise-Systems im Jahre 1512 zurückzuführen, in das auch die bis dahin nicht „eingekreisten" habsburgischen und kurfürstlichen Lande einbezogen wurden, obwohl in § 12 der Einleitung zum ersten Teil des Trierer und Kölner Reichstagsabschieds vom 16. August 1512 ausdrücklich festgestellt worden war, daß die Kreiseinteilung „einem jeden Stand an seinen Obrigkeiten, Herrlichkeiten und Rechten unschädlich seyn" soll.[39] In Anknüpfung an mittelalterliche Traditionen wurden die Reichskreise in die Prozesse der Wiederherstellung und Aufrechterhaltung des Landfriedens einbezogen, auch wenn das dann in der Praxis zunächst noch nicht funktionierte, wie Maximilian I. in den Jahren unmittelbar vor seinem Tod erleben mußte.[40] Die Reichskreise des Zehner-Systems erhielten 1521 nach modifizierter Einteilung, die den Niederrheinisch-Westfälischen Reichskreis nicht wesentlich berührte, diese Aufgabe erneut durch die neue Ordnung des Landfriedens zugewiesen, dazu wiederum die Aufgabe, Urteile des Reichskammergerichts zu vollstrecken.[41] Erst danach bildeten die Kreise mehrheitlich allmählich eigene Institutionen, wie das Amt des kreisausschreibenden Fürsten und den Kreistag, später das Amt des Kreishauptmannes (Kreisoberst), die Funktionen der Zugeordneten (Räte) und des Nachgeordneten (Vertreter des Hauptmanns), Kanzlei, Kasse und Archiv.

Im Niederrheinisch-Westfälischen Reichskreis kam der erste Kreistag als Versammlung der Kreisstände erst im Juli 1532 in der Reichsstadt Köln zustande, bemerkenswerterweise im Zusammenhang der aktuellen Türkenbedrohung.[42] Ein früherer Versuch während der Auseinandersetzungen mit den rebellierenden Reichsrittern im Jahre 1522 war trotz kaiserlicher Ermahnung erfolglos geblieben. Bischof Erich von Münster und Herzog

---

37 Instrumenta Pacis Westphalicae (Anm. 21), 45 (Art. V, § 57).

38 Der jüngste Reichsabschied von 1654, bearb. von *Adolf Laufs* (Quellen zur Neueren Geschichte, Heft 32), Bern, Frankfurt / Main 1975, 81 (§ 169).

39 Vgl. Abschied des Reichstages von 1512 in: Reichsabschiede (Anm. 33), 138 (§ 12); die Einrichtung der zehn Reichskreise ebd. (§ 11).

40 Erinnert sei hier an das unruhige zweite Jahrzehnt des 16. Jahrhunderts mit Bauernaufständen, Rittererhebungen und städtischen Unruhen; vgl. *Horst Rabe,* Reich und Glaubensspaltung. Deutschland 1500-1600 (Die Neue Deutsche Geschichte, Bd. 4), München 1989, 129 ff.

41 Reichsabschiede (Anm. 33), 179 ff., 194 ff.

42 *Dotzauer,* Die deutschen Reichskreise (Anm. 23), 267.

Johann III. von Jülich-Kleve-Berg, die beiden vornehmsten Kreisfürsten, die gemäß kaiserlichen Mandats vom 17. Februar 1522 den Landfrieden in ihrem Kreis publizieren und einen Kreistag einberufen sollten, kamen zwar in Dortmund zusammen, aber zu einem Kreistag gelangten die Bemühungen nicht und folglich auch nicht zur Wahl eines Hauptmannes. Überhaupt funktionierte der Niederrheinisch-Westfälische Reichskreis in den so unruhigen 1520er Jahren noch nicht, was aber noch nicht zu voreiligen Schlüssen Anlaß geben sollte, wie sie Franz Petri zog: „Indes darf man die effektive geschichtliche Bedeutung dieser Reichskreise, die doch weitgehend auf dem Papier standen, nicht überschätzen.“ [43]

Wie andere Reichskreise so wurde auch der Niederrheinisch-Westfälische Reichskreis erst in den 1530er Jahren aktiver und dies gezwungenermaßen und dazu in eigenem Interesse. Denn es galt, den Landfrieden wiederherzustellen, dessen Bruch von der Errichtung des Wiedertäuferreichs in Münster ausgegangen war, nachdem dies von dem unmittelbar betroffenen Territorialherrn, Franz von Waldeck, dem Bischof von Münster, alleine nicht mehr zu bewerkstelligen gewesen war. Aber auch der Niederrheinisch-Westfälische Reichskreis war dazu im Herbst 1534 ohne Hilfe nicht mehr in der Lage und erklärte am 26. Oktober 1534 auf seinem Kölner Kreistag, „daß die münsterschen Unruhen die ganze deutsche Nation angingen“. [44] Die Landfriedens-Erklärung des Nürnberger Reichsregimentes vom 10. Februar 1522 — „Römischer Kayserlicher Majestät Ordnungen, Fürsehungen, und Erklärungen, wie allenthalben im Heil[igen] Reich, und sonderlich Teutscher Nation, wider die mannigfaltigen Vergwältiger, Beschädiger und des H[eiligen] Reichs Land-Friedens Verbrecher [...] mit gebührender Straf und würklicher Execution, zu Handhabung Friedens und Rechtens auch aller Reichs-Ordnungen durch männiglich, und sonderlich die 10 Zirckel oder Creyß, in alle Stände des Reichs ausgetheilt, gehandelt werden soll“ [45] — sah für den Fall, daß ein Landfriedensbruch zu groß und zu schwer war, u. a. vor, daß „ein oder mehr Kreysse, die dem Kräyß, oder der Sachen, da die Handlung und Vollstreckung [...] geschehen solt, am nechsten gesessen oder gelegen sind“, mit der Wiederherstellung des Landfriedens betraut werden, oder die Sache sollte, „wo ferrer Noth, an ein gemeine Reichs-

---

43 *Petri,* Nordrhein-Westfalen (Anm. 9), 145.

44 Vgl. *Benno Rode,* Das Kreisdirektorium im westfälischen Kreise von 1522-1609, Diss. phil. Münster / Westf. 1916, 30; *Karl-Heinz Kirchhoff,* Die Belagerung und Eroberung Münsters 1534 / 35. Militärische Maßnahmen und politische Verhandlungen des Fürstbischofs Franz von Waldeck, in: Westfälische Zeitschrift 112 (1962), 77-170, hier 121. Zum Ganzen siehe auch *Helmut Neuhaus,* Reichsständische Repräsentationsformen im 16. Jahrhundert. Reichstag — Reichskreistag — Reichsdeputationstag (Schriften zur Verfassungsgeschichte, Bd. 33), Berlin 1982, 36 ff.; *ders.*, Das Reich und die Wiedertäufer von Münster, in: Westfälische Zeitschrift 133 (1983), 9-36.

45 Reichsabschiede (Anm. 33), 229-242.

Versammlung [ge]langen", wo dann zu beraten und zu beschließen war, „was in dem allem ferrer gehandelt und fürgenommen werden soll".[46]

Dies geschah zunächst im Dezember 1534 auf einer Versammlung von 40 Reichsständen aus dem Kurrheinischen, Oberrheinischen, Obersächsischen und Niederrheinisch-Westfälischen Reichskreis im kurtrierischen Koblenz, von denen knapp ein Viertel aus letztgenanntem Kreis kamen.[47] Sodann beschäftigte sich ein Wormser Reichstag im April 1535 mit der Angelegenheit, an dem aber nur sieben Reichsstände aus dem Niederrheinisch-Westfälischen Reichskreis teilnahmen bzw. sich vertreten ließen.[48] Der Fall der von den Wiedertäufern beherrschten Stadt Münster am 24. / 25. Juni 1535 war denn auch am wenigsten das Ergebnis gemeinsamen Handelns der Mitglieder des unmittelbar betroffenen Reichskreises.[49]

IV.

Dieses Bild mangelnder Geschlossenheit des Niederrheinisch-Westfälischen Reichskreises am Beginn seiner Existenz ist geradezu symptomatisch für seine frühneuzeitliche Geschichte. Dies ist hier zwar nicht im einzelnen darzulegen oder auch nur in einem Überblick zu belegen, aber ausgewählte Aspekte liefern dafür doch wichtige Hinweise.

Betrachtet man die Abfolge der Kreistage des Niederrheinisch-Westfälischen Reichskreises als Versammlungen gemeinsamen Beratens und Beschließens bis zum Ende des 18. Jahrhunderts, so fallen vor allem die großen Lücken im 17. Jahrhundert und in der Zeit vom Siebenjährigen Krieg bis zum Ersten Koalitionskrieg auf.[50] Kreistage, die ja keineswegs mit periodischer Regelmäßigkeit von den ausschreibenden Fürsten einberufen wurden, traten in erster Linie immer dann zusammen, wenn auf der Ebene des Gesamtreiches eine verstärkte Handlungsfähigkeit der Reichskreise für notwendig erachtet wurde. Nach dem Sieg über die Wiedertäufer im westfälischen Münster war das vor allem in der zweiten Hälfte des 16. und in der des 17. Jahrhunderts bis in die Jahre des Spanischen Erbfolgekrieges hinein der Fall, in Zeiten also, in denen der Niederrheinisch-Westfälische Reichskreis — wie der Westen des Reiches insgesamt — durch die Vorgänge

---

[46] Ebd., 238.

[47] Zu dieser Koblenzer Versammlung *Neuhaus,* Reichsständische Repräsentationsformen (Anm. 44), 46 ff., 528 - 535.

[48] Zu diesem Wormser Reichstag ebd., 60 - 109, 528 - 535.

[49] Vgl. u. a. *Gerd Dethlefs,* Das Wiedertäuferreich in Münster 1534 / 35, in: Die Wiedertäufer in Münster. Stadtmuseum Münster 1. Oktober 1982 bis 30. Januar 1983 [Ausstellungskatalog], Münster 1982, 19 - 36, insbesondere 34.

[50] Vgl. die Übersicht bei *Dotzauer,* Die deutschen Reichskreise (Anm. 23), 356 f.

in den Nachbarstaaten („Hugenottenkriege“ in Frankreich und Beginn des „Achtzigjährigen Krieges“ in den Niederlanden bzw. Reunionspolitik des französischen Königs Ludwig XIV.) besonders bedroht war.[51] Der Kreis selbst wurde freilich nicht von sich aus initiativ, sondern er reagierte nur auf Beschlüsse des Reiches, das die von außen kommenden Probleme so sehr als seine Angelegenheiten aufgriff, daß es im Speyerer Reichstagsabschied vom 11. Dezember 1570 die Anwendung der nur für die innenpolitische Wiederherstellung des Landfriedens geltende Reichsexekutionsordnung von 1555 auch auf die Fälle ausdehnte, in denen „bey den benachbarten Potentaten solche Krieg entstünden, daraus dem Reich, dessen Ständen und Unterthanen, Gefahr und Nachtheil zu gewarten“.[52]

Damit war den Reichskreisen mangels anderer Möglichkeiten des Reiches vom letzten Drittel des 16. Jahrhunderts an die Sicherung des Landfriedens an seinen Grenzen aufgetragen, ohne daß sie über die notwendige militärische Infrastruktur verfügten. Und diese gab es im Niederrheinisch-Westfälischen Reichskreis auch ein Jahrhundert später noch nicht, als die Kreise zur entscheidenden Ebene für das Reichsmilitärwesen wurden. Im Rahmen von sechs von Kaiser Leopold I. ratifizierten Reichsgutachten „in materia Securitatis publicae“ aus den Jahren 1681 / 82, die gemeinhin als „Reichskriegsverfassung“ bezeichnet werden, ergab die „Circular-Repartition“, die „nach eines jeden Creyßes jetztmahliger Erträglichkeit“ erfolgte, für den Niederrheinisch-Westfälischen Reichskreis — zusammen mit dem Obersächsischen, Burgundischen, Niedersächsischen und Schwäbischen — das zweitgrößte Kontingent nach dem Österreichischen: er hatte mit 4029 Mann (1321 zu Pferd und 2708 zu Fuß) ziemlich genau ein Zehntel der im Simplum auf 40000 Mann „geworbenen guten und wohlgeübten Volcks“ festgesetzten Mannschaftsstärke zu stellen.[53]

---

51 Vgl. für die Regierungszeit Kaiser Maximilians II. jetzt *Maximilian Lanzinner,* Friedenssicherung und politische Einheit des Reiches unter Kaiser Maximilian II. (1564 - 1576) (Schriftenreihe der Historischen Kommission bei der Bayerischen Akademie der Wissenschaften, Bd. 45), Göttingen 1993.

52 Reichsabschiede (Anm. 33), 290, § 19; siehe auch ebd., 291, § 21. — Vgl. *Laufs,* Der Schwäbische Kreis (Anm. 36), 385; *Bernd Wunder,* Die Kreisassoziationen 1672 - 1748, in: ZGO 128 (1980), 167 - 266, hier insbesondere 172 f. Zum Speyerer Reichstag von 1570 insgesamt auch *Maximilian Lanzinner,* Friedenssicherung und Zentralisierung der Reichsgewalt. Ein Reformversuch auf dem Reichstag zu Speyer 1570, in: ZHF 12 (1985), 287 - 310.

53 Vgl. das Reichsgutachten vom 30. August 1681 (mit Beilage A), in: Vollständige Sammlung Aller Von Anfang des noch fürwährenden Teutschen Reichs-Tags de Anno 1663 biß anhero abgefaßten Reichs-Schlüsse, Teil II, zusammengetragen durch Johann Joseph Pachner von Eggenstorff, Regensburg 1776, 325 (Nr. CCXLIX); ebd., 312 f., das Reichsgutachten vom 23. Mai 1681 (Nr. CCXXXVIII), und 326, das Reichsgutachten vom 15. September 1681 (Nr. CCL). — Siehe dazu insgesamt *Helmut Neuhaus,* Das Problem der militärischen Exekutive in der Spätphase des Alten Reiches, in: Staatsverfassung und Heeresverfassung in der europäischen

Indem die Aufstellung der Kreiskontingente dem innercircularen Konsens überlassen wurde, hatte sich — wie es der Göttinger Staatsrechtslehrer Johann Stephan Pütter (1725 - 1807) ein Jahrhundert später ausdrückte — die Einsicht durchgesetzt, „daß es zweckmäßiger seyn würde, die von jedem Reichsstande zu stellende Mannschaft nicht nach dem Range der Reichsstände, sondern nach der Lage ihrer Länder abzutheilen, wozu die Kreisverfassung die bequemsten Mittel an die Hand gab.“ [54] Zwar war durch die Beschlüsse von 1681 / 82 sichergestellt, daß in Zukunft bei der Aufstellung von Reichsarmeen nicht mehr „Soldaten aus Mecklenburg und Würtenberg zusammenstießen, die, weit entfernt auf einerley Art exercirt und mit einerley Gewehr versehen zu seyn, einander in ihrer Sprache nicht einmal verstanden“ [55], aber die Betonung des an den Reichskreisen orientierten geographischen Prinzips führte nicht überall zur Ausbildung eines regionalen Bewußtseins.

Der Niederrheinisch-Westfälische Reichskreis entwickelte sich nicht — wie etwa der Fränkische Reichskreis — „zum selbstverantwortlichen und eigenständigen politischen Faktor“, zur „selbständig handelnde[n] Korporation“ [56]. Und er wurde auch nicht zum Feldherrn, wie sich der „Schwäbische Kreis als Feldherr“ verstand, nachdem in einem Artikelbrief für die schwäbische Kreismiliz — nicht zufälligerweise — aus dem Jahre 1683 „von denen gesambten Fürsten und Ständen dieses Hochlöblichen Schwäbischen Crayses als ihrem Feldherrn“ die Rede gewesen war.[57] Anders als im Fränkischen und Schwäbischen Reichskreis kam es im Niederrheinisch-Westfälischen Kreis nicht zur Aufstellung einer — wie auch immer beschaffenen — stehenden Kreisarmee, die den Kreis armierten Reichsständen gleichstellte, ihn zum Bündnispartner reichischer und europäischer Mächte machte und ihm über den Charakter von „Reichsprovinzen“ und „Selbstverwaltungskörperschaften“ [58] „ein Stück Staatlichkeit“ [59] verlieh. Speziell mit Blick auf den Niederrheinisch-Westfälischen Reichskreis hat schon

---

Geschichte der frühen Neuzeit, in Zusammenarbeit mit Barbara Stollberg-Rilinger hrsg. von Johannes Kunisch (Historische Forschungen, Bd. 28), Berlin 1986, 297-346.

54 *Johann Stephan Pütter,* Historische Entwickelung der heutigen Staatsverfassung des Teutschen Reichs, Zweyter Theil von 1558 bis 1740, Göttingen ^{3}1798, 293.

55 Ebd.

56 *Rudolf Endres.* Der Fränkische Reichskreis, in: Deutsche Verwaltungsgeschichte, Bd. 1: Vom Spätmittelalter bis zum Ende des Reiches, hrsg. von Kurt G. A. Jeserich, Hans Pohl, Georg-Christoph von Unruh, Stuttgart 1983, 599-615, Zitate 612, 610.

57 *Peter-Christoph Storm,* Der Schwäbische Kreis als Feldherr. Untersuchungen zur Wehrverfassung des Schwäbischen Reichskreises in der Zeit von 1648 bis 1732 (Schriften zur Verfassungsgeschichte, Bd. 21), Berlin 1974, 114 mit Anm. 13.

58 *Hermann Conrad,* Deutsche Rechtsgeschichte, Bd. 2: Neuzeit bis 1806. Ein Lehrbuch, Karlsruhe 1966, 103.

59 *Storm,* Der Schwäbische Kreis als Feldherr (Anm. 57), 94.

Gerhard Oestreich neben dessen „starke[r] konfessionelle[r] Aufspaltung" „die die Kreisaufgaben weit überlagernden Interessen der größeren Mächte wie Schweden, Brandenburg-Preußen, Braunschweig-Lüneburg, Hessen-Kassel, deren Schwergewicht außerhalb des Westfälischen Kreises lag", benannt, die „eine der Grenzlage entsprechende militärische Redintegration [hinderten]".[60] Das Nebeneinander von armierten und nichtarmierten Reichsständen wirkte sich hier von der zweiten Hälfte des 17. Jahrhunderts an entscheidend aus, denn es erlaubte einzelnen Fürsten — zumal wenn sie mehreren Reichskreisen angehörten —, ihre reichsständische Eigenständigkeit über ihre circulare(n) Zugehörigkeit(en) zu stellen. Zu den Konsequenzen gehörte, daß einzelne Kreisstände — wie z. B. der Bischof Friedrich Christian von Münster am 17. März 1692 — mit dem Kaiser bilaterale Verträge abschlossen[61], andere — wie z. B. der Kurfürst von Brandenburg —, die bei der „Sub-Repartition" der Mannschaften mehreren Reichskreisen verpflichtet waren, sich weigerten, ihre wertvollen stehenden Heere als Kreisstände gemäß den Vorgaben der „Reichskriegsverfassung" den Kreiskontingenten aufgesplittert zuzuführen. So schrieb Kurfürst Friedrich Wilhelm von Brandenburg, der Große Kurfürst, am 15. Januar 1681 bereits in seiner ersten Stellungnahme zu Kaiser Leopolds I. Beratungsvorschlag zur „Reichskriegsverfassung" an seinen Gesandten Gottfried von Jena beim Regensburger Reichstag, es wollte „schwerlich [. . .] jemand seine gute und exerzierte Mannschaft einem anderen überlassen und sich desarmieren".[62]

Das Bild mangelnder regionaler Geschlossenheit des Niederrheinisch-Westfälischen Reichskreises bestätigt sich hier ebenso, wie es von den erfolglosen Bemühungen um die Aufrechterhaltung bzw. Wiederherstellung des Landfriedens — seiner ureigensten Aufgabe — in seinem Bereich her bekannt ist. Erinnert sei nur — nach den Auseinandersetzungen mit den Wiedertäufern — beispielhaft an das Versagen des Kreises angesichts der Überfälle des jungen Herzogs Philipp Magnus von Braunschweig-Lüneburg (1527-1553) u. a. auf Münster, Osnabrück und Minden, bei den französischen Übergriffen auf Lüttich oder beim Überfall Herzog Erichs von Braunschweig-Calenberg (1528-1584) auf das Stift Münster, an die „Aachener Wirren" nach 1581 oder den „Kölner Krieg" 1583/85 und die

60 *Gerhard Oestreich,* Verfassungsgeschichte vom Ende des Mittelalters bis zum Ende des alten Reiches, in: Gebhardt, Handbuch der deutschen Geschichte, 9., neu bearb. Aufl., hrsg. von Herbert Grundmann, Bd. 2, Stuttgart 1970, 360-436, hier 381.

61 Vgl. *Ludwig Bittner,* Chronologisches Verzeichnis der Österreichischen Staatsverträge, Bd. 1: Die österreichischen Staatsverträge von 1526 bis 1763 (Veröffentlichungen der Kommission für Neuere Geschichte Österreichs), Wien 1903, hier 103, Nr. 549.

62 Urkunden und Actenstücke zur Geschichte des Kurfürsten Friedrich Wilhelm von Brandenburg, Politische Verhandlungen, Bd. 12, hrsg. von Ferdinand Hirsch (Urkunden und Actenstücke zur Geschichte des Kurfürsten Friedrich Wilhelm von Brandenburg, Bd. 19), Berlin 1906, 730 f., hier 731.

jeweiligen, zum Teil lange wirksamen Folgen für den Niederrheinisch-Westfälischen Reichskreis.[63] Ein günstigeres Licht fällt lediglich bei seiner Exekution gegen Graf Johann von Rietberg auf ihn.[64]

Aber auch in anderen Kompetenzbereichen der Reichskreise ändert sich das Bild für den Niederrheinisch-Westfälischen Reichskreis nicht, zumal bis zum Ende des 18. Jahrhunderts das zu keiner Zeit besonders ausgeprägte gemeinsame Handeln des Kreises mehr und mehr von den Aktivitäten der mächtigen Territorialstaaten überlagert wurde. Die Regelmäßigkeit der Münzprobationstage des Niederrheinisch-Westfälischen Reichskreises endete mit der Kölner Zusammenkunft von 1706, nachdem die Bemühungen um eine einheitliche Reichsmünze trotz Reichsmünzordnung längst gescheitert waren.[65] Überhaupt fehlt ein gemeinsames wirtschaftspolitisches Handeln des Kreises, weil sich auch hier die strukturellen Eigenarten besonders bemerkbar machen. Mit Blick auf die Getreidehandelspolitik zu Beginn der 1770er Jahre hat zuletzt Ferdinand Magen darauf hingewiesen, daß „im niederrheinisch-westfälischen Kreis [. . .] Interessengegensätze zwischen den Territorien der Pfälzer und Kölner Kurfürsten einerseits und den westfälischen Grafen andererseits“ bestanden.[66] Dazu paßt die Feststellung, daß der Kreis in dieser Zeit einer großer Hungerkrise nicht die Kraft aufgebracht hat, zu einem Kreistag zusammenzutreten.

Auch wenn es bis zur Mitte der 1790er Jahre noch wenige kreisständische Zusammenkünfte des Niederrheinisch-Westfälischen Reichskreises gegeben hat — für das Ende ist sein strukturell bedingtes Unvermögen im Zusammenhang mit der ihm vom Reichskammergericht am 27. August 1789 aufgetragenen Reichsexekution gegen Lüttich in gleicher Weise symptomatisch wie für den Anfang das Versagen im Kampf gegen die Wiedertäufer. Nicht der Kreis stellte durch geschlossenes Handeln und gemeinsames Vorgehen im Sinne der Wiederherstellung des status quo der Macht- und

---

63 Siehe dazu u. a. *Wilhelm Kohl,* Das Zeitalter der Glaubenskämpfe (Anm. 26), 469-535; *Schneider,* Der Niederrheinisch-Westfälische Kreis im 16. Jahrhundert (Anm. 11), 86 ff.; *Dotzauer,* Die deutschen Reichskreise (Anm. 23), 270 ff.

64 Dazu vor allem *Hans-Joachim Behr,* Die Exekution des Niederrheinisch-Westfälischen Kreises gegen Graf Johann von Rietberg, in: Westfälische Zeitschrift 128 (1978), 33-104.

65 *Peter Lennartz,* Die Probationstage und Probationsregister des Niederrheinisch-Westfälischen Kreises, Diss. phil. Münster 1912; *Thomas Christmann,* Das Bemühen von Kaiser und Reich um die Vereinheitlichung des Münzwesens. Zugleich ein Beitrag zum Rechtsetzungsverfahren im Heiligen Römischen Reich nach dem Westfälischen Frieden (Schriften zur Rechtsgeschichte, Heft 41), Berlin 1988; *Hans-Wolfgang Bergerhausen,* „Exclusis Westphalen et Burgundt“. Zum Kampf um die Durchsetzung der Reichsmünzordnung vonm 1559, in: ZHF 20 (1993), 189-203.

66 *Ferdinand Magen,* Reichsexekutive und regionale Selbstverwaltung im späten 18. Jahrhundert. Zu Funktion und Bedeutung der süd- und westdeutschen Reichskreise bei der Handelsregulierung im Reich aus Anlaß der Hungerkrise von 1770 / 72 (Historische Forschungen, Bd. 48), Berlin 1992, 38.

Verfassungsverhältnisse seine — und damit auch des Reiches — Aktionsfähigkeit unter Beweis, sondern sein mächtigster Kreisstand Brandenburg-Preußen verfolgte allein seine eigenen machtpolitischen Interessen in einem weit über den Niederrheinisch-Westfälischen Reichskreis hinausweisenden Kontext.[67]

V.

Fassen wir zusammen, so muß das Ergebnis lauten, daß der Niederrheinisch-Westfälische Reichskreis keine Region des Heiligen Römischen Reiches Deutscher Nation in der Frühen Neuzeit war, seine Grenzen untauglich zur Beschreibung einer eigenen Region sind. Ein regionales Zusammengehörigkeitsgefühl, das sich dann auch in gemeinsamem Handeln äußerte, konnte es partiell geben, sich entwickeln, wie das Beispiel des niederrheinisch-westfälischen Reichsgrafenkollegiums zeigt.[68] Auf der Ebene des Gesamtkreises war dies nicht der Fall, denn er war nicht das Ergebnis genossenschaftlicher Bildung; er war nicht von unten gewachsen, sondern von oben, von Kaiser und Reich als Subsidiaritätsorgan der Reichsgewalt geschaffen worden. Durchzogen vor allem von Burgundischem und Kurrheinischem Reichskreis, den im Zuge der verfassungspolitischen Auseinandersetzungen zu Beginn des 16. Jahrhunderts zusammen mit Österreichischem und Obersächsischem Reichskreis entstandenen Neubildungen, entbehrte der Niederrheinisch-Westfälische Reichskreis mehr als andere geographischer Geschlossenheit. Seine Teile zwischen Maas, Rhein, Ems und Weser haben anderen — auch Oberrheinischen und Niedersächsischen Reichskreis einbeziehend — kreisübergreifenden Regionalisierungen Vorschub geleistet. Im übrigen haben die große räumliche Distanz zum Kaiserhof und die über den Kreis hinausweisenden politischen Interessen und Ambitionen der größeren Mitglieder mehr zu einer Verzahnung mit anderen Räumen geführt als zu einer inneren Festigung des Niederrheinisch-Westfälischen Reichskreises. Er war geographisch zu groß, um die zentrifugalen Kräfte im Sinne stärkerer innercircularer Kooperation binden zu können. Von daher erklärt sich auch, daß er von sich aus kaum initiativ wurde, sondern stets nur auf Forderungen von außen, vor allem vom Reich, reagierte und ihnen mehr defensiv als offensiv nachkam. Im Unterschied etwa zu Fränkischem und Schwäbischem Reichskreis hat sich der Niederrheinisch-Westfälische über den im 16. Jahrhundert erreichten Zustand

67 Zum Zusammenhang: *Karl Otmar Freiherr von Aretin,* Heiliges Römisches Reich 1776-1806. Reichsverfassung und Staatssouveränität, Teil I: Darstellung (Veröffentlichungen des Instituts für Europäische Geschichte Mainz, Abt. Universalgeschichte, Bd. 38), Wiesbaden 1967, 218-229.

68 *Arndt,* Das niederrheinisch-westfälische Reichsgrafenkollegium und seine Mitglieder (Anm. 14).

hinaus nicht weiterentwickelt. Die kleineren Kreisstände haben zwischen den Großen als Reichsstände nur um den Preis ihrer politischen Mediatisierung überlebt.

Aufs Ganze gesehen erweist sich die Bestimmung des Reichstagsabschiedes von 1512, wonach die Kreiseinteilung „einem jeden Stand an seinen Obrigkeiten, Herrlichkeiten und Rechten unschädlich seyn" soll[69], als von vorneherein hemmend für die Ausbildung des Niederrheinisch-Westfälischen Reichskreises zu einer Region des Alten Reiches. Aber dies schmälert nicht seine reichsverfassungsgeschichtliche Bedeutung im Kontext aller Reichskreise, die das Bild zeitgenössischer Karten vom Reich im 17. und 18. Jahrhundert maßgeblich prägen. Zu den Karten, die die starke territoriale Zergliederung eines Kreises durch besondere Farbigkeit unterstreichen, gehören auch die des Niederrheinisch-Westfälischen Reichskreises.

---

69 Siehe Anm. 39.

Der Oberrheinische Kreis

Von Winfried Dotzauer, Mainz

I. Die natürliche Gliederung des theoretischen Gesamtkreises und deren politische Konsequenzen

Der Oberheinische Reichskreis, der zu den 6 älteren Kreisgebilden gehört und in einer gewissen Weise Konzeptionen aus der spätmittelalterlichen Diskussion der Kreiseinteilungen auf den Reichstagen miteinschließt[1], fällt einmal durch eine gewaltige Ausdehnung (ca. 1000 km in der Längsachse) als ein Gebilde auf, das doch in den Dienst einer regionalen Delegierung vor Aufgaben gestellt werden sollte, indem dieses „vom Ligurischen Meer bis zum Hohen Meißner" reichte, in sich im Blick auf alle möglichen Unterscheidungsmerkmale anfällig war und vor allem keinen geographischen Zusammenhang aufzeigte. Die vielen natürlichen Landschaften, die das in der theoretischen Anspruchsform vorstellbare Kreisgebilde aufweist, haben für sich reale, spezifische, topographische, politische, wirtschaftliche, kulturelle, ethnische und sprachliche Eigenheiten, die, nur blockartig betrachtet, in sich bzw. auch zu Gebieten anderer staatlicher bzw. kreismäßiger Organisation deutlichere Verbindungslinien aufweisen. So die Savoyer Alpen (Faucigny, Chablais) mit dem mittleren Rhonetal und den Walliser Alpen, in denen das Bistum Sitten liegt, das von Jura und Savoyer Alpen eingerahmte Hügelland um das untere Ende des Genfer Sees, Gebiet des Bischofs von Genf, weiter die Hügel am Südhang des Jorat zum Genfer

[1] Da sich der folgende Beitrag eng an die umfassende Darstellung des Oberrheinischen Reichskreises in dem Band „Die deutschen Reichskreise in der Verfassung des Alten Reiches und ihr Eigenleben (1500-1806)" anlehnt, den ich 1989 in Darmstadt veröffentlicht habe, bedeutet das Entlastung von vielen Anmerkungen und Literaturzitaten. Für das, was ich darüber hinaus zwischenzeitlich generell zu bemerken habe, verweise ich auf meine beiden Rezensionen: *Reinhard Graf von Neipperg,* Kaiser und Schwäbischer Kreis (1714-1733), Stuttgart 1991, in: Zeitschrift für Geschichtswissenschaft 1992, Heft 4, 390-392, und *Andreas Schneider,* Der Niederrheinisch-Westfälische Kreis im 16. Jahrhundert, Düsseldorf 1985, in: Zeitschrift für Neuere Rechtsgeschichte 1988, Heft 1-2, 51-52. Der vorliegende neuerliche Beitrag nimmt zusätzlich zu der notwendigen Information über die allgemeine Typologie und Entwicklung dieses Reichskreises die spezielle Thematik des Mainzer Kolloquiums vom Frühjahr 1993 in den Blick. In die Druckfassung wurden weiterhin biographische Daten und eine statistische Übersicht, die sich im mündlichen Referat verbieten sowie entsprechend meinem vom Plenum akzeptierten Vorschlag eine zusätzliche Einbeziehung der Zeit von 1648 bis 1803 aufgenommen.

See hin mit dem zur Kirchenprovinz Besançon gehörenden Bistum Lausanne und vielleicht noch das Erzbistum Besançon selbst, das schon im Mittelalter aus der Reichsstadt desselben Namens vertrieben worden war. Die natürliche Beschaffenheit dieser geographischen Zonen neben den willkürlich herausgenommen wirkenden zugehörigen Inseln läßt im Süden neben dem Anbau von Getreide, Obst, Gemüse sowie auch Wein, noch insbesondere Alpwirtschaft (Viehzucht, Käse) zu. Die Sprache ist dort französisch, wenn auch stark vom Dialekt bestimmt. Durch das Bistum Sitten (Sion) verläuft die deutsche-französische Sprachgrenze. Die Savoyarden, Franco-Provenzalen, stehen den Südfranzosen nahe.

Es folgen nach Norden bzw. Osten die relativ großen Landschaftsblöcke der Freigrafschaft Burgund, die die Reichstadt (bis 1652) Besançon umschließt, zum Burgundischen Reichskreis gehörend, und der Eidgenossenschaft, die sich spätestens mit dem Schwabenkrieg (1499) und dem abschließenden Basler Frieden von der Mitwirkung am Reichsgeschehen abgewandt hatte und bei den gleichzeitig ansetzenden ersten Schritten zu einer faktischen Einteilung des Reichsgebietes in Kreise unberücksichtigt blieb.

Eine Landschaft eigenen Gepräges stellt der lothringische Ostrand der Schichtstufenlandschaft des Pariser Beckens im Gebiet von oberer Maas und Mosel dar, sanft nach Nordwesten einfallend, schüsselförmig. Das Lothringer Plateau, im Bundsandsteinbereich eine Waldzone, im Gebiet der Triasschichten fruchtbare Ackerlandschaft, weist Erze und Salz als besondere Produkte auf. Ethnisch stellte es noch — bis zur zweiten Hälfte des 17. Jahrhunderts deutlicher — mit Alemannen gemischte Teile des fränkischen Stammes auf keltoromanischer Grundlage vor; die lothringische romanische Mundart, ostfranzösisch, stand unter einem gewissen Einfluß der deutschen Sprache.

Den landschaftlichen Brückenschlag nach Osten und Nordosten weist einmal das vom Kreis erfaßte, recht kleine Territorium der Grafen von Nassau-Saarbrücken auf, mit Anteilen am Hunsrück und am Saar-Nahe-Berg-und Hügelland (auch Nordpfälzer oder Pfälzer Bergland). Nach Norden bildete das Luxemburger Land, zum Burgundischen Kreis gehörend, in der Hand des Hauses Habsburg, einen nicht diskutablen politischen Sperriegel, so daß der Tektonik des Oberrheinischen Kreises das Abtriften nach Nordosten geradezu diktiert war. Zum Oberrheinischen Kreis zählte auch, ungeachtet der habsburgischen Rechte vor 1648, das Elsaß, mit Teilhabe an der Oberrheinischen Tiefebene westlich des Rheins, an den Vogesen und ihren Vorhügeln und den zum Pfälzer Wald überleitenden Bundsandsteinbergen sowie dem sog. krummen Elsaß. Die Sprache war hier noch alemannisch bzw. im Norden auch rheinfränkisch.

Von der Pfalz kann der Kreis nur die Gebiete für sich beanspruchen, die nicht von der pfalzgräflichen Kurlinie selbst regiert werden, also die alte

Siedlungslandschaft des Westrich mit der Hochfläche von Zweibrücken, Blieskastel, Hornbach und Pirmasens, dann das Glan-Alsenz-Berg-und Hügelland mit Meisenheim und weiteren pfalz-veldenzischen Positionen sowie die territorial stark zergliederte Hochfläche des Hunsrücks zwischen Mosel und Nahe, der Südwestflügel des Rheinischen Schiefergebirges, mit den wild- und rheingräflichen Gebieten, den pfälzisch-badischen Kondominaten, der Grafschaften Sponheim und dem Territorium des Fürstentums Pfalz-Simmern, letzteres gewissermaßen in einer zentralen Lage. Die Anteile der oberrheinischen Kreisstände am Pfälzer Wald, an der Haardt und am Rheintal selbst waren hier nur gering, die Reichs- und Bischofsstädte Speyer und Worms kennzeichnen nur kleinräumige politische Kammerbildungen. Der Eindruck, daß die geographisch, klimatisch und vegetationsmäßig bevorzugten Tallandschaften sich wesentlich in der Hand von Kurfürsten befinden und damit zum Kurrheinischen Kreis gehören, verstärkt sich noch, je weiter man sich dem Kreisgebiet im Norden zuwendet. Der Rhein wirkt sich nur im oberrheinischen Abschnitt als Faktor für eine Abgrenzung aus, aber auch da sind es eher die Gebirge, die den Graben östlich begrenzen, die das Kreisgebiet abschließen.

Die Landgrafschaft Hessen beginnt aufgrund ihres katzenelnbogischen Erbes noch südlich der Massierung des Kurrheinischen Kreises um Mittelrhein und Mainmündung auf der rechten Rheinseite in Darmstadt. Der eigentliche hessische Raum, die typische Aufgabe einer Brückenstellung zwischen Nord- und Süddeutschland erfüllend, weist einen Gegensatz von Mittelgebirgen und eingelagerten Becken und Senken auf: westhessische, osthessische Senke, getrennt durch eine Gebirgsachse. Im Osten ist dann schließlich noch eine weitere Gebirgsreihe, mit der Rhön als Bestandteil des Kreises, vorhanden. Durch Hessen verläuft die Wasserscheide zwischen Rhein und Weser. Seit dem Spätmittelalter hessisches Lehen war die Grafschaft Waldeck (1712 Fürstentum), die von ihren zwischen Köln, Mainz und Hessen lavierenden Besitzern aufgebaut worden war. Sie zeigt bereits Dispositionen zum Westfälischen Raum und damit zum niederrheinisch-westfälischen Kreisgebiet auf.

Über durchaus eigene Entwicklungsmomente verfügen die zum Oberrheinischen Kreis gehörende Wetterau, — eine fruchtbare, fast waldlose Landschaft der westhessischen Senke zwischen Taunus und Vogelsberg —, weiter der Westerwald, — im rechtsrheinischen Schiefergebirge zwischen der hessischen Senke im Osten, Taunus, Bergischem Land und Rheintal gelegen —, begrenzt durch Lahn, Dill und Sieg, und schließlich und endlich ein Teil der nassauischen Gebiete nördlich und südlich der Lahn, im Süden mit Wiesbaden(-Biebrich) an den Rhein stoßend.

Diese langatmige, realienbuchmäßige Vorstellung der Kreissubstanz ist durchaus zu rechtfertigen. Mit ihr ist der objektive Rahmen gesteckt für die Erwartungen, die auf diesen Kreis zu richten sind, und gleichzeitig werden auch gewisse Enttäuschungen vorweggenommen. Der entworfene Kreisbezirk weist gewaltige landschaftliche Unterschiede, Wasserscheiden zwischen europäischen Strömen, Partizipation an germanisch-romanischen Sprachunterschieden, ethnische, stammesmäßige und kulturelle Vielfalt und divergierende Orientierungen der Handelsrichtungen auf. Die bevorzugt von geographischen Anleihen gespeiste Vorstellung der Regionen und Räume ergibt, daß eine Reihe von großen Landschaften, die eine Vielzahl eigener Raummerkmale aufweisen: Savoyen, Lothringen, Elsaß und Hessen neben der zerrupften Pfalz, in ihrem Umkreis eine Reihe von Kleinlandschaften aufweisen, letztlich ohne eigene Existenzfähigkeit, vom Typus Westrich, Wetterau, Westerwald, Waldeck, Neuwieder Becken und Prümer Eifel, ganz abgesehen von den sich fast nur punkthaft ausnehmenden Stadtlandschaften an Rhein und Main: Straßburg, Speyer und Worms, weniger Frankfurt mit seinem Umland, die eine vornehmlich wirtschaftliche Raumwirkung aufweisen. Wohlgemerkt bildeten die diese natürlichen Regionen beherrschenden Landesherren die Ansatzpunkte für die Gestaltung und Ausdehnung des Kreises, nicht die natürlichen Landschaften selbst. Aber es geht ja um komplexere Kriterien für die Auswahl und, noch wichtiger, um die Frage nach der Sinnstellung des Gebildes.

Die Literatur[2] stellt dabei besonders einhellig bedenkenlos den Schutzgedanken für die Westgrenze des Reiches heraus. Aber wie sollte denn dieser Schutz funktionieren, wenn die burgundischen, schwäbischen und kurrheinischen organisierbaren Positionen fehlten, einmal abgesehen von der Schweiz, deren Attraktivität für die Reichsgebiete allerdings nachließ, und ein zusammenhangloses Verlegenheitsprodukt, wie das dieses Kreises, eine gemeinsame Verteidigung gegenüber dem aggressiven Frankreich nicht nur

---

2 Gemeint sind dabei in erster Linie die älteren grundsätzlichen Darstellungen, die mit *Ernst Langwert von Simmern* einsetzen (Die Kreisversammlung Maximilians I. und der schwäbische Reichskreis in ihrer rechtsgeschichtlichen Entwicklung bis zum Jahre 1648, Heidelberg 1896) sowie die einschlägigen Artikel des Sachwörterbuchs von *H. Rössler-G. Franz* und natürlich die handbuchartigen summarischen Überblicke. — Für die eigentliche Kreisgeschichte von Oberrhein sind die sehr verdienstvollen älteren Mainzer Dissertationen von *Traugott Malzan,* Geschichte und Verfassung des Oberrheinischen Kreises von den Anfängen bis zum Beginn des Dreißigjährigen Krieges, Diss. phil. masch. 1951 (52), und von *Gustav Adolf Süß,* Geschichte des oberrheinischen Kreises und der Kreisassoziationen in der Zeit des spanischen Erbfolgekrieges (1697 - 1715), Diss. phil. 1952, auch ZGO 103 (1955), 317 - 425 u. ebd. 104 (1956), 145 - 224 zu nennen. Vgl. auch *Kurt Andermann,* Eine Matrikel des Oberrheinischen Reichskreises aus dem Jahre 1531, in: Jahrbuch für westdeutsche Landesgeschichte 5 (1979), 83 - 90. Die Zeit von 1618 bis 1699 / 1701, die von der spezifischen Literatur des Kreises zum guten Teil ausgespart bleibt, wird unter dem besonderen Gesichtspunkt der Kreisallianzen in den einschlägigen Arbeiten von *K. O. v. Aretin* und von *B. Wunder* für alle südwestdeutschen Reichskreise aufgearbeitet. Seit Jahren arbeitet Herr StD i. R. *Brauchler* an einer Dissertation über den Oberrheinischen Reichskreis von 1618 - 1697.

erschwerte, sondern geradezu verhinderte? Im Wechselspiel der unterschiedlichen Absichten der Reichsstände und des Kaisers scheint sich in der offiziellen Diskussion der ausschlaggebenden Jahre um und nach 1500 eher der kompromißhaft scheinende Gedanke durchgesetzt zu haben, (erst einmal) einen primär inhaltlich unverfänglichen Sprengel für die Bestellung von einigen wenigen Mitwirkenden in der Verwaltung von Reichsinstitutionen und für die praktischere und effizientere Einsammlung von fiskalischen Forderungen für die gemeinsamen Anliegen des Reichs sozusagen auf dem Reißbrett zu entwerfen. Auf diesen Nenner waren doch alle 6 bzw. 10 Kreise zu bringen. Aber selbst für diese unverfängliche Zielsetzung konnte die bizarre Ausuferung des Oberrheinischen Kreises nach Westen, aber vor allem auch nach Süden, nur als Versuchsballon gedacht sein. Das unkalkulierbare Echo auf die neue Einrichtung hatte über den tatsächlichen Umfang des Kreisbezirks zu entscheiden. Eine nicht auszuschließende Anreicherung mit zusätzlichen Aufgaben, oder sogar die künftige Entwicklung zu einer verantwortlichen Stellung etwa im Verständnis einer hoheitlichen Eigeninstitution zwischen Reich und Einzelterritorien, die sich vorstellungsmäßig durchaus im Hintergrund der Beschlüsse aufhalten, mußten diesen Wahl- und Kassierkreis wohl oder übel verändern, das zeigen die spätmittelalterlichen Modellkonzeptionen bereits auf.

Es ist so auch nicht angebracht, aus der ausbleibenden positiven Reaktion der periphär angesiedelten anvisierten „Mitglieder" des Oberrheinischen Kreises einen Schluß auf die Eigeneinschätzung des guten oder schlechten Verhältnisses der Betreffenden zu Kaiser und Reich zu ziehen. Die entscheidende Zeit bildeten dabei die ersten Jahrzehnte des 16. Jahrhunderts, dann überhaupt dieses Jahrhundert schlechthin, besonders nach 1555.

Da ist der Herzog Karl III. von Savoyen (1504-1553), der angeblich kein Interesse an Reich und Kreis zeigt, doch ein treuer Anhänger seines kaiserlichen Schwagers, Karls V. Aber der Herzog verlor gerade in diesem Zeitraum wichtige Positionen an die Eidgenossen, an Bern und an Frankreich. Von 1536 bis 1559 war praktisch ganz Savoyen als verloren anzusehen; der Herzog hatte wahrhaft andere Sorgen. Auch dem Bistum Sitten, in dem mit dem bekannten Kardinal Matthäus Schinner (1499-1522) ein vertrauter Ratgeber Maximilians I. und Karls V. regierte, brannten politische Gefahren auf den Nägeln. Das Bistum Genf hatte gerade als historische Last die Aggression der savoyischen Reichsvikare und danach im 16. Jahrhundert die Bestellung savoyischer Prinzen zu Bischöfen zu tragen. Wenn seine Stellung schon vor der Reformation von 1535 eingeengt war, so mußten schließlich Bischof und Domkapitel vor Calvin und Farel nach Annecy ausweichen. In Lausanne brachte die Reformation den totalen Zusammenbruch der Bischofsherrschaft. An ihre Stelle trat mit der Eroberung der Waadt das Regiment Berns (1536).

Eine Ausnahme machten die Herzöge von Lothringen, die sich 1477 mit Mühe der burgundischen Annexionsabsichten erwehrt hatten und den gerade erlangten Zugewinn an politischem Spielraum gegenüber Frankreich bewußt nicht riskieren wollten, indem sie versucht hätten, ihre Bindungen zum Reich zu festigen. Der Nürnberger Vertrag (1542) versprach dem Herzogtum den vollen Schutz des Reichs bei reduzierten Beitragsleistungen für die gesamtdeutschen Aufgaben. Lothringen unterstützte nach 1552 sogar den Zugriff König Heinrichs II. von Frankreich auf die Reichsstädte Metz, Toul und Verdun, die ebenfalls als Mitglieder des Oberrheinischen Kreises vorgesehen waren. Der lothringische Herzog hat seiner Mitgliedschaft im Oberrheinischen Kreis ausdrücklich widersprochen; sie konnte ihm auch, realistisch geurteilt, nichts bieten.

II. Die Probleme des engeren Kreisgebiets. Rangunterschiede, Reformation und Moderation

So war das Gebiet dieses Kreises praktisch schon in nuce um ein gutes Drittel reduziert. Für den tatsächlich verbleibenden Rest standen spezifische Probleme an. Einmal die ständischen Rangunterschiede zwischen einzelnen Mitgliedern, die, — weil in ihrer politischen Konsequenz u. U. sehr folgenreich —, ernst genommen werden mußten. Rekrutierte sich hier doch ein ganz neues hoheitliches Forum, für das die brisanten Rangfragen unter dem Anlegen von regionalen Gesichtspunkten neu entschieden werden mußten. Obwohl anfänglich die Kurfürsten von der Pfalz und von Mainz im Kreis noch nicht Fuß gefaßt hatten, war die Kreismitgliederschaft recht inhomogen. Es waren aber weder die geistlichen Fürsten, die Bischöfe von Straßburg, Speyer und Worms, obwohl diese in Unfrieden mit den Reichsstädten lebten, die ihre Kathedralkirchen und Domkapitel beherbergten, noch die Pröpste und Äbte, denen eben die episkopalen Gewalten und die Reformation zusetzten, auch nicht die Grafen und Herren sowie die großen Reichsstädte Straßburg, Speyer, Worms und Frankfurt neben den kleineren der elsässischen Dekapolis oder Hessens, die die Eintracht im Kreis prinzipiell und langfristig zu beeinträchtigen bzw. sogar zu verhindern drohten, sondern eine Gruppe von weltlichen Reichsfürsten, die schon durch ihre erhöhten Titel: Landgrafen, Pfalzgrafen, Markgrafen, gefürstete Grafen, wie dies für Hessen, Zweibrücken, Simmern, Baden und einen Teil der nassauischen Linien zutraf, Ansprüche auf fürstliche Sonderstellungen signalisierten und Bevorzugungen einforderten, die die Kreisarbeit gefährdeten. Ernstzunehmende Versuche der Diskriminierung von Grafen und Herren haben zwar andere Kreise auch gekannt, aber der soziale Proporz in der jeweiligen Mitgliederschaft war doch sehr unterschiedlich. Schließlich hat sich im Oberrheinischen Kreis mit dem Prinzip der Gleichwertigkeit der Stimmen die notwendige Formel für eine wirkungsvolle Tätigkeit durchgesetzt; es wäre aber übertrieben, darin ernsthafte, liberalisierende Tendenzen im adeligen Gesamtraum zu erkennen. Versuche, die Reichsritterschaft innerhalb der Grenzen des Kreisgebietes in die fiskalische Mitverantwortung einzubeziehen, scheiterten wie anderswo auch.

Eine wichtige Veränderung brachte für den engeren Kreis der tatsächlichen Mitglieder von Oberrhein das elementare Ereignis der Reformation, das die pfälzischen Teillinien (Zweibrücken nach 1523, Simmern 1557), Waldeck (1529), die Wetterauer Grafen, die Wild- und Rheingrafen und vor allem Hessen (1526) erfaßte, dazu die Reichsstädte im Elsaß, Worms (1521), Speyer (1522 / 40) und Frankfurt (1535), im Prinzip alle aktiven weltlichen Kreismitglieder. Gerade die Reformationszeit bildet für das Hessen Philipps des Großmütigen (1504 - 1567), für die Grafen von Nassau mit ihrer oranischen Verwandtschaft, aber auch für die Herzöge von Zweibrücken und von Simmern sowie für die Reichsstädte am Rhein, allen voran Straßburg, Höhepunkte ihrer Entwicklung schlechthin. Mit dem späteren Übergang der Kurpfälzer (1563), Nassauer (1572 - 74), Zweibrücker (1588) und der Wetterauer Grafen und schließlich Hessen-Kassels (1605) zum Kalvinismus fiel gerade dieser dynamischen Gruppe ein besonderer Part im Kreis zu.

Leidtragende waren die katholisch bleibenden Bischöfe, deren Verhältnis zu den protestantisch gewordenen Reichsstädten, die ihre Dome beherbergten, sich noch verschlechterte. Der Kreis konnte sich so gewissermaßen mit Fug und Recht als evangelisch betrachten. Aber es gab aus der Zeit vorreformatorischer Kreisusancen noch einen kleinen Schönheitsfehler: Die Funktion des wichtigeren geistlichen Kreisauschreibers verblieb selbstredend dem Fürstbischof von Worms, der in seinem rechtsrheinischen Residenzstädtchen Ladenburg das Archiv des Kreises verwahrte, die Kreiskorrespondenz verwaltete und der die Einberufung zahlreicher Kreisversammlungen in die Stadt Worms dazu benutzte, in der Freien Reichsstadt Präsenz zu zeigen. Diese bischöflich Wormser Vorrangsituation war für die evangelischen Kreisstände nie bedrohlich, höchstens lästig.

Längerfristig ergaben sich durchaus Veränderungen in der Leitung des Kreises zugunsten der Protestanten, so die Kombination von zweitem Ausschreibeamt und dem Amt des Kreisobersten in der Hand des evangelischen Pfalzgrafen Reichard von Simmern (1591 - 98), wonach ersteres nach einer schon vorangegangenen Inanspruchnahme durch den Pfalzgrafen Johann Casimir an den ebenfalls wieder kalvinistischen Kurfürsten von der Pfalz für Simmern-Sponheim überging. Damit war dem konfessionellen Proporz in der Verteilung der Führungsämter des Kreises bis zum Übergang der Kurpfalz an die katholische Linie der Neuburger (1685) gewissermaßen nicht mehr ins Gesicht geschlagen.

Tabelle

Moderation des Oberrheinischen Kreises
(Situation von 1532, Moderation von 1567)

a) Geistliche Fürsten	zu Roß	zu Fuß	in Geld (fl)
Worms	2	13	76
Speyer	18	60	456
Straßburg	18	100	616
Basel	2	15	84
Bisanz (Besançon)	20	50	440
Sitten	—	225	900
Genf	3	13	88
Lausanne	14	60	408
Metz	6 2/3	23 1/3	173 1/3
Toul	2	6 2/3	50 2/3
Verdun	4 2/3	10	96
Pröpste zu			
Weißenburg	2	14	80
Odenheim	1	7	40
Äbte zu			
Fulda	17	50	404
Hersfeld	2	9	60
Murbach	6	19	148
Münster im Gregoriental	1	4	28
Prüm	4	30	168
Johannitermeister	10	30	240
Äbtissin zu Kaufungen	1	10	52
b) Weltliche Fürsten			
Herzog von Lothringen	40	184	1216
Herzog von Savoyen	60	227	1828
Prinz von Schalaun (Salins?)	30	94	736
Markgraf von Baden (für Sponheim)	6	20	152
Landgraf von Hessen	50	260	1640
Pfalzgraf von Sponheim-Simmern	8	26	200
Pfalzgraf von Zweibrücken	10	30	240
Pfalzgraf von Veldenz	2	4	40
c) Grafen und Herren			
Grafen von			
Nassau-Saarbrücken	12	60	384
Nassau-Wiesbaden	3	12	84
Reipoldskirchen	1	4	28
Herren von Kriechingen	2	4	40
Grafen von			
Falkenstein	3	5	56
Bitsch	6	26	176
Salm	2	4	40
Hanau-Lichtenberg	6	22	160
Leiningen-Dachsburg	5	18	132
Herren von Rappoltstein	4	45	228
Inhaber von Hohenkönigsburg	2	9	60

Grafen von			
Blankenberg	6	25	172
Stolberg	4	13	100
Isenburg-Büdingen	6	24	168
Solms	8	42	264
Leiningen-Westerburg	2	4	40
Hanau-Münzenberg	10	30	240
Sayn-Wittgenstein	1	4	28
Waldeck	4	18	120
Herren von Pless	1	—	12
Burg Friedberg	10	45	300
Burg Gelnhausen	4	18	120
d) Freie und Reichsstädte			
Worms	3	60	276
Frankfurt	20	140	800
Straßburg	25	150	900
Speyer	3	60	276
Friedberg	—	12	48
Wetzlar	—	8	32
Hagenau	6	30	192
Landau	2	18	96
Kaysersberg	2	15	84
Türkheim	—	5	20
Münster im Gregoriental	—	12	48
Ober-Ehenheim	2	14	80
Colmar	4	30	168
Rossheim	1	3	24
Schlettstadt	4	24	144
Weißenburg	2	22	112
Metz	25	150	900
Toul	2	15	84
Verdun	5	25	160
Kaufmanns-Saarbrücken	2	9	60
Bisanz	7	30	204
Mülhausen	6	27	180
	567 1/3 Reiter	2947 Fußsoldaten	18569 fl

Aufgrund der sog. Retardatenverzeichnisse ergibt sich also unter energischem Abstrich der organisationsfremden, im übrigen katholischen, Herzöge von Savoyen und Lothringen eine eigentliche Konzentration der Kreismitgliederschaft im Elsaß (Straßburg), in der westlichen Pfalz und weiter nördlich des Mains. Die weltlichen evangelischen Fürsten führen politisch, vor allem traf dies streckenweise für den zahlungskräftigsten Kreisstand, (Gesamt-)Hessen, sowie für die pfalzgräflichen Linien, sozusagen im schützenden Schatten Heidelbergs, zu. Im Binnenraum des Kreises erwies sich anfänglich nicht etwa die Übermacht der existentiellen militärischen Bedrohung von außen als Agens für eine aktive Mit- und Zusammenarbeit, sondern in ausgesprochen negativer Hinsicht bildete das 1521 angelegte sog. Moderationsproblem ein Hindernis. Viele Stände waren, im Widerspruch zu ihren bescheidenen wirtschaftlichen Ressourcen, entschieden zu hoch eingeschätzt worden; das galt im übrigen auch für den Kreis insgesamt, der auf die am finanzstärksten einzustufenden Savoyer und Lothringer nun einmal nicht zurückgreifen konnte, was die zuständigen Organe des Reiches in einer geradezu verblüffenden Hartnäckigkeit negierten.

Ausschließlich für diesen engeren Oberrheinischen Kreis können wir das Phänomen der in den meisten Kreisen synchron verlaufenden tastenden widerwilligen Entwicklung zu eigenen Institutionen, zur Übernahme von Beauftragungen ad hoc und schließlich auch zu permanenten Einrichtungen, eigenen Beamten und Personal, beobachten. Natürlich gibt es bei der Konformität im allgemeinen doch auch wieder Spezifika kreiseigener Natur. Die ältere Literatur konstruiert in diesem Zusammenhang geradezu einen Wettstreit um die frühesten kreiseigenen Institutionalisierungen[3]. Es überrascht nicht, daß auch im Oberrheinischen Kreis die Chance einer Ausbildung zu einer Zwischeninstanz zwischen dem Kaiser und den einzelnen regional eingebundenen Reichsständen, das konnte durchaus im wohlverstandenen Interesse beider gemeint werden, anfänglich nicht genutzt wurde.

Immerhin ist der Kreis recht früh überhaupt in Bewegung gebracht worden. Die beiden ersten Kreistage (Landau 1515, Hagenau 1517) stehen im Zeichen einer fehlschlagenden Initiative Kaiser Maximilians I., den Kreis als Nachbar mit dem Auftrag der Sicherung des regionalen Landfriedens in der Fehde des geächteten Reichsritters Franz von Sickingen mit der Reichsstadt Worms auf Seiten der letzteren einzusetzen. Auch die dritte Versammlung des Kreises (1522 in Speyer), die im Anschluß an den Wormser Reichstag von 1521 die Bildung einer Exekutive des Kreises zur Sicherung des Landfriedens verfolgen soll, scheitert. Es ist festzustellen, daß die von Kaiser, Reichsregiment und Reichstag zugespielten Bälle, de facto gerechtfertigte Versuche der Abwälzung von Verantwortlichkeiten, von kreiswegen nicht aufgenommen werden. Es kann nicht nur daran liegen, daß es im Kreis keine deutliche Vormachtstellung eines einzelnen Mitglieds gibt, die dessen Interesse zu dem seinen hätte werden lassen können, denn auch die anderen Kreise verhalten sich ähnlich desperat. Das Auseinanderfallen in aktive und passive Kreislandschaften setzt sich im Binnenraum fort: Im Elsaß und in der Wetterau kommt es zu separaten Versammlungen im Zeichen der dem Kreis zugedachten Aufgabenstellungen. Von 1522 bis 1530 herrscht in Sachen Oberrheinischer Reichskreis völliges Schweigen!

Wir können nur mutmaßen, daß sich der Kreis im Vergleich zum Reichstag weniger gut und vor allen Dingen weniger effizient als Forum in den

---

3 Vgl. Anm. 2. — Dabei besteht an der Wichtigkeit der spezifizierenden Eigenart der frühen Entwicklung von einigen der 10 Kreise an sich kein Zweifel.

Dienst der Ausbreitung und des Kampfes um die staatsrechtliche Emanzipation des reformatorischen Gedankenguts stellen ließ.

III. Die institutionelle Verfestigung des Kreises

Wenn es als Resonanz auf den Reichsabschied von 1530 in Speyer (1531) zu einer neuerlichen Kreisversammlung kommt, aus der Gruppe der Grafen und Herren mit Philipp von Daun ein Hauptmann gewählt wird und schließlich im folgenden Jahr sogar ein Kreiskontingent für die Türkenabwehr zustande gebracht wird, so darf man noch immer nicht vom Kreis als von einer festen Institution reden. Die Reformationspolitik einzelner wichtiger Mitglieder des Kreises reduziert das Interesse an einer weiteren Entwicklung der Kreisverfassung. Der im Schmalkaldischen Bund engagierte Landgraf Philipp von Hessen und die Reichsstadt Straßburg halten sich zeitweilig abseits. Der Wormser Bischof tritt in der Einberufung von Kreisversammlungen kurz; man beteiligt sich, so weit erwünscht, an den Reichskreistagen bzw. allgemeinen Kreistagen, die gerade auch in der Reichsstadt Worms stattfinden (1535, 1537) und sich vor allem mit Reichskammergericht und Türkenhilfe auseinandersetzen[4]. Die aktiven Stände des Kreises nehmen nicht nur an den Versammlungen aller tätigen Reichskreise teil, sondern beraten auch auf den Reichstagen (z. B. 1542, 1543) in gesonderten Sitzungen und führen am Rande der Plenarversammlungen eigene Kreisberatungen durch. In einer gewissen Weise beweist dabei der Kreis seine Selbständigkeit, wenn auch nicht nach den Vorstellungen von Kaiser und Reich, indem er das Auflegen neuer Kreisumlagen von der Vorbedingung einer moderierten Kreismatrikel abhängig machte. Die Arbeit an der Moderation zog sich bis 1549 hin. Die geistlichen und weltlichen Fürsten wählten zu diesem Zwecke „Moderatoren“, die Grafen, Herren und Städte die „Inquisitoren“.

Von 1543 bis 1549 hatte sich der Kreis im Blick auf die drohenden Implikationen in die Schmalkaldischen Auseinandersetzungen und deren schließliche Beendigung durch Karl V. eine taktisch notwendige Karenz auferlegt. Als der Augsburger Reichstag 1550 / 51 die Reform des Münzwesens als weitere Aufgabe an die Reichskreise delegierte, wurde mit dem Münzwardein und zwei Räten die Ernennung von weiterem Kreispersonal nötig. Die Besoldung dieser noch nicht permanent angestellten Kräfte wurde mittels der sog. Kreisumlage ermöglicht.

---

[4] Dazu die grundlegende Darstellung von *Helmut Neuhaus,* Reichsständische Repräsentationsformen im 16. Jahrhundert. Reichstag, Reichskreistag, Reichsdeputationstag (Schriften zur Verfassungsgeschichte, 33), Berlin 1982. Weiter auch *Albrecht Luttenberger,* Landfriedensbund und Reichsexekution, T. 1, Friedenssicherung und Bündnispolitik 1552 / 1553, in: MÖStA 35 (1982), 1-34.

Die Organisation des Kreises verfestigte sich in diesen Jahren recht eindrucksvoll. Zu den beiden Ausschreibern, die seit 1541 mit dem Bischof von Worms und dem Pfalzgrafen von Simmern (letzterer für die Grafschaft Sponheim, deren angestammte Besitzer bereits 1437 ausgestorben waren) endgültig feststehen, zu der sog. Kreisverfassung (Hauptmann, Kriegsräte, Offiziere und gegebenenfalls Mannschaften ad hoc), zu dem Personal für den Einzug der Auflagen (Gegenschreiber, 6 Kreiseinnehmer) und dem Moderationspersonal traten nun noch die eben erwähnten Münzbeauftragten. Diese Funktionäre war der Kreis befugt, zu wählen und abzusetzen.

Die Geschäftsordnung bildete sich für die Tätigkeit des Kreises in gewisser Anlehnung an die Verfahrenstechnik des Reichstages aus. Der Oberrheinische Kreis organisierte sich in vier Bänken: 1. geistliche, 2. weltliche Fürsten, 3. Grafen und Herren und 4. Städte. Rangfolgen innerhalb der Bänke gab es nicht. Der Bischof von Worms gab als erster seine Stimme ab; die einfache Mehrheit war, unbesehen der Anteile aus den einzelnen Gruppierungen, entscheidend. Hätte sich dieser Modus in allen Reichskreisen in dieser Weise entwickelt, könnte man geradezu folgern, daß mit zunehmender Regionalisierung der Abbau von Privilegien innerhalb der Reichsaristokratie zunehmen würde. Für diesen Kreis galt dies eventuell wirklich, aber die Gesamtzusammenhänge mahnen auch hier zur Vorsicht im Urteil.

An sich blieb den Ständen des Oberrheinischen Kreises genügend Spielraum, um den Grad ihrer Mitarbeit, also Zustimmung oder Opposition, nach dem eigenen Ermessen zu dosieren. Denn das Kreisleben wird bis zum Ende des Alten Reiches auf unaufgelösten Dissensen beruhen. Das war wohl mehr oder weniger zirkularspezifische allgemeine Gepflogenheit. Der Kreistag, das in der Theorie allein entscheidende Gremium für den Raum, den die Beauftragungen von Kaiser und Reich markierten, konnte gesetzesähnliche Verordnungen per maiora beschließen, die aber letztendlich doch lediglich den Wert von Empfehlungen für die einzelnen Kreisstände hatten. Nur die am wenigsten Belastung versprechenden Beschlüsse konnten mit einer gewissen Aussicht auf Befolgung in die Kreispraxis umgesetzt werden. Die Kreisstände gehörten prinzipiell unlöslich zum Kreis, waren aber hinwiederum nicht gehalten, am Kreisleben teilzunehmen.

Die Kompetenz des Kreistages wurde anfänglich noch maßgeblich von dem Inhalt der zugewisenen Reichstagsbeschlüsse, auch sodann in der Form sich auf konkrete Aufgabenzuweisungen beschränkender kaiserlicher Mandate, definiert. Dazu treten hinkünftig immer häufiger Deputate, die sich innerhalb des Kreises in seiner engeren Konzeption als eines regionalen Körpers stellten, Handel, Wirtschaft, Handwerk, Geldverkehr, Sicherheit und soziale Gesellschaft betreffend. Typisch wurde, daß man häufig komplexe Krisenbereiche, die den Kreis nicht allein betreffen mußten, mit

Regulierungen von Einzelerscheinungen in den Griff zu bekommen versuchte. Ganz wesentlich war, daß sich der Kreis immer mehr als Regulativ für die Streitigkeiten zwischen einzelnen Kreisständen verstand, also eine Art von schiedsgerichtlicher Zuständigkeit erlangte. Für viele Beratungsgegenstände war das Reich zu weit entfernt, waren die Territorien in ihrer Einzelsituation zu klein, um vor Ort Lösungen zubieten. Aber wichtig war, daß diese beiden traditionellen Machtträger sich durch die neue Institution nicht in ihrer hergebrachten hoheitlichen Substanz qua Autoritätssubjekte eingeengt fühlen durften. Der organisatorische Einschub des an sich modern konzipierten Sprengelorgans des Kreises erlaubte im Gegenteil von der nicht unplausiblen Absichtsbekundung her erst das effiziente Weiterarbeiten mit den spätmittelalterlichen Herrschaftsorganen.

Ein bezeichnendes Licht auf die Hantierbarkeit insbesondere des engeren Kreises wirft die Einteilung in die vier Bezirke („Viertel") Mittelrhein, Hunsrück-Westrich, Elsaß und Hessen / Wetterau. Erwies sich der zentralistisch entworfene Gesamtkörper des Kreises als recht amorph, schwerfällig, ja bewegungslos, da er für gemeinschaftliche Aufgaben nur unzureichend motiviert werden konnte, so galt dies weniger für diese geradezu natürlich bemessenen Unterbezirke, die die Homogenität alter Siedlungslandschaften respektierten. Die von diesen abzuhaltenden Partikulartage, Kreisversammlungen im kleinen, waren leichter und schneller anzuordnen und konnten auch zielstrebiger Maßnahmen treffen. Hier, und nur hier, gingen die handgreiflichen Anliegen der naturräumlichen Region, mehr als dies die Gestaltungsmöglichkeit der territorialen Grenzziehung erlaubte, mit den neuen Chancen des Kreissystems Hand in Hand auf eine aussichtsreiche Bewältigung zu. Der Nutzen dieser Maßnahmen zeigte sich während der Bedrohung des Kreises durch den fränkischen Markgrafen Albrecht Alcibiades, als das gesamtzirkulare Kreisausschreibeamt wegen der verwandtschaftlichen Beziehungen des Pfalzgrafen von Simmern zu dem Markgrafen untätig blieb, aber der Straßburger Bischof zusammen mit den elsässischen Kreisständen aktiv wurde. Im Zeichen der markgräflichen Bedrohung kommt es damals darüber hinaus auch zu einer tatsächlichen Kooperation der handlungsfähigen Stände des Oberrheinischen und des Kurrheinischen Kreises, deren Räume so eng miteinander verzahnt waren, daß eine kooperative Disposition bei größeren Aufgaben unabdinglich war. Eine von den beiden Kreisen eingesetzte militärische Schutztruppe („streifende Rotte") wurde in das Elsaß für Sicherungsmaßnahmen abgestellt.

Nicht zuletzt die allgemein erkannte Ohnmacht der Einzelkreise gegenüber Bedrohungen, insbesondere auch aus dem Innern des Reiches, führte zu den entsprechenden Anordnungen der Augsburger Reichsexekutionsordnung von 1555, die den Kreisen geradezu den Auftrag gaben, ihre eigene Kompetenz weiter auszubauen. Nun erst konnte, wie die Kreisforschung seit ihren ersten Anfängen erkannt hat, nachdem die kaiserliche Möglichkeit der tendenziösen Instrumentalisierung der Reichskreise deutlich zurückgedrängt worden war, deren folgerichtige Entwicklung zu eigenständigen hoheitlichen Handlungs- und Entscheidungskörpern wirklich vorangetrieben werden. Die Zusammenarbeit von mehreren Kreisen im Falle sich ergebender Notwendigkeit wird seit diesen Jahren zur Pflicht.

Für den Ausschnitt des Oberrheinischen Kreises konnte auch dieser kräftige Impuls von Augsburg nicht darüber hinwegtäuschen, daß mit den auseinanderstrebenden Kreisständen kein zusätzlicher bedeutender Machtfaktor aufgebaut werden konnte, wie dies in Schwaben und Franken durchaus gegeben war. Die hoffnungsvolle Erwartung, daß Einigkeit stark macht, konnte in diesem Kreis nie so an Kraft gewinnen, daß aus ihm ein beeindruckend starker Ordnungsfaktor entstanden wäre. Oberrhein vermochte lediglich in der verantwortlichen Zusammenfassung von Teilkräften seine Nützlichkeit zu beweisen, wenn auch ohne zu glänzen.

Eine wichtige Chance wurde vertan, indem das entsprechend den Maßgaben von 1554 / 55 einzurichtende wichtige Amt des Kreisobersten nicht einem der einflußreichen Kandidaten, dem Landgrafen Philipp von Hessen vor allem, oder auch dem hochgeschätzten zweiten Kandidaten, dem Grafen Wilhelm von Sayn-Wittgenstein, übertragen werden konnte, — beide lehnten in einem längeren Prozeß zaudernden Verhandelns ab —, sondern mit der Wahl eines relativ unbedeutenden Kreismitglieds keine denkbare Ergänzung zu den regional und konfessionell sowie auch dynastisch bzw. institutionell festgeschriebenen Ausschreibeämtern bewerkstelligt wurde (1560). Die Tätigkeit des Kreisobersten Reinhard von Solms und seines ihm nachfolgenden Sohnes war dennoch durchaus positiv. Mit dem üblichen Instrumentarium besonderer Deputationstage, auf denen dem Kreisobersten der sog. Nachgeordnete und vier zugeordnete Räte zuarbeiteten, wurde vor allem eine taugliche „Kriegsverfassung" erarbeitet, die bis zum 30jährigen Krieg in Kraft blieb.

IV. Die politische Entwicklung im Kreis 1531 - 1618. Der Sturz in die Katastrophe

In den anstehenden politisch-militärischen Konfrontationen, die meist eine konfessionelle Einlagerung aufzeigten, war es für den Oberrheinischen Kreis geboten, keine einseitigen Entscheidungen zu treffen; anders formuliert, solche zu fällen, wären ihm im Rahmen des rechtlich einwandfreien Abstimmungsverfahrens weder für die katholische Minorität, noch für die Lutheraner oder Kalvinisten, möglich gewesen. Bisher war es gelungen, Stellungnahmen zugunsten einer einzigen Konfessionspartei im Verlauf der reformatorischen Auseinandersetzungen zu entschärfen bzw. zu umgehen.

So gingen der Schmalkaldische Krieg, die Exekution gegen die Wiedertäufer in Münster, die Grumbacher Fehde, die Anfänge des niederländischen Freiheitskampfes, die französischen Religionskriege, die Okkupation der kreiszugehörigen Grafschaft Bitsch durch den Herzog von Lothringen und sogar der Kölner Krieg vorüber, ohne daß der Kreis offiziell seine Armatur in Bewegung setzte. Das war für diejenigen Kreisstände, die für ihre Person deutlich Partei ergriffen, nicht ganz leicht. Es gab zahlreiche Versuche, die notwendige Beschlußfassung durch den vom Wormser Bischof einzuberufenden Kreistag zu umgehen. Die einzelnen Sympathiebekundungen waren jeweils unzweifelhaft deutlich, aber es konnte doch offiziell nur zu Aktivitäten der einzelnen Kreismitglieder qua ihrer landesherrlichen Qualität kommen, so von seiten des Herzogs Wolfgang von Pfalz-Zweibrücken und des Pfalzgrafen Johann Casimir für die evangelischen Glaubensgenossen in Frankreich oder den Niederlanden sowie im Kampf um das Erzstift Köln. Nur in der Angelegenheit der Aachener Protestanten und schließlich auch im Niederländischen Krieg konnte die interessierte Majorität den Kreis zu offenem militärischem Einsatz bewegen.

1591 war mit dem kalvinistischen Pfalzgrafen Reichard von Simmern der weltliche Ausschreiber des Kreises zum Kreisobersten gewählt worden. Er wurde so zu der Zentralfigur des Kreises, die deutlich Akzente im evangelischen Sinne setzen konnte. Weit über die irenisierenden Kräfte der Kreisminorität ging die Angelegenheit des sich 1592 auf Kreisboden entspinnenden Straßburger Kapitelstreites hinaus, in den die unterschiedlichen Interessengruppen des Kreises aufs engste verwickelt wurden[5]. Nicht zuletzt für die kalvinistischen Wetterauer Grafen bedeutete der Ausgang der Straßburger Auseinandersetzung im Blick auf die weitere Bepfründung von nachgeborenen Familienangehörigen eine Entscheidung, die an die Substanz reichte. Die Stimme des Fürstbischofs von Straßburg in dessen Eigenschaft als oberrheinischer Kreisstand wurde von dem katholischen Herzog von Lothringen und von dem evangelischen Markgrafen von Brandenburg beansprucht, letzterer wurde von der Mehrheit der Kreisstände unterstützt. Obwohl die katholische Partei in dem Streit geradezu zurücksteckte, kam es zu einer kurzen ersten Schismatisierung der Kreisversammlungen und damit zur Lähmung der Tätigkeit des Kreises. Längerfristig bezog der Kreis immer eindeutiger Stellung im protestantischen Verständnis, sinnfällig nach der Teilung der Gesamtgrafschaft Hessen durch die Kandidatur des Landgrafen Moritz von Hessen-Kassel zum Kreisobersten dokumentiert. Die hessischen Linien stellten fast ein Drittel des militärischen Kreiskontingents. Moritz von Hessen-Kassel konnte es sich leisten,

---

5 Eine wertvolle Ergänzung für die bereits von *T. Malzan* aufgearbeitete Phase des Straßburger Kapitelstreites bietet die Mainzer Dissertation von *Hans-Georg Sturm,* Pfalzgraf Reichard von Simmern 1521-1598, Trier 1968.

seine Aufwendungen „für den Kreis“ aus eigener Kasse vorzufinanzieren. Indem sich der Kreis mit militärischer Unterstützung im niederländischen Krieg beteiligte und diese prioritätenmäßig der Türkenhilfe voranstellte, trat der Kreis entsprechend der Entwicklung in der protestantischen Bewegungspartei in eine neue Rolle ein. Es wurde ein Interesse des Reiches formuliert, das dem des Kaisers und dem der katholischen Stände unvereinbar gegenüberstand. Die Entwicklung in Straßburg war schließlich dazu angetan, den Kreis für den Zeitraum zwischen 1600 und 1605 abermals in die Inaktivität der Spaltung zu treiben. Die bisherige Arbeit war praktisch vernichtet. Nach wenigen weiteren gemeinsamen Versammlungen blieb schließlich der Oberrheinische Kreis von 1607 an für über 40 Jahre lang als Gesamtkorpus untätig.

V. Erstes Fazit: Leistung und Unvermögen des Kreises

Stellt man die Frage nach der bisherigen Leistung des Kreises, so bestand diese einmal in der unwilligen Übernahme von Aufgaben, oft nur eines organisatorischen Teils einer umfassenderen Angelegenheit, für die sich das Reich als geographisch zu groß und organisatorisch zu schwerfällig, das Territorium in einer Vielzahl von Fällen als zu klein und zu wenig kooperativ erwies. Nicht die nur sporadisch durchgeführten Bestellungen von Mitgliedern für das Reichskammergericht oder das Reichsregiment konnten den Kreis von einem nur auf dem Papier bestehenden theoretischen Wahlkörper zur permanenten Einrichtung formen, sondern die Notwendigkeiten der regionalen Ordnung des Landfriedens, der Verständigung über Art und Umfang der Beteiligung an der Abwehr von Gefahren an den Grenzen des Reichs, der Aufsicht über das chaotische Münzwesen, der Wahrnehmung von allgemeinen Aufgaben der „Polizey“ usw.

Die gebotene Zusammenarbeit erforderte „soziale“ oder vielleicht besser „sozietäre“ Toleranz zwischen Fürst, niederem Adel und Stadt, zwischen geistlichem und weltlichem Stand, zwischen dem quasi-souveränen Landesherrn und dem unentwickelten kleinen Kreisstand, schließlich nach dem Greifen der Reformation zwischen Altgläubigen, Lutheranern und Kalvinisten. Die Kreisebene war, abgesehen von Reichstag und Reichsgericht, die einzige, zugleich am weitesten nach unten angesiedelte korporative Einrichtung des Reichs, auf der die Tolerierung der unterschiedlichen Konfessionen möglich blieb, da im einzelnen Territorium der Religionsbann einer einzigen Konfession verbindlich festgeschrieben war. Für die natürlichen Landschaften,- selbstverständlich auf den Grundlagen, die das territoriale Gefüge erlaubte —, eingebettet in einen Großraum, der in vielerlei Hinsicht von zufälligen Konditionen definiert wurde, ergab sich durch die notwendige Disziplinierung als Kreismitglied der Modus vivendi eines befristeten

Zusammenhandelns, noch nicht eigentlich Zusammenlebens, ohne Verzicht auf landeshoheitliche territoriale Substanz, ohne auch direkte Beeinträchtigung der kaiserlichen Obergewalt. Als dieses empfindliche Zusammenspiel nicht mehr gewährleistet wurde, brach die Einrichtung, die bevorzugt auf dem Wege der zumutbaren freiwilligen Delegierung über Mittel verfügte, zusammen, ohne daß ein fühlbarer Schmerzensschrei infolge der Schädigung eines gewachsenen Organismus hörbar geworden sei. Die Kreisleistungen waren unter ständigem Druck mit Klagen und Stöhnen lustlos auf dem Wege des abgezwungenen Kompromisses aufgebracht worden, niemand freute sich so recht über die Einrichtung des Kreises, schien auf diese gar stolz sein zu wollen. Die finanzielle Einschätzung der einzelnen Kreisstände im Vergleich untereinander und die des Gesamtkreises im Vergleich zu den übrigen 9 Kreisen, die Grundlage für einen wichtigen Teil der Kreisarbeit, wies in ihrer schreienden Ungerechtigkeit zahlreiche Motive auf, die Uneinigkeit zur Permanenz zu erheben. Patriotische Gefühle, die die Nation und selbst der größere Territorialstaat seit dem Spätmittelalter durchaus entwickeln konnten, stellten sich nicht ein. Wie sollte auch diese zusammengestoppelt wirkende Verlegenheitslösung einer Zufallsgemeinschaft in ihrer größeren Konzeption, der nicht nur Savoyen und Lothringen, sondern auch die Freigrafschaft Burgund, vor allen Dingen aber die Kurterritorien an den natürlichen Schaltstellen von Mittel- und nördlichen Oberrhein fehlten, das Herz eines vom Patriotismus hochgestimmten elsässischen Humanisten höher schlagen lassen? Der Schwäbische, der Fränkische und der Bayerische Kreis befanden sich sicher in einer vergleichsweise günstigeren Situation als Objekt humanistischer Elogien. Aber ein Verdikt bedeutet das für den Oberrheinischen Kreis nur, wenn man mit bestimmten ideologisierten Erwartungen, mit einem von falschverstandenem Historismus gezinkten Vorwissen, an die Analyse herangeht. Der Vergleich mit der ganz anders konzipierten heutigen mittleren Administration auf der Ebene der Regierungsbezirke und Landkreise drängt sich auf. Reine Verwaltungsarbeit läßt das Blut nicht für die hohen Werte im Gefühlshaushalt eines Stammes oder einer Nation in Wallung geraten.

Das 18. Jahrhundert hat einiges mehr mit Kreiswappen, Kreisfarben, Kreisuniformen und Kreisgrenzmarkierungen getan. Die mangelnde Spontaneität dieser aus der Imitation des Gebarens des fürstlichen Absolutismus gespeisten Demonstrationen erweckt eher Mißtrauen. Als besonders folgenreich erwies sich aber auch, daß die Majorität der mittleren und kleineren Stände des Oberrheinischen Kreises es noch verhinderte, daß eine der wenigen kräftigeren kreiseigenen Territorialmächte durch eine weitgehende Identifizierung der Interessen des Kreises mit den Eigeninteressen noch mehr gestärkt werden konnte, wie dies bei den württembergischen Herzögen im Schwäbischen Kreis erfolgte. Der den alten Glauben bewahrende Bischof von Worms, bis zu den späteren Personalunionen kein eindrucksvoll starker Fürst, erwies sich mittelfristig als eben noch zumutbar, um in einer von einer evangelischen Majorität bestimmten Einrichtung unverfängliche Ehrenvorrechte im Verständnis eines weitgehend entschärften Quasi-Direktoriums zu exerzieren. Zog der erste Ausschreiber des Oberrheinischen Kreises die Notbremse, indem er seine Rechte dazu benutzte, die Kreistätigkeit zu lähmen, so war die Krise eingetreten. Die weitere Entwicklung im Zeitalter der Glaubenskämpfe hat diese rheinische Nischenbildung gründlich zerstört. Man darf über diesen Bemerkungen allerdings nicht außer acht lassen, daß über die Uneinigkeit an der Basis des Kreises nie Zweifel bestehen konnte. Diese war geeignet, wenigstens formal der kaiserlichen Zentralgewalt unwillentlich zuzuarbeiten, denn diese konnte dem Wormser Bischof unbesorgter ihre Wünsche mitteilen, wenn auch die bis zur Obstination gedämpfte Willfährigkeit der oberrheinischen Kreisstände für Wien keine glänzenden Erfolge in Aussicht stellte.

VI. Die neue Instrumentalisierung des Kreises bzw. von Teilen des Gesamtkreises im 17. Jahrhundert. Die katholischen Kreisdirektoren Kurmainz und Kurpfalz

Der Gedanke, die Reichskreise neben oder vor Reichstag und Reichskammergericht für herrschaftliche Aufgabenstellungen einzusetzen, war mit der allgemeinen Krise vor und während des 30-jährigen Krieges, in der sich schließlich alle wesentlichen Institutionen des Reiches bewegten, noch nicht zu Tode geritten worden. Daß dabei der nie sehr einheitliche Oberrheinische Kreis nur in regionalen und konfessionell identischen Teilgruppen, die für sich die Legitimation des auseinander gebrochenen Gesamtkreises in Anspruch nahmen, politisch aktiv werden konnte, darf nicht erstaunen[6]. Es ist im übrigen interessant, daß während des 30jährigen Krieges die Schweden eine zeitlang hofften, mit der Kreisorganisation ein gefügsames Instrument für den Ausbau des eigenen schwedischen Herrschaftssystems gefunden zu haben[7]. Neben dem Kurrheinischen Kreis diente der Oberrheinische Kreis dabei offenbar als das eigentliche Herzstück, verfügte er doch über eine ganze Reihe von schwedischen Parteigängern als Mitglieder. Der Wild- und Rheingraf Otto Ludwig, angestammtes Mitglied des Oberrheinischen Kreises, wurde zum schwedischen Statthalter für die beiden rheinischen Kreise bestellt. Auch auf dem Frankfurter Deputationstag (1643) im Vorfeld der westfälischen Friedensverhandlungen haben sich die oberrheinischen Stände gelegentlich nach der Papierform als eben solche artiku-

---

6 Hierzu verspricht die (Anm. 2) erwähnte, sich in der Vorbereitung befindliche Arbeit von Brauchler interessantes Material.

7 Für die Vorgänge insgesamt: *Hermann-Dieter Müller*, Der schwedische Staat in Mainz 1631-1636 (Beiträge zur Geschichte der Stadt Mainz, 24), Mainz 1979.

liert. Der westfälische Friedensschluß spannte die Kreisstände in der Form von Kommissionen in die Aufgabe der Exekution der unerledigten Fälle der Friedensvereinbarungen ein. Im Oberrheinischen Kreis bot sich insbesondere das traditionell wienfreundlich orientierte lutherische Hessen-Darmstadt als unverfänglicher Gesteller von Kommissaren für Exekutionskommissionen der unerledigten Fälle an (z. B. bei der badischen Restitution seiner sponheimischen Kondominatsanteile)[8].

Über das Wormser Ausschreibeamt wurde der Mainzer Einfluß im Oberrheinischen Kreis sozusagen unerwartet stark. Die besondere Situation des vom Krieg arg gebeutelten Bistums Worms führte zu einer Anlehnung des dortigen Fürstbischofs von Scharfenstein (1654-63) an Mainz und schließlich zur Personalunion, wodurch Kurfürst Johann Philipp von Schönborn (1647-78) in den Besitz des Ausschreibeamtes des Oberrheinischen Kreises gelangte. Seit der Übernahme von Königstein im Taunus wurde der Mainzer Erzbischof noch zusätzlich geborener Kreisstand. Auf Initiative Johann Philipps kam es im März 1651 zu einer ersten Assoziation des Kurrheinischen und des Oberrheinischen Kreises, mit dem Deputat der Aufstellung von 2000 Mann zur regionalen Friedenssicherung; letztlich nur ein Innehalten auf halbem Wege, da die zur Mitarbeit ermunterten weiteren Reichskreise ablehnten. Die Diskussion um den Aufbau einer gemeinsamen, auf den westlichen Reichskreisen aufruhenden Reichsdefension am Rhein, die den 1648 neuerlich amputierten profilarmen und wohl besonders gefügigen Oberrheinischen Kreis selbstredend einschloß, zog sich noch bis 1655 hin. Auch im Vorfeld des Rheinbundes von 1658 wandte sich die Rheinische Allianz nach dem Beitritt des Mainzer Kurfürsten (1655) an den Oberrheinischen Kreis wegen des Aufbaus einer gemeinsamen Reichsfriedensdefension.

Aber der Oberrheinische Kreis blieb als Ganzes nun praktisch bis 1697 funktionsunfähig. Ansatzpunkt war das nun in das Kreuzfeuer der Diskussion geratene Kreisdirektorium. Was sollten die Protestanten des Kreises, zu denen die profilierten Kalvinisten Landgraf Wilhelm IV. von Hessen-Kassel und Kurfürst Karl Ludwig von der Pfalz gehörten, von einem durch einen geistlichen Kurfürsten gelenkten Wormser katholischen Direktorium erwarten? Dazu kamen Ereignisse, die die linksrheinischen Landesherren und insbesondere die kleineren Stände des Mosel- und Hunsrück-Raumes sowie das Elsaß mit voller Wucht trafen, vor allem die Reunionen (1680), dann auch im regionalen elsässischen und südpfälzischen Zuschnitt die Annexion der Reichstadt Straßburg (1681) durch Ludwig XIV.

---

8 Darauf habe ich vor drei Jahrzehnten in meiner Mainzer Dissertation, Die Vordere Grafschaft Sponheim als pfälzisch-badisches Kondominium 1437-1707 / 08, Bad Kreuznach 1963, aufmerksam gemacht (ebd. 23 ff.).

Die Grafen der Wetterau, des Westerwaldes und der Eifel, die im September 1679 die Frankfurter Union schlossen, im wesentlichen, um den durch den Holländischen Krieg verursachten Belastungen durch militärische Einquartierungen zu entgehen, sahen ihr Bündnis als Ersatz für den paralysierten Kreisverband an. Als kurz darauf mit dem Landgrafen von Hessen-Kassel ein armierter oberrheinischer Kreisstand dazutrat, wurde ihm das Direktorium übertragen. In folgerichtiger Weiterentwicklung kam es im Februar 1682 in Kassel zwischen den Ständen des oberrheinischen Restkreises östlich des Rheins und Franken zu einer Defensiv-Konföderation für die Abwehr militärischer Gefahren und Belastungen an den Reichsgrenzen. Der bald gefürstete kalvinistische Graf Georg Friedrich von Waldeck (1620-92), von Hause aus Mitglied des Oberrheinischen Kreises, hat aus diesen präliminarischen Bausteinen die Laxemburger Allianz aufgebaut. Ende 1682 waren die aktiven Teile von Oberrhein zusammen mit dem Fränkischen Kreis der Großen Allianz im Haag beigetreten. Auch in der Augsburger Allianz (1686) taucht der Oberrheinische Kreis unter den abschließenden Partnern auf.

Nach dem Übergang der Kurpfalz an die katholische Linie der Pfalz-Neuburger (1685) ergab sich die Möglichkeit, den Streit innerhalb des oberrheinischen Kreisdirektoriums zu beheben und für kurze Zeit auch die Erwartung, die westlich des Rheins gelegenen Teile des Kreises, soweit sie nicht im Elsaß, an der Saar oder der Blies lagen, aus ihrer Lethargie herauszubewegen. Zuvörderst ging es darum, die Unstimmigkeiten unter den beiden nun katholischen Direktoren des evangelischen Kreises beizulegen. Über die Vorstufe eines Weinheimer Rezesses (1690) kam es zum Düsseldorfer Direktorialvergleich (1705), der mit der Anerkennung der Kurpfalz als gleichberechtigtem Direktorialmitglied neben dem Fürstbischof von Worms, der nur wieder einige Ehrenvorrechte behielt, die Einigkeit unter den kaisertreuen Kreisdirektoren herstellte, denen allerdings eine Mehrheit von sehr reservierten Mitständen gegenüberstand.

VII. Die Zeit der Kreisassoziationen: Priorität des Militärs

Die zwei Neuburger Brüder, Franz Ludwig (1716-29), Erzbischof von Trier und Bischof von Worms, und Johann Wilhelm (1690-1716), Kurfürst von der Pfalz und Herzog von Jülich und Berg, waren nicht nur Direktoren im Oberrheinischen Kreis, sondern verfügten noch in einer Reihe von weiteren westlichen Kreisen über Amtsfunktionen, Sitz- und Stimmrechte. Solche Erscheinungen erleichterten die Zusammenarbeit der einzelnen Kreise unter der dominanten Federführung einiger weniger einflußreicher Landesherren, während die Masse der kleineren Kreisstände sich unwohl fühlen mußte, die im Kreis nicht zum Zuge kommenden größeren protestantischen Stände die Mitarbeit einstellten.

So blieben seit dem Ende des 17. Jahrhunderts die wichtigen Entscheidungen in der Kreispolitik des nach Norden und Süden übergreifenden deutschen Südwestens für einige Zeit Assoziationstagen vorbehalten, bei denen dem Kurfürsten von Mainz und Erzkanzler des Reichs entsprechend den Vergesetzlichungen von 1555 eine führende Rolle zufallen konnte. Der Oberrheinische Kreis hielt sich sozusagen im Dunstkreis des Kurrheinischen Kreises auf und beschloß die Teilnahme an der von Kurfürst Lothar Franz von Mainz (1695 - 1729) bewirkten Frankfurter Assoziation der sechs süd- und südwestdeutschen Kreise (1697), die in ihren recht ehrgeizigen Zielsetzungen von dem Ereignis des Rijswijker Friedens überholt wurde.

Die für den Kreis geradezu revolutionäre Wende in der politischen Entscheidungsfindung, daß nämlich das absolutistisch gehandhabte Ausschreibeamt (Direktorialamt) des Oberrheinischen Kreises in den Dienst sowohl neuburgischer Hausmachtpolitik als auch erzkanzlerischer Reichspolitik gestellt wurde, wobei an der kaisertreuen Gesamtausrichtung dieses Führungsgespanns nicht zu zweifeln war, machte es Hessen-Kassel vorerst unmöglich, mitzuarbeiten, aber auch die übrigen evangelischen Kreisstände gaben Signale ihres Unmuts. Man bestand auf der „paritas religionis", wie diese bereits seit langem für das Reichskammergericht galt. Nach 1697 zogen sich auch Hessen-Darmstadt und Frankfurt, gemäßigte Lutheraner, sowie Pfalz-Zweibrücken vom Kreisleben zurück. Es ist ihnen nicht zu verdenken, daß sie als die finanzkräftigsten Stände nicht die Interessen ihrer Gegner mitfinanzieren wollten.

Ihre Forderung lautete auf eine Erweiterung des Kreisdirektoriums durch ein Condirectorium Evangelicorum. Aber die zelotischen Zeiten waren aufgeklärteren im Weichen begriffen. Indem das Direktorialamt die abseitsstehenden Stände mit Ausnahme von Kassel in Einzelverhandlungen aus ihrem Schmollwinkel zurückholte, konnte der Kreis doch nach außen hin sein Gesicht wahren und sogar in einer gewissen Anspruchshaltung in die Allianzpolitik des Spanischen Erbfolgekrieges eintreten. Wenn häufig nur Bruchteile der Mitgliederschaft des Kreises in Frankfurt, das zu einem Konferenzzentrum für die Politik der Kreisallianzen schlechthin wurde, anwesend waren, so hatte das auch finanzielle Gründe. Man beschritt den Weg des sog. engeren Kreiskonvents, der den Wandel in der Entwicklung hin zur Konzentration der verantwortlichen Funktionen in wenigen Händen berücksichtigte. Den beiden Direktorialgesandten standen in Frankfurt lediglich noch je vier Gesandte der beiden Religionsparteien gegenüber.

Als mächtige Klammer für die südwestdeutschen Reichskreise erwies sich infolge der anhaltenden französischen Bedrohungen das militärische Verteidigungswesen, das seit 1681 in die Hände der Reichskreise delegiert war.

Von dem Deputat des Oberrheinischen Kreises, rund 3500 Soldaten und Reiter als „Simplum", stellten Hessen-Darmstadt, Nassau und die Kleinterritorien die drei Fußregimenter. Für die kleinen Kreisstände bestand die zweischneidige Möglichkeit des Rekurses auf die „Armierten Stände", die über eigenes stehendes Militär verfügten. Zum Ausgleich übernahmen erstere dafür zusätzliche finanzielle Belastungen und die äußerst unbeliebten Einquartierungen von Truppen der Armierten in ihren Städten und Dörfern. Besonders die Bereitstellung von Reitern bereitete den bescheideneren Ständen Sorgen, Kurpfalz pflegte in diesem Zusammenhang einzuspringen.

Da jeder Stand auch für die Besoldung seines Kontingents selbst aufzukommen hatte, regierte natürlich über Sparsamkeit hinausreichende Knauserei. Bis 1703 verfügte das Kontingent des Oberrheinischen Kreises über keinen eigenen Feldarzt, bis 1706 nicht einmal über Geschütz. Was Wunder, wenn der militärische Wert dieser Kreisarmada im Vergleich zu den Dragonern des französischen Gegners bescheiden war! Der Generalfeldmarschall des Reichsheeres, Markgraf Ludwig Wilhelm von Baden, mußte sich die Kreistruppen am Oberrhein erst in einer Schanz- und Grabenausbildung in den „Linien" heranziehen. Neben den Truppen für die allgemeinen Verteidigungsaufgaben, die weit entfernt vom Kreis zum Einsatz gelangen konnten, errichtete die bedeutenderen Kreisstände seit 1703 für die eigene Verteidigung zusätzliche Landesmilizen.

Auch die nichtmilitärischen Aufgabenstellungen des Kreises blieben erhalten, wenn sich auch ihre Bedeutung vergleichsweise abschwächte: Einsammeln von Reichs- und Kreissteuern, Münzwesen, Polizeifunktionen und die Präsentation von Assessoren für das Reichskammergericht, das in Wetzlar in der Ablöse des zerstörten Speyer weiter auf Kreisboden arbeitete. Der territoriale Rahmen blieb im Vergleich zu der Situation von 1648 im großen und ganzen erhalten, Zugang und Abgang der Kreisstände hielten sich nun wieder ungefähr die Waage. Die Kurfürsten von der Pfalz und Mainz waren in jedem Falle in Frankfurt oder an den anderen Beratungsorten durch eigene qualifizierte Beamte präsent, infolge der kostensparenden Personalunionen drohte damit allerdings Oberrhein, noch mehr zu einem Satelliten des Kurrheinischen Kreises zu werden.

Im Frühjahr 1700 brachte die Kriegsgefahr den Kreis wieder in Bewegung. Nach Rijswijk hatten sich die Deklamationen um die Rückgewinnung der separierten bzw. auch der seit 1552 an Frankreich verlorenen lothringischen und elsässischen Gebiete im Kreis wieder verstärkt. Das diplomatische Klima schien dafür nicht ungünstig. In Lothringen regierte mit Herzog Leopold I. ein reichs- und kaisertreuer Landesherr. Auf dem oberrheinischen Kreistag von 1700 stellte sich — wohl erstmals in Sachen des Herzogtums selbst — ein lothringischer Rat ein, der Loyalität demonstrierte, zweifelsohne ein Prestigegewinn für den Kreis. Zudem bekundeten auch Herzog Viktor Amadeus II. von Savoyen und der Bischof von Basel überraschend ein gewisses Interesse an einer Standschaft im Kreis.

In die sich im Gefolge der Heidenheimer Allianz (1700) entwickelnde weitere Phase kräftiger Assoziationspolitik, die anfänglich neutralistische Ziele zu verfolgen schien, brachte der Oberrheinische Kreis sozusagen als eigene Note die deutliche Option für die Unterstützung des Kaisers im Kampf gegen Frankreich und seine deutschen Verbündeten ein. Da diese Tendenz in Heilbronn beibehalten werden konnte (1701) und sich dann in der Nördlinger Allianz (1702) allgemein durchsetzte, gehörte der Oberrheinische Kreis zu den Kräften, denen es zu verdanken war, daß die assoziierten Kreise schließlich zu erklärten Parteigängern des Kaisers und der Seemächte wurden.

Die Einbeziehung in die großen politischen Bündnisse in Westeuropa eröffnete neue Möglichkeiten. Mit dem Kurrheinischen Kreis teilt man den Eifer für die Verteidigung der so immens strategisch wichtigen Festungen Landau und Philippsburg, die zwar keine eigentlichen „Kreisfestungen" werden, aber doch als in den Traditionen des Kreissprengels verankert, betrachtet werden. Das bedeutet ein Mehr an ehrlicher Verantwortung und wirklichem Engagement. In einer gewissen Hochstimmung bemächtigt sich die im Fürstendienst tätige Intellektualität besonders im Oberrheinischen Kreis des „Barrieregedankens": Das Elsaß, die drei lothringischen Bistümer und schließlich das Herzogtum Lothringen selbst, sollen Teil einer ansonsten noch im ungewissen gehaltenen gewaltigen Reichsbarriere werden, um die französische Bedrohung endgültig aufzuhalten. Die Redintegration dieses Schutzwalls aus Land soll die conditio qua non für einen Friedensschluß mit Ludwig XIV. sein. Kann man solche Gedanken einer seit über einem halben Jahrhundert immer wieder von militärischen Einfällen gequälten Bevölkerung verübeln? Plötzlich vermögen sich vorher nie besonders beachtete Kleinstaaten kraft ihrer deklamatorischen Mitverantwortung und ihres Pflichtgefühls für die Gemeinschaft des Reichs im Licht allgemeinen Interesses zu sonnen. Auch diese Dimension gehörte zur facettenreichen Artikulation des Kreises! Es scheint dabei niemandem aufzufallen, daß die mächtigen Generalstaaten diesen Enthusiasmus geradezu schamlos für ihre eigenen Vorstellungen ausnützen könnten. Als kriegführende Stände verfügen die Reichskreise im Südwesten über das Recht der Bestellung diplomatischer Vertreter für die großen Friedensverhandlungen. Der Oberrheinische Kreis läßt sich kostensparend und vertrauensselig am grünen Tisch mitvertreten. Die Friedensschlüsse von Utrecht, Rastatt und Baden erweisen sich in Anbetracht der hochgespannten Erwartungen als desillusionierend.

Aber die Kreise, die für eine kurze Zeitspanne das kostbare Gut nationaler Gleichgestimmtheit euphorisch verspüren durften, lösten sich deshalb nicht auf, natürlich auch nicht der Oberrheinische. Er beteiligte sich an den wiederholten Reaktivierungen der Assoziation in den Jahren von 1727 bis 1748; vorsorgliche Aufmahnungen aus Wien, die allerdings auf keine ernsthaften Proben gestellt wurden.

Infolge der Übernahme der Grafschaft Falkenstein aus der lothringischen Konkursmasse im Gefolge des Wiener Vertrags von 1738 durch Österreich hatte nun auch der Kaiser selbst in seiner Eigenschaft als „Graf von Falkenstein" seinen Fuß in der Tür zum Kreis. Das ermöglichte mit der Zeit den Wiedereintritt von Hessen-Kassel in die Reihe der aktiven Kreisstände. Schon der 1730 verstorbene Landgraf Carl von Hessen-Kassel hatte sich von Frankreich ab- und den Habsburgern zugewandt. Das war mehr als nur ein diplomatischer Fakt, hatte doch das weitab von der westlichen Reichsgrenze gelegene Kassel sich als einziger Stand innerhalb des Oberrheinischen Kreises, dabei durchaus die älteren Traditionen des Landgrafen Moritz verfolgend, als Freund Frankreichs gezeigt.

Die Kreisversammlungen des weiteren 18. Jahrhunderts sind für den Oberrheinischen Kreis noch praktisch unerforscht. Überraschendes ist dabei kaum zu erwarten. Das Kreisleben verbürokratisierte, verbeamtete und konformierte sich, wobei die enge Nachbarschaft der Kreisbüros der Kreise Kur- und Oberrhein im Zeichen der Allianzerneuerungen in Frankfurt und die intensive interzirkulare Korrespondenz zu den Tendenzen der Normierung und Uniformierung beitrugen.

VIII. Zusammenfassende und weiterführende Beobachtungen

Will man die nur in allgemeinen Zügen vorgestellte Entwicklung des Kreises noch einmal zusammenfassen, so ergeben sich sowohl „Specifica" als auch „Generalia" im Zusammenhang mit den übrigen neun Kreiseinrichtungen. Der Oberrheinische Reichskreis war bei seiner Begründung als „Versuchsballon" für die Ansprechbarkeit von Landesherren konzipiert worden, die sich an der westlichen Peripherie des Reiches bewegten. Da Savoyen, Lothringen und andere nicht positiv reagierten, zeigte der Kreis auch ansonsten den Charakter der Improvisation, indem er sozusagen in der Art eines „Lumpensammlers" alle sehr unterschiedlichen Stände mittlerer und kleinerer Bedeutung erfaßte, die nicht zum Kurkreis, dem Burgundischen Kreis oder der erst gar nicht eingekreisten Eidgenossenschaft gehörten. Als die Instrumentalisierung über die sporadische Wahlfunktion von Beamten für Reichsregiment und Reichsgericht hinauswuchs, Landfriedensaufgaben, Münz-, Steuer- und Armierungsangelegenheiten von Kaiser und Reich an die Kreise herangetragen wurden, erhielt auch die Versammlung der oberrheinischen Kreisstände, die seit 1531 häufiger tagte, eine gelegentlich quasi-parlamentarische Funktion, die das „Quasi“ allmählich abstreifte. Der Kreis als permanente Einrichtung erfuhr einen langwierigen, von Rückschlägen gezeichneten, Auf- und Ausbau. Münzprobationstage und Deputationstage signalisierten Kreisaktivität auch zwischen den einzelnen Generalversammlungen. Der bischöfliche Ausschreiber bedeutete keine Gefahr für die Rechte der einzelnen Kreismitglieder, ähnliches galt auch für die Kreishauptleute unmittelbar nach 1555. Erst in der „gegenreformatorischen“ Spätphase der Reformation zerbrachen deren Folgeerscheinungen mit gründlicher Konsequenz die sich einigermaßen zusammengerauft habende Kreisgemeinschaft, die sich allerdings nie ideal begreifen konnte, sondern sich als „ notwendiges Übel“ (G. A. Süß) empfand. Die nie faszinierende, aber notwendige Grundregel des zu treffenden notwendigen Kompromisses erwies sich schließlich als nicht mehr tragfähig. Etwas überspitzt könnte man die Entwicklung auf den Punkt bringen: Gerade aus der ernstgenommenen Verantwortung für die delegierten Zuständigkeiten, aus dem „non possumus“, erwuchs das erste Schisma im Kreis.

Der 30jährige Krieg sah nur noch Teilgruppen als Instrumente der großen Kriegsparteien am Werk. Insbesondere die Schweden glaubten, in den beiden südlichen Rheinkreisen ein geeigneteres Mittel zu finden, ihre imperialen Vorstellungen im Reich zu verwirklichen als dies etwa ein schwedischer „Reichstag“ in Deutschland versprochen hätte. So verschob sich zeitweilig die Achse, die die katholische Minorität von dem ausschließlich evangelischen Lager des Kreises trennte, vom Rhein hinweg nach Westen.

Nach 1648 normalisierte sich die überkommene schismatische Situation im Prinzip nur scheinbar. Während Kurfürst Johann Philipp von Schönborn, die führende Persönlichkeit im Rhein-Main-Gebiet, den Assoziationsgedanken im Blick auf Ober-, Kur- und Niederrhein ausbaute, sannen Hessen-Kassel, ehrgeiziger früher Allianzpartner der ausländischen Kronen während des 30jährigen Krieges, und der über die Generalstaaten den Weg zur Mark Brandenburg findende Graf von Waldeck auf Kooperation mit dem Fränkischen Kreis, dessen evangelische Mitgliedergruppe sich als Ansprechpartner anbot. Der Oberrheinische Kreis als solcher war durch die vielen Beeinträchtigungen infolge von Annexionen durch fremde Mächte, durch das Abseitsstehen seiner vornehmsten inaugurierten Mitglieder und durch inneren Dissens nicht mehr unantastbar und unveränderbar. Man konstruierte und manipulierte — der Not gehorchend —, fügte Restteile zusammen und versuchte, aus mehreren Kreisen wenigstens kurzfristig funktionierende Aktionsverbände zu schmieden.

Indem die Reichsexekutionsordnung von 1555 dem Kurfürsten von Mainz als Erzkanzler des Reichs bereits besondere Kompetenzen einräumte, wurde mittels der Personalunion Mainz-Worms bzw. auch Trier-Worms der

Oberrheinische Nachbarkreis des Kurrheinischen Kreises mit diesem in einem engen Interessenverbund zusammengefaßt. Nachdem sich bereits 1685 das katholische Pfalz-Neuburg in den politischen Vordergrund des Kreises hatte schieben können („Kreisdominium"), waren die spezifischen Interessen der eigentlichen geborenen Kreismitglieder kaum noch erfolgreich anzumelden. Es gab keinen allgemein gültigen Nenner mehr für die Anliegen aller oder doch der Mehrheit der Kreisstände. Entschärfend wirkte dabei allerdings, daß sich die Kurfürsten in ihrer persönlichen Artikulation als Kreisdirektoren eher zurückhielten, wenn man von den Höhepunkten der Kreisallianzbewegung absieht, sondern die eigentliche Arbeit von den dafür abgestellten kurfürstlichen Beamten kanzleimäßig betreiben ließen, die aus Gründen mangelnden Interesses — finanzielle Gründe wurden vorgeschoben — die Vollmachten weiterer Kreismitglieder delegiert erhielten.

Somit wurde die Institution des Kreises im 18. Jahrhundert in der Hauptsache zu einer reinen Bürobehörde mit Anzeichen für einen Permanenzcharakter dieses Trends. Nur noch punktuell konnten und wollten die Direktoren in der Form der alten „Ausschreiber" in ihren ursprünglichen Funktionen eingreifen und auf der Basis von Kreisversammlungen arbeiten. Das Phänomen Oberrheinischer Kreis, das in der Politikrealität immer mehr zum Konstrukt, wenn nicht zu einem Phantom wurde, war kaum jemandem ernsthaft ans Herz gewachsen, wurde von niemandem ohne übergeordnete Opportunität als solches verteidigt, wo es doch zudem selbst zur Verteidigung dienen sollte. Aber man spielte aus durchsichtigen Gründen mit der aufklärerischen Freude an der ästhetischen Überlegenheit des rational gestaltet scheinenden Kreisgebildes über den unzureichend wirkenden traditionellen Kleinstaat mit Statistiken, Emblemen, Uniformen usw. Nirgendwo wurde die Statistik, ein Kind des 18. Jahrhunderts, mehr gepflegt als im Büro der rheinischen Kreise in Frankfurt. Auch die dem allgemeinen Publikum vorgestellten Beschreibungen des Reiches, die sich der geographisch-statistischen Methode bedienten, befreundeten sich selbstverständlich mit der Einheit der Reichskreise als dem brauchbaren Einteilungsschematismus schlechthin. Mit der Akzeptanz des Vehikels der Reichskreise wurde aus dem im Vergleich zu den westeuropäischen Nationalstaaten rückständisch wirkenden Verfassungskörper des Reiches ein fortschrittlich akzentuiertes Gebilde.

Nach 1648 steigerten sich die Leistungen, die mit dem Namen des Kreises durchgesetzt wurden, während der Organismus des Kreises selbst seiner unverwechselbaren Individualität beraubt wurde. Der Kreis als Organismus, dessen vitale Teile ihre Zuordnung zum Ganzen auch durch konditionierte Opposition demonstrierten, erfuhr einen konsequenten Abbau, wobei jeweils der Neuansatz nach von außen herangetragenen Einschnitten, nicht eine innere Entwicklung, die Richtung bestimmen. Ursprünglich kreisfremde Mächte übernahmen dominante Führungspositionen und minimalisierten damit die auf schönem Ehrgeiz beruhende Mitverantwortung der angestammten kleineren Reichsstände, man wäre fast geneigt, zu sagen, dem eigentlichen Kreis schlechthin. Das lag nicht in dem im Prinzip vieldeutigen Ansatz für die ideologische Plausibilität dieser Organisationsform in nuce begründet. Die konsequente Überführung dieser Einrichtung in das 18. Jahrhundert hätte zudem ihre Aufgabe in der Abstützung dieser reichsständischen Gebilde sehen müssen, deren Zuschnitt für die Ausübung von bemessener Landeshoheit wohl gerade noch ausreichend, für die modernen Möglichkeiten der Souveränität aber zu klein war. Zugegebenermaßen hatte sich im Zusammenhang mit den bedeutenden inneren und äußeren Krisensituationen der Einzelkreis als zu schwach erwiesen. Vielleicht waren die Sprengel der Kreise infolge der Berücksichtigung der Sondersituation der Kurfürsten einfach zu klein geplant worden? Aber es gab doch auch wieder Situationen, in denen sich die zusätzliche Gliederung des Einzelkreises in kleinere Quartiere als vorteilhaft zeigte. Also der mögliche Vorteil einer Verdoppelung dieser Ebene in 5 Großkreise und 40 Quartiere? Nicht die auf gegenseitigen Aufmahnungen beruhenden Kreisexpeditionen zugunsten bedrängter Landesherrn in und außerhalb des Einzelkreises waren es, sondern die Kreisassoziationen, die unter dem Primat europäischer Gesichtspunkte die Eigenartikulation des Einzelkreises reduzierten.

Hier wurden die Verfahrensweisen in Richtung auf die verantwortlichen zentralen Behörden so weit wie möglich angeglichen. Das war durchaus zeitgemäß im Rahmen der Zielsetzungen, die Absolutismus und Aufklärung gemeinsam verfolgten. Die elementare Freude am Risiko, das auf persönlichem Einsatz beruhende politische Abenteuer, das auch dem kleinen Kreisstand noch das Interesse am Mitwirken in der Kreisgemeinschaft schmackhaft machen konnte, trat, wenn es dieses jemals von Kreis wegen gegeben hat, zurück. Juristisch und kameralistisch gebildete Verwaltungsleute übernahmen als Beamte der größeren Landesherren (Kurpfalz, Kurmainz) die verantwortliche Tätigkeit, die formal perfektioniert und möglichst risikofrei gestaltet wurde. Die fortschreitende Geldentwertung und die Folgen des allmählichen Zurückweichens der Naturalwirtschaft erlaubten es, statt des alten „Simplums" für alle Kreise die doppelte, dreifache oder vierfache Menge einzufordern. Der Kreis, der im Laufe der Zeit die einzelnen Territorien seines Bezirks zu überwölben begonnen und zu einem gewissen ansatzweisen Bewußtsein von Gemeinsamkeit, wenn nicht in der breiten Bevölkerung der kleineren Städte und des Landes, so doch unter den Landesherrn und in den reichsstädtischen Magistraten geführt hatte, zog sich nun in die Kreiskanzlei zurück. Aber der sich damit vergleichsweise abzeichnende Verlust an eigenen Funktionen und Kompetenzen konnte doch ehrlich von niemandem bedauert werden, der im Zeitalter des Absolutismus etwas für dynastische und persönliche Macht übrig hatte und den Territorialismus der kleinsten Einheiten als Sündenfall gegen den Geist der Aufklärung anzusehen lernte. Die nach 1648 eher noch verstärkt zuwachsenden Funktionen: Herstellung der inneren Sicherheit gegenüber unsteten Elementen, Kontrolle der abgedankten Truppen, Quartierzuweisungen, Absprachen über die Ausrüstung der Kreistruppen und die technische Ausstattung des Geschützparks, Konditionierung von bestimmten Handwerken, Münzverordnungen, Export- und Importverbote für Getreide und Wolle aus dem Inland und für Luxuswaren aus dem französischen Ausland, Chausseebauverträge für regionale und interregionale Linienführungen usw., waren als reine Verwaltungs- und Polizeiakte zu erledigen. Das galt auch noch in einer gewissen Hinsicht für die Verträge, die der Kreis für seine Mitglieder bzw. für eine Gruppe von Mitgliedern mit Nachbarkreisen oder Einzelstaatlichkeiten abschloß. Wer auf Ordnung im Verfassungssystem Wert legte, mußte sich gerade als mittlerer und kleiner Kreisstand der juristischen Vorteile des Kreissystems bedienen. Dabei kam man fast ohne das parlamentarische Gremium der Kreisversammlung aus. Der Oberrheinische Kreis blieb so mit seinem sichtbaren realen Corpus im besten und im schlechtesten Sinne eine „Hilfskonstruktion", am überzeugendsten wohl in seiner frühen, von Konfession, Region oder ständischer Homogenität gekennzeichneten Teilaktivität, soweit dabei nach individuellen Merkmalen gesucht wird. Oft, wenn auch nicht immer, scheinen die auf Antrag von Kaiser und Reich gefaßten Beschlüsse das eigentliche Ziel des Aufwandes zu sein, nicht die Beschlußmechanik, nicht die Menschen, nicht die Interessengruppen, die diese Entscheidung herbeigeführt haben.

Nach den Niederlagen und deren Folgen im Zusammenhang mit den Eroberungen der französischen Revolutionsarmeen faßte der Reichsdeputationshauptschluß (1803) die Reste des Kurrheinischen und des Oberrheinischen Kreises zu einem neuen „Rheinischen Kreis" zusammen. Damit wurden, gerade in der politischen und militärischen Katastrophe, auch für den oberrheinischen Restkreis, der anfänglich in seinem Gesamtbestand entsprechend den Überschneidungen mit dem Kurrheinischen Kreis wenig glücklich gegliedert war, erstmals in größerem Umfang raumordnerische Prinzipien wahrgenommen. Der Kreis konnte so in das alternative Programm der neuen deutschen Staatlichkeiten aufgenommen werden. Der Zusammenschluß von Altem Reich und herkömmlichem Territorialstaat brauchte nun nicht mehr auf der Kreisebene stattzufinden.

Legt man abschließend noch einmal die Grundfrage des Kolloquiums als Leitschiene an die spezielle Frage an, inwieweit der Oberrheinische Reichskreis eine Region mit eigenen Funktionen und Kompetenzen innerhalb des Reiches darstellte, so scheinen die einschränkenden Wenn und Aber beträchtlich zu überwiegen. Vielleicht ist der Oberrheinische Kreis auch nicht das geeignetste Beispiel für eine mustergültige Demonstration einer regionalen Repräsentationsform, aber hat nicht jeder einzelne der 10 Reichskreise auf seine spezielle Art und Weise dazu gedient, das Experiment eines auf rationale Gesichtspunkte hin orientierten frühneuzeitlichen verfassungsrechtlichen Neuansatzes weiterzuführen, der bei aller Respektierung regionaler Vielfalt synchrone Einrichtungen brauchte, um Kooperation zu erleichtern? Auch im Oberrheinischen Kreis hat es immer wieder Ansätze gegeben, die wert gewesen wären, im Geiste größeren Gemeinschaftsgefühls weiterentwickelt zu werden. Akzeptiert man ein letztes inhärentes Ziel für diesen sehr komplexen Typus, so wäre dies aber nicht das integrierende Großterritorium, sondern der regionale Administrationsverband, der die alten feudalen Einrichtungen aus dem Mittelalter mit einer in die Zukunft weisenden neuen Figur überwölbt.

Der Obersächsische Reichskreis

Von Karlheinz Blaschke, Dresden

In der sächsischen Landesgeschichte ist der Obersächsische Kreis als Thema von Forschung und Geschichtsschreibung bisher nicht aufgetreten. Von der Veröffentlichung der Kreisabschiede im Jahre 1752[1] und einer sehr speziellen Abhandlung über die Probationsregister des Obersächsischen Kreises[2] abgesehen gibt es keine wissenschaftlichen Arbeiten über den Gegenstand, der auch in den zahlreichen Gesamtdarstellungen zur sächsischen Geschichte nicht beachtet wird. Dieser völlige Mangel an Interesse kann als ein Zeichen für die geringe Bedeutung gewertet werden, die der Zugehörigkeit Sachsens zum Obersächsischen Kreis während der letzten 300 Jahre des Heiligen Römischen Reiches tatsächlich zukommt. In allen Darstellungen über die Verbindung des Kurfürstentums Sachsens mit dem Reich geht es um politische, dynastische und persönliche Beziehungen, aber nicht um die Einbindung in eine zur Reichsverfassung gehörende Einrichtung wie die Reichskreise. Erst in jüngster Zeit ist die Geschichte des Kreises im Rahmen einer der gesamten Kreisverfassung gewidmeten Arbeit dargestellt worden.[3]

Die Zeitgenossen haben diese Gegebenheit offenbar etwas anders beurteilt, denn immerhin umfaßt der einschlägige Aktenbestand im Hauptstaatsarchiv Dresden fünf laufende Meter. Die sächsische Politik hat sich also damit beschäftigt, wenn es sich dabei auch offensichtlich nicht gerade um eine erstrangige Angelegenheit gehandelt hat. Aufs Ganze gesehen ist der Umfang dieser Überlieferung verschwindend gering. So ist auch mit Recht festgestellt worden, daß die Publikation der „Politischen Korrespondenz des Herzogs und Kurfürsten Moritz von Sachsen“ Band 1-3 nur einen enttäuschenden Ertrag zum Thema liefert.[4] Das mag auch daran liegen, daß Moritz nach dem Zeugnis der vorliegenden Akten einer Mitwirkung im

---

1 *Friedrich Carl Moser,* Des hochlöblichen Ober-Sächsischen Crayses Abschiede, Jena 1752.

2 *Robert Wuttke,* Die Probationsregister des Obersächsischen Kreises. In: Numismatische Zeitschrift 29 (1897), 237-302.

3 *Winfried Dotzauer,* Die deutschen Reichskreise in der Verfassung des Alten Reiches und ihr Eigenleben (1500-1806). Darmstadt 1989, 105-132.

4 Herausgegeben von Erich Brandenburg, Johannes Herrmann und Günther Wartenberg, Berlin 1900-1978.

Obersächsischen Kreis nur wenig Interesse entgegengebracht und sich seinen Verpflichtungen entzogen hat.

Seit jeher ist die unorganische geographische Gestalt des Obersächsischen Reichskreises aufgefallen. Er erstreckte sich vom oberfränkischen Coburg bis an die Nordostspitze Hinterpommerns. Er bildetet zwar eine geschlossene Fläche, stellte aber keine landschaftliche Einheit dar. Die größte Entfernung zwischen den äußersten Punkten im Südwesten und Nordosten macht rund 650 km aus. Daß Pommern in keiner Weise etwas mit Obersachsen zu tun hat, ist eine Binsenwahrheit. Welche Ursachen für die territoriale Abgrenzung des Kreises bestimmend gewesen sein mögen, ist nicht bekannt und für den heutigen Betrachter völlig unerfindlich. Man kann sie wohl nur aus der Unkenntnis der geographischen Verhältnisse in Mittel- und Nordostdeutschland erklären, wie sie im frühen 16. Jahrhundert im „Reich", d. h. in den west- und süddeutschen Kerngebieten des alten Reiches herrschte. Vom Standort der salischen und staufischen Königslandschaften, in denen noch immer die Reichstage stattfanden und die im engeren Sinne als „das Reich" empfunden wurden, dürfte es nur sehr unvollkommene Vorstellungen von der Lage und der Größe der Territorien im Bereich von Sachsen, Brandenburg und Pommern gegeben haben. Der „Kreis" war als verwaltungsmäßige Einheit nach Größe und Funktion nicht festgelegt, so daß er im 16. Jahrhundert als Reichskreis ebenso mehrere Territorien des Reiches zusammenfassen konnte, wie er andererseits innerhalb dieser Territorien zur Kennzeichnung bestimmter, im Interesse der Verwaltung abgegrenzter Teile verwendet wurde. Daß es auch hierbei keine Einheitlichkeit gab, zeigt die nach Größe und funktionaler Bedeutung unterschiedliche Ausprägung der Kreise in Kursachsen und in Brandenburg. Der Begriff des Kreises als einer in der Landesverwaltung maßgeblichen Einheit war demzufolge beliebig verwendbar.

Der Obersächsische Kreis umfaßte in seiner auf dem Wormser Reichstag von 1521 festgelegten Gestalt folgende reichsunmittelbare Territorien, die hier mit ihren Leistungen aufgeführt werden:[5]

---

[5] Hauptstaatsarchiv Dresden (in Zukunft abgekürzt als HStA), Loc. 7 890, Obersächsische Kreissachen 1707. — Die beiden Städte Danzig und Elbing gehörten niemals zum Reich, es ist völlig unerfindlich, aus welchem Grunde sie in die Liste der obersächsischen Kreisstände geraten sein mögen. In der Liste von 1588 werden sie nicht mehr aufgeführt.

Reichsstand	zu Roß	zu Fuß	Geld in Gulden
Kurfürstentum Sachsen	60	277	1 828
Kurfürstentum Brandenburg	60	277	1 828
Herzogtum Sachsen	45	208	1 372
Herzogtum Pommern	45	270	1 620
Fürstentum Anhalt	9	10	148
Bistum Meißen	6	6	96
Bistum Merseburg	6	6	96
Bistum Naumburg	6	6	96
Bistum Havelberg	9	33	240
Bistum Lebus	5	15	120
Bistum Kammin	9	42	276
Bistum Brandenburg	5	15	120
Abtei Saalfeld	2	13	76
Abtei Riddagshausen	2	10	64
Abtei Walkenried	2	6	48
Abtei Quedlinburg	1	10	52
Abtei Gernrode	1	10	52
Grafschaft Schwarzburg	7	29	200
Grafschaft Mansfeld	10	45	300
Grafschaft Stolberg	3	12	84
Grafschaft Beichlingen	2	0	24
Grafschaft Ruppin	3	12	84
Grafschaft Barby	1	4	28
Grafschaft Gleichen	3	13	88
Grafschaft Hohnstein	3	8	68
Herrschaft Wildenfels	1	2	20
Herrschaft Gera	2	12	72
Herrschaft Reuß	1	3	24
Herrschaft Schönburg	2	4	40
Herrschaft Tautenburg	1	4	28
Herrschaft Rahnis	1	4	28
Stadt Danzig	0	165	660
Stadt Elbing	0	82	328
	313	1 613	10 208

Die Zahl der Kreisstände verringerte sich im Laufe von 200 Jahren auf etwa die Hälfte, weil es Veränderungen im Territorialbestand durch Aussterben weltlicher Dynastien und durch Säkularisierung geistlicher Fürstentümer gab. Im Jahre 1703 erscheinen daher nur noch die folgenden Namen: die Kurfürstentümer Sachsen und Brandenburg, letzteres zugleich für Hinterpommern und Kammin, Schweden wegen Vorpommern, Anhalt, Querfurt, das Haus Wettin ernestinischer Linie, Braunschweig-Wolfenbüttel wegen Walkenried, die Abteien Gernrode und Quedlinburg, die Grafen von Schwarzburg, Stolberg, Mansfeld und Barby, die Herren Reuß und von Schönburg.[6]

6 HStA, Loc. 7 890, Obersächsische Kreissachen betreffend 1703 ff.

Die Verfassung des Kreises richtete sich nach der reichseinheitlichen Regelung. Der Kurfürst von Sachsen war von Amts wegen unumstrittener kreisausschreibender Fürst, der Kurfürst von Brandenburg folgte ihm als Nachgeordneter und Zugeordneter, die Herzöge von Sachsen und Pommern und der Fürst von Anhalt traten als Zugeordnete auf. Die Funktion dieser fünf Fürsten darf jedoch nicht etwa im Sinne eines Leitungsgremiums oder Direktoriums aufgefaßt werden, denn die Überlieferung zeigt nirgends eine Mitwirkung der Nach- und Zugeordneten an den Leitungsgeschäften. Immerhin wird es an der Hervorhebung der fünf Fürsten deutlich, daß in der obersächsischen Kreisverfassung die Großen die bestimmende Kraft waren, die auch ihrer territorialen Erstreckung nach die eindeutige Übermacht besaßen. Reichsstädte gab es in diesem Kreis nicht. Im Jahre 1588 tauchte einmal die Frage nach der Zugehörigkeit der Stadt Erfurt zu den Kreisständen auf. Sie war zwar keine Reichsstadt, ihre Einbeziehung in die Arbeit des Kreistages schien aber wegen der Gewährleistung des Landfriedens und wegen der Münzfragen wünschenswert. Da es dieser Stadt aber nicht gelang, sich von der Landesherrschaft der Erzbischöfe von Mainz freizumachen, blieb die Sache auf sich beruhen.

Die Verteilung der im Rang herausgehobenen fünf Fürsten auf die entsprechenden Territorien stand von Anfang an fest und ist niemals verändert worden. Trotzdem wurde nach dem Freiwerden einer Stelle jedesmal ein Nachfolger „gewählt“ und nach der Wahl auch noch „beglückwünscht“, obwohl die Wahl ein rein formaler Akt war und ihr Ergebnis bereits vorher feststand. So wurde auf dem Kreistag 1588 eine umfassende Neuwahl notwendig, da sowohl der kursächsische Kreisoberst wie auch fast alle Nach- und Zugeordneten verstorben waren. Auf dem ersten Kreistag nach dem Ende des Dreißigjährigen Krieges im Jahre 1654 wurde Kurfürst Friedrich Wilhelm von Brandenburg zum Nachgeordneten und König Karl Gustav von Schweden in seiner Eigenschaft als Herzog von Pommern zum Zugeordneten gewählt. Trotz seines königlichen Ranges galt er innerhalb der Kreisverfassung nur als Herzog und ordnete sich damit dem kreisausschreibenden Kurfürsten von Sachsen unter. Vorpommern war im Westfälischen Frieden an den König von Schweden gefallen und somit auch in den Aufbau schwedischer Staatlichkeit einbezogen, aber es blieb ein Teil des Reiches, sein Herzog war weiterhin Reichsstand und Mitglied des Obersächsischen Reichskreises.

Als nach dem Tode des sächsischen Kurfürsten Johann Georgs I. im Jahre 1656 der nächste Kreistag von 1658 das erledigte Kreisoberstenamt neu zu besetzen hatte, ging man an die „freie unbeschränkte Wahl eines anderen, vermöge der Reichsordnung qualifizierten ansehnlichen Standes“. Die Sache war „in Umfrage gekommen“, der Kurfürst von Sachsen Johann Georg II. wurde „gewählt“, obwohl er neben dem kraftgeladenen Kurfürsten

Friedrich Wilhelm von Brandenburg und dem ebenfalls in expansiver Politik begriffenen Schwedenkönig eine blasse Figur darstellte, dessen Stellung im eigenen Lande noch obendrein wegen der durch das väterliche Testament verfügten Einrichtung von drei Sekundogenitur-Fürstentümern geschwächt war. Aber es kam in der Reichsordnung nicht auf die Stärke oder Schwäche von Persönlichkeiten an, sondern auf den Rang des jeweiligen Territoriums. Daß im Jahre 1658 zwischen Brandenburg und Schweden beinahe der Kriegszustand herrschte, sei nur am Rande angemerkt.

Für die Verfassung des Obersächsischen Kreises ist es kennzeichnend, daß er ein loser, territorial bestimmter Verband von Reichsständen war, der nur in unregelmäßigen Abständen zur Lösung bestimmter Aufgaben in Funktion trat. Seine volle Wirksamkeit hing von der freiwilligen Zustimmung aller Mitglieder ab. Zu keiner Zeit ist eine Entwicklung zur Einrichtung eines Exekutivorgans festzustellen, es gab nicht einmal eine Kanzlei zur Erledigung der Kreissachen, so daß dieser Kreis wohl als eine lockere Organisation, nicht aber als eine Institution bezeichnet werden kann.

Die innere Schwäche dieses Gebildes wurde zu Anfang des 18. Jahrhunderts offenkundig, als die größten deutschen Territorialstaaten in immer stärkerem Maße ihre eigenen politischen Ziele verfolgten und bei ihnen von einer Reichssolidarität kaum gesprochen werden konnte. Hier ist ein Vorgang in Sachsen aus dem Jahre 1703 bezeichnend. Im Zusammenhang mit dem Spanischen Erbfolgekrieg hatte der Kaiser den sächsischen Kurfürsten ersucht („requiriert"), wegen Aufteilung der Kosten für die Truppen zu Roß und zu Fuß einen obersächsischen Kreistag abzuhalten. Der Kurfürst, der sich als polnischer König in Polen aufhielt, fragte bei den Räten in Dresden an, was es damit für eine Bewandnis habe. Die Räte mußten ihn erst darüber aufklären, daß er allein kreisausschreibender Fürst und „Direktor" des Kreises sei. Das Amt werde zwar durch Wahl übertragen, sei aber erblich, und der Kurfürst könne „sich nicht entbrechen", den Kreistag auszuschreiben.[7] Obwohl damals bereits seit 20 Jahren kein Kreistag mehr stattgefunden hatte, wiesen die Räte auf die politische Bedeutung des Gegenstandes hin. Alle Kreistage seit 1624 seien in Leipzig zusammengetreten. Obwohl Brandenburg auch Frankfurt / Oder und andere Orte vorgeschlagen habe, sei Sachsen doch stets bei Leipzig geblieben. Es wurde dem Kurfürsten auch empfohlen, gegen die mögliche Übernahme des Amtes des Kreisobersten durch Brandenburg Vorkehrungen zu treffen. Sachsen solle „unter der Hand" die erneute Übernahme eines „solch wichtigen Kreis-Amts und Kommandos des Kreis-Corporis" vorbereiten. Weder der vom Kaiser angeregte Kreistag, noch eine Aktivierung des kursächsischen Direktoriums kamen jedoch zustande.

---

7 Ebenda.

Es dauerte dann nochmals 25 Jahre, bis die sächsische Politik sich erneut mit dem Gegenstand zu befassen hatte. Nachdem der sächsische Kurfürst Friedrich August I. im Jahre 1697 zur katholischen Konfession übergetreten war und 1717 sein Sohn den gleichen Schritt getan hatte, stand es nunmehr fest, daß der Landesherr des evangelisch-lutherischen Kurfürstentums Sachsen für alle Zukunft katholisch sein würde. Diese Tatsache nahm Preußen elf Jahre später zum Anlaß, das Kon-Direktorium im Obersächsischen Kreis mit der Begründung zu beanspruchen, in diesem Kreis gebe es keinen einzigen katholischen Reichsstand, die Sicherheit der evangelischen Konfession sei infolge des Bekenntniswechsels des kreisausschreibenden Fürsten gefährdet.[8] Die Ursache für diesen preußischen Vorstoß gerade zu dieser Zeit ist nicht zu erkennen. Die sächsischen Räte wußten sich jedenfalls dieser Ansprüche zu erwehren. Die Kreisverfassung sei älter als die Religionstrennung, die Kreise hätten keine Religionssachen zu verhandeln und überdies sei im Niedersächsischen Kreis der reformierte Kurfürst von Brandenburg als Inhaber des Erzstiftes Magdeburg Kreisoberster über rein lutherische Reichsstände. Es folgt der für das Verständnis der damaligen Reichsverfassung wichtige Satz, die Reichsämter seien auf das Territorium gegründet und nicht auf die Person des Fürsten. Kursachsen bleibe ein evangelisches Land.

Dieses Argument ist deswegen beachtlich, weil es im Widerspruch zu der damals noch formal-rechtlich geltenden Auffassung stand, daß der Fürst das allein handelnde und verantwortliche Subjekt aller politischen Entscheidungen war. Noch der Deutsche Bund von 1815 wurde als ein Bund der Fürsten und nicht der Länder oder Territorien geschlossen. Wenn die sächsischen Räte im Jahre 1728 die dargelegte Meinung äußerten, um die preußischen Ansprüche zu entkräften, so stellten sie sich auf einen „modernen“ Standpunkt, denn in der politischen Wirklichkeit war der neuzeitliche Staat eine eigenwertige Größe geworden, die auch neben einem Fürsten oder selbst ohne ihn bestehen konnte.

Für das Kurfürstentum Sachsen trifft diese Feststellung zumindestens in konfessionspolitischer Hinsicht zu, denn es war auch nach dem Übertritt seines Kurfürsten zur katholischen Kirche ein rein lutherisches Staatswesen, in dem es keine katholischen Gemeinden, Gemeindekirchen oder Schulen gab und jeder höhere Staatsbeamte den Eid auf die Augsburgische Konfession leisten mußte. Im Rückblick erweisen sich der damalige preußische Vorstoß und die sächsische Abwehr als ein unwesentliches Geplänkel, aus dem es gerade deutlich wird, daß die Kreisverfassung keine Kraft mehr besaß, sofern sie denn jemals eine solche gehabt hat.

---

8 HStA, Loc. 7 890, Das von Preußen prätendierte Condirektorium im Obersächsischen Kreise, 1728.

Schon ein Jahr zuvor hatte man in Dresden vermerkt, Preußen habe auf Ausschreiben in Kreissachen nicht einmal mehr geantwortet, es prätendiere jetzt „ein nie erhörtes Kon-Direktorium“ und verlange seit der Konversion des Kurprinzen eine ganz neue Verfassung. Unter diesen Bedingungen, meinten die sächsischen Räte, würde ein jetziges Ausschreiben keinen Erfolg haben, eher eine höchst beschwerliche Zerrüttung im Kreis hervorrufen, was vermieden werden müsse. Diese Einstellung ist sehr bemerkenswert. Man wollte zum Schein an einer kraftlos gewordenen Einrichtung festhalten, ohne den Versuch zu machen, sie neu zu beleben, weil dieser Versuch ihre ganze Haltlosigkeit hätte offenbaren können.

Die zeitliche Abfolge der Kreistage war völlig unregelmäßig, es gab einerseits Pausen bis zu 16 Jahren, andererseits fanden mehrmals zwei Kreistage in einem Jahr statt.

Als diese Erörterungen angestellt wurden, war der Obersächsische Kreis schon längst kein lebendiger Organismus mehr. Wenn man die Kreistage als Lebenszeichen nimmt, so erstreckte sich die Lebenszeit des Kreises von 1537 bis 1683.[9] In diesen 146 Jahren lassen sich 59 Kreistage feststellen, wobei nur die allgemeinen politischen Treffen der Kreisstände gezählt wurden.[10] Die Münzprobationstage sind dabei nicht berücksichtigt. Ein für 1727 vorgesehener Kreistag ist nicht zustandegekommen.[11] Bis zur Wende des 17. Jahrhunderts fanden die Zusammenkünfte im anhaltischen Zerbst und im stiftmagdeburgischen Jüterbog statt, die wegen ihrer Mittellage zwischen Nord und Süd besonders geeignet waren. Zweimal diente Wittenberg als Tagungsort. Im neuen Jahrhundert treten neben den alten Orten auch Frankfurt an der Oder und Leipzig auf, das seit 1624 alleiniger Treffpunkt war. Wegen seiner größeren Nähe zu Pommern wurde von Brandenburg auch Frankfurt an der Oder zu häufigeren Besuchen vorgeschlagen, aber nicht angenommen. Diese geographische Festlegung läßt sich damit rechtfertigen, daß drei Viertel der Kreisstände ihren Sitz westlich der Elbe hatten.

Über die Dauer eines Kreistages liegen nur gelegentliche Hinweise vor. So diente bei dem Treffen in Jüterbog 1623 der Ankunftstag der Gesandten zur Anmeldung im Rathaus, wo die Tagung stattfand, während der nächste Tag den Verhandlungen gewidmet war. Der Kreistag in Leipzig 1654 dauerte „etliche wenige Tage“. So läßt sich schon aus der kurzen Dauer der Schluß ziehen, daß hier keine langwierigen und schwierigen Verhandlungen geführt wurden.

---

9 Im Gegensatz zu *Dotzauer,* 347, wird im Jahre 1727 festgestellt, der letzte obersächsische Kreistag sei 1683 abgehalten worden. HStA, Loc. 7 890, Die Haltung eines Obersächsischen Kreistages 1727.

10 *Dotzauer,* 346 f.

11 HStA, Loc. 7 890, Die Haltung eines Obersächsischen Kreistages 1727.

Neben den Kreistagen im eigentlichen Sinne wurden mehrfach Münzprobationstage durchgeführt, auf denen es um die Regelung des Münzwesens ging. Der Silbergehalt der umlaufenden Münzen war gerade im 17. Jahrhundert einem ständigen Verfall ausgesetzt, so daß es im Interesse des Handels notwendig war, für die grenzüberschreitenden Münzsorten allgemein verbindliche Werte festzulegen. Auf diesem Gebiet hat die Gemeinschaft der obersächsischen Kreisstände offensichtlich ihre größte praktische Bedeutung erlangt.[12]

Als Gegenstand der Verhandlungen treten vorwiegend die Leistungen auf, die vom Obersächsischen Kreis im Interesse des Reiches angefordert wurden. Das waren im wesentlichen Geld und Truppen für den Reichskrieg gegen die Türken. Daneben zieht sich durch die Geschichte der Kreistage das Bestreben nach „Moderation" der Reichsmatrikel, d. h. nach Herabsetzung der 1521 festgelegten Normverpflichtungen. Gerade in dieser Hinsicht bieten die obersächsischen Kreistage das gleiche traurige Bild wie die Reichstage mit ihrem ständigen Feilschen um die Beiträge für die Bedürfnisse des Reiches.

Der erste Kreistag, der in den Dresdener Akten etwas ausführlicher belegt ist, zeigt noch einen gewissen Erfolg. Er wurde unmittelbar nach dem Speyerer Reichstag vom 9. Februar bis 11. April 1542 abgehalten und hatte die Aufgabe, den Reichstagsabschied wegen der Türkenhilfe durchzuführen, so weit es den Obersächsischen Kreis betraf. Kurfürst Johann Friedrich von Sachsen schrieb die Fürsten und Stände des Kreises nach Zerbst aus, anwesend waren elf Räte von Kursachsen und Kurbrandenburg, den Herzögen von Sachsen und Pommern und den Fürsten von Anhalt. Daraus dürfte hervorgehen, daß auf den Kreistagen durchaus nicht immer alle Kreisstände vertreten waren. Brandenburg schlug den Amtmann Kunz Chotzmann zu Königsberg / Neumark für das Amt des Kriegsrates des Obersächsischen Kreises vor, der sich nach Wien begeben und dort bei der Musterung des vom Kreis gestellten Kriegsvolkes anwesend sein sollte. Alle fürstlichen Vertreter mit Ausnahme der herzoglich sächsischen stimmten dem zu. Herzog Moritz von Sachsen entzog sich dem gemeinsamen Kreisaufgebot, weil er persönlich nach Ungarn zog und Kriegsvolk mit sich führte. Auch über den Gemeinen Pfennig, der in die gemeinsame Kreis-Lade zur Besoldung des Kreis-Kriegsvolkes eingebracht werden sollte, wurde verhandelt, worüber allerdings keine Einigung erzielt wurde. Besonders Herzog Moritz entzog sich seinen Verpflichtungen mit dem Hinweis auf seine Verschuldung.[13] Insgesamt entsteht aber doch der Eindruck, daß der Obersächsische Kreis für diesmal seine Pflichten gegenüber dem Reich erfüllte.

---

12 *Wuttke,* a. a. O. (wie Anmerkung 2).

13 HStA, Loc. 7 873, Zerbster Kreis-Abschiede 1542 und 1588.

Acht Jahre später ging es auf dem Kreistag zu Jüterbog um ein innenpolitisches Anliegen. König Ferdinand hatte die vereinten Stände des Ober- und Niedersächsischen Kreises zusammengerufen, um Maßnahmen zur Vollstreckung der Reichsacht gegen die Stadt Magdeburg ins Werk zu setzen. Vor den versammelten Ständevertretern trugen königliche Kommissare die Proposition vor, die sie zu einem entsprechenden Einsatz aufforderte. Diese aber „entschuldigten“ sich mit vorgewandten Beschwerungen, die auf ihnen lägen, und erklärten, die Vollstreckung der Acht könne „dieser Zeit nicht füglich geschehen“, die Sache solle anderweit bedacht werden.[14] Damals waren die maßgebenden Kreisstände bereits durchweg der Augsburgischen Konfession zugetan, so daß sie wohl schon aus diesem Grunde die Achtvollstreckung gegen die Stadt Magdeburg als den Hort des Luthertums in Norddeutschland ablehnten, ohne dies jedoch ausdrücklich zu erklären. Die Acht ist dann bekanntlich durch Kurfürst Moritz auf eine Weise „exekutiert“ worden, die nicht im Sinne des Kaisers lag, die dem sächsischen Kurfürsten vielmehr die Heeresmacht in die Hand gab, mit deren Hilfe er die Macht des Kaisers brach.

Auf dem Kreistag zu Jüterbog 1554 ging es um die Reichsexekution gegen Markgraf Albrecht Alkibiades, der in die Acht erklärt worden war. Ein Mandat des kaiserlichen Kammergerichts an Kurfürst August von Sachsen als den kreisausschreibenden Fürsten hatte die Einberufung ausgelöst. Brandenburg war nicht anwesend, Kursachsen hatte Bedenken wegen der angeforderten Reichsexekution. So erklärten die Kreisstände in ihrem Kreistagsabschied, sie möchten mit der Exekution verschont bleiben, sie könnten keinen Unfrieden gebrauchen, auch seien sie durch die Kriege erschöpft. Die Kriegsparteien hätten sich so sehr gestärkt, daß es nicht im Vermögen des Obersächsischen Kreises liege, die Exekution zu verrichten. Außerdem könne jede Rüstung den Markgrafen Albrecht nur noch anziehen. Das ganze Verfahren übersteige die Kräfte des Kreises, es müsse auf dem Reichstag betrieben werden.[15]

Diese Verweigerungshaltung beleuchtet schlagartig das ganze Elend der Verfassung des alten deutschen Reiches. Das Reich verfügte nicht über die zentralen Organe, die zur Aufrechterhaltung des Landfriedens überall im Reiche notwendig gewesen wären, weshalb die Reichskreise eingerichtet worden waren, um diese Aufgabe auf regionaler Ebene zu erfüllen. Als es nun einmal darauf ankam, diesen Mechanismus in Gang zu setzen, entzog sich der angesprochene Kreis gerade derjenigen Verpflichtung, für die er geschaffen worden war, und schob alles wieder auf die Reichsebene, deren Unvermögen offenkundig war.

---

14 HStA, Loc. 7 873, Jüterbogische Kreishändel des Ober- und Niedersächsischen Kreises wegen Exekution der Magdeburgischen Acht 1550, fol. 150.

15 HStA, Loc. 7 873, Jüterbogische Kreis-Händel 1554.

Inmitten solcher Verhandlungen über außen- und innenpolitische Angelegenheiten trat immer wieder einmal der nackte Egoismus der Territorialstaaten zutage. So erbat Kurfürst Moritz 1549 eine Verringerung des auf dem Kurfürstentum Sachsen liegenden Anschlages, wie es auf dem jüngst abgehaltenen Reichstag zu Augsburg auch andere Kurfürsten getan hätten. Er habe ebensolche Ursachen, ließ er sich vernehmen. Man muß die dazu gegebene Begründung zweimal lesen, um sie zu Kenntnis zu nehmen: „Das Ländlein, zu der Kur gehörig, ist an Einkommen und Vermögen ganz geringschätzig, weil des Orts kein sonderliches Gewerbe oder Nahrung, auch an sich selbst ein sandiges kleines Ländlein ist". Mit den weiterhin angeführten „Kriegsläuften" und „kaiserlichen Lagern" können nur die Vorgänge des Schmalkaldischen Krieges gemeint sein, die aber bereits zwei Jahre zurücklagen und übrigens so schnell über das sächsische Land dahingefahren waren, daß sie keine nennenswerten Schäden hinterlassen hatten.[16] Wenn dann noch das Abnehmen der Bergwerke und des Handels beklagt wird, so trifft es zwar zu, daß der erzgebirgische Silberbergbau um 1535 / 40 den Höhepunkt seiner Förderleistung überschritten hatte. Aber am Ende der 40er Jahre förderten die westerzgebirgischen Bergstädte immer noch etwa jährlich 30 000 Mark Silbers (= 7 000 kg), wovon bis zu 25 % in die landesherrlichen Kassen floß.[17] Die Stadt Leipzig mit ihrer kaiserlich privilegierten Messe blühte nach wie vor, und von einem Rückgang des Handels um diese Zeit ist in der sächsischen Wirtschaftsgeschichte nichts bekannt. Kursachsen war ein wirtschaftlich blühendes Land, das so gut wie kaum ein anderes im deutschen Reiche dastand. Wenn es von seinem Landesherrn als „geringschätziges kleines Ländlein" bezeichnet wurde, so ist darin allzu deutlich die Absicht zu erkennen, sich den vom Reich gestellten Aufgaben zu entziehen, was für ein so reiches Land wie das damalige Kurfürstentum Sachsen einfach beschämend ist.

Auf den Kreistagen wurde also vornehmlich über das Geld verhandelt. 1588 kam der Beschluß zustande, „unweigerlich" einen Vorrat an Geld anzulegen, wozu ein dreifacher Römerzug veranschlagt wurde.[18] Das bedeutete, daß jeder Kreisstand von der auf ihn entfallenden Zahl an Reitern und Fußsoldaten je 12, bzw. 4 Gulden auf drei Monate beizusteuern hatte. Die dadurch sich ergebende Summe von 72 864 Gulden war zu drei Fristen beim Rat zu Leipig zu hinterlegen und in einem mit fünf Schlössern versehenen Kasten aufzubewahren, für den die beiden Kurfürsten und die drei Zugeordneten je einen Schlüssel besaßen.

16 HStA, Loc. 7 873, Moderation und Ringerung der Reichsanschläge, Jüterbogische Handlung 1549 / 50, fol. 8.

17 *Adolf Laube,* Studien über den erzgebirgischen Silberbergbau von 1470 - 1546. 2. Auflage Berlin 1976, 80 und 268 f.

18 HStA, Loc. 7 873, Zerbster Kreis-Abschiede 1542 und 1588, fol. 10.

Indem die Reichskriegsverfassung des 16. und 17. Jahrhunderts in finanzieller Hinsicht auf den Römermonaten aufgebaut war, machte sie ihre im Grunde genommen noch mittelalterliche Einrichtung deutlich. Im Mittelalter waren die deutschen Fürsten zur Begleitung des Königs bei seiner Romfahrt zur Erlangung der Kaiserkrone verpflichtet. Dieser Dienst wurde zum letzten Male bei der Krönung Kaiser Friedrichs III. 1452 in Anspruch genommen, doch war bei der Aufstellung der Reichsmatrikel von 1521 die Erinnerung daran noch so lebendig, daß darauf zurückgegriffen werden konnte. Offenbar war das nach dem Scheitern des Gemeinen Pfennigs als einer unmittelbaren Reichssteuer die einzige Möglichkeit, um überhaupt die deutschen Fürsten zu finanziellen Leistungen für ein deutsches Reichsheer zu bewegen, denn einer solchen, aus dem Lehnsverhältnis herrührenden Verpflichtung konnten sie sich füglich nicht entziehen. Immerhin kam insofern eine Neuerung hinzu, als die militärische Dienstpflicht mit Geldzahlungen verbunden wurde, was im Blick auf die inzwischen vorherrschende Geldwirtschaft unumgänglich notwendig war. Insgesamt gesehen war aber das Fortschleppen einer mittelalterlichen Dienstverpflichtung in die Neuzeit hinein auch nichts weiter als eine Krücke, die nur erneut die Tatsache unterstreicht, daß sich das alte deutsche Reich nicht vom Personenverband zum modernen Staat weiterentwickeln konnte.

Es gelang wenigstens auf diese Weise, auf der Ebene der Reichskreise gewisse militärische Kräfte gegen die Bedrohung des Reiches aufzubieten. Auf dem Kreistag von 1597 stand die große Türkennot zur Verhandlung an, ungarische Städte waren gefallen, das christliche Heer hatte eine Niederlage erlitten, vom Reich wurde eilende Hilfe erwartet. 1601 bewilligte der Kreistag 100 000 Taler für den Türkenkrieg, ebenso 1602 und 1605 mit brandenburgischem Vorbehalt. 1606 wurden aufgrund einer kaiserlichen Proposition nochmals 100000 Taler bewilligt.[19] 1624 stellte der Kreistag 10 Römermonate, 1638 120 Römermonate bereit. 1663 schickte er ein Triplum, d. h. das Dreifache der in der Reichsmatrikel festgelegten Zahl von Soldaten zu Roß und zu Fuß nach Ungarn, was zwei Jahre später ausdrücklich als vollzogen gemeldet wurde. So ist über den Obersächsischen Kreis doch in den Zeiten seiner Wirksamkeit eine Menge militärischer und finanzieller Kräfte für das Reich bereitgestellt worden.

Dabei konnte es nicht ausbleiben, daß die durchweg evangelischen Kreisstände für ihre beträchtlichen materiellen Leistungen auch Gegenleistungen des Kaisers einforderten, die auf dem Gebiet der Konfessionspolitik lagen. Sie protestierten 1605 gegen die Unterdrückung der „wahren“, d. h. der evangelischen Religion und gegen die Versuche, die „papistische“ Religion fortzupflanzen. Sie wandten sich gegen „Persecutiones“ und „Reli-

---

[19] HStA, Loc. 7 873, Abschriften der im Obersächsischen Kreis von 1577 gehaltenen Kreistage, 1577-1665.

gions-Reformationes", gegen „des Papstes Reich und Tyrannei" und drohten damit, daß die Fortsetzung solcher Vorgänge ihre Hilfsbereitschaft in Frage stellen würde. Derartige Äußerungen sind vor dem Hintergrund gegenreformatorischer Aktivitäten zu begreifen, wie sie in der Regierungszeit Kaiser Rudolfs II. verstärkt auftraten, auch brachte das 1605 begonnene Pontifikat Pauls V. eine starke Entfaltung der römisch-katholischen Kirche mit sich.

Neben diesen „großen" Fragen beschäftigte sich der Kreis gelegentlich mit bescheideneren Angelegenheiten, die aber doch das Wohl und Wehe der Bevölkerung betrafen. Als im Laufe des Dreißigjährigen Krieges die Exzesse der Soldateska unerträgliche Formen annahmen, beriet der 1638 zusammengetretene Kreistag über Maßnahmen zum Schutz des Landes, ohne freilich wirksam eingreifen zu können. Ansonsten lassen sich Handlungen im Sinne innerer Verwaltung, wirtschaftlicher Entwicklung oder sozialer Fürsorge nicht feststellen. Diese öffentlichen Aufgaben wurden innerhalb des Obersächsischen Kreises durchweg von den Territorialstaaten wahrgenommen.

Das Verfahren bei den Kreistagssitzungen folgte einer festen Regel. Im Normalfall stand am Anfang ein Begehren des Kaisers an den Kurfürsten von Sachsen als den kreisausschreibenden Fürsten, der daraufhin die Kreisstände einberief. Wenn die Gesandten im Sitzungsgebäude eingetroffen waren, wurden sie von den sächsischen Vertretern zusammengerufen, die ihnen die Verhandlungsgegenstände anzeigten. Danach wurde Umfrage gehalten und alles zu Protokoll genommen, wobei Kursachsen zuletzt votierte.[20] Wenn es der Kaiser für notwendig hielt, schickte er Kommissare zu den Sitzungen, die dort die kaiserliche Proposition vortrugen, die dann beraten und mit einem „Abschied" beantwortet wurde. Dieser Abschied fiel durchaus nicht immer im Sinne der Proposition aus, wie es oben an den beiden Fällen der Exekution gegen Magdeburg 1550 und gegen Markgraf Albrecht Alkibiades 1554 dargelegt wurde. Im Jahre 1638 wurden trotz des zweimaligen Antrages des kaiserlichen Kommissars die erbetenen 150 Römermonate auf 120 vermindert. Der Kreistag von 1654 lehnte das kaiserliche Ansuchen um Geldhilfe zweimal ab.

Ein Kreistag konnte aber auch durch eigenen Entschluß des sächsischen Kurfürsten einberufen werden. Als sich 1620 die Notwendigkeit ergab, das Kreisgebiet gegen durchziehende Streitkräfte zu sichern, beschloß der von Kurfürst Johann Georg I. zusammengerufene Kreistag die Aufstellung einer Streitmacht von 1 000 Reitern und 3 000 Mann zu Fuß unter kursächsischem Direktorium. Man wollte Durchzüge nur in kleinen Trupps und unter

[20] HStA, Loc, 7 873, Jüterbogische Kreis-Händel 1554, Instruktion des Kurfürsten für seine Räte.

Kaution gestatten. Das sich anbahnende Kriegsgeschehen wurde aufmerksam beobachtet. Die im Jahre 1663 wieder drängend gewordene Türkengefahr veranlaßte den Kurfürsten Johann Georg II., den Kreistag in aller Eile einzuberufen. Er bewilligte eine Streitmacht von 807 Reitern, 3 513 Mann Fußvolk und Aufwendungen in Höhe von 15 824 Talern. Besonderes Augenmerk wurde auf die Sicherung der Grenzen des Kreises gegen Böhmen und Schlesien gerichtet, weil man von dorther ein Vordringen türkischer Heere befürchtete.

Im 18. Jahrhundert wurde der Obersächsische Kreis handlungsunfähig, was vor allem auf die Politik Preußens zurückzuführen war, das an einem Funktionieren der Reichsverfassung kein Interesse mehr hatte, weil diese der preußischen Expansion im Wege stand. So war es natürlich unmöglich, während des Siebenjährigen Krieges die von Wien aus angestrebte Bewilligung von Römermonaten als Beiträgen zur Operationskasse für die Reichsarmee durchzusetzen.[21] Das gleiche gilt für den Versuch, Beiträge für die Operationskasse im Reichskrieg gegen Frankreich 1792-1799 einzusammeln.[22] Die Kreisverfassung hatte sich überholt, als politisch und militärisch handelnd traten die Territorialstaaten auf. Der an den Obersächsischen Kreis im Jahre 1794 gestellte Antrag, eine Anzahl französischer Kriegsgefangener unterzubringen, war das letzte Zeichen seiner zu Ende gehenden Lebenszeit.[23] Die im Jahre 1803 ins Auge gefaßte Übernahme der Grafschaft Henneberg aus dem Fränkischen in den Obersächsischen Kreis kam schon nicht mehr zustande.[24]

Die Reichskreise waren bei ihrer Einrichtung im frühen 16. Jahrhundert als Mittelstellen zwischen dem Reich und den Reichsständen gedacht. Mit dieser Aufgabe waren sie in ausschließlich vertikale Beziehungen nach oben und nach unten eingebunden. Demgegenüber zeigte sich doch bald das Bedürfnis nach eigenständigen Außenbeziehungen zu anderen Kreisen und über die Reichsgrenzen hinaus, worin sich eine gewisse Verselbständigung des einzelnen Kreises ausdrückt. Als die Stände des Obersächsischen Kreises 1554 über Maßnahmen gegen Markgraf Albrecht Alkibiades zu beraten hatten, erschienen in Jüterbog Gesandte der Bischöfe von Bamberg und Würzburg und des Rates zu Nürnberg mit der Bitte um dringende Hilfe.

---

21 HStA, Loc. 4 981, Die Reichs-Römermonats-Bewilligung zur Operationskasse bei dem preußischen Kriege und was deshalb Obersächsischen Kreises wegen ergangen, 1757-60.

22 HStA, Loc. 5 051, Die Errichtung einer Operationskasse im Reichskrieg gegen Frankreich und die von den obersächsischen Kreisständen zu leistenden römermonatlichen Beiträge, 1792-1799.

23 HStA, Loc. 5 052, Antrag auf Unterbringung einer Anzahl Kriegsgefangener im Obersächsischen Kreise, 1794.

24 HStA, Loc. 30 139, Die Trennung der gefürsteten Grafschaft Henneberg vom Fränkischen Kreis und deren Vereinigung mit dem Obersächsischen Kreis, 1803.

Die Wohlfahrt der deutschen Nation stehe auf dem Spiel. Die Mittel des Fränkischen Kreises seien erschöpft, so ließen sich die oberdeutschen Gesandten in eindringlicher Rede vernehmen.[25] Bei der gleichen Gelegenheit arbeiteten die beiden Hauptleute des Ober- und des Niedersächsischen Kreises, der Kurfürst von Sachsen und der Erzbischof von Magdeburg, eine gemeinsame Instruktion für ihre Gesandten aus.[26]

Es konnte auch geschehen, daß von Reichs wegen zwei Kreise in einer sie gemeinsam betreffenden Sache angesprochen wurden: das Ausschreiben König Ferdinands zum Kreistag von 1550 rief die Stände des Ober- und des Niedersächsischen Kreises zusammen.[27] Es gab also unmittelbare Beziehungen des Obersächsischen Kreises zu seinen beiden Nachbarkreisen im Süden und im Westen, wenn gemeinsame Interessen ein solches Verfahren geboten erscheinen ließen. Das betraf namentlich das Münzwesen, da ja der Geldverkehr nicht an den Kreisgrenzen haltmachte. So wurde auf dem Obersächsischen Kreistag 1601 die Forderung erhoben, Maßnahmen gegen schlechte Münze im Niedersächsischen Kreis zu ergreifen, wobei auch die übelbeleumdeten Münzherren und Münzstätten genannt wurden.

An zwei Stellen berührten Vorgänge europäischen Ausmaßes von außen her den Obersächsischen Kreis, der sich dadurch zu eigener Stellungnahme veranlaßt sah. Das betraf im Jahre 1620 den Umsturz in Böhmen, dessen protestantische Stände große Hoffnungen auf eine Unterstützung durch die benachbarten lutherischen Territorien setzten. Auf dem vom sächsischen Kurfürsten in eigener Zuständigkeit einberufenen Kreistag zu Leipzig 1620 erschienen deshalb auch Abgeordnete der böhmischen Stände, doch wurden mit ihnen keine offiziellen Verhandlungen geführt. Man gestattete ihnen lediglich eine „persönliche Audienz“ und beschloß im übrigen, sich im Blick auf das „böhmische Unwesen“ neutral zu verhalten.[28] Das entsprach genau der kursächsischen Position zu Beginn des Dreißigjährigen Krieges.

Auf dem Kreistag von 1654 wurden Überlegungen über die Wehrverfassung des Kreises angestellt. Es bestand Einigkeit darin, daß keine militärische Hilfe über die Kreisgrenzen hinaus möglich sei. Diese Entschließung kam am Beginn einer viele Jahre andauernden kriegerischen Zeit zustande, in der sich Schweden unter seinem 1654 an die Regierung gekommenen König Karl X. Gustav und das zerbröckelnde Königreich Polen unter König Johann Kasimir gegenüberstanden, während der Kurfürst Friedrich Wil-

---

25 HStA, Loc. 7 873, Jüterbogische Kreis-Händel 1554, fol. 190: Instruktion der Bischöfe von Bamberg und Würzburg und des Rates zu Nürnberg für ihre Gesandten.

26 Ebenda, fol. 218.

27 HStA, Loc. 7 873, Jüterbogische Kreishändel des Ober- und Niedersächsischen Kreises wegen Exekution der Magdeburgischen Acht, 1550, fol. 150 ff.

28 HStA, Loc. 7 873, Abschriften der im Obersächsischen Kreis von 1577 gehaltenen Kreistage, 1577-1665.

helm von Brandenburg unter bedenkenloser Ausnutzung der jeweiligen Kriegslage die Fronten wechselte. Wenn Brandenburg und Schweden gegeneinander Krieg führten, dann betraf das den Obersächsischen Kreis unmittelbar, denn Schweden war für Vorpommern obersächsischer Kreisstand. So blieb dem Kreis in seiner Gesamtheit nur die in einem Brief an König Johann Kasimir von 1658 ausgedrückte Versicherung, um den Frieden im Obersächsischen Kreise bemüht zu sein und jede Verstrickung in den schwedisch-polnischen Krieg zu vermeiden. Der Durchzug schwedischer Truppen aus Pommern durch Brandenburg nach Polen beruhe auf schwedisch-brandenburgischen Vereinbarungen und betreffe nicht den ganzen Kreis.[29] Auch an diesen Vorgängen wird es deutlich, daß die rücksichtslose brandenburgisch-preußische Expansionpolitik keinen Bedacht auf die Interessen des Obersächsischen Kreises nahm.

Von der geschichtlichen Erscheinung des Obersächsischen Kreises aus stellen sich die Reichskreise als ein Teil der Reichsverfassung in der frühen Neuzeit dar, die in ihrer Starrheit und Schwerfälligkeit nicht entwicklungsfähig waren. Sie blieben 200 bis 300 Jahre lang auf ihrer ursprünglichen Einrichtung stehen und entsprachen insofern völlig dem deutschen Reich, das schon im 17. Jahrhundert nach Pufendorfs bekannter Formulierung als ein „irregulare corpus et monstro simile" mit damals modernen Begriffen nicht zu definieren war.

Der Reichskreis hatte die Aufgabe, Reichstagsabschiede im regionalen Bereich durchzusetzen, den Landfrieden zu wahren und die für die Reichswehrverfassung benötigten materiellen Mittel mit Hilfe einer völlig veralteten Methode aufzubringen. Die Römermonate entstammten einer Zeit von Naturalwirtschaft und Lehnswesen, im Zeitalter von Geldwirtschaft und moderner Staatlichkeit waren sie unangebracht.

Dennoch erweist sich der Reichskreis als eine in gewissem Maße funktionsfähige Einheit mit dem Zweck, Kriegsvolk und Geld für die Bedürfnisse des Reiches bereitzustellen. Das Eigeninteresse der Territorialstaaten wog schwerer, besonders in der Zeit, als nach dem Dreißigjährigen Kriege das stehende Heer zu einem Instrument staatlicher Macht wurde. Dieser elementare Konflikt zwischen dem Reich und dem Territorialstaat blokkierte je länger je mehr eine größere Wirksamkeit der Kreise.

Der Obersächsische Kreis war in seiner geographischen Erstreckung ein künstliches Gebilde, aber die Gewohnheit ließ zumindest bei den politischen Führungskräften ein Gefühl der Zusammengehörigkeit aufkommen, das freilich in der Bevölkerung keinen sichtbaren Widerhall gefunden hat. Immerhin läßt sich von einer Interessengemeinschaft gegenüber dem Reich, aber auch gegenüber benachbarten Kreisen sprechen. Hier war eine Ebene

[29] HStA, Loc. 7 873, Obersächsische Kreistagsabschiede 1620-1662.

der Begegnung zwischen dem Reich und dem Territorialstaat im engeren landschaftlichen Rahmen geschaffen worden, eine Art von Zwischeninstanz, in der die Reichsstände einer bestimmten Region zu gemeinsamem Handeln vereint waren. Neben der unmittelbaren Begegnung zwischen Reich und Territorialstaat auf den Reichstagen hatten die Kreistage doch eine sinnvolle Aufgabe, indem sie das regionale Prinzip verkörperten, das bei einem so weit ausgedehnten politischen Gebilde wie dem alten deutschen Reich seine Berechtigung hatte. Im 18. Jahrhundert war der Obersächsische Reichskreis in seiner Wirkung lahmgelegt, weil sein Fortbestand mit der Verselbständigung des Territorialstaates nicht in Einklang zu bringen war.

Eine Besonderheit des Obersächsischen Kreises war die Mitgliedschaft von zwei Kurfürstentümern, von denen naturgemäß nur eines die Führungsrolle innehaben konnte. Als die Kreisverfassung auf dem Wormser Reichstag von 1521 ihre endgültige Ausprägung erhielt, war das Kurfürstentum Sachsen infolge seiner wirtschaftlichen Kraft, seiner politischen Bedeutung und nicht zuletzt wegen des hohen Ansehens des Kurfürsten Friedrichs des Weisen die unbestrittene Führungsmacht in diesem Kreis, so daß dem sächsischen Kurfürsten auch die Rolle des kreisausschreibenden Fürsten zufiel. Die in der deutschen Reichspolitik hervorgetretenen Kurfürsten Moritz (1547 - 1553) und August (1553 - 1586) trugen zur weiteren Festigung der sächsischen Stellung bei, von der Kursachsen noch weit in das 17. Jahrhundert hinein zehrte. In der ersten Hälfte des 17. Jahrhunderts überkreuzten sich jedoch die Entwicklungslinien der beiden Kurfürstentümer, indem die brandenburgische steiler nach oben stieg und somit die sächsische hinter sich zurückließ. Auf dem Westfälischen Friedenskongreß wurde das neue Verhältnis sichtbar, denn dort trug das tatkräftige Auftreten des Brandenburgers seine Früchte in erheblichem Gewinn an Ländern und Ansehen. Sachsen blieb aber in seiner traditionellen Stellung in der Führung des Kreises, weil die starre Ordnung keine Veränderung im Sinne einer Anpassung an die neue Wirklichkeit gestattete. So ist es verständlich, daß sich Brandenburg aus der Mitarbeit im Reichskreis entfernte, weil sich dort keine Möglichkeiten für seine auf territoriale Ausdehnung gerichtete Politik ergab. Es läßt sich denken, daß die Hohenzollern eine ihnen zugefallene Leitungsposition für sich genutzt hätten. Kursachsen betrieb dagegen seit der Mitte des 16. Jahrhunderts eine auf Bewahrung und Erhaltung des Bestehenden gerichtete Politik, was auch seine Haltung im Obersächsischen Reichskreis mitbestimmte.

Eine größere Wirksamkeit hat der Kreis nur im späteren 16. und im 17. Jahrhundert im Falle äußerer Gefahr an den Tag gelegt, ein inneres Bedürfnis für sein Bestehen ist eigentlich nicht zu erkennen, wenn man von der Regelung der Münzfragen absieht. Dennoch ist lange an dieser Einrichtung festgehalten worden, zuletzt nur noch vom Kaiser. So erscheint der Kreis in seiner Geschichte ebenso unwirksam oder halbwirksam wie das Reich, dessen Monstrosität sich in den Kreisen auf regionaler Ebene wiederholte. Lebensnotwendig für die politische Organisation Deutschlands war die Kreisverfassung nicht. Sie kann als ein gutgemeinter Versuch gedeutet werden, einen Kompromiß in einem Dilemma zu finden. Dieses war dadurch entstanden, daß die zu Beginn der Neuzeit aufgekommenen neuen gesellschaftlichen und wirtschaftlichen Bedingungen die bloße Fortführung mittelalterlich-lehnsmäßiger Formen der Herrschaft über ein Territorium von der Größe des damaligen deutschen Reiches nicht gestatteten, während es andererseits nicht gelang, dieses Reich zu einem Staat umzuformen. Eine realistische Politik mußte damals erkennen, daß die mittlerweile entstandenen deutschen Territorialstaaten nicht mehr abgeschafft werden konnten. Um sie trotzdem an das Reich zu binden, war eine Organisation notwendig, die einerseits ihre selbständige Existenz anerkannte, sie aber zum andern zur praktischen Lösung von Reichsaufgaben heranzog und dadurch das Reichsbewußtsein lebendig erhielt.

Es ist zu beachten, daß der Begriff „Kreis“ als politisch-territoriales Gebilde überall dort auftritt, wo es um die Einbindung alter adliger Herrschaft in neue Formen der Staatlichkeit ging: in Böhmen erstreckten sich die Kreise über sehr selbständige und dazu oft auch recht umfangreiche Adelsherrschaften, in Brandenburg diente die Kreisverfassung dazu, die außerhalb der landesherrlichen Domänenämter gelegenen Rittergüter des Adels in den werdenden hohenzollernschen Staat einzubeziehen, und in Kursachsen faßten die 1547 eingerichteten Kreise unter der Leitung adliger Kreishauptleute im Interesse des intensiver gewordenen staatlichen Aufbaus adlige Herrschaften und landesherrliche Ämter zusammen. Mit der Bezeichnung „Kreis“ wurde eine Gebietseinheit belegt, die nicht im eigentlichen Sinne „verwaltet“ wurde, wie es in den landesherrlich-staatlichen Ämtern geschah, die aber doch zu einem lockeren funktionalen Gefüge zusammengefaßt war.[30] So war die Einrichtung von Kreisen im deutschen Reich an sich kein schlechter Gedanke, im Falle des Obersächsischen Kreises konnte sich daraus jedoch keine quasi-staatliche Struktur ergeben, weil die darin zusammengefaßten Territorialstaaten bereits eine zu hohe Eigenständigkeit erlangt hatten, nicht zuletzt aufgrund ihrer Größe. Die zehn deutschen Reichskreise waren in ihrem inneren Aufbau und ihrer Funktion zu unterschiedlich, um den Kreis schlechthin als Modell verwen-

---

[30] *Conrad Bornhak,* Die Entwicklung der sächsischen Amtsverfassung im Vergleich mit der brandenburgischen Kreisverfassung. In: Preußische Jahrbücher 1885; — *Karlheinz Blaschke,* Zur Behördenkunde der kursächsischen Lokalverwaltung. In: Archivar und Historiker, Fs für Heinrich Otto Meisner, Berlin 1956, 343-363; vgl. auch Deutsche Verwaltungsgeschichte hrsg. von Kurt G. A. Jeserich, 1. Band Stuttgart 1983, 276 und 871.

den zu können. Der Obersächsische Kreis könnte nur dort als Orientierungshilfe herangezogen werden, wo es um die Einbindung selbständiger politischer Gebietseinheiten in ein größeres, locker zusammengefügtes Gebilde im überschaubaren regionalen Rahmen geht. Eigenständigkeit der Teile, ein Mindestmaß an Übereinstimmung im Grundsätzlichen und die Bereitschaft zu praktisch wirksamer Solidarität im Interesse des Ganzen wären wesentliche Merkmale einer solchen nach dem Modell des Reichskreises zu gestaltenden Organisation.

Die Bedeutung der Reichskreise für die höchste Gerichtsbarkeit im alten Reich

Von Wolfgang Sellert, Göttingen

Einleitung

Die Reichskreise des Heiligen Römischen Reiches deutscher Nation sind schon oft Gegenstand wissenschaftlicher Erörterungen gewesen. Im Zentrum der einschlägigen Arbeiten standen bisher aber vornehmlich ihre verfassungs- und verwaltungsrechtlichen Strukturen und Funktionen sowie ihre militärischen Aufgaben[1]. Demgegenüber ist die Bedeutung der Reichskreise für die höchste Gerichtsbarkeit im Alten Reich, also für das Reichskammergericht (RKG) und den Reichshofrat (RHR) zwar erkannt[2], bisher aber noch nicht gezielt untersucht worden.

---

1 Insofern ist es nicht verwunderlich, daß viele Detailarbeiten über die Geschichte der Reichskreise deren Verhältnis zu den Reichsgerichten gar nicht erwähnen und sich statt dessen ausschließlich auf die (militär-)politische Entwicklung der Kreise konzentrieren, so etwa: *K. Häfner,* Geschichte des Niedersächsischen Kreises von der Augsburger Exekutionsordnung bis zum Abfall des Kaisers von der „gemäßigten Mittelpartei" 1555-1569, Diss. hist. phil. Jena, Stadtroda 1940; *W. Isaacson,* Geschichte des niederrheinisch-westfälischen Kreises von 1648-1667, Diss. phil. Bonn, Dinslaken 1933; *K. Arnold,* Geschichte des Niederrheinisch-Westfälischen Kreises in der Zeit des Spanischen Erbfolgekrieges (1698-1714), Diss. phil. Bonn, Düsseldorf 1937. Auch *D. Willoweit,* Deutsche Verfassungsgeschichte, München 1990, 164 ff., hebt vornehmlich die militärischen Funktionen der Reichskreise hervor. — Zur verfassungsrechtlichen Struktur der Reichskreise vgl. etwa folgende Arbeiten: *K. O. v. Aretin* (Hrsg.), Der Kurfürst v. Mainz und die Kreisassoziationen 1648-1746. Zur verfassungsmäßigen Stellung der Reichskreise nach dem Westfälischen Frieden (= Veröffentl. d. Inst. für Europäische Geschichte Mainz, Abt. Universalgeschichte, Beih. 2) 1975; *K. Bader,* Der deutsche Südwesten in seiner territorialstaatlichen Entwicklung, 1950 (Neudr. 1978); *A. Laufs,* Der Schwäbische Kreis — Studien über Einungswesen und Reichsverfassung im deutschen Südwesten zu Beginn der Neuzeit (= Untersuchungen zur Deutschen Staats- und Rechtsgeschichte, Neue Folge, Band 16), Aalen 1971; *P. Cl. Hartmann,* Die Kreistage des Heiligen Römischen Reiches — Eine Vorform des Parlamentarismus? Das Beispiel des Bayrischen Reichskreises (1521-1793), in: Zeitschrift f. Historische Forschung, 19. Bd. Heft 1, Berlin 1992, 29 ff.; *W. Dotzauer,* Die deutschen Reichskreise in der Verfassung des alten Reiches und ihr Eigenleben (1500-1806), Darmstadt 1989; *W. Schneider,* Die Politik des Fränkischen Kreises nach dem Dreißigjährigen Kriege (= Erlanger Abhandlungen zur mittleren und neueren Geschichte, Band VIII), Erlangen 1931. — Meinem Mitarbeiter Herrn *P. Oestmann* verdanke ich wertvolle Hinweise auf einschlägige Literatur und Quellen.

Soweit ersichtlich, sind es fünf größere Bereiche, in denen die Reichskreise für die Reichsgerichte eine Rolle gespielt haben, nämlich für die Vollstreckung reichsgerichtlicher Entscheidungen, für die Besetzung und die Finanzierung der Reichsgerichte sowie für Verbesserungen ihrer Verfahrenspraxis und Gerichtsverfassung. Ein weiteres und bisher ebenfalls noch nicht untersuchtes Gebiet ist die Rechtsprechung der Reichsgerichte zu Fragen, die die Angelegenheiten der Reichskreise selbst betrafen.

Die genannten Komplexe sollen im folgenden näher erörtert werden. Dabei kann es sich freilich nur um eine Versuchsgrabung handeln. Denn es fehlt an Vorarbeiten. Auch steht das einschlägige Aktenmaterial der Reichsgerichte und Reichskreise bisher nicht in kritischen Editionen zur Verfügung.

I. Vollstreckung reichsgerichtlicher Entscheidungen

Ohne Zwangsvollstreckung, d. h. ohne wirksame Durchsetzbarkeit gerichtlicher Urteile ist jedes Justizwesen, mag es auch im übrigen noch so perfekt sein, eine stumpfe Waffe. Das durch ein Urteil erlangte Recht ist, wie es in der sog. Erklärung des Landfriedens von 1522 lautet, *nicht nutz oder fruchtbar,* wenn es nicht *mit stattlicher, billicher und ernstlicher Handhabung und Execution aufgesetzter und gebührender Straff . . . vollnzogen* werden kann[3]. Treffend heißt es entsprechend auch in der Reichskammergerichtsordnung (RKGO) von 1555, daß *eyn yede urtheyl, so der nit gebürlich volnstreckung geschicht, wenig frucht bringt*[4].

Trotz dieser richtigen Erkenntnis war es bis zum Ende des Alten Reiches nicht gelungen, eine selbständige und eigens für die Vollstreckung reichsgerichtlicher Entscheidungen zuständige Behörde zu schaffen[5]. Die Frage, ob und wie Entscheidungen der Reichsgerichte exekutiert werden konnten, gehörte daher zu den schwierigsten der Reichsjustiz überhaupt. Zwar sind im Laufe der Zeit eine Vielzahl rechtlicher Fragen der Zwangsvollstrekkung geregelt worden[6], die praktische Handhabung blieb jedoch stets notleidend.

---

2 *A. Laufs,* „Reichskreise“, in: Handwörterbuch zur Deutschen Rechtsgeschichte, hrsg. von A. Erler und E. Kaufmann (HRG), Bd. 4, Berlin 1990, Sp. 681-687; *J. Mielke,* „Reichsexekutionsordnung“, in: HRG Bd. 4, Berlin 1990, Sp. 565-567; *derselbe,* „Reichsexekution“, in: HRG Bd. 4, Berlin 1990, Sp. 564-565.

3 In: *K. Zeumer,* Quellensammlung zur Geschichte der Deutschen Reichsverfassung in Mittelalter und Neuzeit, 2. Aufl., Tübingen 1913, Nr. 185, 326.

4 RKGO 1555, 3. Teil, Titel XLVIII § 1, in: *A. Laufs,* Die Reichskammergerichtsordnung von 1555 (= Quellen und Forschungen zur höchsten Gerichtsbarkeit im Alten Reich, Band 3), Köln und Wien 1976, 264.

5 *B. Diestelkamp,* Das Reichskammergericht im Rechtsleben des 16. Jahrhunderts, in: Rechtsgeschichte als Kulturgeschichte, Festschrift für A. Erler, Aalen 1976, 435 ff.(478).

Die Reichsgerichte haben mit zum Teil unterschiedlichen Mitteln versucht, der Probleme Herr zu werden. Denn ihr Ansehen hing ganz entscheidend davon ab, ob ihre Entscheidungen vollstreckt werden konnten oder nicht. Doch sind die einschlägigen Bemühungen der Reichsgerichte häufig erfolglos geblieben, worin sich wiederum auf eindringliche Weise die politische Schwäche des Alten Reiches zeigt. Denn der „allerschwerste Punkt in der gesamten Reichs-Justiz- Pflege" lag, wie *F. K. Moser* richtig bemerkt hat, „in der würcklichen Vollziehung der reichsgesetzlichen Urteile" [7].

1. Das Reichskammergericht

a) Rechtliche Grundlagen

Bekanntlich ist 1495 als ein Ergebnis der Reichsreform der Ewige Landfrieden erlassen und das RKG eingesetzt worden. Rechtliche Auseinandersetzungen sollten von nun an nicht mehr mit der Fehde, d. h. durch Selbstjustiz, sondern in einem gerichtlichen Verfahren ausgefochten werden. Außerdem sollte das RKG befugt sein, von Amts wegen gegen die Friedensbrecher vorzugehen [8]. Beides war überhaupt nur aussichtsreich, wenn die Vollstreckung reichskammergerichtlicher Entscheidungen gewährleistet war.

Folgt man den einschlägigen gesetzlichen Regelungen, so war diese Aufgabe nach der sog. „Handhabung Friedens und Rechts" vom 7. August 1495 zunächst Kaiser und Ständen gemeinsam übertragen worden [9]. Alsbald sollte die Vollstreckung jedoch das auf dem Augsburger Reichstag des Jahres 1500 begründete Reichsregiment übernehmen [10]. Da sich aber das Reichsregiment nach erfolglosen Bemühungen um regelmäßige Besetzung und Anerkennung schon zu Anfang des Jahres 1502 wieder aufgelöst hatte [11], lag es nahe, sich der Reichskreise als Vollstreckungsorgane zu bedienen. Zwar waren die Reichskreise zunächst nur als Wahlbezirke für das neu errichtete Reichsregiment gedacht [12], gehörten aber zu den wenigen,

6 Vgl. dazu zusammenfassend *J. F. Seyfarts,* Teutscher Reichs-Proceß, 1. Auflg., Halle 1738, 2. Auflg. 1756, 584 - 615.

7 *F. K. Moser,* Patriotische Briefe, o. Erscheinungsort, 1767, 276.

8 *A. Laufs,* Reichskammergericht, in: HRG (wie Fn. 2), Sp. 655 - 662, (655).

9 § 12, in: *K. Zeumer,* (wie Fn. 3), Nr. 175, 293.

10 Regimentsordnung v. 1500, §§ 1, 16, 49, in: *K. Zeumer,* (wie Fn. 3), Nr. 177, 297, 300, 305; vgl. *A. Laufs,* „Reichsregiment", in: HRG (wie Fn. 2), Sp. 739 - 742.

11 *A. Laufs,* „Reichsregiment", in: HRG (wie Fn. 2), Sp. 741.

12 Nach der Regimentsordnung von 1500 wurde das Reich mit Ausnahme der habsburgischen Erblande und der kurfürstlichen Gebiete in sechs Kreise eingeteilt; vgl. Regimentsordnung §§ 6 ff. in: *K. Zeumer,* (wie Fn. 3), Nr. 177, 299 ff. — Zur Frage des Verhältnisses von Reichskreisen und Reichsregiment, auf das hier nicht

vom Kaiser und den meisten Ständen gemeinschaftlich getragenen Einrichtungen, die von gewisser Dauer zu werden versprachen. Darüber hinaus zeichnete sich schon früh ab, daß die Reichskreise auch militärische Funktionen des Reichs übernehmen würden und daher als Vollstreckungsorgane besonders geeignet schienen.

Am Beginn dieser Entwicklung steht der Reichsabschied zu Trier und Köln von 1512, „ein Markstein in der Entwicklung der Reichskreise“[13]. Dort wurden u. a. die vorher ausgeschlossenen habsburgischen Erblande und die kurfürstlichen Gebiete in die Kreisverfassung einbezogen und die bisher sechs Reichskreise auf insgesamt zehn erhöht[14]. Hauptleute und die ihnen zugeordneten Reichskreise *(Circkel)* sollten von nun an den Landfrieden sichern und dafür Sorge tragen, daß die *Urtheil, so am Cammer-Gericht gesprochen und [in] ihre Krafft gangen und ... die Executorial darauff gefolgt, ... vollnzogen werde[n]*[15].

Damit wurden die Urteilsvollstreckungen und später auch die Exekutionen gerichtlicher Ordnungsstrafen[16] regionalen Gebilden übertragen, die sich, um eine Definition *J. J. Mosers* zu gebrauchen, jeweils *aus eine[r] gewisse[n] Anzahl unter einer eigenen Verfassung besonders miteinander verbundener und meistens neben einander ligender Stände des Reichs* zusammensetzen und die auch ein *aus diser Landen und Gebieten bestehende Bezirck[e]* genannt werden[17].

Als auf dem Wormser Reichstag von 1521 das zweite Reichsregiment eingesetzt wurde, übertrug man diesem bzw. einem kaiserlichen Kommissar

---

eingegangen wird, vgl. *A. Laufs,* Der Schwäbische Kreis — Studien über Einungswesen und Reichsverfassung im deutschen Südwesten zu Beginn der Neuzeit (= Untersuchungen zur Deutschen Staats- und Rechtsgeschichte, Neue Folge, Band 16), Aalen 1971, 1-57; *A. Laufs,* „Reichsregiment“, in: HRG (wie Fn. 2), Sp. 739-742.

13 *H. Conrad,* Deutsche Rechtsgeschichte, Bd. 2, Karlsruhe 1966, 102.

14 RA zu Trier und Köln v. 1512, § 11, in: *K. Zeumer,* (wie Fn. 3), Nr. 179, 308.

15 RA v. 1512 Praef. § 9, in: Neue und vollständige Sammlung der Reichsabschiede, 4 Teile, Frankfurt 1747, Teil II, 138.

16 Zur Prozeßbeschleunigung versuchte beispielsweise der JRA v. 1654 die Einhaltung strenger Formvorschriften durchzusetzen: Die Schriftsätze sollten nicht übermäßig lang sein, so daß beispielsweise verboten wurde, *ohne rechtliche Ursach sich in Rechtfertigung* zu ergehen. Verstieß eine Partei gegen diese Pflicht, wurde gegen sie eine Ordnungsstrafe verhängt, deren Eintreibung *den Ausschreibenden Fürsten selbigen Kreises aufgetragen* wurde und *von denen auch, wie in puncto executionis versehen, ohnweigerlich vollzogen werden* sollte; JRA 1654 §§ 85, 86 in: *A. Laufs,* Der Jüngste Reichsabschied von 1654, Bern und Frankfurt 1975, 44.

17 *J. J. Moser,* Von der Teutschen Crays-Verfassung (=Neues Teutsches Staatsrecht X), Frankfurt a. M. und Leipzig 1773 (Neudr. 1967), 3. Die Reichskreise vereinigten folglich stammesmäßig, landschaftlich oder politisch zusammengehörige Gebiete; *H. Conrad,* (wie Fn. 13), 101. Zum Rechtsbegriff der Region vgl. *H. Mohnhaupt,* Zum Verhältnis von Region und „ius particulare“ in Europa während des 16. bis 18. Jahrhunderts. Histor. Notizen zu einem aktuellen Thema, in: L'Europa e le sue regioni, hrsg. v. Enzo Sciacca, Palermo 1993, S. 226-238.

die Urteilsvollstreckungen. *Darum,* so hieß es in dem betreffenden Reichsabschied, *soll Unser Kammergericht Unsern Statthalter und Regiment ansuchen, die sollen darin mit Rat und Hilfe der Stände des Reichs ferner notdürftige Exekution fürnehmen und dem Kläger zur Vollstreckung und Exekution der behaltenen Urteile verhelfen*[18].

Der Reichsabschied von 1521 bildete wiederum die Grundlage für die sog. *Erklärung zum Landfrieden vom 10. Februar 1522,* die die zehn Reichskreise neu einteilte, die Kreisverfassung regelte und das Exekutionsverfahren festlegte[19]. Danach sollte nicht mehr das Reichsregiment und ein kaiserlicher Kommissar für die Vollstreckung zuständig sein[20]. Diese Aufgabe wurde jetzt auf die Kreise übertragen, und zwar einem von jedem Kreis zu wählenden *Hauptmann, der ein Fürst, Graf Freyherr oder sonst in trefflichem und weltlichem Stand* und dazu *geschickt unf fleißig sey*[21]. Auf diese Weise gelang eine Einbindung auch der bedeutenderen Stände in das Kreissystem, ohne deren Mitwirkung die Erfüllung der den Reichskreisen übertragenen Aufgaben ohnehin fraglich gewesen wäre.

Die Bestellung eines frei, d. h. ohne sonderlichen Einfluß des Kaisers von den Kreisen gewählten Kreisstandes zum Kreishauptmann bedeutete außerdem einen weiteren politischen Sieg des Partikularismus[22]. Hier bahnte sich eine Entwicklung an, die in der Folge zu einer Verselbständigung der Reichskreise führte.

Aber kehren wir zur Zwangsvollstreckung reichskammergerichtlicher Urteile zurück. Dem *Kreishauptmann* sollten zur Unterstützung seiner Aufgaben vier *Räth* zugeordnet werden[23]. Dieses in jedem Kreis gebildete Gremium war nun für die Urteilsvollstreckungen verantwortlich[24]. Neu war auch, daß die Hauptleute die Gründe angeben sollten, warum eine Urteilsvollstreckung unterblieben war. Waren die Gründe stichhaltig, sollte einem anderen oder sogar mehreren *Kreyssen, die dem Kreyss oder der Sachen, da die ... Vollstreckung ... geschehen solt, am nechsten gesessen oder gelegen sind,* also einer Kreisassoziation[25] die Durchführung der

---

18 RA 1521 § 25, in: *K. Zeumer,* (wie Fn. 3), Nr. 184, 325 f.; vgl. auch *H. Conrad,* (wie Fn. 13), 102; vgl. ferner *R. Endres,* Zur Geschichte des fränkischen Reichskreises, in: Würzburger Diözesangeschichtsblätter, Bd. 29, 1967, 168 (171).

19 Erklärung des Landfriedens 1522, in: *K. Zeumer,* (wie Fn. 3), Nr. 185, 326-329.

20 Vgl. Fn. 12.

21 Erklärung des Landfriedens 1522, in: *K. Zeumer,* (wie Fn. 3), Nr. 185, 326-329.

22 *R. Endres,* (wie Fn. 18), 168 (171).

23 Erklärung des Landfriedens 1522, Art. III, in: *K. Zeumer,* (wie Fn. 3), Nr. 185, 328.

24 Erklärung des Landfriedens 1522, Art. III, in: *K. Zeumer,* (wie Fn. 3), Nr. 185, 328.

25 *H. H. Hoffmann,* „Kreisassoziation", in: HRG (wie Fn. 2), Bd. 2, Berlin 1978, Sp. 1180-1183.

Exekution übertragen werden[26]. Wenn jetzt die Vollstreckung noch immer nicht durchgesetzt werden konnte, sollte *alsdann solchs an die sechs Chur-, darzu die zwölff geistliche und weltliche Fürsten, oder wo ferrer Noth, an ein gemeine Reichs-Versammlung* zur Entscheidung gebracht werden[27].

Mit diesen Regelungen waren jedoch die Probleme der Urteilsvollstrekkung keineswegs zufriedenstellend bewältigt worden. Die einschlägigen Fragen wurden daher 1555 auf dem Reichstag zu Augsburg erneut erörtert und eine Reichsexekutionsordnung beschlossen. Wiederum wurden *die Obersten und [die] ihnen Zugeordnete*[n] der Reichskreise verpflichtet, nicht nur gegen die Landfriedensbrecher vorzugehen, sondern auch *die Kayserliche gesprochene Acht, Urtheil und andere Poen und Straff, so sie ordentlicher Weiß darein gefallen zu seyn mit Recht erkennt und erkläret werden, zu exequiren*[28].

Im übrigen enthielt § 71 der Reichsexekutionsordnung eine Verweisung auf die zugleich mit dem Augsburger Reichsabschied erlassene RKGO[29]. Dort war in den Abschnitten *Von execution und volnziehung der urtheyl* sowie *Erklärung obberürter articul, auch weytere fürsehung der execution des keyserlichen landtfriedens und gesprochner urtheyl* das Zwangsvollstreckungsverfahren zum ersten Mal umfassend geregelt worden[30].

Nach den einschlägigen Bestimmungen der RKGO sollten die Reichskreise überhaupt erst tätig werden, wenn sich eine rechtskräftig verurteilte Partei trotz zweimaliger, Strafe androhender Aufforderungen *(gebotsbrieff und executorial; arctiores executoriales)* grundlos geweigert hatte, Parition, d. h. dem Urteil Folge zu leisten und deswegen vom RKG in die Acht erklärt worden war[31].

26 Erklärung des Landfriedens 1522 Art. XXIII., in: *K. Zeumer,* (wie Fn. 3), Nr. 185, 328 f.

27 Erklärung des Landfriedens 1522 Art. XXIII., in: *K. Zeumer,* (wie Fn. 3), Nr. 185, 328 f.

28 Reichsexekutionsordnung im Augsburger Reichsabschied 1555 § 71, in: *K. Zeumer,* (wie Fn. 3), Nr. 189, 355-356. Die Exekutionsordnung bestimmte ferner, daß zur Wahrung des Landfriedens gegebenenfalls bis zu fünf Reichskreise zusammenwirken konnten, wenn die Macht eines einzelnen Kreises hierzu nicht ausreichte. Notfalls konnte sogar ein Deputationstag weitere Maßnahmen zur Unterstützung der Reichskreise treffen; vgl. Reichsexekutionsordnung 1555 §§ 65-66, in: *K. Zeumer,* (wie Fn. 3), Nr. 189, 354-355.

29 *... so ist der Weg der Execution in der Cammer-Gerichts-Ordnung hiebevor darinn gestellt und begriffen, revidirt , besichtiget, ferrer beratschlagt und auf diese Handhabung auch zu reguliren verglichen, wie unter dem Titul: Von Execution und Vollnziehung der Urtheil, und was dem anhangt, begriffen,* in: *K. Zeumer,* (wie Fn. 3), Nr. 189, 355 f.

30 RKGO 1555, 3. Teil, Titel XLVIII und XLIX, in: *A. Laufs,* (wie Fn. 4), 211 ff.; zum Vollstreckungsverfahren reichskammergerichtlicher Urteile vgl. *H. Wiggenhorn,* Der Reichskammergerichtsprozeß am Ende des alten Reichs, jur. Diss. Münster 1966, 45-250.

Bei den Urteilsvollstreckungen wurde im übrigen zwischen mittelbaren und unmittelbaren Reichsangehörigen unterschieden. Für Vollstreckungen gegen mittelbare Reichsangehörige sollten deren jeweilige Regierungen verantwortlich sein. Nur wenn die beauftragte Obrigkeit schriftlich dem RKG erklärt hatte, daß sie *on mercklichen nachtheil auß ehhafften, redtlichen ursachen ... wider den verlustigen theil zu solcher execution nit verhelfen kündt*[32], war der zuständige Kreis unter Leitung seines Kreisobristen auf Antrag des Prozeßsiegers berechtigt, die Vollstreckung durchzuführen[33].

Handelte es sich dagegen um Urteilsvollstreckungen gegen unmittelbare Reichsangehörige, war derjenige Kreis gleichsam erstinstanzlich für die Exekution zuständig, in dem der Vollstreckungsschuldner wohnte oder begütert war[34]. War eine Partei katholisch, durfte nicht ausschließlich ein evangelischer und im umgekehrten Falle nicht nur ein katholischer Fürst mit der Vollstreckung beauftragt werden[35].

Bei Vollstreckungen gegen mächtige Reichsstände sollte das RKG mehrere Reichskreise mit der Exekution beauftragen können[36]. Obwohl die

---

31 Im einzelnen dazu *B. Dick*, Die Entwicklung des Kameralprozesses nach den Ordnungen von 1495-1555 (= Quellen und Studien zur höchsten Gerichtsbarkeit im Alten Reich, Bd. 10), Köln und Wien 1981, 211 ff.

32 RKGO 1555, 3. Teil, Titel XLVIII § 7, in: *A. Laufs,* (wie Fn. 4), 267.

33 *Und mag alßdann der gewinnendt theyl, wann ime daran gelegen, dem obristen des kreyß, under dem die oberkeiten, so für executorn und volnziehdern der erlangten urtheyln, recht, peenfell und acht, ihme durch das keyserlich cammergericht gegeben, begriffen, umb ferner außträgliche hülf und volnziehung ansuchen;* RKGO 1555, 3. Teil, Titel XLVIII § 8, in: *A. Laufs,* (wie Fn. 4), 267; vgl. zu dieser Frage auch *E. Langwerth von Simmern,* Die Kreisverfassung Maximilians I. und der schwäbische Reichskreis in ihrer rechtsgeschichtlichen Entwicklung bis zum Jahre 1648, Heidelberg 1896, 166. — Allerdings mußte der Prozeßsieger beweisen, daß die andere Partei tatsächlich Untertan eines Territoriums war: *Und so darauf der gewinnendt theyl ferrer anzeygen würde, daß die verlüstig parthey eynes geistlichen oder weltlichen churfürsten, fürsten prelaten, graffen, herrn, commun oder anderer obrigkeit underthan oder landtseß were und darauf bitten, dieselben obrigkeit für executorn und volnziehern der erlangten urtheil, recht, peenfäll und acht ime zu geben: Alßdann soll das cammergericht den oder dieselben zu executorn und volnziehern geben und inen gebieten, zu volnziehung der erlangten urtheil, verfallen peen und acht zu verhelfen;* RKGO 1555, 3. Teil, Titel XLVIII § 5, in: *A. Laufs,* (wie Fn. 4), 266.

34 *H. Wiggenhorn,* (wie Fn. 30), 246 mit entsprechenden Literatur- und Quellennachweisen.

35 *H. Wiggenhorn,* (wie Fn. 30), 246.

36 *... so die execution wieder einen churfürsten, fürsten oder standt, geystlichen oder weltlichen, oder wider ein mechtig commun oder einen, so ausserhalb des reychs gesessen, aber gleychwol dem reych underworfen were, beschehen solt, [soll] einem nechstgesessenen kreißobristen dieselbig befolhen werden, welcher sampt ime zugeordneten fürter noch zweyer kreyß obristen, die nechstgesessenen vermög der handthab- und executionsordnung, zu sich zu beschreiben, die miteinander berathschlagen sollen, wie die execution gegen dem echter fruchtbarlich und erschießlich fürzunemmen;* RKGO 1555, 3. Teil, Titel XLIX § 3, in: *A. Laufs,* (wie Fn. 4), 270.

Vollstreckungen *alßbald,* d. h. möglichst rasch vollzogen werden sollten[37], konnten wegen dieses insgesamt umständlichen Verfahrens zwischen Verkündung und Vollstreckung des Urteils oft mehrere Jahre liegen[38].

Die Vollstreckung selbst sollte in der Weise durchgeführt werden, daß die Exekutoren den Prozeßgewinner in die liegende und fahrende Habe des Geächteten einzusetzen hatten[39], wobei die Androhung und Anwendung militärischer Gewalt nicht ausgeschlossen war. Die auf diese Weise gepfändeten Gegenstände sollten nicht nur der Befriedigung des Vollstreckungsgläubigers dienen, sondern auch für die Verfahrens- und Vollstreckungskosten haften[40]. Reichten die Güter des Geächteten zur Deckung der Exekutionskosten nicht aus, sollten letztere zu gleichen Teilen von allen Kreisen getragen werden[41].

Obwohl das Vollstreckungswesen vornehmlich mit der Exekutions- und RKGO v. 1555 recht gut geregelt worden war, blieb es auch weiterhin notleidend. Es ist daher nicht verwunderlich, daß sich im Jahre 1654 der Reichstag zu Regensburg erneut mit den einschlägigen Fragen befaßte.

Inzwischen hatten sich die Reichskreise weiter verselbständigt. Noch im Laufe des 16. Jhdts. hatten sie sich zu Selbstverwaltungskörperschaften entwickelt. Ihre wichtigsten Organe waren der Kreistag, der Kreishauptmann (Kreisoberst, Kreis-Feldmarschall) und die ihm zugeordneten Räte sowie seit dem Westfälischen Frieden die kreisausschreibenden Fürsten, in deren Hand die Einberufung und Leitung der Kreistage lag[42]. Insgesamt waren die Reichskreise zu Trägern wichtiger Reichsaufgaben geworden, die sie in eigener Regie erledigten. Das Reich hatte ihnen nicht nur die Vollstreckung reichskammergerichtlicher Urteile, sondern auch die Sicherung des Landfriedens und vornehmlich die militärische Verteidigung des Reiches anvertraut. Darüber hinaus hatten die Reichskreise selbständige

37 RKGO 1555, 3. Teil, Titel XLVIII, § 4, in: *A. Laufs,* (wie Fn. 4), 265.

38 So zutreffend *B. Dick,* (wie Fn. 31), 49 f.

39 RKGO 1555, 3. Teil, Titel XLIX § 4, 5, in: *A. Laufs,* (wie Fn. 4), 271. Zur Durchführung der Exekution im einzelnen vgl. *J. F. Seyfarts,* (wie Fn. 6), 591 ff.

40 RKGO 1555, 3. Teil, Titel XLIX § 4, in: *A. Laufs,* (wie Fn. 4), 271.

41 RKGO 1555, 3. Teil, Titel XLIX § 6, in: *A. Laufs,* (wie Fn. 4), 271; vgl. ferner *B. Dick,* (wie Fn. 31), 214.

42 Das Amt der kreisausschreibenden Fürsten hatte sich seit dem 16. Jhdt. aus der ihnen übertragenen Funktion entwickelt, die Wahl des Kreishauptmanns und der Zugeordneten vorzubereiten sowie den Kreistag auszuschreiben; vgl. § 13 RA v. Speyer 1544: *So haben wir uns mit Churfürsten, Fürsten, und Ständen des Heil. Reichs, . . . vereinigt und verglichen, daß in den zehn Kreysen und Zirckeln, . . . ein ieder Kreyß-Fürst (dem solches zu thun von Recht oder Gewohnheit gebührt) die Kreiß-Stände in seinem Kreyß zum fürderlichsten an ein gelegene Mahlstatt erfordern und beschreiben soll, . . .;* in: *J. J. Schmauß,* Corpus Juris Publici, Leipzig 1745, 117.

Funktionen im Bereich der Wirtschaft sowie im Wohlfahrts-, Steuer- und Polizeiwesen übernommen[43].

Dabei blieb es auch nach den einschlägigen Bestimmungen des Westfälischen Friedensvertrages[44] und vor allem des Jüngsten Reichsabschieds von 1654, der freilich die Reichskreise noch stärker als bisher in die Verfassung des Heiligen Römischen Reiches deutscher Nation einband[45].

Wiederum wurden die Sicherung des Friedens und die Vollstreckung reichskammergerichtlicher Entscheidungen den Reichskreisen übertragen[46]. Neu war jedoch eine Abkürzung des Vollstreckungsvorverfahrens. So war u. a. die reichskammergerichtliche Achterklärung als Voraussetzung für die Durchführung der Vollstreckung nicht mehr vorgesehen[47]. Nur wenn sich später jemand der Zwangsvollstreckung *thätlich widersetze,* sollte gegen ihn die *poena in banni* verhängt werden[48]. Neu war schließlich auch eine Regelung, die sich mit der Vollstreckung eines Urteils auf Unterlassung *(sententia definitiva ad omittendum vel non faciendum)* befaßte. Bei Verstößen gegen die Unterlassungspflicht wurde die im Urteil regelmäßig angedrohte *Pön* fällig[49], die die kreisausschreibenden Fürsten eintreiben und darüber hinaus von dem Unterlassungsschuldner eine *Caution* verlangen sollten. Im Weigerungsfalle konnte auch hier eine *poena in banni* gegen den Schuldner ausgesprochen werden[50].

War der kreisausschreibende Fürst *in mora exequendi,* sollte *derselbe vom Cammer-Gericht hierzu per mandata executorialia angehalten, oder die Execution einem andern Stand in dem Creyß ... oder auch auf deren Verweigerung den ausschreibenden Fürsten des benachbarten Creyses aufgetragen, und von demselben unverweigerlich vollnzogen werden*[51].

---

43 *H. Conrad,* (wie Fn. 13), 103.

44 IPO Art. XVII §§ 1 ff. (§ 8), in: *K. Zeumer,* (wie Fn. 3), Nr. 197, 432 f.

45 *A. Laufs,* (wie Fn. 16), 3.

46 JRA 1654 § 160: ... *alsdann auf Anrufung des obsiegenden Teils vermög ergangener Urteil er in die darin benannte Pön ... erklärt und die Exekution ... Ausschreibenden Fürsten per mandata executorialia ... aufgetragen und anbefohlen werden, welche dann ... ihme förderlichste Hülf und Vollziehung mitzuteilen schuldig sein sollen;* in: *A. Laufs,* (wie Fn. 16), 75.

47 JRA 1654 § 159, in: *A. Laufs,* (wie Fn. 16), 75.

48 JRA 1654 § 161, in: *A. Laufs,* (wie Fn. 16), 76.

49 JRA 1654 § 162, in: *A. Laufs,* (wie Fn. 16), 76. Einzelheiten bei *J. F. Seyfarts,* (wie Fn. 6), 611 f.

50 *H. Wiggenhorn,* (wie Fn. 30), 247 mit entsprechenden Literatur- und Quellennachweisen.

51 § 17 JRA, in: *A. Laufs,* (wie Fn. 16), 18.

b) Die Rechtswirklichkeit

Eine perfekte Regelung durch Gesetz besagt im allgemeinen noch wenig über die Rechtswirklichkeit. Bereits die häufigen und wiederholten legislatorischen Bemühungen um die Zwangsvollstreckung reichskammergerichtlicher Entscheidungen sprechen dafür, daß die beabsichtigten Erfolge nicht eingetreten waren. Bezeichnend ist insoweit auch die eben zitierte Bestimmung des JRA, mit der die Verzögerungs- und Verweigerungspraktiken bestimmter Reichskreise verhindert werden sollten[52].

Schon der Plan Maximilians, die Reichskreise zur Durchsetzung des Landfriedens zu zwingen, war, wie der Fall des *Franz von Sickingen* zeigt, weitgehend gescheitert. Der Reichsritter führte seit 1515 eine Fehde gegen die Stadt Worms, dem damaligen Sitz des RKG. *Sickingen* wurde vom Kaiser geächtet und daraufhin der oberrheinische Kreis mit der Vollstrekkung der Reichsacht beauftragt. Der Kreistag lehnte die Hilfeleistung mit der kaum überzeugenden Begründung ab, der Reichsabschied von 1512, der ja die Zuständigkeit der Kreise für die Vollstreckung vorsah[53], sei noch nicht ausgeführt[54].

Auch ein vier Jahre später unternommener Versuch des Kaisers, die Reichsacht gegen *Sickingen* durchzusetzen, hatte keinen durchschlagenden Erfolg. Diesmal hatte sich der Kaiser an alle Reichskreise gewandt, aber nur der fränkische bewilligte ihm die geforderte Hilfe[55].

Immerhin konnten sich diejenigen Reichskreise, die ihre Hilfe versagt hatten, darauf berufen, daß die Reichsacht vom Kaiser selbst und nicht vom RKG ausgesprochen worden war[56]. Auch entsprach es gewiß nicht den Vorstellungen der Kreisstände, daß der Kaiser für jeden Kreis eigenmächtig einen Kreishauptmann ernannt hatte, der die Vollstreckung vornehmen sollte[57]. Gleichwohl dürften die Erfahrungen mit der *Sickingschen* Fehde dem Ansehen der Reichskreise nicht gerade förderlich gewesen sein[58].

---

[52] Zu unüberwindlichen Spannungen mußte es vor allem dort kommen, wo mächtige Kreisstände neben schwächeren standen; *H. Conrad,* (wie Fn. 13), 103. Darüber hinaus waren die Kreise stets auf ein gutes Zusammenwirken mit dem Reich und den Territorialstaaten angewiesen, an dem es nicht selten mangelte; *A. Laufs,* „Reichskreise" (wie Fn. 2), Sp. 686.

[53] Vgl. oben S. 148.

[54] *A. Laufs,* (wie Fn. 1), 48.

[55] *A. Laufs,* (wie Fn. 1), 48 f.

[56] *A. Laufs,* (wie Fn. 1), 48. *R. Endres,* (wie Fn. 18), 168 ff. (170), vertritt die Meinung, die Reichskreise hätten durch ihre Verweigerungshaltung *kläglich versagt. A. Laufs,* (wie Fn. 1), ist demgegenüber der Meinung, daß das Hilfsersuchen des Kaisers rechtswidrig war und die Reichskeise somit keinen Verfassungsbruch begangen haben.

[57] *E. Langwerth von Simmern,* (wie Fn. 33), 44.

Ähnliches gilt für den fehdeführenden Ritter *Götz v. Berlichingen,* für den die in den Jahren 1508-1516 dreimal verhängte Reichsacht folgenlos blieb. Erst als er 1531 auf die Klage einer seiner Hintersassen erneut in die Reichsacht erklärt wurde, mußte er sich dem Urteil des RKG fügen und 410 fl. Schadensersatz leisten[59].

Das Kreiswesen war erst um die Mitte des 16. Jhdts., also mit dem Erlaß der Reichsexekutionsordnung[60], so weit gefestigt, daß zumindest mit dem fränkischen Kreis, dem *erst[en] und furnembst*[en], ein einigermaßen funktionsfähiges Vollstreckungsorgan zur Verfügung stand[61].

Im übrigen war und blieb die Vollstreckung reichskammergerichtlicher Entscheidungen ein schwieriges Problem. Obwohl die kreisausschreibenden Fürsten reine Vollzugsorgane sein sollten[62], entschieden sie über die Urteilsvollstreckung nach Gutdünken. Ob überhaupt mit der Vollstreckung begonnen wurde, hing meist von der militärischen Stärke und dem Interesse der Exekutoren ab. „Denn nicht alle Fürsten hatten den guten Willen und etliche auch nicht die Macht, die Kameralurteile auftragsgemäß zu vollstrecken“[63]. Wenn, so hat *J. J. Moser* die Lage anschaulich beschrieben, der

58 *E. Langwerth von Simmern,* (wie Fn. 33), 46. Deswegen wurden die Reichskreise in anderen wichtigen Exekutionsangelegenheiten erst gar nicht um Hilfe gebeten und, wie im Falle des Bauernaufstandes, statt der Reichskreise der Schwäbische Bund mit der Niederschlagung beauftragt; *R. Endres,* (wie Fn. 18), 168 ff. (170).

59 *H. Ulmschneider,* Götz von Berlichingen. Ein adliges Leben der deutschen Renaissance, Sigmaringen 1974, 231, Fn. 209. Angesichts der notleidenden Vollstreckungsmöglichkeiten des RKG war dies sicher ein nicht zu unterschätzender Erfolg, vgl. dazu *B. Diestelkamp,* (wie Fn. 5), 479; *W. Sellert,* Friedensprogramme und Friedenswahrung im Mittelalter, in: Wege europäischer Rechtsgeschichte, hrsg. v. G. Köbler (= Rechtshistorische Reihe Bd. 60), Frankfurt a. M., Bern, New York, Paris 1987, 453 ff. (466).

60 Vgl. oben S. 150.

61 *R. Endres,* (wie Fn. 18), 168 ff. (173).

62 Treffend heißt es bei *J. J. Riefl,* Der Reichshofrath in Justiz-Gnaden und andern Sachen, Teil 1, Augsburg 1791, 102: Die Vollstreckung ist also den craysausschreibenden Fürsten nicht willkührig, sondern eine constitutionsmäßige Schuldigkeit ... Es ist den caysausschreibenden Fürsten nicht erlaubt, die merita causae zu prüfen, sie dörfen keine Richter, keine interpretes, noch vielweniger reformatores vorstellen.“

63 So zutreffend *H. Wiggenhorn,* (wie Fn. 30), 248. Vgl. ferner *J. E. Küster,* Actenmäßige Berichtigung der sogenannten Actenmäßigen Darstellung der Ursachen, warum die von dem Kaiserlichen und Reichs-Kammer-Gericht den kreisausschreibenden Herrn Fürsten des niederrheinisch-westfälischen Kreises unterm 27sten August 1789 gegen die Lüttischer Aufrührer aufgetragenen Executions-Commission bisher unvollstreckt geblieben ist, und deren Nachtrags, Berlin 1781, 18; *J. St. Pütter,* Historische Entwicklung der heutigen Staatsverfassung des Teutschen Reichs, Teil 3, Göttingen 1786, 241; *A. Schulte,* Der deutsche Staat: Verfassung, Macht und Grenzen 919-1914, Stuttgart und Berlin 1933, 141; *H. Zoepfl,* Deutsche Rechtsgeschichte, 3. Auflg., Stuttgart 1858, 529; *T. G. Voigtel,* Geschichte des deutschen Reiches, Halle 1806, 452; *R. Smend,* (wie Fn. 63), 240; *P. Wigand,* Denkwürdigkeiten für deutsche Staats- und Rechtswissenschaft, für Rechtsalterthü-

kreisausschreibende Fürst *siht, daß sich der Exequendus zur Wehr setzen oder es sonst zu Weitläuffigkeit kommen will, oder Exequendus ihme zeigen kann, wo er es ihme wieder könne und wollte entgelten lassen, so denckt eben jeder, warum er sich um eines anderen, und einer Sache wegen, die ihm nicht nutze oder schade, Verdruß zuziehen solle, und läßt also den Karren auch stehen*[64].

Waren mit der Vollstreckung mehrere Kreisdirektoren beauftragt, konnte sie erst durchgeführt werden, wenn sich die Beteiligten über das Ob und Wie der Exekution geeinigt hatten[65]. Nicht selten kam es dabei zwischen den Beteiligten zu Auseinandersetzungen, die die Zwangsvollstreckung lahm legten[66]. Treffend hat daher *Carl Friedrich Häberlin* bemerkt: „Gnade Gott aber, wenn es dahin kommt, daß benachbarte Kreise zu Hilfe gerufen werden müssen! Dann wird gewöhnlich gar nichts aus der Sache. . .“.[67].

Nach Auffassung des Reichskammergerichtsprokurators *Christian Jakob Zwirlein* waren für die miserable Vollstreckungspraxis vornehmlich zwei Gründe maßgebend. Zum einen, so meinte *Zwirlein,* herrsche bei den meisten deutschen Ständen großes Mißtrauen gegenüber dem Kaiser und zum anderen seien gerade diejenigen Reichskreise, von denen eine kaiser- und reichsfreundliche Haltung und damit Bereitschaft zur Exekution zu erwarten seien, nämlich Österreich und Burgund, exemt, also von der RKG-Gerichtsbarkeit befreit[68].

Ein Exekutionsverfahren aus dem Ende des 18. Jhdts. gegen den Markgrafen von Baden zeigt beispielhaft das von *Zwirlein* angesprochene Problem. Der Markgraf hatte einen RKG-Prozeß der Abtei Schwarzach, in dem es um die Vermögensverwaltung der Abtei ging, verloren. Als der schwäbische Kreis die ihm vom RKG aufgetragene Urteilsexekution verweigerte, beantragte der Abt, den österreichischen Reichskreis mit der Vollstreckung

---

mer, Sitten und Gewohnheiten des Mittelalters; . . ., Leipzig 1854, 174; *R. Brinkmann,* Aus dem deutschen Rechtsleben, Kiel 1862, 29; *A. K. Mally,* Der österreichische Kreis in der Exekutionsordnung des römisch-deutschen Reiches (= Wiener Dissertationen aus dem Gebiete der Geschichte, Band 8), Wien 1967, 92.

64 *J. J. Moser,* Einleitung zu dem Reichs-Hof-Raths-Proceß, Bd. 2, Frankfurt und Leipzig 1734 - 1737, 838.

65 *J. J. Moser,* Von der Teutschen-Verfassung, Teil 1, Frankfurt und Leipzig 1774, 1226; *J. E. Küster,* (wie Fn. 63), Anlagen, 1 ff.

66 *J. E. Küster,* (wie Fn. 63), Anlagen, 35 f., 218 ff. und 241 ff. Es handelt sich um den Prozeß in Sachen „des kaiserl. fiscalis generalis contra die Urheber des im Fürstenttum Lüttich entstandenen Aufruhrs. . .“; vgl. dazu auch *J. J. Riefl,* (wie Fn. 62), 107 ff.; ferner noch *F. Thudichum,* Das vormalige Reichskammergericht und seine Schicksale, in: Zeitschrift für deutsches Recht und deutsche Rechtswissenschaft, Bd. 20, 1861, 148 ff., 215.

67 *C. F. Häberlin,* Handbuch des Teutschen Staatsrechts, Bd. 2, 9. Auflg., Berlin 1797, 495.

68 *Ch. J. Zwirlein,* Vermischte Briefe und Abhandlungen über die Verbesserung des Justizwesens am Kammergerichte, 1. Teil, Berlin 1767, 299.

zu betrauen. Das Kammergericht gab dem Antrag statt. Doch am Wiener Hof bestanden erhebliche Zweifel, ob man dem RKG Folge leisten solle oder nicht. Der Reichsvizekanzler *Colloredo* sprach sich kategorisch gegen eine Urteilsexekution aus. Denn, so meinte er, wegen des RKG, das dem Einfluß des Kaisers weitgehend entzogen sei, solle man sich nicht unnötig mit mächtigen Reichsständen anlegen[69]. Demgegenüber hatte Josef II. zunächst ein stärkeres Engagement des österreichischen Kreises in RKG-Angelegenheiten befürwortet. Er folgte aber dann seinen Beratern und lehnte die Urteilsexekution gegen den Markgrafen von Baden mit der Begründung ab, Österreich sei von der Gerichtsbarkeit des RKG exemt[70]. Der Erlaß eines reichskammergerichtlichen Exekutionsmandats an den österreichischen Kreis sei daher eine Anmaßung[71]. Das RKG übertrug daraufhin die Urteilsvollstreckung 1784 wiederum dem schwäbischen Kreis, der allerdings nichts unternahm. Das Problem löste sich dadurch, daß in einem neuerlichen Rechtsstreit in dieser Sache der Markgraf am RKG gegen die Abtei Schwarzach obsiegte[72].

Aber auch sonst stand es mit der Vollstreckungspraxis reichskammergerichtlicher Urteile nicht zum besten. *E. Langwerth von Simmern* hat nachgewiesen, daß für den Bereich des schwäbischen Kreises im Zeitraum von 1521 bis zum Westfälischen Frieden keine einzige Urteilsvollstreckung festzustellen war[73]. Das mag u. a. auch damit zusammenhängen, daß die Prozesse, die hier in Betracht gekommen wären, nämlich vornehmlich solche mittelbarer Reichsangehöriger gegen ihre Obrigkeiten, für die die Zuständigkeit des RKG gegeben war[74], weniger häufig geführt worden sind. Denn zum einen bestand hier das Hindernis der *privilegia de non appellando*[75] und zum anderen haben die Obrigkeiten oft mit unlauteren Mitteln die Einleitung solcher Prozesse zu verhindern verstanden[76].

---

69 *A. K. Mally,* (wie Fn. 63), 117.

70 Zur Exemtion Österreichs vgl. *W. Sellert,* Über die Zuständigkeitsabgrenzung von Reichshofrat und Reichskammergericht insbesondere in Strafsachen und Angelegenheiten der freiwilligen Gerichtsbarkeit (= Untersuchungen zur deutschen Staats- und Rechtsgeschichte, Neue Folge, Bd. 4), Aalen 1965, 22 ff.

71 *A. K. Mally,* (wie Fn. 63), 119

72 *A. K. Mally,* (wie Fn. 63), 121

73 *E. Langwerth von Simmern,* (wie Fn. 33), 165 f.

74 *W. Sellert,* (wie Fn. 70), 46 ff.

75 *G. Buchda,* „Appellationsprivilegien", in: HRG (wie Fn. 2), Bd. 1, Berlin 1971, Sp. 200 f; lediglich sog. Nichtigkeitsbeschwerden durften erhoben werden: *J. Weitzel,* Der Kampf um die Appellation ans Reichskammergericht (= Quellen und Forschungen zur höchsten Gerichtsbarkeit im Alten Reich, Band 4), Köln Wien 1976, 46-51.

76 *J. Weitzel,* (wie Fn. 75), 42; vgl. auch *F. Hertz,* Die Rechtsprechung der höchsten Reichsgerichte im römisch-deutschen Reich und ihre politische Bedeutung, in: Mitteilungen des Instituts für Österreichische Geschichtsforschung, Bd. 69, Graz und Köln 1961, 331 (352).

Zu den Ausnahmen dürfte der aus dem Beginn des 18. Jhdts. stammende Prozeß der *Maria Beyel* gegen die Nassau-Idsteinische Regierung gehören (1713-1723). Die Klägerin hatte man in ihrem Heimatort der Hexerei beschuldigt. Deswegen war sie nach einem Urteil des Idsteiner Stadtgerichts von der beklagten Regierung aus der Stadt vertrieben und es waren ihr Haus und ihr Vieh beschlagnahmt worden. Vor dem RKG klagte *Maria Beyel* auf Restitution des Eigentums, Wiederherstellung ihres guten Rufes und auf Aufhebung der Ausweisung[77]. Im Jahre 1715 entschied das RKG zugunsten der Klägerin. Da der Fürst des Nassau-Idsteinischen Territoriums zu den unmittelbaren Reichsangehörigen zählte, war die Vollstreckungskompetenz des oberrheinischen Reichskreises gegeben[78]. Dieser wurde denn auch vom RKG mit der Exekution der Entscheidung beauftragt[79]. Einer der — gemessen an der umfänglichen Rechtsprechung des RKG — wenigen Fälle, in denen es bis zum Vollstreckungsauftrag gekommen war. Ob allerdings die Vollstreckung durchgeführt wurde, ja, ob sie überhaupt eingeleitet worden war, konnte anhand des Aktenmaterials nicht festgestellt werden.

Im übrigen hat das RKG angesichts der insgesamt trostlosen Vollstreckungspraxis den Erlaß von *mandata de exequendo* an die Reichskreise möglichst zu vermeiden versucht. Es hat daher den Vollstreckungsschuldner, wenn er nicht freiwillig und sofort dem Urteil Folge leistete, auch ohne daß es beantragt war, nicht nur mit den an sich obligaten zwei oder drei[80], sondern mit weiteren sog. Paritoria[81] zum Entscheidungsvollzug angehalten. Nicht ohne Grund ist daher das RKG im Visitationsabschied von 1713 *ernstlich erinnert* worden, *die Erkennung dergleichen vielfältigen Paritorien zu unterlassen* und statt dessen sofort die *Mandata de exequendo* zu erlassen[82].

---

77 StA Wiesbaden, Abt. I, Teil 1 Nr. 2529, Kurzmitteilung in: Repertorien des Hessischen Hauptstaatsarchivs Wiesbaden, Abt. I, Teil 1, bearbeitet von C. Helm und J. Hausmann, Wiesbaden 1987, 92 f.

78 RKGO 1555, 3. Teil, Titel XLIX § 3, in: *A. Laufs,* (wie Fn. 4), 270

79 Bundesarchiv Außenstelle Frankfurt, Urteilsbuch AR1-III / 24, Bl. 92 R — 92 f.

80 Vgl. oben S. 150.

81 Zum Begriff vgl. *M. Uhlhorn,* Der Mandatsprozess sine clausula des Reichshofrats (= Quellen und Forschungen zur Höchsten Gerichtsbarkeit im Alten Reich, Bd. 22), Köln 1990, 149 f.

82 § 83 Abs. II Visitationsabschied v. 1713, in: *J. J. Schmauß,* (wie Fn. 42), 1208; *H. Wiggenhorn,* (wie Fn. 30), 247.

2. *Der Reichshofrat*

a) Rechtliche Grundlagen

Vorschriften über die Zwangsvollstreckung reichshofrätlicher Urteile, die auch nur ansatzweise mit denen des RKG vergleichbar wären, sind uns nicht überliefert. Dafür gibt es eine Fülle von Ursachen, die hier nur in aller Kürze angedeutet werden können.

Die Funktion des RHR war von Anfang an eine im ganzen mehr politische als die des RKG. So hat der RHR, wie sich aus seinen Protokollen ergibt, noch bis gegen Ende des 16. Jhdts. ein beachtliches Maß an politischer Tagesarbeit bewältigt[83]. Ja, man kann sogar sagen, daß sich der RHR bis zu diesem Zeitpunkt weniger als Gerichts-, sondern mehr als Regierungsinstanz verstanden hat[84].

Typisch ist insoweit auch die Verfahrensweise des RHR. Von einem förmlichen Prozeßverfahren, wie es am RKG üblich war, kann nicht die Rede sein. Was uns begegnet, sind prozessuale Versatzstücke. *H. Mitteis* hat ganz ähnliche Beobachtungen für die Praxis des Pariser Parlaments gemacht. Hier, so schreibt *Mitteis,* begegnet man nicht „eigentlichen Prozessen", sondern „Prozeßteilen" und „Beweisaufnahmen zu Verwaltungszwekken"[85]. Auch der RHR entschied nicht im Wege eines förmlichen Prozeßverfahrens, sondern auf diplomatischem Wege, gleichsam regierungs- und verwaltungsmäßig. Meist holte er nach Erhebung einer Klage zunächst einmal zusätzliche Informationen von den Parteien ein[86] oder bestimmte Untersuchungskommissionen, die zwischen den streitenden Parteien vermitteln, gelegentlich aber auch Beweisaufnahmen durchführen sollten. In vielen Fällen versuchte er auch die an ihn herangetragenen Angelegenheiten sogleich, ohne die beklagte Partei vorher gehört zu haben, mit dem Erlaß von Reskripten[87] oder Mandaten[88] zu regeln. Auf diese Weise verfuhr er auch gegen den Protest der Reichsstände mit Prozessen, die er, als die Tätigkeit des RKG in den Jahren 1544-1548, 1688-1693 und 1704-1711 ruhte, an sich gezogen hatte[89]. Folglich war die mehr als 200 Jahre lang immer wieder erhobene Forderung der Reichsstände, der RHR möge sich

---

83 *W. Sellert,* Prozeßgrundsätze und Stilus Curiae am Reichshofrat (= Untersuchungen zur deutschen Staats- und Rechtsgeschichte, Neue Folge, Bd. 18), Aalen 1973, 65.

84 *W. Sellert,* (wie Fn. 83), 65.

85 *W. Sellert,* (wie Fn. 83), 94

86 *W. Sellert,* „Kommunikationsprozeß", in: HRG (wie Fn. 2), Bd. 2, Berlin 1978, Sp. 987 f.

87 *W. Sellert,* „Reskriptionsprozeß (Reichshofrat)", in: HRG (wie Fn. 2), Sp. 937 f.

88 Zum Begriff vgl. *M. Uhlhorn,* (wie Fn. 81), 5 ff.

89 *W. Sellert,* (wie Fn. 83), 4, 66, Fn. 51.

wie das RKG eine Prozeßordnung geben, voll gerechtfertigt. Denn, so argumentierten die Stände, ohne verbindliche Prozeßordnung lasse sich *doch die Ausübung einer Gerichtsbarkeit ... nicht wohl denken, weil sie sonst nur willkührlich seyen würde*[90]. Dem hielt wiederum der RHR entgegen, die Reichsstände wollten diesem *hohen von Römischen Kaysern bishero allein dependirten Tribunali nit weniger alß dem Cammergericht leges praescribiren und dasselbe under ihr direction pringe[en]*[91] oder, wie sich der Reichshofrat Peter *Freiherr v. Stralendorff* 1624 gutachtlich geäußert hatte, daß *man ohne daß dahin zihlet, entweder den* RHR *allemeligs zu cassiren, oder doch in allem dem Cammer g[eri]cht zu Speyer zu conformiren, et sublata Principis auctoritate, in eine regul zu bringen*[92].

Auch nachdem im Westfälischen Friedensvertrag in Art. V § 54 bestimmt worden war: *Quoad Processum iudiciarium Ordinatio Camerae Imperialis etiam in Judicio Aulico servabitur per omnia,* bestand der RHR auf einer freieren Verfahrensweise. Dementsprechend sollte er gem. Tit. II § 8 der RHRO v. 1654 nur die *substantialia* der RKGO beachten, im übrigen aber an *unnöttige gerichtssolennia, dadurch dem hauptwerkh und genuegsamen erkundigung der wahrheit nichts zue- oder abgehet, keineswegs verbunden, sondern vielmehr auff den gemeinen nuzen unnd fürderung der hailsamben justiz gewiesen und verpflichtet* sein[93].

Immerhin sollte jedenfalls seit 1654 dem Grundsatz nach die RKGO und damit auch die dort festgelegte Vollstreckungsprozedur für den RHR verbindlich sein. *De iure* waren also die Reichskreise auch für die Vollstrekkung reichshofrätlicher Urteile zuständig[94].

b) Rechtswirklichkeit

Die bisher im einzelnen noch nicht untersuchte Rechtspraxis des RHR sah freilich etwas anders aus[95]. Zunächst fällt auf, daß der RHR gerade wegen der unsicheren Exekutionsmöglichkeiten den Erlaß von vollstrekkungsfähigen Entscheidungen möglichst vermied[96], sondern in vielen Fällen versuchte, auf diplomatischem Wege, also durch einen Vergleich die an

---

90 *W. Sellert,* (wie Fn. 83), 67.

91 *W. Sellert,* (wie Fn. 83), 67.

92 *W. Sellert,* (wie Fn. 83), 71.

93 Vgl. *W. Sellert,* Die Ordnungen des Reichshofrats 1550-1766, 2. Halbb. 1626-1766 (= Quellen und Forschungen zur Höchsten Gerichtsbarkeit im Alten Reich, Bd. 8 / II), Köln 1990, 121 ff., 128.

94 *A. Laufs,* (wie Fn. 2), Sp. 681 (684); *J. J. Schmauß,* Compendium Iuris Publici, 3. Auflg. Göttingen, 1754, 87.

95 *H. Conrad,* (wie Fn. 13), 101-103, erwähnt z. B. nur die Exekution von RKG-Urteilen.

96 *W. Sellert,* „Prozeß des Reichshofrats", in: HRG (wie Fn. 2), Sp. 22 (28).

ihn herangetragenen Rechtsfälle zu lösen[97]. Mit Recht hat darüber *J. J. Moser* Klage geführt und kritisiert, daß man bei den Entscheidungen des RHR oft nicht wisse, *was und wann etwas vim definitivam haben solle* oder nicht[98].

Vollstreckbare Entscheidungen dürfte der RHR auch deswegen nicht gerne ausgesprochen haben, weil stets damit zu rechnen war, daß die unterlegene Partei gegen das Urteil den *Recursus ad comitia* erheben werde, um die Exekution zu vereiteln[99]. Zwar war keineswegs geklärt, ob dieses Rechtsmittel Suspensiveffekt habe oder nicht[100]. Die Einlegung des Rekurses war jedoch für die mit der Vollstreckung einer RHR-Entscheidung beauftragten Fürsten stets ein willkommener Anlaß, die Exekution abzulehnen[101].

Dennoch konnte der RHR auf eine Exekution seiner Urteile natürlich nicht verzichten. Denn er war überzeugt davon, daß *das allerhöchste Obrist-Richterliche Amt erfordere, besonders die Execution der Kayserlichen Erkänntnüsse, als das fürnehmste Theil des Gerichts, zu befördern und zu handhaben*[102]. Bevor er jedoch eine Exekution anordnete, hat er zunächst einmal, ebenso wie das RKG, den Vollstreckungsschuldner mit den sog. Paritoria mindestens dreimal zum Urteilsvollzug auffordern lassen[103] und die Zwangsvollstreckung lediglich angedroht. Erst wenn das nicht fruchtete, war überhaupt an Vollstreckung zu denken.

Die Zurückhaltung der Reichsgerichte, die Vollstreckung ihrer Urteile anzuordnen, fand keine Billigung. So war schon im Westfälischen Friedensvertrag angeordnet worden, daß das, was durch Gerichtsurteil entschieden

---

97 *W. Sellert,* (wie Fn. 83), 214 f.

98 *W. Sellert,* (wie Fn. 83), 419.

99 *W. Sellert,* „Recursus ad comitia", in: HRG (wie Fn. 2), Sp. 446-449. Vgl. RHR-Conclusum v. 23. Oktober 1703, abgedruckt bei *J. J. Moser,* Merckwürdige Reichs-Hofraths-Conclusa, Bd. 2, Frankfurt a. M. 1726, 252-253. Dort hat der RHR in der Sache *Reichs-Ritterschaft in Francken Orts Röhn und Werra contra Castell* der Vollstreckungskommission, den ausschreibenden Herren Fürsten des fränkischen Kreises, aufgegeben, *die Grafen von Castell dahin zu weisen, daß, wenn sie gegen diese oder andere Reichs-Hof-Räthliche Sentenzen etwas zu Recht beständiges einzuwenden hätten, sie solches nicht auf dem Reichs-Tag, allwohin dergleichen Rechts-Sachen nicht gehörig wären, sondern durch die in denen Reichs-Constitutionibus enthaltenen Remedia Juris beobachten, oder aber in dem ihnen vorbehaltenen Petitorio gebührend ausführen sollten.*

100 *W. Sellert,* (wie Fn. 83), 409 ff.

101 *W. Sellert,* (wie Fn. 83), 411

102 Vgl. RHR-Conclusum vom 14. November 1724, in: *J. J. Moser,* (wie Fn. 99), 397 ff. (398).

103 *M. Uhlhorn,* (wie Fn. 81), 169; *J. F. Seyfarts,* (wie Fn. 6), 589, mit entsprechendem Beispiel. Gelegentlich hat der RHR auch schon vor Erlaß der Paritoria mit Erfolg versucht, die von ihm getroffenen Entscheidung durchzusetzen; vgl. dazu *M. Uhlhorn,* (wie Fn. 81), 171 ff.

worden sei, auch vollzogen werden müsse[104]. In dem Entwurf einer beständigen Wahlkapitulation v. 1711 sollte sich der Kaiser verpflichten, die Vollstreckung der reichsgerichtlichen Urteile *in keinerley Weise noch Wege [zu] hemmen oder [zu] hindern, vielweniger dieselbe [zu] verschieben,* sondern jedermann *ohne Ansehen der Person schleunig zu seinen erstrittenen Rechten [zu] verhelffen*[105].

Wählte der RHR unerwartet doch einmal die Vollstreckung, so übertrug er sie traditionsgemäß einer kaiserlichen *commissio ad exequendum*[106]. Zum Kommissar bestimmte der RHR zwar regelmäßig einen kreisausschreibenden Fürsten[107], gelegentlich aber auch einen von den Reichshofräten[108]. Brandenburg-Preußen forderte daher bei den Verhandlungen über die Wahlkapitulation Karls VII., daß der Kaiser zu Kommissaren nur noch kreisausschreibende Fürsten ernennen dürfe[109].

Soweit der RHR kreisausschreibende Fürsten mit der Vollstreckung betraute, mußte er allerdings die gleichen negativen Erfahrungen wie das RKG machen. Kam daher ein Reichskreis trotz Ermahnungen und Androhung von Strafen dem Vollstreckungsauftrag nicht nach, übertrug der RHR die Exekution auf Antrag des Gläubigers auf einen anderen Kreis. „Wollte auch dieser nicht exequieren", so fingen, folgt man einer zeitgenössischen Stimme, „die Strafkommunikationen wieder von vorne an . . . , bis wieder transcribiert", d. h. ein anderer Reichskreis beauftragt wurde[110]. Wenn es

104 IPO Art. XVII § 7 Abs. II, in: *K. Zeumer,* (wie Fn. 3), Nr. 197, 433.

105 Art. XVII, bei *K. Zeumer,* (wie Fn. 3), Nr. 205, 487.

106 *W. Sellert,* (wie Fn. 83), 194; *J. J. Moser,* (wie Fn. 64), 157 ff.; *V. Hanzely,* Anleitung zur neuesten Reichshofrathspraxis, Bd. 2, Frankfurt und Leipzig 1784, 665 ff.; *J. F. Seyfarts,* (wie Fn. 6), 589, mit entsprechendem Beispiel. Vgl. auch RHR-Conclusum v. 20. Dezember 1724 in dem Rechtsstreit *Hirschmann Caspar contra den Stadt Magistrat zu Bopfingen.* Dort entscheidet der RHR: *Fiat nunc Expeditio decretae Commissionis Caesareae de exequendo auf die ausschreibende Herrn Fürsten des Schwäbischen Crayses . . .,* in: *J. J. Moser,* (wie Fn. 99), 98 f.

107 *M. Uhlhorn,* (wie Fn. 81), 169 ff.

108 *O. von Gschließer,* Der Reichshofrat — Bedeutung und Verfassung, Schicksal und Besetzung einer obersten Reichsbehörde von 1559 bis 1806 (= Veröffentlichungen der Kommission für neuere Geschichte des ehemaligen Österreich, Bd. 33), Wien 1942, 80.

109 *A. Siemsen,* Kur-Brandenburgs Anteil an den kaiserlichen Wahlkapitulationen von 1689 bis 1742 (= Quellen und Studien zur Verfassungsgeschichte des deutschen Reiches in Mittelalter und Neuzeit, Band III, Heft 3), Weimar 1909, 107. Folgt man *A. Laufs,* (wie Fn. 2), Sp. 681 (684), so hat sich die Vollstreckungspraxis des RHR besonders im fränkischen, schwäbischen und oberrheinischen Reichskreis, den sog. vorderen Reichskreisen, bis in die Zeit Karls VI. bewährt. Erstaunlicherweise hat sich auch das meist reichsfeindlich gesinnte Preußen aktiv an den Exekutionen reichshofrätlicher Erkenntnisse beteiligt. Das mag u. a. damit zusammenhängen, daß Preußen durch seine Besitzungen im Westen des Reiches zum nierderrheinisch-westfälischen, niedersächsischen und zum fränkischen Kreis gehörte; *A. K. Mally,* (wie Fn. 63), 107.

also einem Reichskreis nicht gefiel, ein Urteil zu vollziehen, so blieb es eben unvollzogen[111].

Es ist verständlich, daß sich der RHR unter diesen Bedingungen insgesamt mit Mandaten zu Urteilsvollstreckungen zurückhielt. Selbst wenn er einen Vollstreckungsauftrag erteilt hatte, wies er die betreffenden Kommission an, erst nach weiteren Paritoria mit der Vollstreckung zu beginnen. Ein insoweit typisches Conclusum lautet daher: *Cum notificatione hujus fiat Commissio an die Crayß-ausschreibende Herrn Fürsten des Schwäbischen Crayses, gebettener massen cum Clausula sammt und sonders: Autoritate Caesarea dem Herrn Churfürsten und dem Grafen von Wieser eine zwey monatliche Frist ad parendum anzusetzen, in Entstehung dessen aber das Reichs-Urthel ... zur würcklichen Execution zu bringen*[112]. Darüber hinaus beauftragte der RHR bisweilen die Vollstreckungskommission ohne Rücksicht auf die Interessen des Prozeßsiegers, doch noch einen Vergleich zwischen den Parteien — notfalls auch ohne deren Unterstützung — zu versuchen; und dies, obwohl nach der RHRO *kein parthey wieder ihren willen zu einigem vergleich getrungen werden* sollte[113]. Ein gutes Beispiel hierfür ist der Rechtsstreit zwischen der „R.[eichs] Ritterschaft am Niederrheinstrom contra Churpfalz die Herrschaft Ebernburg betreffend“. In dem hier interessierenden Reichshofratskonklusum v. 15. Februar 1771 heiß es u. a.: *Rescribatur dem Herrn Churfürsten zu Mainz als dermaligen Herrn Bischof zu Worms und ausschreibenden Herrn Fürsten des oberrheinischen Crayses: Gleichwie Ihro Kaiserl. Maj. zu allergnädigsten Wohlgefallen gereiche, daß der Herr Churfürst sich dem kaiserlich- gesetzmäßigen Executionsauftrag in der gegen den Herrn Churfürsten zu Pfalz die Herrschaft Ebernburg betreffenden abgeurtheilten Sache nicht entzogen, und seine subdeligirte zu diesem Ende ausrucken lassen, als wäre zwar nach der Executionsordnung und übrigen Reichsgesetzen ein anders nicht übrig, dann daß mit stracklichen Vollzug der allerhöchst-kaiserlichen Erkänntnissen ohnausgesetzt fortgefahren würde. Nachdem jedoch Se. Königl. Maje-*

---

110 *D. F. Haas,* Vorschläge wie das Justizwesen am Kammergericht bey künftiger Visitation, oder am Reichstage nach den schon älteren Gesetzen einzurichten und zu verbessern sey, Bd. 2, o. Erscheinungsort 1786, 812. Vgl. ferner *M. Uhlhorn,* (wie Fn. 81), 170; *J. J. Riefl,* (wie Fn. 62), 110.

111 *Ch. J. Zwirlein,* (wie Fn. 68), 301 ff. Typisch sind insoweit auch die um die Mitte des 16. Jhdts. angeordneten kaiserlichen Achterklärungen gegen die Stadt Magdeburg und den Markgrafen Albrecht. In beiden Fällen wurde der Ober- bzw. Niedersächsische Kreis mit der Exekution beauftragt. Die Kreisstände lehnten jedoch die Exekution u. a. mit der Begründung ab, die Vollstreckung könne „dieser Zeit nicht füglich geschehen“; vgl. Staatsarchiv Dresden, Loc. 7873, Jüterbogische Kreis-Händel und Exekution der Magdeburgischen Acht, 1550, 1554. Den Hinweis auf die beiden Fälle verdanke ich Prof. Dr. *Karlheinz Blaschke,* Dresden.

112 RHR-Conclusum v. 22. Januar 1726, in: *J. J. Moser,* (wie Fn. 99), 131 ff. (133).

113 Tit. II, § 5 RHRO v. 1654, in: *W. Sellert,* (wie Fn. 93), 114 f.

stäten in Preußen und Großbrittanien als Churfürsten zu Brandenburg und Braunschweig Ihro Kaiserl. Majestät durch Dero Comitialgesandschaften ersuchet, die ausgeruckte Executions-Commission zuforderst zur Stiftung eines gütlichen Auskommens sub. auspiciis Caes. anzuweisen und zu authorisieren, habe der RHR *ohne denen rechtskräftigen Erkänntnissen einigen Abbruch zu verstatten* und ohne ein Präjudiz schaffen zu wollen, *Ihme dem Herrn Churfürsten hiemit allergnädigst auf[ge]tragen, daß derselbe seinen zu diesem Executionsgeschäft abgeschickten Räthen anbefehle, wie sie zuvörderst an dem zur Execution bestimmten Ort zwischen sämtlichen Theilen die Güte versuchen* sollen[114].

Allerdings hat der RHR auch Vollstreckungen durchführen lassen. Einer der bekanntesten Fälle ist der unter Rudolf II. geführte Religionsprozeß gegen die Stadt Donauwörth gewesen[115]. Hier hatten die katholischen Einwohner wegen Behinderung der Religionsausübung durch Protestanten geklagt und am RHR ein obsiegendes Mandat erstritten. Als Donauwörth das Mandat nicht befolgte, verhängte der Kaiser über die Stadt die Reichsacht. Mit der Vollstreckung wurde allerdings 1607 nicht der kreisausschreibende Fürst des schwäbischen Kreises, der Herzog zu Württemberg, sondern wegen besserer Erfolgsaussichten der Herzog von Bayern beauftragt, „der sich bald der Stadt so zu bemächtigen wußte, daß sie darüber aus einer evangelischen Reichsstadt in eine catholische Landstadt verwandelt wurde“[116].

Aber es gelang gelegentlich auch Protestanten, ihre Prozesse am RHR bis zum Vollstreckungsverfahren zu bringen. So klagte um die Mitte des 18. Jhdts. das *Corpus Evangelicorum* gegen das Fürstentum Hohenlohe-Waldenburg, weil der Fürst dieses Territoriums seine protestantischen Untertanen gezwungen hatte, zum Katholizismus überzutreten. Mit der Exekution des obsiegenden Urteils beauftragte der RHR den fränkischen Kreis[117]. Das unterlegene Fürstentum konnte jedoch durch geschickte Einflußnahme auf die kreisausschreibenden Fürsten von Bamberg und Ansbach die Urteilsvollstreckung abwenden. Dabei mag ihm zugute gekommen sein, daß das

---

114 Abgedruckt bei *J. J. Riefl,* (wie Fn. 62), 104 ff.

115 *W. Sellert,* (wie Fn. 70), 80 f.

116 *J. St. Pütter,* (wie Fn. 63), Teil 2, 2. Auflg., Göttingen 1768, 23. *M. Uhlhorn,* (wie Fn. 81), 170. — Eine weitere aufsehenerregende Zwangsvollstreckung war der Exekutionsauftrag der RHR in der sog. Mecklenburgischen Sache an das Direktorium des Niedersächsischen Kreises v. 10. Juni 1717; vgl. *H.-J. Ballschmieter,* Andreas Gottlieb von Bernsdorf und der Mecklenburgische Ständekampf (1680-1720) (=Mitteldeutsche Forschungen 26), Köln und Graz 1962, 113 ff.; *H. Duchhardt,* Quellen zur Verfassungsentwicklung des Heiligen Römischen Reiches Deutscher Nation (1495-1806) (= Texte zur Forschung, Bd. 43), Darmstadt 1983, 75 ff.

117 *B. Sicken,* Der Fränkische Reichskreis — Seine Ämter und Einrichtungen im 18. Jahrhundert (= Veröffentlichungen der Gesellschaft für fränkische Geschichte, Fotodruckreihe Bd. 1), Würzburg 1970, 196.

katholische Bamberg an der Wiederherstellung eines evangelischen Territoriums wenig Interesse gehabt haben dürfte[118].

Ein ganz anderes Beispiel ist ein Fall aus dem Jahre 1682. Die ostfriesischen Bauern hatten am RHR einen Prozeß begonnen, weil ihnen ihr Territorialherr Rechte vorenthielt. Die Klage der Bauernschaft war erfolgreich; aber auch die Urteilsvollstreckung, mit der der RHR den Kreisobristen des niederrheinisch-westfälischen Kreises beauftragt hatte[119].

Obwohl die Kompetenz des österreichischen Kreises für die Vollstrekkung reichshofrätlicher Entscheidungen ebenso umstritten[120] wie die Exekution reichskammergerichtlicher Urteile[121] war, hat der RHR auch hier Vollstreckungen angeordnet, so beispielsweise 1771 gegen den Kurfürst von Bayern. Dieser hatte Zollerhöhungen und Handelsbeschränkungen gegenüber der Reichsstadt Regensburg verhängt. Damit wollte er u. a. den dort tagenden Reichstag zur Übersiedlung in eine andere Stadt zwingen[122]. In einem Rechtsstreit über diese Frage obsiegte die Stadt Regensburg. Eine Urteilsvollstreckung durch den zuständigen bayerischen Kreis kam nicht in Betracht. Denn der bayrische Kurfürst hätte als kreisausschreibender Fürst gegen sich selbst tätig werden müssen. Mit der aktiven Unterstützung Preußens und der Androhung eines Militäreinsatzes gelang es dem österreichischen Kreis, das Urteil des RHR durchzusetzen. Im Frühjahr 1772 konnte der Reichshofrat die erfolgreiche Exekution dem Kaiser melden[123]. Sämtliche Beeinträchtigungen Regensburgs waren wieder aufgehoben worden.

II. Reichskreise und Besetzung der Reichsgerichte

1. Reichskammergericht

Die wiederholten Versuche des Kaisers, das RKG ausschließlich durch ihn besetzen zu lassen, hatten auf Dauer keinen Erfolg[124]. Schon der

---

118 *B. Sicken,* (wie Fn. 117), 196. Die Urteilsexekution nahmen dann die evangelischen Reichsstände selbst in die Hand und beauftragten damit die Markgrafschaft Ansbach, die sie erfolgreich durchführte.

119 *F. Hertz,* (wie Fn. 75), 331 (344).

120 Vgl. dazu *A. K. Mally,* (wie Fn. 63), 93 f. So vertrat der Reichshofrat *Mulz* 1698 die These, wegen der unzureichenden Exekution reichshofrätlicher Urteile solle der Kaiser die Urteilsvollstreckung selbst übernehmen, wenn die zuständigen Reichskreise dazu nicht fähig oder gewillt seien. Die Professoren *Thomasius, Stryck* und *Cocceji* widersprachen Mulz und lehnten eine Sonderrolle des Kaisers außer in den Fällen der Abwehr äußerer Feinde ausdrücklich ab.

121 Vgl. oben S. 156 f.

122 *A. K. Mally,* (wie Fn. 63), 104.

123 *A. K. Mally,* (wie Fn. 63), 114.

124 *S. Jahns,* Die Personalverfassung des Reichskammergerichts unter Anpassungsdruck, in: B. Diestelkamp (Hrsg.), Das Reichskammergericht in der deutschen

Reichstag zu Konstanz von 1507 beteiligte die Reichskreise an der Besetzung des RKG. Dementsprechend sollte ein Teil der reichskammergerichtlichen Beisitzer *auß den sechs Kreissen ... durch die gemeinen Stennde ... gekorn und benendt werden*[125]. Die Reichskreise hatten jedoch nur ein Vorschlagsrecht. Die endgültige Ernennung der Reichskammerrichter lag nach der RKGO v. 1521 beim Präsidenten dieses Gerichts[126], der an die Vorschläge der Reichskreise nicht gebunden sein sollte und den Betroffenen, wenn er die fachlichen Qualifikationen nicht erfüllte, zurückweisen konnte[127].

Die Möglichkeit der Reichskreise, mehrere Kandidaten für das RKG vorzuschlagen, wurde 1533 durch die reformierte Kammergerichtsordnung eingeschränkt. Es sollte daher für ein frei gewordenes Assessorat am RKG nur noch jeweils ein einziger Kandidat benannt werden dürfen. Hielt das RKG den Vorgeschlagenen für nicht qualifiziert, konnte es allerdings nicht mehr wie früher einen anderen Bewerber ernennen, sondern hatte den zuständigen Reichskreis um die Präsentation eines neuen Beisitzers zu bitten[128]. Auf diese Weise wurde die Einflußmöglichkeit der Reichskreise auf das RKG nicht unerheblich gestärkt[129], zumal die Beisitzer spätestens seit dem Westfälischen Frieden von den Ständen verpflichtet wurden, ihnen Berichte über ihre richterliche Tätigkeit zu erstatten[130].

Geschichte (= Quellen und Studien zur höchsten Gerichtsbarkeit im Alten Reich, Bd. 21), Köln und Wien 1989, 76. *C. Chr. A. H. v. Kamptz,* Darstellung des Präsentations-Rechts zu den Assessoraten am Kaiserlichen und Reichs-Kammergericht, Göttingen 1802, 72 ff.

125 RA Konstanz 1507 § 16, in: Neue und vollständige Sammlung (wie Fn. 15), 114; hierzu auch: *H. Conrad,* (wie Fn. 13), 102. Diese Regelung scheint aber lediglich die seit 1495 herrschende Besetzungspraxis festzuschreiben und stellt damit de facto keine Neuerung dar; *R. Smend,* (wie Fn. 63), 266.

126 *A. Neukirch,* Der niedersächsische Kreis und die Kreisverfassung bis 1542 (= Quellen und Darstellungen aus der Geschichte des Reformationsjahrhunderts, 10. Band), Leipzig 1909, 35, Fn. 1.

127 Art. VII der RKGO von 1521, in: Neue und vollständige Sammlung (wie Fn. 15), 181 f.; *E. Langwerth von Simmern,* (wie Fn. 33), 208. Zur beruflichen Qualifikation vgl. *Jahns,* (wie Fn. 124), 71 ff.

128 RKGO 1533 § 2, in: *E. Langwerth von Simmern,* Die Kreisverfassung Maximilians I., Heidelberg 1896, 208 f.

129 *A. Neukirch,* (wie Fn. 126), 35, Fn. 1; *E. Langwerth von Simmern,* (wie Fn. 33), 209. — Im fränkischen Kreis entstand 1558 das Problem, daß sich die evangelischen und katholischen Stände nicht auf einen gemeinsamen Vorschlag für die Besetzung einer freien Assessorenstelle einigen konnten. Die geistlichen Territorien schlugen daher einen eigenen Beisitzer vor, die weltlichen Kreisfürsten, die mit dessen Ernennung nicht einverstanden waren, schrieben an den Kammerrichter und baten darum, ihren Kandidaten zu ernennen. Weise entschied sich das RKG für denjenigen Kandidaten, der als erster am Gericht erschienen war und sich sofort hatte vereidigen lassen; *F. Hartung,* Geschichte des fränkischen Kreises, Darstellung und Akten, Erster Band: Die Geschichte des fränkischen Kreises von 1521 - 1559 (= Veröffentlichungen der Gesellschaft für fränkische Geschichte, zweite Reihe, erster Band), Leipzig 1910, 436, Fn. 1.

Eine Neuerung in der Besetzung des RKG wurde durch die RKGO v. 1555 bestimmt. Danach sollten die sechs Kurfürsten jeweils einen und die Reichskreise jeweils zwei Kandidaten für die reichskammergerichtlichen Assessorate vorschlagen dürfen[131]. Bemerkenswert ist, daß das Vorschlagsrecht weiterhin nur die sechs in der RKGO im einzelnen genannten Reichskreise haben sollten[132]. Die vier seit 1512 hinzugekommenen erbländischen und kurfürstlichen Kreise[133] sollten wie bisher kein Vorschlagsrecht haben. Denn man fürchtete deren Dominanz zu Lasten der kleineren und mittleren Stände[134]. Erst durch den Westfälischen Friedensvertrag wurden auch die vier bisher ausgeschlossenen Stände an der Besetzung des RKG beteiligt[135].

Da ein Reichskreis durchweg mehrere Stände umfaßte[136], entstand die schwierige, in der RKGO v. 1555 nicht geregelte Frage[137], zumal wenn protestantische und katholische Stände aufeinandertrafen, wem das *ius praesentandi* zukommen sollte. Darüber kam es in fast allen Reichskreisen häufig zu langanhaltenden Auseinandersetzungen[138], die auf unterschiedliche Weise gelöst wurden.

Mächtige kreisausschreibende Stände übten das Präsentationsrecht allein aus. Das galt beispielsweise für Bayern und Salzburg[139]. Im niedersächsischen Kreis wurden demgegenüber die Präsentationen gemäß einem Kreisabschied von 1654 von den fünf größten Ständen vorgenommen[140]. Vorbildlich war dagegen die Handhabung im obersächsischen Kreis. Hier waren

---

130 *R. Smend,* (wie Fn. 63), 289.

131 RKGO 1555, 1. Teil, I § 3, in: *A. Laufs,* (wie Fn. 4), 73.

132 RKGO 1555, 1. Teil II §§ 1-6, in: *A. Laufs,* (wie Fn. 4), 74 f.

133 Vgl. oben S. 148.

134 *R. Smend,* (wie Fn. 63), 267.

135 Art. V § 57 IPO, in: *K. Zeumer,* (wie Fn. 3), Nr. 197, 414; *E. Langwerth von Simmern,* (wie Fn. 33), 304.

136 So umfaßte in der Zeit nach dem Dreißigjährigen Krieg der fränkische Kreis 24 Stände, der schwäbische 100 und der oberrheinische 40 Stände, während sie jeweils nur zwei Beisitzer zu präsentieren hatten; vgl. hierzu *W. Schneider,* Die Politik des Fränkischen Kreises nach dem Dreißigjährigen Krieg (= Erlanger Abh. z. mittl. u. neueren Gesch. 8), Erlangen 1931, 6, sowie JRA 1654 § 169, in: *A. Laufs,* (wie Fn. 16), 81.

137 In der RKGO 1555, 1. Teil, II § 7, in: *A. Laufs,* (wie Fn. 4), 75, hieß es lediglich: *Und soll durch diese außtheylung der kreyß und benennung der stend niemandts nichts benommen sein, sonder in jedem der obgemelten kreyß diejenigen presentieren, die von rechts wegen zu presentieren haben oder dessen bißhero im gebrauch gewesen.* Nach *A. Neukirch,* (wie Fn. 126), 41, Fn. 2, ist die schwammige Formulierung geradezu ein Beweis dafür, daß das Reich ohnehin mit Unregelmäßigkeiten bei der Präsentation rechnete.

138 *R. Smend,* (wie Fn. 63), 276-278; *S. Jahns,* (wie Fn. 124), 81 ff.; *Dieselbe,* Gescheiterte Reichskammergerichtspräsentationen, in: Mitt. des Wetzlarischen Geschichtsvereins, Bd. 31, 1985, 102-138.

139 *R. Smend,* (wie Fn. 63), 276.

140 *R. Smend,* (wie Fn. 63), 277.

durch einen ebenfalls von 1654 stammenden Kreisabschied nach einem bestimmten Verteilungsschlüssel sämtliche Kreisstände an der Präsentation zu beteiligen[141].

Im niederrheinisch-westfälischen Kreis hatte sich das Problem der Reichskammergerichtspräsentation aus einem konkreten Anlaß derart vertieft, daß seit 1603 die von diesem Kreis zu besetzende *vacierende Assessorats-Stellen* leer geblieben waren. Deswegen nahm sich sogar der JRA dieses Problems an[142]. Sein Lösungsvorschlag wurde jedoch von dem betroffenen Kreis nicht akzeptiert. Dieser blieb noch bis 1779 untätig und machte von seinem Präsentationsrecht keinen Gebrauch[143].

Auch im oberrheinischen Kreis gab es Meinungsverschiedenheiten über die Durchführung der Präsentation. Obwohl dort *de iure* alle Kreisstände an der Präsentation beteiligt sein sollten, wurde dieses Recht seit 1588 nur von einigen wenigen Fürsten in Anspruch genommen[144]. Infolge des darüber entbrannten Streites hatte der Kreis alsbald nicht mehr sein Präsentationsrecht ausgeübt. Auch hier nahm sich der JRA des Problems an. Seine Regelung, wonach *diejenigen Fürsten, welche bishero die Präsentation verrichtet ... selbige ebenmäßig hinfüro verrichten* sollten, *jedoch den übrigen Fürsten und Ständen selbigen Kreises, so an dem iure praesentationis zu partizipieren vermeinen, ihre Befugnis zu suchen ohnbenommen* sein sollte[145], brachte zunächst keine Lösung. Erst 1658 präsentierte der Kreis dem RKG einen katholischen und 1711 einen evangelischen Beisitzer.

2. Der Reichshofrat

Im Gegensatz zum Reichskammergericht erfolgte die Besetzung des Reichshofrats ausschließlich durch den Kaiser. Denn er war, wie es in den RHROen heißt, *allein obristes haupt und richter* des RHR[146]. Obwohl der Plan der Stände, das am RKG übliche Präsentationsverfahren auch am RHR einzuführen, gescheitert war[147], hat es nicht an Versuchen gefehlt, auf

---

141 Diese Regelung mag u. a. auch deswegen durchsetzbar gewesen sein, weil dieser Kreis rein evangelisch war, so daß konfessionelle Probleme nicht auftraten; vgl. *R. Smend,* (wie Fn. 63), 277.

142 JRA 1654 § 31, in: *A. Laufs,* (wie Fn. 16), 22.

143 *R. Smend,* (wie Fn. 63), 277.

144 *R. Smend,* (wie Fn. 63), 277.

145 JRA 1654 § 33, in: *A. Laufs,* (wie Fn. 16), 23.

146 Vgl. z. B. Tit. I § 1 RHRO v. 1617, in: *W. Sellert,* Die Ordnungen des Reichshofrats 1550-1766, 1. Halbb. bis 1626 (=Quellen und Forschungen zur Höchsten Gerichtsbarkeit im Alten Reich, Bd. 8 / I), Köln 1980, 158 f.; ferner Tit. I § 1 RHRO v. 1654 in: *W. Sellert,* (wie Fn. 93), 49; *O. v. Gschließer,* (wie Fn. 108), 65 f.

147 *R. Smend,* (wie Fn. 63), 289.

andere Weise auf die Besetzung des RHR über die Reichskreise Einfluß zu nehmen.

Dies gilt zunächst für die Besetzung der Stelle des Reichshofratspräsidenten. Hier hatte die RHRO von 1654 verlangt, er müsse *ein reichsfürst, graff, oder* jedenfalls doch ein Angehöriger des *herrnstandts* sein[148]. Ein beträchtlicher Teil der Reichsstände verlangte, daß der RHR-Präsident aber auch ein aus den Reichskreisen stammender deutscher und nicht lediglich ein in Personalunion mit dem Reich verbundener ausländischer Reichsstand sein müsse. Denn auch die Reichshofräte sollten *im reich teutscher nation geborn, bevorab auch darinnen beguettert* und der *teutschen sprach wohl erfahren* seien[149]. Dahinter stand die Annahme, daß Deutsche und Begüterte mehr als Ausländer und Besitzlose das Wohl des Reiches im Auge haben würden[150].

Das galt natürlich erst recht für den Präsidenten des RHR. Zur Klarstellung der insoweit zu ergänzenden RHRO schlug daher Kursachsen bei den Beratungen um die Wahlkapitulation Leopolds I. 1658 folgende Formulierung vor: Der Reichshofratspräsident *seye ... ein Teutscher Fürst, Graf oder Herr, in den Reichs-Craysen, sie seyen mittel- oder unmittelbar gesessen*[151].

Im Ergebnis wurde in die Wahlkapitulation allerdings nicht der Hinweis auf die Reichskreise, wohl aber eine Bestimmung aufgenommen, wonach der Reichshofratspräsident ein *Teuscher Reichs-Fürst, Graf oder Herr* sein sollte[152].

Weitere Versuche, auf die Besetzung des RHR Einfluß zu nehmen, wurden von den Reichsständen nach der Reformation vornehmlich im Zusammenhang mit ihrer Forderung unternommen, der RHR dürfe solange nicht in Religionsstreitigkeiten entscheiden, bis er mit katholischen und protestantischen Mitgliedern paritätisch besetzt sei[153]. Auch hier wurden die Reichs-

---

148 RHRO 1654, Tit. I § 1, in: *W. Sellert,* (wie Fn. 93), 50-51.

149 Tit. I § 1 RHRO v. 1654, in: *W. Sellert,* (wie Fn. 93), 9 ff. — Folgt man den Beschwerden der Reichsstände, so wurde am RHR weder das eine noch das andere befolgt; *Derselbe,* (wie Fn. 93), 52. Entsprechend wurde Klage darüber geführt, daß vornehmlich die Reichshofräte auf der Gelehrten Bank nicht immer im Reich begütert seien und es Reichshofräte gäbe, die *gebohrene italiäner* wären, *so nicht drey wort teutsch* verstünden; *Derselbe,* (wie Fn. 146), 53. Andererseits sollten allerdings die deutschen Räte wegen der Zuständigkeit des RHR in italienischen Lehenssachen der italienischen Sprache mächtig sein; Vgl. Mainzer Konzept der RHRO Tit. I § 2, in: *W. Sellert,* (wie Fn. 146), 51.

150 Vgl. *O. v. Gschließer,* (wie Fn. 108), 72.

151 *W. Sellert,* (wie Fn. 93), 50, Fn. 348.

152 Art. 40 Wahlkapitulation 1658, in: *W. Sellert,* (wie Fn. 93), 50, Fn. 348.

153 *W. Sellert,* Über die Zuständigkeitsabgrenzung von Reichskammergericht und Reichshofrat, Aalen 1965, 79 ff.

kreise immer wieder ins Spiel gebracht. So meinte Braunschweig 1643 / 44 auf dem Deputationstag zu Frankfurt a. M., bei der Besetzung des RHR müsse auf die Reichskreise Rücksicht genommen werden[154]. Der Vorschlag Braunschweigs blieb nicht ohne Resonanz. In die RHRO v. 1654 wurde nämlich folgende Bestimmung aufgenommen: *Wir wollen auch under diesen achtzehen personen sechs, von herrn-, ritter- und gelehrten standt der augspurgischen confessionsverwandte und der reichssachen erfahrne männer auß denen reichscraisen, darin entweder die augspurgische confessionsverwandte allein oder zugleich die catholische religion im schwang gehet, annehmen, damit auf begebenden fall die gleichheit der richter von beeder religion assessorn observirt werden möge*[155]

Unklar war allerdings nach dieser Vorschrift, ob alle oder nur die sechs protestantischen Reichshofräte aus den Reichskreisen stammen sollten. Die Frage wurde daher mehrfach in den Verhandlungen zu den Wahlkapitulationen erörtert[156] und schließlich, wie beispielsweise in der Wahlkapitulation Karls VII., so geregelt, daß der RHR mit *ehrlichen Leuten, beyderseits Religion. . ., aus denen Reichs-Craysen [zu] besetzen* sei[157].

III. Die Finanzierung der Reichsgerichte

1. Das Reichskammergericht

Die Frage, wie und von wem das RKG unterhalten werden sollte, also die Frage der sog. Sustentation, gehörte von Anfang an zu den weitgehend ungelösten Problemen dieses Gerichts. Zur Finanzierung des RKG sollten in erster Linie die Sporteln, d. h. die Gerichtsgebühren dienen. Für den Fall, daß diese für die Besoldung der Reichskammerrichter und Beisitzer nicht ausreichten, sollten gem. § 19 RKGO v. 1495 die Kosten insoweit von den *Reichs Gefellen,* d. h. von dem 1495 auf vier Jahre bewilligten Gemeinen Pfennig *entricht[et] werden*[158].

Mit dem Konstanzer Reichsabschied von 1507 wurde dann zur Finanzierung des RKG eine spezielle Reichssteuer, der sog. Kammerzieler eingeführt[159]. Wie insbesondere der Wormser Abschied von 1521 nochmals

---

154 *W. Sellert,* (wie Fn. 93), 58, Fn. 366.

155 RHRO 1654, Tit. I § 3, in: *W. Sellert,* (wie Fn. 93), 56-59.

156 *W. Sellert,* (wie Fn. 93), 92, Fn. 442.

157 Art. XXIV § 1 Wahlkapitulation Karls VII., in: *W. Sellert,* (wie Fn. 93), 62 Fn. 371.

158 *K. Zeumer,* (wie Fn. 3), Nr. 174, 288; *H. Angermeier,* „Gemeiner Pfennig", in: HRG (wie Fn. 2), Bd. 1, Berlin 1971, Sp. 1503-1506.

159 RA 1507 § 22, in: Neue und vollständige Sammlung (wie Fn. 15), 115: *Daß sie,* die Stände *das Chamer-Gericht von irem Gelt die bestimmte Zeit aus, wo die*

klarstellt, sollte der Kammerzieler aber nicht von den Reichskreisen, sondern von jedem Stand des Reiches geschuldet werden[160]. Das änderte sich jedoch mit dem JRA. Dort heißt es nämlich, daß zum Unterhalt des RKG zwar noch *der zur Zeit ... alte modus contribuendi nach Besag der Kammermatricul gehalten, doch hinfüro von einem jeden Stand seine ... Zieler ... in desjenigen Kreises cassam oder Legstadt, wohin dieselbe gehörig, erlegt,* werden solle, *damit die Gelder um soviel füglicher ... zusammengebracht und nachher zu Frankfurt zu des Kammergerichts Pfennigmeisters Einnahm richtig übermacht werden können*[161].

Aber auch für die Berechnung der Kammerzieler *nach Besag der Kammermatricul* spielten die Reichskreise eine gewisse Rolle. Diese Matrikel waren nämlich Aufstellungen über die von den einzelnen nach Reichskreisen geordneten Ständen geschuldeten Beträge. Diese Beträge wurden wiederum als Gesamtforderungen gegen die einzelnen Reichskreise zusammengefaßt. Besondere Beachtung verdient in diesem Zusammenhang die vom *Kayserlichen Reichs=Cammer=Gerichts Pfennigmeister Johann Itel von Schorlemer* 1745 erstellten *Usual- Matrikel.* In dieser Aufstellung werden sämtliche zahlungspflichtigen Stände gemäß ihrer Zugehörigkeit zu den zehn Reichskreisen erfaßt und jeweils die Gesamtsummen genannt[162]. Dabei fällt auf, daß der österreichische Reichskreis infolge seiner Exemtionsprivilegien mit Abstand die geringste Summe aufzubringen hatte[163]. Der territorial zersplitterte schwäbische Kreis trug dagegen allein über 20 % der Unterhaltungskosten[164]. Nicht zuletzt kommt hier nochmals die besondere Bedeutung zum Ausdruck, die die sog. vorderen Reichskreise für das RKG hatten[165].

Obwohl die Höhe des Kammerzielers so gering bemessen war, daß er weniger als 1 % der Ausgabenlast der Stände betrug, wurde er meist nur unregelmäßig entrichtet[166]. Preußen weigerte sich beispielsweise, die 1719

---

angezeigte fiscalische unnd Canzley-Fälle nit so viel ertragen werden, underhalten wollen; vgl. hierzu auch *H. Conrad,* (wie Fn. 13), 135; *F.-W. Henning,* „Kammerzieler", in: HRG (wie Fn. 2), Bd. 2, Berlin 1978, Sp. 590-592.

160 RA 1521 § 11, in: *K. Zeumer,* (wie Fn. 3), Nr. 184, 325: Danach *haben sich Churfürsten, Fürsten und Stende aus gutem freien Willen, Uns zu unterthänigem Gefallen, dem H. Reich zu Guten, und damit Fried und Recht gepflanzet werden, Unser Regiment und Cammergericht ein Zeitlang auf ihr Darlegen und Kosten zu unterhalten bewilligt.* Hierzu wurde ein *Anschlag auf die Stende des Reichs gemacht, den ein jeglicher ... antworten soll.*

161 JRA 1654 § 9, in: *A. Laufs,* (wie Fn. 16), 14.

162 Usual-Matrikel des Kammergerichts 1745, in: *K. Zeumer,* (wie Fn. 3), Nr. 209, 500-505.

163 Lediglich Trient, Brixen, Chur und die Fürsten von Dietrichstein sind zahlungspflichtig: Usual-Matrikel, in: *K. Zeumer,* (wie Fn. 3), Nr. 209, 500.

164 Usual-Matrikel, in: *K. Zeumer,* (wie Fn. 3), Nr. 209, 505.

165 Zur Bedeutung dieser Kreise auch *A. Laufs,* (wie Fn. 2), Sp. 681 (684).

166 *F.-W. Henning,* (wie Fn. 159), Sp. 590 (592).

erhöhten Beträge zu leisten und geriet dadurch am Ende des 18. Jhdts. mit 320.000 Talern in Rückstand. Gelegentlich wurden zwar Reichsexekutionen angeordnet, diese aber gegen mächtige Schuldner nicht vollzogen. Im Falle Preußens war Sachsen mehrfach mit Exekutionen beauftragt worden, ohne daß es zu irgendwelchen Zwangsmaßnahmen gekommen ist[167]. Diese Praxis führte dazu, daß die Assessorenstellen am RKG wegen fehlender finanzieller Mittel zeitweise nur zur Hälfte besetzt werden konnten[168].

2. *Der Reichshofrat*

Im Gegensatz zum RKG hätte eine Unterhaltung des RHR durch die Reichsstände oder Reichskreise dem Selbstverständnis der kaiserlichen Gerichtsbarkeit widersprochen. Fremdfinanzierungen hätten insbesondere auch das alleinige Recht des Kaisers auf Einstellung und Entlassung der Reichshofräte in Frage gestellt[169]. In einem kaiserlichen Dekret vom 15. 4. 1637 wird daher nochmals bekräftigt, daß die Besoldung der Reichshofräte ausschließlich Sache des Kaisers sei[170]. In der Reichshofratsordnung von 1654 wurde außerdem bestimmt, daß die Reichshofräte nicht in Diensten fremder Herren stehen und *von niemandt haben oder nehmen,* d. h. finanzielle Unterstützung erhalten sollten[171].

Da jedoch auch die Reichshofräte nicht immer in der erwarteten Höhe und pünktlich besoldet wurden[172], versuchten vornehmlich die protestantischen Reichsstände durch eine großzügige Finanzierung Einfluß auf eine konfessionsparitätische Besetzung des RHR zu nehmen. Die protestantischen Reichsstände konnten jedoch ihre Vorschlägen nicht durchsetzen. Der Vertreter Braunschweigs hatte 1643 auf dem Deputationstag zu Frankfurt am Main die Lage richtig beurteilt und erklärt, daß eine Besoldung der Reichshofräte durch die Reichskreise nicht realistisch sei. Denn die Reichshofräte seien verfassungsrechtlich unmittelbar und ausschließlich dem Kaiser unterstellt[173].

IV. Reichskreise und Verbesserung des Justizwesens

Da die Reichskreise für die Besetzung und Unterhaltung des RKG verantwortlich waren, liegt es nahe, daß sie sich außer mit dem Problem der

167 *F.-W. Henning,* (wie Fn. 159), Sp. 590 (591).

168 Eodem.

169 *F.-W. Henning,* (wie Fn. 159), Sp. 590 (591): *W. Sellert,* (wie Fn. 83), 90, Fn. 220.

170 *W. Sellert,* (wie Fn. 83), 90, Fn. 220.

171 RHRO 1654, Tit. I § 20, in: *W. Sellert,* (wie Fn. 93), 92.

172 *W. Sellert,* (wie Fn. 93), 94, Forts. Fn. 442.

173 *W. Sellert,* (wie Fn. 93), 94, Fn. 442.

Präsentation geeigneter Kandidaten für die Assessorate[174] auch mit Reformen des reichkammergerichtlichen Verfahren befaßt haben.

Bemerkenswert ist in diesem Zusammenhang der Kreistag des schwäbischen Kreises vom April 1583, der sich eingehend mit der *Verbesserung der Justitien* am RKG beschäftigte. Der Kreistag bereitete sich damit auf einen Reichsdeputationskonvent über das Justizwesen vor, der im Mai 1583 in Speyer stattfinden sollte[175]. Zur Beschleunigung des kammergerichtlichen Verfahrens schlug der Kreis u. a. die Verkürzung von Fristen für die Abfassung von Schriftsätzen vor. Außerdem sollte einem *mandatum sine clausula* sogleich eine *citatio* beigefügt werden[176]. Der Kreistag befaßte sich im übrigen so ausführlich mit Verbesserungsvorschlägen, daß sogar eine so unwichtige Frage erörtert wurde, ob es am RKG an den sog. Hundstagen hitzefrei geben könne oder nicht[177].

Zu den Verbesserungsvorschlägen gehört auch im weiteren Sinne die 1646 in Osnabrück von den protestantischen Reichsstände erhobene Forderung nach der Einsetzung eines dritten höchsten Reichsgerichts, das seinen Sitz *in einer Stadt des Niedersächsichen Crayses* haben sollte[178]. Dieser Vorschlag wurde damit begründet, daß *die beyden Sächsischen und der Westphälische Crays von Speyer gar zu weit entlegen* und daher für die Prozeßparteien schwierig erreichbar seien[179]. Bekanntlich ist diese Forderung nicht durchgesetzt worden. Sie zeigt jedoch, welche Bedeutung die Reichskreise für die Organisation des Gerichtswesens im Reich gehabt haben.

174 So sollte beispielsweise auf dem niedersächsischen Kreistag 1544 über geeignete RKG-Assessoren gesprochen werden, was dann jedoch unterblieb, da nicht genügend Teilnehmer erschienen waren und man sich außerdem mit dem obersächsischen Kreis abstimmen wollte; *A. Neukirch,* (wie Fn. 126), 39.

175 *E. Langwerth von Simmern,* (wie Fn. 33), 307.

176 Zum Mandatsprozeß am RKG vgl. *H. Wiggenhorn,* (wie Fn. 30), 82-87; *M. Hinz,* „Mandatsprozeß", in: HRG (wie Fn. 2), Bd. 3, Berlin 1984, Sp. 232-240.

177 *E. Langwerth von Simmern,* (wie Fn. 33), 309.

178 *W. Sellert,* (wie Fn. 93), 34, Fn. 249.

179 *W. Sellert,* (wie Fn. 93), 34. In Wirklichkeit ging es den evangelischen Reichsständen mit ihrer Forderung entscheidend darum, ein Gericht zu gründen, das auf ihre religiös bestimmten Belange mehr Rücksicht als der RHR nahm. Diesen Vorschlag konnte der Kaiser nicht akzeptieren. Er kam jedoch den überwiegend protestantischen Reichskreisen so weit entgegen, daß er noch im gleichen Jahr einer paritätischen Besetzung des Reichshofrats mit katholischen und protestantischen Mitgliedern zustimmte. Dieser Kompromiß war für das *Corpus Evangelicorum* akzeptabel, und so kam es zu der Bestimmung des Westfälischen Friedens, wonach die konfessionell-paritätische Besetzung des Reichshofrats gemäß der Reichskammergerichtsordnung festgelegt wurde; §§ 54, 55 IPO, in: *K. Zeumer,* (wie Fn. 3), Nr. 197, 413 f.; *W. Sellert,* (wie Fn. 93), 35.

V. Die Rechtsprechung der Reichsgerichte in Sachen der Reichskreise

1. Das Reichskammergericht

Die Reichsgerichte sind wiederholt in Angelegenheiten der Reichskreise tätig geworden. Daß dies auch noch nach 1745 geschehen ist, erstaunt. Denn nach der Wahlkapitulation Kaiser Franz I. war es den Reichsgerichten *keineswegs gestattet, in die innere Kriegs- Civil- und Oeconomische Verfassungen derer Reichs-Creysen Hand einzuschlagen, darüber auf einigerley zu erkennen, oder wohl gar Processe ausgehen zu lassen*[180].

Unter den 2933 Koblenzer RKG-Prozeßakten befinden sich immerhin 5 und in den nassauischen RKG-Akten des Staatsarchivs Wiesbaden aus den Jahren 1699-1785 4 Prozesse dieser Art.

Soweit ersichtlich handelt es sich jedoch ausschließlich um Prozesse, in denen es um Kreisgelder geht. So klagten beispielsweise 1781 / 83 die Einwohner des Essweiler Tals in der Pfalz gegen die übermäßige Belastung mit Kreisgeldern[181]. In zwei weiteren Prozessen wehrten sich 1743 / 57 die Untertanen der Herrschaft Kriechingen ebenfalls gegen nach ihrer Ansicht zu hohe Kreisgelder. Sie führten außerdem Klage darüber, daß die bereits gezahlten Kreisgelder vom Landesherrn zu Privatzwecken verschwendet worden seien[182]. Im Jahre 1734 klagten die Untertanen des Fleckens Westerburg gegen ihre Landesherrn, die Grafen von Leiningen-Westerburg, wiederum wegen zu hoher Kreisgelder[183].

Es klagten aber auch Kreisstände, wenn sie zur Zahlung von Kreisgeldern herangezogen wurden. Nicht selten beriefen sie sich dann auf wohlerworbene Rechte[184]. Bemerkenswert ist in diesem Zusammenhang eine 1699 vor dem RKG erhobene Klage des Präsidenten des Reichskammergerichts, *Franz Adolph Dietrich Freiherr von Ingelheim,* gegen den oberrheinischen Kreis. Zu den Gütern des RKG-Präsidenten gehörte auch das in der

---

180 Art. 12, § 4 Wahlkapitulation Franz' I., in: *J. J. Schmauß,* (wie Fn. 42), Anhang 32.

181 StA Koblenz Sign. 730 (alt E 676 / 2071), *O. v. Looz-Corswarem und H. Scheidt,* Repertorium der Akten des ehemaligen Reichskammergerichts im Staatsarchiv Koblenz, (= Veröffentlichungen der Landesarchivverwaltung Rheinland-Pfalz 1), Koblenz 1957, lfd. Nr. 446.

182 StA Koblenz Sign. 487 (alt C 291 / 962) und 489-503, 1398-1399, 1801-1802, 2987 (alt C 293 / 964), *O. v. Looz-Corswarem und H. Scheidt,* (wie Fn. 181), lfd. Nr. 1184 und 1185.

183 StA Wiesbaden Abt. 1, Teil 1 lfd. Nr. 2128-2129 (W 2297 und 2208), *C. Helm und J. Hausmann,* Repertorien des Hessischen Hauptstaatsarchivs Wiesbaden, Abt. 1: Reichskammergericht, Teil 1: Nassauische Prozeßakten, Wiesbaden 1987, lfd. Nr. 2128-2129.

184 Hierzu *B. Sicken,* (wie Fn. 117), 126.

Wetterau gelegene Reichslehensdorf Holzhausen. Der Freiherr wurde daher vom zuständigen Reichskreis zur Zahlung von Kreissteuern aufgefordert. Dagegen wehrte er sich mit dem Argument, daß sein Dorf von allen Reichssteuern exemt sei. Seine Klage hatte Erfolg. Er erwirkte gegen den oberrheinischen Kreis ein *mandatum inhibitorii*[185].

2. Rechtsprechung des Reichshofrats

Am RHR sind offenbar keine oder nur ganz wenige Klagen wegen zu zahlender Kreisgelder erhoben worden, ohne daß sich hierfür plausible Gründe anführen ließen. Statt dessen sind es dem Schwerpunkt nach Prozesse, in denen um grundsätzliche Fragen der Reichskreise gestritten wurde.

Nach einer flüchtigen Sichtung reichshofrätlicher Erkenntnisse hatte das Gericht u. a. über folgende Fragen zu entscheiden: „Ist der Landesherr im oberrheinischen Crays, der nach der Crayssanction die vagabunden Aeltern ins Arbeitshaus nimmt, auch schuldig, die aufgefangene Kinder zu besorgen?"[186]; sind die Untertanen befugt, einem Kreis die „Naturalmannschaftsstellung zu versagen", wenn ein Reichstand „auch noch so lang sein Crayscontingent mit Geld oder anderer Stände Völkern vertreten hat"?[187]; „Kann die Unterschrift bey Schlüssen eines Kreis-Deputations-Convents, wobey die Ritterschaft Theil nahm, derselben versagt werden?"[188]; „Können die Crayse nach dem Executionsedict de 1648. & arctiori modo exequendi eine Commissio pepetua genennt werden?"[189]; welche Rechte hat der oberrheinische Kreis, „Assessores zu präsentieren"?[190] oder ist das „Krayßausschreibamt berechtigt, „Werbungen im Krayß" und „im ganzen Reiche anzustellen?"[191].

Eine gewisse Bedeutung scheint eine Auseinandersetzung erlangt zu haben, in der es um die Besetzung des Kreisdirektoriums des fränkischen Reichskreises ging[192].

---

185 StA Wiesbaden Abt. 1, Teil 1, lfd. Nr. 722 (I 378), *C. Helm und J. Hausmann,* Repertorien des Hessischen Hauptstaatsarchivs Wiesbaden, Abt. 1: Reichskammergericht, Teil 1: Nassauische Prozeßakten, Wiesbaden 1987, lfd. Nr. 722. Vgl. ferner 1728 Abtei St. Maximin in Trier gegen Wildgraf zu Dhaun, StA Koblenz Sign. 2160 (alt T 452 / 1506), *O. v. Looz-Corswarem und H. Scheidt,* Repertorium der Akten des ehem. RKG im StA Koblenz, Koblenz 1957, lfd. Nr. 2428.

186 *J. J. Riefl,* (wie Fn. 62), 198 ff.

187 *J. J. Riefl,* (wie Fn. 62), 336 ff.

188 *J. J. Riefl,* (wie Fn. 62),Teil 2, Augsburg 1792, 59 ff.

189 *J. J. Riefl,* (wie Fn. 62), Teil 2, Augsburg 1792, 78 ff.

190 *J. J. Riefl,* (wie Fn. 62), Teil 2, Augsburg 1792, 361 ff.

191 *J. J. Riefl,* (wie Fn. 62), Teil 3, Augsburg 1794, 288 ff.

192 Zur gesamten Auseinandersetzung sehr ausführlich: *B. Sicken,* (wie Fn. 117), 189-203.

Als der Bamberger Fürstbischof *Friedrich Karl von Schönborn* 1746 starb, stellte sich die Frage, wer das von ihm bekleidete Direktorium des fränkischen Kreises übernehmen sollte. Da das Ausschreibeamt zwischen dem katholischen und kaiserfreundlichen Domkapitel Bamberg einerseits und dem zu Preußen gehörenden protestantischen Brandenburg-Bayreuth andererseits aufgeteilt war, gab es entsprechend zwei Bewerber. Sowohl Bamberg als auch Bayreuth machten ihre Ansprüche geltend. Da ein Kompromiß nicht gelang, klagte Bamberg vor dem RHR und beantragte, die Direktorialbefugnisse uneingeschränkt dem Domstift Bamberg einzuräumen. Wie nicht anders zu erwarten, gab der kaiserfreundliche RHR der Klage statt. Brandenburg-Bayreuth und die übrigen evangelischen Stände des fränkischen Kreises akzeptierten die höchstrichterliche Entscheidung jedoch nicht. Ihrer Meinung nach hätte der RHR nach der Wahlkapitulation Franz' I. nicht tätig werden dürfen. Denn der Kaiser hatte dort zugesagt, daß keine Angelegenheiten der Reichskreise an den Reichsgerichten verhandelt werden dürften[193]. Da sich keine Lösung des Problems finden ließ, klagte Bamberg 1752 erneut vor dem RHR. Schließlich kam es zu den von Bayreuth gewünschten Verhandlungen vor dem Reichstag. Diese endeten 1754 mit einem Vergleich zugunsten Bambergs[194].

Zusammenfassung

Die Reichskreise vereinigten stammesmäßig, landschaftlich, politisch oder wirtschaftlich zusammengehörige Gebiete und waren daher im weitesten Sinne Gebilde von regionaler Natur. Im engeren Sinne waren die Reichskreise jedoch Verwaltungseinheiten, die neben eigenen Aufgaben in erster Linie solche des Reiches erfüllen sollten, um das lockere Staatsgebilde des Heiligen Römischen Reiches deutscher Nation zu festigen. Dabei lag der Schwerpunkt ihrer Tätigkeit ohne Zweifel in der Reichsverteidigung. Ihre Bedeutung für die Reichsgerichte ist freilich auch nicht gering gewesen. Das gilt vor allem für die Zwangsvollstreckung reichsgerichtlicher Entscheidungen. Hier lagen jedoch wiederum gerichtliche und militärische Aufgaben eng beieinander, weil die meisten Exekutionen nur mit dem Einsatz von Truppen durchgeführt werden konnten. Insoweit lassen sich die militärischen von den Vollstreckungsfunktionen der Reichskreise nicht ohne weiteres trennen. Im übrigen wären Ansehen und Effizienz der Reichsgerichte ohne irgendwelche Vollstreckungsmöglichkeiten noch gerin-

---

193 Wahlkapitulation Franz' I. Art. 12 § 4, vgl. oben Fn. X; ferner *B. Sicken,* (wie Fn. 117), 192; ebenfalls: Neue und vollständigere Sammlung (wie Fn. 15), Zugabe zu IV, 17.

194 *B. Sicken,* (wie Fn. 117), 203.

ger gewesen, als sie es ohnehin schon waren. Das RKG wäre dann wirklich nur ein „Reichsjammergericht“ gewesen.

Allerdings ist nicht zu leugnen, daß die Reichskreise ihrer Struktur nach und gemessen an den allgemeinen Kriterien einer ordentlichen Gerichtsverfassung als Exekutivorgane reichsgerichtlicher Entscheidungen nicht besonders geeignet waren. Wie alle Reichsinstitutionen standen nämlich auch die Reichskreise im politischen Spannungsverhältnis zwischen Reich und Territorien und hatten daher die schwierige Aufgabe, die eigenen, d. h. die ständischen Interessen mit denen des Reiches abzustimmen. Hinzu kam, daß die Interessen der Stände untereinander nicht zuletzt wegen der konfessionellen Spaltung völlig uneinheitlich waren, so daß die Reichskreise in vielen Fällen nicht mit-, sondern gegeneinander arbeiteten. Das galt vor allem dann, wenn es sich um Zwangsvollstreckungen reichsgerichtlicher Entscheidungen handelte, in denen entweder das Verhältnis von Untertanen gegen ihre Landesherrschaft betroffen war oder in denen es, wie in den Religionsprozessen, um die Konfliktlösung konfessioneller Streitigkeiten ging. Einer der schwersten Mängel der Reichskreise bestand jedoch darin, daß sie, obwohl *de iure* verpflichtet, die Zwangsvollstreckungen durchzuführen, *de facto* dazu nicht gezwungen werden konnten. Daß unter diesen Voraussetzungen die Frage, ob und wie eine Zwangsvollstreckung durchgeführt werden sollte, meistens nicht nach rechtlichen Gesichtspunkten, sondern nach den Maßstäben politischer Opportunität entschieden wurde[195], ist daher nicht weiter verwunderlich. Insgesamt bewegte sich der Aktionsradius der Reichskreise im Rahmen der Möglichkeiten und Grenzen, die durch die disparaten verfassungsrechtlichen Verhältnisse des Reiches vorgegeben waren.

Dennoch sollte man die Bedeutung der Reichskreise für die Zwangsvollstreckung reichsgerichtlicher Entscheidungen nicht unterschätzen. Die 1782 von dem RKG-Assessor *Franz Dietrich v. Ditfurth* geäußerte Ansicht, daß die Entscheidungen des RKG in Ermangelung eines eigenen Exekutivorgans „als kraftloses Pappier keinem Menschen nützen könn[t]en, sondern das Gericht verächt- und lächerlich mach[t]en“[196], ist gewiß überzogen. Allein die tatsächliche Möglichkeit und damit die drohende Gefahr einer Vollstreckung mag viele streitende Parteien zu außergerichtlichen Vergleichen bestimmt haben[197]. Letzte Klarheit wird man hier jedoch erst erhalten, wenn einmal die Vollstreckungspraxis der Reichsgerichte insgesamt ermittelt worden ist.

---

195 So zutreffend *M. Uhlhorn,* (wie Fn. 81), 171.

196 Zitiert nach *Jahns,* (wie Fn. 124), 59.

197 Vgl. auch die insoweit positive Beurteilung durch *B. Diestelkamp,* (wie Fn. 5), 478 ff.; *W. Sellert,* (wie Fn. 59), 453 ff. (466).

Was die Bedeutung der Reichskreise für die Besetzung und Finanzierung des RKG anbelangt, so spiegeln sich natürlich auch in diesen Bereichen die von der sog. „Libertät“ der Reichsstände bestimmten Verhältnisse des Reiches wieder[198]. Aber es bedarf noch gründlicher Untersuchungen, um hier die Bedeutung der Reichskreise ins rechte Licht zu setzen.

Soweit ersichtlich hat der Einfluß der Reichskreise auf die Reformen des Reichsjustizwesens nur eine Nebenrolle gespielt.

Noch völlig ungeklärt und offen ist schließlich die Frage, welche Rolle die Reichskreise in der Rechtsprechung der Reichsgerichte gespielt haben. Lohnenswert dürfte hier vor allem eine Erschließung der reichshofrätlichen Rechtsprechung sein.

---

198 Gemeint ist vornehmlich das Verbot einer allumfassenden kaiserlichen Monarchie, das Lebensrecht der drei großen Konfessionen, die Mitsprache in Reichsangelegenheiten und nicht zuletzt der Schutz der kleinen Herrschaftsträger vor den machtpolitischen Ambitionen der größeren deutschen Staaten; *D. Willoweit,* (wie Fn. 1), 161.

Regionen unter polnischer Oberhoheit

Königlich-Preußen / Polnisch-Preußen — eine autonome Region 1466-1569

Von Janusz Małłek, Toruń

Der bekannte polnische Historiker Antoni Mączak schreibt in seiner vor kurzem erschienen Studie „Rządzący i rządzeni. Władza i społeczeństwo w Europie nowożytnej“ (Die Herrscher und die Beherrschten. Die Macht und die Bevölkerung in Europa der Neuzeit) wie folgt: „. . . Polen, und seit der Lubliner Union (1569) die polnisch-litauische Republik, bildete in rechtlicher Hinsicht einen ungewöhnlich einheitlichen Organismus. Noch Kasimir Jagiello erließ für beide Teile seines Königreiches, für Großpolen und Kleinpolen, gesonderte Statuten. Er hatte noch aus dem gewonnenen Königlich-Preußen . . . ein mit der Krone wie Litauen durch Personalunion verbundenes Land geschaffen, doch war die Unifikationstendenz unabwendbar. Für den Adel wertvolle Muster des öffentlichen, privaten- bzw. des Staatsrechts eigneten sich auch die übrigen Provinzen an . . . Die Sonderstellung Preußens oder Litauens schützte dort die Position der einheimischen Magnaten, doch hatte der Lubliner Sejm von 1569 in dieser Hinsicht zu weitgehender Vereinheitlichung der Republik geführt.“ [1]

An dieser Feststellung verdienen zwei Probleme Beachtung: Erstens das Fortschreiten der Unifikationsprozesse unter der Krone Polen im 16. Jahrhundert, was u. a. darin zum Ausdruck kam, daß hier (ausgenommen Königlich-Preußen) das adelige Indigenat für das ganze Land galt, [2] und zweitens die polnische Historiker überraschende und den Auffassungen deutscher Historiker entgegenkommende Bestimmung des Charakters hinsichtlich der Verbindung Polens mit Königlich-Preußen zwischen 1466-1569 in einer Personalunion. Der Anfangs schrittweise und seit der Entstehung des polnischen Sejms im Jahre 1493 beschleunigte Prozeß der Verschmelzung solcher Provinzen-Regionen wie Kleinpolen und Großpolen und, wie nach der Inkorporation Masowiens in den Jahren 1526-1529, zu einem einheitlichen Staatsorganismus, verdient eine gesonderte Untersu-

---

[1] *A. Mączak,* Rządzący i rządzeni. Władza i społeczeństwo w Europie nowożytnej, (Die Herscher und die Beherrschten. Die Macht und die Gesellschaft in Europa der Neuzeit), Warszawa 1986, S. 136.

[2] *St. Grodziski,* Obywatelstwo w szlacheckiej Rzeczypospolitej, Die Staatsbürgerschaft in der polnischen Adelsrepublik), Kraków 1963, S. 103 f. sowie Historia państwa i prawa Polski (Staats- und Rechtsgeschichte Polens), Red. J. Bardach. 2. Aufl., Warszawa 1966, S. 34.

chung. Es sei nur hinzugefügt, daß diese Situation am Anfang des 17. Jahrhunderts sich zuerst langsam und seit Mitte des Jahrhunderts grundsätzlich zu verändern begann. Die Dezentralisierungsprozesse führten zur Verschiebung der politischen Entscheidungen, insbesondere hinsichtlich der Steuer, vom Sejm auf die Landtage. Dies bedeutete jedoch nicht, daß diese Entscheidungen in den Provinzen gefaßt worden wären, denn eigentlich wurden sie oft in noch weiter unten stehenden Gremien, auf Kreislandtagen gefaßt. Die rechtliche Einheitlichkeit des riesigen Landes gemeinsamer Herrscher und gemeinsames Parlament, erwies sich als nichtausreichend für die Erhaltung der Geschlossenheit dieses Landes. „Anarchie und Stabilität" — schreibt Mączak — „verflochten sich in der polnischen Adelsrepublik auf sonderbare Weise."[3]

Im folgenden Referat möchte ich nur eine Provinz des polnischen Staates, nämlich Königlich-Preußen, auch Polnisch-Preußen genannt, vorstellen. Öfter werde ich aber in meinem Beitrag die Bezeichnung Königlich-Preußen gebrauchen, weil eben diese von den meisten Forschern benutzt wird.

Im Jahre 1454 hatte Kasimir Jagiello ganz Preußen an Polen angeschlossen. Infolge des dreizehnjährigen Krieges (1454 - 1466) und entsprechend des Friedenstraktats von Thorn aus dem Jahre 1466 aber hatten Polen und der Deutsche Orden diese Gebiete unter sich aufgeteilt. Der westliche Teil Preußens, also Pommerellen, das Kulmer und das Marienburger Land, fielen Polen zu. Das war seit dieser Zeit der „königliche" bzw. „polnische" Teil Preußes. Den östlichen Teil des Landes hatte der Deutsche Orden behalten. Seit diesem Moment gingen die Entwicklungwege beider Teile Preußens auseinander. Es kam zwar ab und zu zu vorrübergehenden Annäherungen, doch überwogen die Prozesse des „Auseinandergehens" die des „Annäherns".

Sehen wir uns nun den westlichen Teil Preußens näher an. (Auf den östlichen Teil werde ich am Ende meines Referats kurz zu sprechen kommen.) Gleich am Anfang erheben sich mehrere Fragen: War Polnisch-Preußen eine autonome Region des polnischen Königreiches? Worauf beruhte die System-Verbindung dieser Provinz mit Polen? War es nur eine Personalunion oder vielleicht etwas mehr? Wenn man diese Fragen nur kurz beantworten will, muß man zumindest eine flüchtige Interpretation der Rechtsdokumente durchführen. Diese bildeten die Grundlage für die Entstehung von Königlich-Preußen, nämlich hauptsächlich der Inkorporationsakt vom 6. März 1454, der Preußen an die Krone Polen anschloß,[4] und der

[3] *A. Mączak*, Rządzący (Anm. 1), S. 140.

[4] Die Inkorporationsurkunde, veröffentlicht in: Związek Pruski i poddanie się Prus Polsce, (Der Preußische Bund und die Unterordnung Preußens an Polen), Red. Karol Górski, Poznań 1949, S. 172 - 182 sowie: Die Staatsverträge des Deutschen Ordens in Preußen im 15. Jh. Bd. 2, hrsg. von E. Weise, Marburg 1955, Nr. 292, S. 126 - 133.

am 19. Oktober 1466 in Thorn unterzeichnete Friendenstraktat zwischen Polen und dem Deutschen Orden,[5] in dem über die Gründung einer neuen, preußischen Provinz im Rahmen des polnischen Staates entschieden wurde. Der Thorner Traktat von 1466 legte das Territorium und die Grenzen Königlich-Preußens fest. Von der öffentlich-rechtlichen Ordnung dieses Landes war aber in diesem Akt keine Rede. Diese Angelegenheit wurde schon früher, eben im Inkorporationsprivileg geregelt. Dieses Privileg stellte eine Art Grundgesetz, das Statut des Landes, dar. Es war die preußische Magna Charta Libertatum, an die dann in der 300jährigen Geschichte Königlich-Preußens im Rahmen des polnischen Staates oft angeknüpft wurde. Das Inkorporationsprivileg von 1454 regelte also einerseits die öffentlich-rechtlichen Beziehungen Preußens (damals dachte man noch nicht an die Aufteilung dieses Landes) mit Polen, und andererseits die innere Verfassung dieses Landes.

Die Grundsätze der Beziehungen Preußens mit Polen wurden — von Anfang an — von den Preußen und der Krone Polens unterschiedlich interpretiert. Das hatte sich auch auf die Geschichtsschreibung ausgewirkt. Der dem 18. Jahrhundert angehörende Danziger Historiker Jh. Gottfried Lengnich[6] hatte die These formuliert, Königlich-Preußen sei mit Polen durch eine Personalunion verbunden. Ihm folgten dann alle deutschen Geschichtsschreiber bis Erich Weise.[7] Die polnischen Historiker bezeichneten dagegen die öffentlich-rechtlichen Beziehungen Königlich-Preußens mit der Krone Polen als eine wirkliche Inkorporation. Auch heute wird in der polnischen Geschichtsschreibung, wenn auch mit einigen Ausnahmen, diese Auffassung vertreten, obwohl mit einer gewissen Modifikation, die die deutliche Betonung der Autonomie und Besonderheit dieses Landes betrifft. Emil Lousse[8] folgend hat Karol Gorski[9] für das damalige Preußen die Bezeichnung „Land" eingeführt, wodurch die Besonderheit der Gesellschaft dieses Territoriums zum Ausdruck gebracht werden sollte. Nach seiner Auffassung war Königlich-Preußen ein integraler Teil Polens, doch bildete seine Gesellschaft ein abgesondertes „Land". Lengnich ging bei der

---

5 Die neueste Veröffentlichung der Urkunden des Thorner Vertrags von 1466 in: *M. Grzegorz,*, Analiza dyplomatycznosfragistyczna dokumentów traktatu toruńskiego 1466 r., (Eine diplomatisch-sphragistische Analyse der Dokumente des Thorner Vertrags von 1466), Toruń 1970, S. 170-219.

6 *G. Lengnich,* Geschichte der Preußischen Lande, Kön. Polnischen Antheils, Bd. I, Danzig 1722, S. 5 f.

7 *E. Weise,* Zur Kritik des Vertrags zwischen Preußischem Bund und dem König von Polen, Altpreußische Forschungen, XVIII, 1941, S. 231-261, *ders.,* Das Widerstandsrecht im Ordenslande Preußen und mittelalterlichen Europa, Göttingen 1955, S. 208 f.

8 *E. Lousse,* La sociéte d'Ancien Régime, 2. Aufl., Louvain 1952, S. 41-44.

9 *K. Górski,* Problematyka dziejowa Prus Królewskich 1466-1772; (Geschichtsproblematik Königlich-Preußens 1466-1772), Zapiski historyczne, Bd. 28., Toruń 1963, H. 2, S. 160 f.

Interpretation der Beziehung Königlich-Preußens mit Polen davon aus, daß es sich um einen „Vergleich“ zweier unabhängiger Seiten handelte, die einander ihre Einhaltung garantierten („reciproca sponsio“). Die Verbindung Königlich-Preußens mit Polen bezeichnete er also als „unio“, „unio subiectionis“ oder „unio iurium“. Die preußische Provinz sollte nur durch die Person des Königs mit Polen verbunden sein. Die inhaltliche Analyse des Inkorporationsprivilegs steht aber einer solcher Interpretation entgegen.

In Art. 5 dieses Privilegs stellte nämlich der polnische König ausdrücklich fest: „terrasque et dominia predicta regno Polonie reintegramus, reunimus, inveisceramus et incorporamus“.[10] Es wäre übrigens sehr unwahrscheinlich gewesen, daß der durch einen Krieg mit dem Deutschen Orden bedrohte Preußische Bund, sogar bei für ihn günstiger strategischer Lage, sich ausschließlich mit dem polnischen König hätte verbinden wollen. Dies wäre doch eine sehr kurzsichtige Politik gewesen. Andererseits hatten aber die im Preußischen Bund konföderierten preußischen Stände den Kampf gegen den Deutschen Orden eben mit der Absicht aufgenommen, die Macht im Lande zu übernehmen und nicht dazu, sie in die Hände der Beamten des polnischen Königs zu geben. Deswegen hatten sie alles Mögliche getan, um die Inkorporation Preußens an Polen deutlich abzuschwächen.

So kommen wir zur Charakteristik der Grundsätze der inneren Beziehungen in Königlich-Preußen, die im Inkorporationsprivileg formuliert wurden. In Art. 10 wurde festgelegt, daß alle Ämter, Würden, Burgen und Tenuten ausschließlich an Indigene zu verleihen seien. In Art. 11 wurde wiederum betont, daß der König alle die preußische Provinz betreffenden wichtigen Angelegenheiten („omnia causas notabiles“) zusammen mit Vertretern der preußischen Stände entscheiden sollte.

Aus den genannten und anderen Artikeln des Inkorporationsprivilegs ergab sich der besondere Status Königlich-Preußens, den man wie folgt zusammenfassen kann:

1. Es wurde der Grundsatz der territorialen Unantastbarkeit des Landes angenommen (das Land bildet ein Ganzes und es sollte nicht aufgeteilt werden, Art. 12).

2. Ämter und Würden sollten nur an Indigene, d. h. Preußen, verliehen werden (Art. 10).

3. Es wurde die eigenständige Rechtsprechung garantiert (Art. 13).

4. Es wurde der Grundsatz akzeptiert, daß neue Steuern nur im Einvernehmen mit den preußischen Untertanen eingeführt werden dürften. Zu-

---

[10] Związek Pruski ... (Anm. 4), S. 177.

gleich wurden manche bisher geltenden Steuern und Zollgebühren aufgehoben (Art. 8, 9, 10).

5. Es wurden bestimmte Entscheidungen hinsichtlich des Geldes sowie des Maße-und Gewichte-Systems festgelegt. Danzig und Thorn erhielten die Genehmigung zur Prägung einer besonderen Münze (Art. 14).

In dem Statut waren aber auch zwei wichtige Punkte, die von der geplanten engeren Verbindung der preußischen Provinz mit der Krone Polen zeugten, nämlich:

1. Die Zuerkennung aller Freiheiten an die Preußen, die ihrerseits den Polen das Recht zustanden, insbesondere an der Wahl und der Krönungszeremonie der polnischen Könige teilzunehmen (Art. 5).

2. Die Garantie des freien Warenumlaufs und die Aufhebung der Zollgrenzen zwischen Preußen und Polen (Art. 16).

Das Statut Königlich-Preußens gestaltete die allgemeinen Rahmenbedingungen der politischen Verfassung dieses Landes. Vom Funktionieren dieses Systems hing indes entscheidend die politische Praxis ab. Sehen wir sie uns näher an.

Königlich-Preußen erhielt äußere Merkmale, die es von den übrigen polnischen Provinzen unterschieden. Es besaß seit 1454 sein eigenes Wappen.[11] Die preußische Provinz erhielt auch ihr eigenes Landessiegel. In den Jahren 1503-1772 wurde dieses Siegel beim Stadtrat Elbings aufbewahrt und gehütet.[12] Königlich-Preußen hatte ein gesondertes Landesarchiv der preußischen Stände mit Sitz in Thorn gegründet.[13] Die Provinz prägte in den Münzstätten in Thorn, Danzig und Elbing ihre eigene Münze mit königlichem Wappen und Titel auf der einen und dem Stadtwappen auf der anderen Seite. Bis 1528 unterschied sich die preußische Münze im Münzfuß und Gewicht von derjenigen der Krone Polen.[14] Für die Autonomie Königlich-Preußens wesentlich war vor allem das Bestehen des gesonderten Preußischen Rats und der Ständetage, seit 1526 der Landtage (Generallandtage), die bis 1569 im Prinzip außerhalb des polnischen parlamentarischen Systems funktionierten. Die Zusammensetzung des Preußischen Rats hatte

11 *S. Mikucki,* Herb Pomorza Polskiego w świetle źrodeł, (Das Wappen von Polnisch-Pommern nach den Quellen), Tarnowskie Góry 1929. S. 17.

12 *J. Gerlach,* Elbląg strażnikiem pieczęci Prus Królewskich (1503-1772), (Elbing als Hüter des Siegels Königlich-Preußens [1503-1772]), in: Rocznik Elbląski, Bd. 2, Gdynia 1963, S. 97-139.

13 *I. Janosz-Biskupowa,* Archiwum Ziem Pruskich, (Archiv preußische Länder), Warszawa 1974, S. 79 f.

14 *M. Gumowski,* Poglądy Mikołaja Kopernika w sprawach monetarnych (Nikolaus Kopernikus' Ansichten in Münzangelegenheiten), Komunikaty Mazursko-Warmińskie, Nr. 4/102, Olsztyn 1968, S. 621-660.

sich am Anfang des 16. Jahrhunderts endgültig formiert. Es gehörten ihm an: Die Bischöfe von Kulm und Ermland (seit 1485), drei Wojewoden (von Kulm, Marienburg und Pommerellen), drei Kastellane (von Kulm, Elbing und Danzig), drei Unterkämmerer (von Kulm, Marienburg und Pommerellen) sowie Abgeordnete der drei großen preußischen Städte (Thorn, Elbing und Danzig) — in der Regel zwei aus jeder Stadt. Die elf geistlichen und adeligen Räte waren ständige Ratsmitglieder, wohingegen die städtischen Räte nichtständige Ratsmitglieder waren, da ihre Vollmachtgeber zu jeder Sitzung andere Abgeordneten schicken konnten. Es hatte sich aber der Brauch herausgebildet, daß oftmals diesselben Personen zu Sitzungen des Preußischen Rats geschickt wurden. Präsident des Preußischen Rats war seit Anfang des 16. Jahrhunderts der Bischof von Ermland. Unmittelbar nach der Gründung der Provinz Königlich-Preußen gab es noch das Statthalter-Amt, das aber schon im Jahre 1467 abgeschafft wurde.[15]

Hier drängen sich weitere Fragen auf. Wenn Königlich-Preußen eine autonome Provinz eines großen Organismus, d. h. Polens bildete, wie waren dann die Kompetenzen zwischen dem Machtzentrum (König, Senat und Sejm) und der Provinz aufgeteilt? Welche Funktionen erfüllten preußische Machtorgane?

Vor allem muß man feststellen, daß die Außenpolitik in den Händen des polnischen Königs und des Rats der Krone lag. Die Innenpolitik war dagegen in der behandelten Zeit das Wirkungsgebiet des Preußischen Rats und des Landtags. Sie umfaßte alle Bereiche des öffentlichen und wirtschaftlichen Lebens der Provinz. Der Preußische Rat, später Senat genannt, war das Verwaltungsorgan, das de facto in der Provinz regierte. Er bildete eine Art „Regierung“ der Provinz und war auch die höchste Gerichtsinstitution. Der preußische Landtag dagegen erfüllte Funktionen der gesetzgebenden Gewalt. Er erließ Steuern, kodifizeirte Gesetze, reformierte die Münze, bestimmte die Richtlinien der Landesverteidigung usw. Die Funktionen des Rats und des Landtags kann man nicht präzise unterscheiden, denn der Rat bildete zugleich die erste Kammer des Landtags.

Welche Kompetenzen hatte nun der König und das Zentrum der Staatsmacht überhaupt? Nur dem Anschein nach waren diese Kompetenzen illusorisch, denn der König hielt in seinen Händen große Trümpfe. Er ernannte nämlich Beamte und verlieh Landgüter. Man muß hier aber hinzufügen, daß die königliche Macht bei Verteilung der Ämter nicht nur durch den Grundsatz des preußischen Indigenats oder durch den Rat polnischer Senatoren beschränkt war, sondern auch durch die aus Polen übernommenen Normen und Bräuche hinsichtlich der Reihenfolge der

---

15 *M. Bär,* Die Behördenverfassung in Westpreußen seit der Ordenszeit, Danzig 1912, S. 31 f.

Beförderungen. Auch die Entsendung der Abgeordneten durch den König als seine Vertreter auf die preußischen Landtage könnte von weitgehender Unabhängigkeit dieses Organs zeugen, doch der König verfuhr ähnlich gegenüber anderen provinziellen Landtagen in Polen. In den Händen des Königs blieben schließlich die Organisation der Landesverteidigung und der Finanzen. Seit 1506 hatte Königlich-Preußen seinen eigenen Schatzmeister, doch er wurde vom König ernannt und war ihm verantwortlich.[16]

Das skizzierte Bild der Autonomie der preußischen Provinz ist notwendigerweise statisch. Doch in den Jahren 1466-1569 vollzogen sich hier dynamische Umwandlungen. Die Eingliederung Königlich-Preußens in Polen im Jahre 1466 führte keinesfalls automatisch zur Integration und Unifikation dieser Gebiete mit den übrigen polnischen Ländern. Die Preußen, denen im Inkorporationsprivileg die Verwaltung ihres Landes garantiert wurde, strebten die ganze Zeit über nach Konsolidierung und sogar Erweiterung des Partikularismus und nach der Autonomie dieses Landes. Die Herren der Krone Polens entwickelten dagegen ein Programm weitgehender Integration und Unifikation. Dieses Programm wurde nicht immer vom polnischen König und von den Ständen der Krone mit gleicher Intensität realisiert. Für den polnischen König war es später bequemer, direkt mit den preußischen Ständen über Geldangelegenheiten zu verhandeln und die Stände der Krone in diese Verhandlungen nicht einzuweihen.

Auf welche Grundlagen stützten sich die zwei unterschiedlichen Konzeptionen betreffs der Zukunft Königlich-Preußens? Die polnische Krone nahm den Inhalt des Inkorporationsprivilegs wörtlich und meinte, der Zuerkennung gleicher Rechte und Freiheiten an die Preußen sollten gleiche Lasten folgen. Sie müßten also, ebenso wie die Polen, Steuern zahlen und Militärdienst leisten. Anders sahen es die Preußen, die ihre Steuern nur für Bedürfnisse ihrer Provinz verwendet sehen und mit ihnen den König nur bei außerordentlichen Angelegenheiten unterstützen wollten. Militärdienst wollten sie nur innerhalb der Grenzen Königlich-Preußens und nicht in den östlichen oder südlichen Grenzgebieten der Republik Polen leisten. Diese Haltung könnte man vom Standpunkt der Interessen des polnischen Staates als egoistisch bezeichnen. Wenn man aber die glücklicherweise erhaltenen Beratungsprotokolle der preußischen Stände liest (die ganze Sammlung von den ältesten Zeiten bis zum Jahre 1773 umfasst 244 Bände und stellt europaweit eine einzigartige Quelle dar)[17], so muß man feststellen, daß die Preußen in dieser Provinz ungewöhnlich fürsorglich und wirtschaftlich tüchtig waren. Die preußischen Provinz war in dieser Hinsicht ein Vorbild

16 *J. Deresiewicz,* Z przeszłości Prus Królewskich. Skarbowość Prus Królewskich od r. 1466-1569, (Aus der Geschichte Königlich-Preußens 1466-1569), Poznań 1947, S. 13 f.

17 *J. Małłek,* Dwie części Prus (Zwei Teile Preußens). Olsztyn 1987, S. 67.

für andere polnische Provinzen. Die weitreichende preußische Selbstverwaltung erfüllte, vom Gesichtspunkt der Interessen dieser Provinz her gesehen, einen positiven Zweck.

In der Geschichte der Autonomie Königlich-Preußens kann man zwei Abschnitte unterscheiden: die Jahre 1466 - 1526 und 1526 - 1569. Im ersten Abschnitt erfolgte die Bekräftigung und Erweiterung der Autonomie dieser Provinz und in der zweiten ihre Aufrechterhaltung und später eine deutliche Beschränkung, sanktioniert durch die Beschlüsse der Lubliner Union aus dem Jahre 1569.

Betrachten wir nun den Kampf des polnischen Zentralismus gegen den preußischen Partikularismus. In den Jahren 1466 - 1526 kann man zwei Phasen dieses Ringens unterscheiden. Die erste Phase fiel in die Herrschaftszeit von Kasimir Jagiello bis 1492 und die zweite in die Herrschaft seiner Söhne Johann Albrecht, Alexander und Sigismund I. Alle diese Herrscher verfolgten ähnlich Ziele, doch war ihre Taktik unterschiedlich. Sie griffen zum Komprmiß, zur Geduld und zur Milde.

Unter vielen umstrittenen Problemen war die Verleihung von Ämtern und Gütern das wichtigste. König Kasimir Jagiello hatte vom Deutschen Orden 50,9 % des Königlich-Preußischen Territoriums übernommen. 38,5 % davon waren urbare Gebiete[18]. Laut Artikel 10 der Inkorporationsurkunde sollte der König diese Güter nur an Preußen verleihen. Der König hielt sich aber nicht immer an diese Vorschrift und verlieh auch diese Güter am liebsten an Polen aus dem Kronland. Dies stieß auf vehemente Proteste in Preußen, worauf der König entgegnete, er tue es nur deswegen, weil er infolge des Krieges gegen den Deutschen Orden um Preußen „bis aufs Hemd" verschuldet sei. Unter den preußischen Indigenen gäbe es keine Leute mit genug Geld für die Übernahme der königlichen Güter in Pacht[19]. Das war nur die halbe Wahrheit. Denn dem König lag viel an der Schwächung der preußischen Opposition und er konnte in dieser Hinsicht gewisse Erfolge verzeichnen. Es war ihm nämlich gelungen, 17 Starosteien in die Hände von Nichtindigenen zu übergeben und nur 13 waren in den Händen der Einheimischen geblieben[20]. Dies führte zum Dualismus in der Verwaltung dieser Provinz. Neben der ständischen Verwaltung erschien die königliche. Auf die Folgen dieser autokratischen Politik der Königs brauchte man nicht lange zu warten. Die preußischen Stände schlossen im Jahre 1485 eine

---

18 *M. Biskup,*, Atlas historyczny Polski. Prusy Królewskie w II połowie XVI w. (Historischer Atlas Polens. Königlich-Preußen in der 2. Hälfte des 16 Jh.), Warszawa 1961, S. 58.

19 Akta Stanów Prus Królewskich, (Akten der Stände Königlich-Preußens), Bd. I, hrsg. v. K. Górski / M. Biskup, Toruń 1955, Nr. 200 S. 342.

20 *K. Górski,* Starostowie malborscy w latach 1457 - 1510 (Die Marienburger Starosten in den Jahren 1457 - 1510), Toruń 1960, S. 62.

Konföderation zur Verteidigung ihrer Interessen. Die Söhne von Kasimir Jagiellone hatten aus der effektvollen, doch nicht effektiven Politik ihres Vaters Schlußfolgerungen gezogen. Sie hatten festgestellt, daß es günstiger sein würde, die Preußen durch schrittweise Einbeziehung in die Arbeit des königlichen Rats und des polnischen Sejms für die allgemeinpolnischen Angelegenheiten zu gewinnen, als sie in Preußen aus den Ämtern zu verdrängen. In Letzterem war es der polnischen Seite gelungen, gewissen Fortschritte zu erreichen. Die preußischen Konstitutionen aus den Jahren 1506 und 1511, Landes-Ordnungen genannt, regelten gesetzlich die Besetzung der Marienburger Starostei. Nach diesen Ordnungen sollte der König, um gute Beziehungen Königlich-Preußens mit der Krone zu erhalten, den Marienburger Starosten aus Indigenen der Krone und Preußens im Einvernehmen mit dem Senat der Krone und dem Preußischen Rat ernennen[21]. Dies war schon ein Bruch im preußischen Indigenat. Generell bedeutete jedoch eine solche Politik zumindest den vorrübergehenden Verzicht auf die Pläne, die preußische Autonomie zu liquidieren. Die von Sigismund I. im Jahre 1526 erlassenen „Constitutiones Sigismundi“ für die preußische Provinz erhielten Vorschriften über reguläre Sitzungen des Generallandtages zweimal im Jahr, und was noch wichtiger war, über die obligatorische Einberufung der Wojewodschaftslandtage vor dem Generallandtag, auf denen die Abgeordneten gewählt werden sollten[22]. So hatte sich das parlamentarische System Königlich-Preußens herausgebildet und deshalb hat das Datum 1526 so große Bedeutung für die Geschichte dieser Provinz. Der Landtag Königlich-Preußens blieb weiterhin in loser Verbindung mit dem parlamentarischen System der Krone Polen, obwohl seine neue Gestalt an die Muster aus der Krone anknüpfte. Manche polnischen Historiker (J. Bardach) sprechen sogar vom „Preußischen Sejm“, doch ist diese Bezeichnung zumindest diskutabel.

In der nächsten Etappe der Geschichte der preußischen Autonomie, d. i. in den Jahren 1526-1569, kann man wiederum zwei Phasen unterscheiden. In der ersten, bis 1562, können wir die bereits früher aufgetretenen preußisch-polnischen Streitigkeiten beobachten. In der zweiten dagegen den erfolgreichen Versuch der Krone, die besondere Stellung der preußischen Provinz aufzuheben. Unter Sigismund dem Älteren war die Integration Königlich-Preußens mit der Krone noch nicht weit fortgeschritten. Wie damals verstieß der König oft gegen den Grundsatz des preußischen Indigenats und verlieh Starosteinen und hohe Ämter an Kandidaten aus der Krone. Seine Erfolge beschränkten sich jedoch nur darauf. Viel gefährlicher für die Autonomie der preußischne Provinz war das Auftreten eines neuen politischen Faktors in diesem Lande, der Adelspartei. Der preußische Adel

---

[21] *J. Deresiewicz,* Prus (Anm. 16), S. 32.

[22] *O. Balzer,* Corpus iuris Polonici, Bd. IV, Kraków 1910, Nr. 78. S. 285-286.

hatte noch nicht eine dem polnischen Adel vergleichbare Position erreicht, doch nahm er sich ihn zum Vorbild. Sein Ziel konnte er nur dann erreichen, wenn es zum Zusammenbruch der preußischen Oligarchi (des preußischen Rats) in der Provinz kommen würde. Dies konnte nur durch Aufhebung der Autonomie Preußens erreicht werden. Vorrübergehend überwogen die partikularen Bestrebungen im preußischen Adel über das ständische Solidaritätsgefühl mit dem polnischen Adel. Als Sigismund II. August im Jahre 1548 die Herrschaft in Polen übernahm, forderte er auf fast jedem preußischen Landtag neue Steuern und er rief zur aktiven Beteiligung an der Landesverteidigung auf. Die Stände aus der Krone forderten dagegen die Beteiligung der preußischen Stände an den Sitzungen des Sejms der Krone. In der Regel verweigerten die preußischen Stände dem König die Steuern nicht, doch sie betonten, daß sie dies für ihn persönlich täten. Aufforderungen zur Landesverteidigung sowie zur Beteiligung an den Sitzungen der gesetzgebenden Körperschaft blieben aber ohne Echo. Die Preußen erklärten nämlich, daß derjenige, der Ratschläge erteilt, auch wirken sollte.

So blieb es bis zum Jahre 1562, als Sigismund August sein Programm der Reform des polnischen Staates, die sog. Revision der Rechte (darunter auch der Güter) zu realisieren begann. Durch Ausweitung dieses Programms auf Königlich-Preußen wurde die rechtliche Autonomie dieser Provinz verletzt. In Wirklichkeit bedeutete dies, daß manche preußischen Magnaten diejenigen Güter, die ihnen früher vom König verliehen worden waren, zurückgeben mußten. Diese Entscheidungen des Königs trafen im allgemeinen auf Zustimmung des preußischen Adels, der hoffte, er werde sich von den überhohen Steuern befreien können. Der weitere Schritt stellte keine Probleme mehr. Am 16. März 1569 erließ Sigismund August ein Dekret, durch das die preußischen Senatoren gezwungen wurden, im Senat der Krone, und der preußische Adel im Sejm der polnischen Republik Platz zu nehmen. Nur die großen preußischen Städte (Thorn, Elbing und Danzig) wurden — trotz der ursprünglichen Pläne, sie in den Senat der Krone einzuführen — infolge ihrer oppositionellen Haltung bei der damals realisierten parlamentarischen Union zwischen Königlich-Preußen und der Krone nicht berücksichtigt.[23] Die Verkündigung des Unionsdekrets vom Jahre 1569 hob die preußische Autonomie nicht ganz auf. Der Prozeß der Verschmelzung Königlich-Preußens mit dem polnischen Staatsorganismus und der Gesellschaft dauerte mehrere Jahrzehnte. Im Jahre 1581 wurde die preußische Provinz in das polnische Steuersystem mit einbezogen und seit 1585 wurde das Tribunal der Krone Petrikau zu ihrem Appelationsgericht.[24] Am ungünstigsten für die preußische Autonomie war die Abschwä-

---

[23] *J. Małłek,* Częśi (Anm. 17), S. 77.

[24] *Ders.,* Preußen und Polen. Politik, Stände, Kirche und Kultur vom 16. bis 18. Jahrhundert, Stuttgart 1992, S. 110-111.

chung des Ranges des preußischen Landtags. Der preußische Adel fuhr immer seltener zum preußischen Landtag und legte immer größeres Gewicht auf die Teilnahme an den Sejmsitzungen. Von der ehemaligen preußischen Autonomie war das preußische Indigenat geblieben, doch in sehr beschränkter Form. Es war immer leichter, dieses Indigenat zu erlangen. Immer öfter stellte man das Possesjonat (Besitz von Gütern in Königlich-Preußen) dem Indigenat gleich. Im Jahre 1611 war auch diese Restinstitution durch formale Aufhebung bedroht.[25]

Dieses Kräfteverhältnis zwischen dem Machtzentrum und der preußischen Provinz blieb im Grunde bis 1772, als Friedrich der Große in der ersten Teilung Polens Königlich-Preußen an das preußische Königreich anschloß.

Am Anfang meines Referates habe ich gesagt, daß ich zum Abschluß kurz auf den „östlichen Teil“ Preußens, also auf Ordenspreußen, das seit dem Krakauer Vertrag von 1525 das Herzogtum Preußen bildete, zu sprechen komme. Die Geschichte des herzoglichen Preußens verlief etwas anders als die Königlich-Preußens. Es wurde nicht endgültig an Polen angeschlossen, doch blieb es als polnisches Lehen unter polnischem Einfluß. Schon in anderen Abhandlungen habe ich betont,[26] daß das Jagiellonen-Polen, als es das Herzogtum Preußen in die Hände der Hohenzollern übergab, eine weitergehende politische Konzeption verfolgte. Im Falle des Herzogtums Preußen hätte das nach dem Tod Albrecht Friedrichs im Jahre 1618 Früchte tragen können. Versuche, diese Konzeption zu realisieren, wurden 1566 unternommen. Der Krakauer Vertrag wurde damals gewissermaßen „novelliert“. Die Möglichkeit des Herzogs, eigene Außenpolitik zu führen, wurde deutlich eingeschränkt. Er hatte kein Recht, abzudanken oder Verträge ohne Einwilligung des Königs und der preußischen Stände zu schließen. Es wurde auch eine Vorschrift eingeführt, die den Einwohnern des Herzogtums das Recht auf Appelationen gegen die herzoglichen Urteile beim polnischen König zuerkannte.[27] Wäre das Herzogtum Preußen an Polen angeschlossen worden, dann hätte es sich höchstwahrscheinlich für die Form der Autonomie ausgesprochen, um deren Erhaltung die Stände aus Königlich-Preußen gekämpft hatten. Die Geschichte verlief aber anders, denn im Unterschied zu Königlich-Preußen endete die Integrationspolitik gegenüber dem Herzogtum Preußen mit einem Mißerfolg, der in den Verträ-

---

25 *H. Bitzer,* Die Politik der westpreußischen Stände 1604-1618, Phil. Diss., Freiburg i. Br. 1949-1953. S. 83.

26 *J. Małłek,* Prusy Książęce a Prusy Królewskie w latach 1525-1548 (Das Herzogtum Preußen und Königlich-Preußen in den Jahren 1525-1548), Warszawa 1976. S. 263-264.

27 *Ders.,* Ustawa o rządzie Prus Książecych z r. 1542 (Gesetz über die Regierung im Herzogtum Preußen vom Jahre 1542). Toruń 1967, S. 197.

gen von Welau und Bromberg aus dem Jahre 1657, durch die dem Kurfürsten Friedrich Wilhelm die Souveränität zuerkannt wurde, deutlich zum Ausdruck kommt.

Wie ich bereits am Anfang ausführte, war Polen und seit 1569 die „Republik beider Nationen“ (der Polen und Litauer) in öffentlich-rechtlicher Hinsicht ein größtenteils einheitliches Land. Es existierte jedoch an ihren Grenzen ein Kreis von Territorien, die sich ihr anschlossen oder die Polen sich anschließen wollte. Dabei handelte es sich nicht nur um das Herzogtum Preußen, das im Jahre 1525 den Huldigungseid abgelegt hatte, sondern zuvor wurde schon Masowien seit Mitte des 15. Jahrhunderts schrittweise angeschlossen. Dieser Inkorporationsprozeß wurde in den Jahren 1526 und 1529 abgeschlossen. Auch das Lauenburger und das Bütttower Land, die 1526 den westpommerschen Herzögen Georg I. und Barnim XI. verliehen wurden, waren für kurze Zeit (1637 - 1657) in eine Verbindung mit Polen gebracht worden. An der südlichen Grenze waren es die Piasten-Herzogtümer von Zator und Oświęcim, die in den Jahren 1562 - 1564 angeschlossen wurden. Im Nordosten war es das nach dem Muster des Herzogtums Preußen im Jahre 1561 gebildete kurländische Lehen. An Polen und Litauen wurde der Rest Livlands mit Riga und dem Rigauer Erzbistum nach dem Modell Königlich-Preußens angeschlossen.

Königlich-Preußen nahm in seiner länger als 100 Jahre dauernden Geschichte als eine autonome Region an der Entwicklung von Systemen und politischen Lösungen teil, die auch in anderen Regionen und Provinzen, die unter die Herrschaft Polens und seit 1569 der polnischen Adelsrepublik gerieten, eingeführt wurden.

Das Herzogtum Kurland 1561 - 1795

Von Erwin Oberländer, Mainz

I.

Polen-Litauen war im 16. Jahrhundert unter den letzten beiden Jagiellonen Sigismund I. und Sigismund II. August einer der größten Staaten Europas und zweifellos die bedeutendste politische und militärische Macht in Osteuropa. Als Konkurrent trat allerdings schon seit der Mitte des 15. Jahrhunderts immer deutlicher das Großfürstentum Moskau hervor. Und so war es auch Zar Ivan IV., der Schreckliche, der 1558 mit einem Angriff gegen das durch innere Streitigkeiten geschwächte Livland danach trachtete, allen Konkurrenten um das Erbe dieses strategisch äußerst günstig gelegenen Staatsgebildes mit seinen florierenden Handelshäfen Riga und Reval zuvorzukommen. Der Angriff traf Livland unvorbereitet; und da Hilfe vom Reich gar nicht und von Schweden nicht im gewünschten Umfang zu bekommen war, schlossen die beiden wichtigsten Landesherrn Livlands, der Landesmeister des Deutschen Ordens und der Erzbischof von Riga, schon 1559 Schutzverträge mit dem polnischen König Sigismund II. August. Doch der polnische Adel lehnte eine Auseinandersetzung mit Moskau um Livland ab, der polnische Reichstag verweigerte den Verträgen die notwendige Zustimmung. Als jedoch die Russen im August 1560 das letzte Ordensheer vernichtet hatten und die Ritterschaft Nordestlands im Juni 1561 bereits dem schwedischen König gehuldigt hatte, waren es vor allem die Litauer, die sich von einem weiteren Vordringen der Russen unmittelbar bedroht fühlten und den König zur Unterstützung der Livländer drängten. Voraussetzung jeder Hilfe aber war ein engerer Anschluß Livlands an Polen-Litauen, der auch vom livländischen Adel ausdrücklich gebilligt wurde, bot Polen als voll ausgebildete Adelsrepublik doch die beste Gewähr für Erhalt und Mehrung der Adelsprivilegien.[1]

---

[1] Vgl. *J. Olewnik*, Inflanty w polityce Polski, Litvy i Prus Książęcych w latach 1556 - 1561, Dissertation Toruń 1983; zur Entwicklung der staatsrechtlichen Beziehungen *E. Tarvel*, Stosunek prawnopaństwowy Inflant do Rzeczypospolitej. Obraz ich ustroju administracyjnego w latach 1561 - 1621, in: Zapiski Historyczne 34 (1969), 49 - 77. — Zur weiteren Entwicklung des Verhältnisses zwischen Adel und König *Henryk Olszewski*, Über die Träger der Souveränität in Polen in der Ära der Wasa-Könige 1587 - 1668, in: Jahrbücher für Geschichte Osteuropas 36 (1988), 493 - 503.

Das Ergebnis der Verhandlungen waren die Unterwerfungsverträge vom 28. November 1561, denen zufolge der Orden in Livland aufgelöst und die Teilung des Landes festgelegt wurde: Das „überdünische“, also nördlich der Düna gelegene Gebiet wurde dem König als Großfürst von Litauen unter Wahrung der ständischen Privilegien der deutschen Oberschicht direkt unterstellt. Der ehemalige Ordensbesitz südlich der Düna wurde dagegen in das erbliche polnische Lehnsherzogtum Kurland und Semgallen umgewandelt, mit dem der letzte Landesmeister des Deutschen Ordens, der aus Westfalen stammende Gotthard Kettler, belehnt wurde. Diese Ausstattung blieb weit hinter den Erwartungen Kettlers zurück, wie der von ihm während der Verhandlungen mit dem litauischen Kanzler Nikolaus Radziwiłł gelegentlich geführte Titel „Princeps Livoniae“ verriet; er hatte offenbar gehofft, ganz Livland mit der Hauptstadt Riga als Lehnsherzogtum zu erhalten. Dies hätte zweifellos auch dem Gedanken der Einheit Altlivlands entsprochen, der sich trotz der Zersplitterung des Landes in zahllose Territorialherrschaften in der gesamten privilegierten zugewanderten Schicht, also unter den Deutschen, allmählich durchgesetzt hatte und auch im Herzogtum Kurland noch lange nachgewirkt hat.

Mit rund 21000 qkm (ohne das Stift Pilten und das an Preußen verpfändete Amt Grobin) war das Herzogtum Kurland um ein Drittel kleiner als das heutige Belgien; die damalige Bevölkerung wird auf 120000 - 160000 geschätzt. Die Karte zeigt die geographisch, politisch und militärisch äußerst ungünstige Lage; die Düna-Grenze im Norden bot ebenso wenig Schutz wie die völlig offene Grenze mit Litauen, deren genauer Verlauf überdies Anlaß zu ununterbrochenen Streitigkeiten mit dem südliche Nachbarn bot. Angesichts derart offener Grenzen verwundert es nicht, daß Kurland von den Kriegen seiner übermächtigen Nachbarn immer wieder in Mitleidenschaft gezogen wurde; die schlimmsten Verwüstungen, die von Hungersnöten und Epidemien begleitet waren, hinterließen der schwedisch-polnische Krieg 1617 - 1629, der erste Nordische Krieg 1655 - 1660 und dann vor allem der Große Nordische Krieg Rußlands gegen Schweden 1700 - 1721, nach dem es fast ein halbes Jahrhundert dauerte, bis sich Kurland von den Folgen wieder erholt hatte. Trotzdem erwies sich das Herzogtum wirtschaftlich als durchaus lebensfähig, ja die merkantilistische Politik seines fähigsten Herzogs Jakob (1642 - 1681) führte sogar zu einer ausgesprochenen wirtschaftlichen Blüte, deren Früchte allerdings schon durch die schwedische Besetzung von 1658 - 1660 weitgehend zunichte gemacht wurden.

Trotz dieser auf den ersten Blick eher freudlosen Existenzbedingungen eines politisch wenig bedeutenden Kleinstaates im Nordosten Europas nimmt das Herzogtum Kurland hinsichtlich seiner äußeren und inneren Entwicklung — deutsche Adelsrepublik mit monarchischer Spitze, lettische Bauern als Träger der Agrarwirtschaft, polnischer Lehnsherr und russische

Zaren als Garanten der Ständeherrschaft — in der Geschichte der deutschen und europäischen Territorialherrschaften eine gewisse Sonderstellung ein, die Aufmerksamkeit verdient. Überdies lassen sich am Beispiel dieses territorial und hinsichtlich der Bevölkerung gut überschaubaren Herzogtums zentrale Vorgänge der frühneuzeitlichen Geschichte auf engstem Raum verdeutlichen. Dies gilt vor allem für die Konkurrenz von Herzogsgewalt und Ständeherrschaft, für die wirtschaftliche und politische Rolle des Merkantilismus, für die Veränderungen in der Agrarwirtschaft und die damit verbundene Verschärfung der bäuerlichen Abhängigkeit oder etwa für die soziale und ökonomische Stellung der jüdischen Bevölkerung in einem rein agrarisch bestimmten Kleinstaat mit kaum entwickeltem Städtewesen.[2]

Auch wenn die Geschichte Kurlands stets nur als Ganzes zu betrachten ist, ergeben sich aus der Sicht der beteiligten Völker und Staaten doch unterschiedliche Schwerpunkte. Unter dem Gesichtspunkt der lettischen Geschichte steht vor allem das Schicksal der die überwältigende Mehrheit bildenden lettischen bäuerlichen Bevölkerung im Vordergrund. Sie besaß im Herzogtum zwar keinerlei politische Rechte, aber auf ihrer Arbeitskraft beruhte die wirtschaftliche und damit auch die politische Macht des Herzogs und des Adels. Herzog und Adel aber waren Deutsche, die die politisch und wirtschaftlich maßgebende Oberschicht stellten. Den aus deutscher Sicht interessantesten Aspekt bildet zweifellos der Dualismus zwischen Herzog und Ritterschaft, der die gesamte Geschichte des Herzogtums prägte und mit dem vollständigen Sieg der Ständeherrschaft in Gestalt einer Adelsrepublik endete, die in dieser extremen Ausprägung in der deutschen Verfassungsgeschichte ihresgleichen sucht. Um so mehr erstaunt es, daß das Herzogtum Kurland in der jüngeren Ständediskussion, die ja gerade der Rolle der ständischen Verfassung und überhaupt dem Ständewesen bei der Herausbildung moderner Staatlichkeit erhöhte Bedeutung zumißt, bisher keinerlei Beachtung gefunden hat.[3]

---

2 Diese und andere Themen stehen im Mittelpunkt eines gemeinsamen Forschungsprojekts des Instituts für osteuropäische Geschichte der Universität Mainz, des Instituts für lettische Geschichte der Akademie der Wissenschaften Lettlands und der Fakultät für Geschichte und Philosophie der Universität Riga, das auf der Auswertung des „Archivs der kurländischen Herzöge" beruht. Die ersten Forschungsergebnisse enthält: *Erwin Oberländer / Ilgvars Misāns* (Hrsg.), Das Herzogtum Kurland 1561-1795. Verfassung, Wirtschaft, Gesellschaft, Lüneburg 1993.

3 Vgl. zuletzt *Peter Baumgart / Jürgen Schmädeke* (Hrsg.), Ständetum und Staatsbildung in Brandenburg-Preußen. Ergebnisse einer internationalen Fachtagung, Berlin / New York 1983; *Wolfgang Neugebauer,* Politischer Wandel im Osten. Ost- und Westpreußen von den alten Ständen zum Konstitutionalismus, Stuttgart 1992; hier bes. die Einleitung „Stände- und Ständeforschung zwischen Kontinuitätsproblem und Modernisierungsparadigma", 1-27; *Hartmut Boockmann* (Hrsg.), Die Anfänge der ständischen Vertretungen in Preußen und seinen Nachbarländern, München 1992.

Aus polnischer Sicht war das Herzogtum in erster Linie ein Zugeständnis an Kettler persönlich, der seit dem Einfall Ivans IV. stets eine polenfreundliche Politik verfochten hatte und dem im Kampf gegen die russische Invasion offenbar auch in Zukunft eine besondere Rolle zugedacht war. Fast vollständig von polnisch-litauischem Gebiet umgeben, war das Herzogtum leicht zu kontrollieren; seit Schweden 1621 / 29 das überdünische Livland erobert hatte, kam dem Herzogtum vor allem die Rolle eines Pufferstaates zu, die es nach 1721, als Rußland unmittelbarer Nachbar wurde, allerdings kaum mehr spielen konnte. Die in den Pacta Subiectionis und dem Privilegium Sigismundi Augusti 1561 festgelegten Vorgaben für die innere Ordnung des Herzogtums eröffneten dem polnischen König nur dann weitreichende Einmischungsmöglichkeiten, wenn es zu Auseinandersetzungen zwischen dem Herzog und dem Adel kam. Dies war vor allem zu Beginn des 17. Jahrhunderts, als Herzog Wilhelms absolutistische Tendenzen eine massive Adelsopposition hervorriefen, und zu Beginn des 18. Jahrhunderts der Fall, als der von Danzig aus regierende letzte Herzog aus dem Hause Kettler einen Verfassungskonflikt provozierte, da laut Formula Regiminis in Abwesenheit des Herzogs die Oberräte regieren sollten; in beiden Fällen gelang es dem König, die Gegensätze zwischen Herzog und Adel zur Ausdehnung seines Einflusses zu nutzen, freilich stets unter den wachsamen Augen des polnischen Adels, der jede Machterweiterung des Königs, auch auf dem Umweg über die Erweiterung seiner Rechte in den Lehnsfürstentümern, zu unterbinden wußte. Dieses Kräftedreieck mit dem Herzog als Landesherrn, mit dem kurländischen Adel und mit dem König von Polen als Oberlehnsherrn bestimmte die innere Entwicklung des Herzogtums Kurland entscheidend.

Im Verlauf des Großen Nordischen Krieges änderten sich die Machtverhältnisse im Nordosten grundsätzlich: Das Russische Reich stieg unter Peter dem Großen zur osteuropäischen Vormacht auf. Polen und mit ihm sein Vasall Kurland gerieten in eine ständig wachsende Abhängigkeit vom mächtigen Nachbarn, der durch die Eroberung Estlands und Livlands 1721 bis an die Grenzen Kurlands vorrückte und in Kurland offenbar ein lohnendes Ziel zur Abrundung seiner Ostseebesitzungen sah. Die Heirat Annas, einer Nichte Peters des Großen, mit Herzog Friedrich Wilhelm 1710 und dessen plötzlicher Tod Anfang 1711 eröffneten dem Russischen Reich weitreichende Einflußmöglichkeiten, die man in St. Petersburg entschlossen wahrnahm. Als die Familie Kettler 1737 ausstarb, unterstützte Anna, die inzwischen Kaiserin von Rußland (1730 - 1740) geworden war, den Widerstand des kurländischen Adels gegen die für diesen Fall im Unterwerfungsvertrag von 1561 vorgesehene Inkorporation des Herzogtums in den polnischen Staat. Sie nutzte die Gelegenheit, um ihren aus einer kurländischen Nobilistenfamilie stammenden Günstling Ernst Johann Bühren (Biron) zum neuen Herzog zu machen, womit sich der russische Einfluß auf

Kurland endgültig durchsetzte. Ernst Johann und dann sein Sohn Peter regierten das Herzogtum bis 1795. Die sich seit 1763 erneut verschärfenden Kontroversen zwischen dem Herzog und dem Adel lieferten der russischen Politik den gewünschten Vorwand, sich immer offener in die inneren Angelegenheiten des Herzogtums einzuschalten, das schließlich im Zuge der Dritten Teilung Polens mit teils freiwilliger, teils erzwungener Zustimmung des Adels zu einer Provinz des Russischen Reiches wurde. Es ist bemerkenswert und nur aus den jeweiligen politischen Umständen der Annexion heraus erklärbar, daß es der deutschen Oberschicht Gesamtlivlands sowohl 1561 als auch 1721 (Estland und überdünisches Livland) bzw. 1795 (Kurland) gelang, sich alle ihre Privilegien von dem jeweils neuen Oberherrn bestätigen zu lassen. Der Anteil der deutschbaltischen Bevölkerung, die in Estland, Livland und Kurland die adlige Oberschicht sowie die städtischen Ober- und Mittelschichten stellte, betrug 1795 6,6 %, der der adeligen Oberschicht allein 1 % der Gesamtbevölkerung.

II.

In den knapp zweieinhalb Jahrhunderten seiner Existenz blieb das Herzogtum Kurland zwar formal stets ein Lehnsherzogtum der Krone Polen, aber nur etwa 150 Jahre lang, nämlich bis zum Großen Nordischen Krieg, übte Polen den entscheidenden Einfluß aus. Bezogen auf diesen Zeitraum sollen im folgenden drei Probleme angesprochen werden, die im Rahmen unserer Fragestellung von besonderem Interesse sind: Das Lehnsverhältnis zwischen Kurland und Polen-Litauen; der innere Aufbau und die Herausbildung der Adelsrepublik im 16. und zu Beginn des 17. Jahrhunderts; und die merkantilistische Politik der Herzöge Jakob (1642 - 1681) und Friedrich-Kasimir (1682 - 1698) als ein letzter markanter Versuch zur Stärkung der Herzogsgewalt im Innern wie nach außen.

1. Das Vielvölkerreich Polen-Litauen hatte bei der Ein- und Angliederung von Territorien mit erheblich voneinander abweichenden Strukturen und fremder ethnischer Bevölkerung seit anderthalb Jahrhunderten ein hohes Maß an Flexibilität bewiesen, wobei ständische und regionale Traditionen der neu gewonnenen Gebiete z. T. über sehr lange Zeiträume hinweg erhalten blieben. Lehnsbindungen als Vorstufe zur vollständigen Inkorporation in den polnischen bzw. den polnisch-litauischen Staat hatten bereits seit dem 14. Jahrhundert eine Rolle gespielt; das bedeutendste Beispiel bildete das Herzogtum Masowien, das von 1355 bis 1529 Lehen der Krone Polen war, ehe es nach dem Aussterben der einheimischen Dynastie, aber selbst dann noch mit gewissen Sonderrechten, Polen eingegliedert wurde.[4]

---

[4] Vgl. *E. Maleczyńska,* Książęce lenno mazowiecki 1351 - 1526, Lwów 1929.

Das damals jüngste Beispiel bildete das Herzogtum Preußen, das 1525 das Erbe des aufgelösten preußischen Deutschordensstaates angetreten hatte und bis 1657 / 60 ebenfalls ein von der Krone Polen lehnsabhängiges Herzogtum war.

Wie im Krakauer Vertrag von 1525 mit dem letzten Hochmeister des Deutschen Ordens, Markgraf Albrecht von Brandenburg, wurde auch in den Kurland betreffenden Unterwerfungsverträgen, den Pacta Subiectionis — in Kurland auch „Provisio Ducalis" genannt —, festgelegt, daß das Lehen in dem Augenblick an die Krone Polen fallen sollte, in dem Herzog Gotthard bzw. seine Erben ohne männliche Nachkommen bleiben würden. Es handelte sich also aus polnischer Sicht um eine — wenn auch nicht befristete — Übergangsregelung, an deren Ende die vollständige Eingliederung in den polnisch-litauischen Staat stehen sollte. Im übrigen sollte der neue Herzog gleiche Rechte genießen und zum Lehnsherrn im gleichen Verhältnis stehen wie der Herzog von Preußen.[5] Danach war der Herzog nur zur Recognition und zur Heerfolge verpflichtet. D. h. jeder neue Herzog mußte um die Investitur nachsuchen, und bei jedem Thronwechsel in Polen war die Belehnung neu zu bestätigen. Der Roßdienst, der zunächst wegen der Erschöpfung des Landes ausgesetzt wurde, sollte später — wie in Preußen — hundert gerüstete Pferde umfassen, die nur innerhalb Kurlands einzusetzen waren; bei Verwendung außerhalb der Landesgrenzen war der König verpflichtet, entsprechenden Sold zu bezahlen. Das Münzregal des Herzogs wurde insofern eingeschränkt, als die kurländischen Münzen nach Gewicht und Wert den litauischen entsprechen und auf der einen Seite das Bild des Königs bzw. die Wappen des Reiches und des Großfürstentums Litauen und auf der anderen Seite das Bild des Herzogs bzw. dessen Wappen tragen sollten. Der König gab seinerseits ein umfassendes Schutz- und Hilfsversprechen ab, das für die Livländer aber insofern enttäuschend ausfiel, als es nur für die Person des Königs und das Großfürstentum Litauen galt; zwar versprach der König im Vertrag, auch die Zustimmung des polnischen Reichstags einzuholen, doch akzeptierte dieser 1562 / 63 die Unterwerfung der Livländer nicht, da er davon nur Lasten, aber keine Vorteile erwartete. Die Fortdauer des livländischen Krieges bis 1582 bestätigte seine Befürchtungen. Das Herzogtum Kurland wurde also 1561 nur mit der Person des Königs und dem Großfürstentum Litauen verbunden;

5 Pacta subiectionis inter Sigismundum Augustum Regem Poloniae, et Gothardum Magistrum Ordinis Theutonici . . . 28. Novembr. 1561, in: *Mathias Dogiel* (Hrsg.), Codex Diplomaticus Regni Poloniae et Magni Ducatus Lituaniae, Tomus V, in quo ut Universae Livoniae, ita speciatim Curlandiae et Semigalliae Ducatuum res continentur, Wilna 1749, 238-243. Der Krakauer Vertrag in: Die Staatsverträge des Herzogtums Preußen. Teil I: Polen und Litauen. Verträge und Belehnungsurkunden 1525-1657 / 58, (Veröffentlichungen aus den Archiven Preußischer Kulturbesitz, 4), bearb. von Stephan und Heidrun Dolezel, Köln / Berlin 1967, 12-30.

erst durch die von Herzog und Adel tatkräftig gefördert Inkorporation in die 1569 in Lublin begründete litauisch-polnische Union trat Kurland in ein engeres Verhältnis zum Gesamtreich.[6] Besondere Funktionen des Herzogtums im Rahmen der Union ergaben sich aber auch daraus nicht.

Die im ehemaligen Ordensterritorium herrschende innere Ordnung wurde durch die Unterwerfungsverträge nicht angetastet. Der König garantierte insbesondere die freie Religionsausübung nach der Augsburgischen Konfession, deutsche Obrigkeit, vor allem die Besetzung der Landesämter mit einheimischen Deutschen (Indigenat), sowie den Fortbestand der bisherigen Rechte, Lehen und Privilegien nach den „alten Gesetzen, Gewohnheiten und Gebräuchen". Ein direktes Appellationsrecht des Adels an den König wurde nicht gewährt; letzte Instanz war der Herzog bzw. in ganz wichtigen Fällen die „Allgemeine Versammlung der livländischen Stände". Rein formal waren mit den Pacta Subiectionis akzeptable Voraussetzungen für die Konstituierung des neuen Herzogtums und dessen weitgehende innere Unabhängigkeit geschaffen. Da der Herzog über den gesamten ehemaligen Ordensbesitz, d. h. zwei Fünftel des vorhandenen Grund und Bodens, verfügte, hatte er auch wirtschaftlich eine starke Stellung. Die Grundfrage bestand darin, wieweit es Herzog Gotthard gelingen würde, seine neue Autorität als Landesfürst auch gegenüber der Ritterschaft durchzusetzen.

2. Die livländische Ritterschaft war aber keineswegs untätig geblieben, sondern hatte König Sigismund schon während der Verhandlungen über die Unterwerfung darum gebeten, ihr alle ihre bisherigen Rechte, Freiheiten und Privilegien zu bestätigen und ihr zugleich auch jene Rechte zu übertragen, die die Adeligen im Königreich Polen genossen. Dies geschah mittels des „Privilegium Sigismundi Augusti" vom 28. November 1561, das für den gesamtlivländischen Adel „diesseits und jenseits der Düna" galt, also auch für Herzog Gotthard im Umgang mit seiner Ritterschaft verbindlich war.[7] Abgesehen von den Vorrechten, zu denen u. a. die freie Verfügungsgewalt über die aus der Ordenszeit stammenden Lehen, die volle Gerichtsbarkeit über die Gutsbauern oder die Abgabenfreiheit gehörten, wurde auch hier noch einmal ausdrücklich die freie Religionsausübung nach der Augsburgischen Konfession sowie deutsche Obrigkeit und deutsches Recht zugesichert, wobei alle Ämter nur mit „eingebornen und wohlbesitzlichen Personen" besetzt werden sollten. Als höchste Appellationsinstanz sollte ein Gericht in Riga fungieren, dessen Richter nach dem Indigenatsprinzip von der livländischen Ritterschaft auszuwählen waren und königlicher Bestätigung bedurften; diesem Gericht sollte es auch

[6] Incorporatio Ducatus Curlandiae et Semigalliae cum Regno Poloniae. 3. Augusti 1569, in: *Dogiel,* Codex (Anm. 5), 287-289.

[7] Privilegia Nobilitati a Sigismundo Augusto Rege, circa Subiectionem Universae Livoniae indulta, in: *Dogiel,* Codex (Anm. 5), 243-248.

gestattet sein, „in causis gravibus“ an den König zu appellieren; da dies Gericht nicht funktionierte, mußte der Herzog schon 1572 zugestehen, daß der Adel bei Streitigkeiten mit dem Herzog direkt an den König von Polen appellieren konnte, was dem König weiteren Machtzuwachs einbrachte.[8] Zum Roßdienst hieß es im Privilegium — offenbar mit Rücksicht auf die Verwüstung des überdünischen Livlands durch den seit 1558 andauernden Krieg —, daß er nur soweit zu leisten sei, wie es die Vermögensverhältnisse des einzelnen zuließen. Dies stand eindeutig im Gegensatz zu den Unterwerfungsverträgen, in denen z. B. vom Herzogtum Kurland das gleiche Kontingent wie vom Herzogtum Preußen gefordert wurde. Erst in der Bestätigungsurkunde König Stefan Bathorys für Herzog Gotthard von 1579 wurden dreihundert Reiter festgesetzt, von denen der Herzog ein Drittel übernahm.[9]

Diese Privilegien des Adels, die der König von Polen garantierte, stellten eine sehr weitgehende Begrenzung der herzoglichen Macht dar. Der Herzog besaß zwar die legislative Gewalt, aber mit der fundamentalen Einschränkung, die Adelsrechte nicht beseitigen zu können. Deren Bestätigung bzw. Gewährung zielte offenbar darauf ab, zwischen Herzog und Ritterschaft ein politisches Gleichgewicht herzustellen, da der Herzog wirtschaftlich unabhängig war und um Steuerbewilligungen nicht nachzusuchen brauchte. Abgaben wurden nur dann erhoben, wenn der König Subsidien forderte oder eine aufwendige Gesandtschaft auszurüsten war. Da der Herzog z. B. alle Verwaltungsbeamten des Herzogtums aus den Einkünften seiner Domänen bezahlte, wäre es ihm ein leichtes gewesen, eine von ihm persönlich abhängige Beamtenschaft aufzubauen, wenn es nicht die vom König garantierte Vorschrift gegeben hätte, wonach nur wohlbesitzliche Einheimische — sprich Adelige — zu Ämtern und Würden zugelassen werden durften. Die Herzöge suchten diese Vorschrift natürlich mit der Begründung zu umgehen, daß sie keine hinreichend gelehrten Männer unter ihren Rittern finden könnten und deshalb Ausländer, wozu auch Deutsche aus dem Reich zählten, heranziehen müßten.

Angesichts der bestehenden Machtverhältnisse konnten alle strittigen Fragen zwischen Herzog und Ritterschaft also nur gemeinsam geregelt werden. Daß dies unter Herzog Gotthard ohne große Auseinandersetzungen gelang, war einmal dem sehr zurückhaltenden Taktieren des Herzogs, vor allem aber dem gemeinsamen Interesse an einer schnellen Stabilisierung

8 Mitauischer Receß Anno 1572 den 10. Martii, in: *Friedrich Georg von Bunge / C. J. A. Paucker* (Hrsg.), Archiv für die Geschichte Liv-, Esth- und Curlands, Bd. II, Dorpat 1843, 213 - 222; hier 220.

9 Diploma Investitur a Gothardo Curlandiae et Semigalliae Duci, a Stephano Poloniae Rege de feudis. Ducalibus concessa. 4. Augusti 1579, in: *Dogiel,* Codex (Anm. 5), 300 - 303; hier 302 f.

des neuen Staatswesens zuzuschreiben, deren Dringlichkeit angesichts des andauernden livländischen Krieges wohl allen einleuchtete. Forum der gemeinsamen Beratungen war der sog. Landtag, der 1567 erstmals zusammentrat und der offenbar an die Tradition der livländischen Landtage seit dem frühen 15. Jahrhundert anknüpfte[10], auch wenn nach Säkularisation und Auflösung des Ordens nur noch ein politisch relevanter Stand übriggeblieben war, nämlich die Ritterschaft; nur sie war im Landtag des Herzogtums vertreten. Die gemeinsam mit dem Herzog verabschiedeten Landtagsschlüsse bzw. Rezesse bildeten zusammen mit den Pacta Subiectionis und dem Privilegium Sigismundi Augusti, das der Herzog 1570 in einer speziell auf Kurland zugeschnittenen Fassung — dem sog. Privilegium Gotthardinum[11] — noch einmal bestätigt hatte, die Grundgesetze des Landes. Trotz großer Anstrengungen seitens der herzoglichen Verwaltung ist es aber beispielsweise zur Abfassung eines Landrechts oder einer neuen Gerichtsordnung, die die Ritterschaft fast auf jedem Landtag zur Festigung der inneren Verhältnisse des Herzogtums forderte, vor 1617 nicht gekommen. Und 1617 war es dann nicht der Herzog, sondern der polnische König, der unter Aufhebung aller Landtagsrezesse seit 1567 eine Verfassung sowie ein Landrecht dekretierte, die aus dem Kondominium des Herzogs und des Adels endgültig eine Adelsrepublik mit monarchischer Spitze machten und die Einflußmöglichkeiten des Oberlehnsherrn erheblich erweiterten.

Wie war es dazu gekommen? In seinem letzten Testament von 1587 — seinem Todesjahr — hatte Herzog Gotthard die Nachfolge derart geregelt, daß er das Herzogtum seinen beiden Söhnen Friedrich und Wilhelm zur gemeinsamen Regierung hinterließ.[12] Eine Teilung des Herzogtums hatte er ausdrücklich ausgeschlossen, praktisch lief die Regelung aber darauf hinaus. Dies wurde in Polen mit Skepsis, vom kurländischen Adel mit ausgesprochenem Mißfallen aufgenommen. Der eigentliche Grund für die Verschärfung der Gegensätze zwischen den Herzögen und der Ritterschaft aber

---

10 Vgl. dazu *Ilgvars Misāns,* Livonijas Landtāgu organizacija un norise (Die Livländischen Landtage: Organisation und Ablauf), in: Latvijas Vēstures Institūta Žurnāls 1 (1992), 28-37 und ders., Ėvoljucija issledovanija srednevekovogo livonskogo landtaga v istoriografii XIX-XX v. (Die Entwicklung der Forschung zu den mittelalterlichen livländischen Landtagen in der Historiographie des 19.-20. Jahrhunderts), in: Germanija i Pribaltika 9 (1988), 4-14 sowie *Manfred Hellmann,* Der Deutsche Orden im politischen Gefüge Altlivlands, in: ZfO 40 (1991), 481-499, hier 496-498.

11 Des Herzogs Gotthardt Privilegium für den curländischen Adel, vom 22ten Junius 1570, in: *Christoph George Ziegenhorn,* Staats Recht der Herzogthümer Curland und Semgallen, Königsberg 1772 (Neudruck Hannover-Döhren 1973), Beylage Nr. 76, 85-87.

12 Text im Latvijas Valsts Vēstures Arhivs (Historisches Staatsarchiv Lettlands), Riga, Bestand 554, Register 1, Akte 39, Bl. 1-39. Vgl. auch *Norbert Angermann,* Das letzte Testament des Herzogs Gotthard von Kurland (1587), in: Nordost-Archiv 21 (1988), 81-100.

lag in der offensichtlichen Tendenz Herzog Wilhelms, die Herzogsgewalt auf Kosten der Adelsrechte zu stärken, ja ein absolutistisches Regiment aufzurichten. Sein offensichtliches Bestreben, den Roßdienst und die Güterrecognition — jeder neue Gutseigentümer mußte sich seinen Besitz vom Herzog bestätigen lassen und dabei den Eid auf die Landesherrschaft leisten — zur Disziplinierung des Adels zu benutzen, rief den massiven Widerstand des größten Teils der Ritterschaft hervor.[13] Je länger der Streit andauerte, umso mehr neigte der Adel dazu, beim König von Polen Rükkendeckung zu suchen. Herzog Wilhelm scheint die von dort drohende Gefahr unterschätzt zu haben. Das lag vor allem daran, daß er sich bei seinem Vorgehen vor allem an Markgraf Georg Friedrich von Brandenburg-Ansbach orientierte, der von 1572 - 1603 vormundschaftlich das Herzogtum Preußen verwaltet und dort unter Zurückdrängung der Stände ein straff obrigkeitliches Regiment durchgesetzt hatte.[14] Dabei hatte ihm aber der polnische König Stefan Bathory (1576 - 1586) aus persönlichen wie grundsätzlichen Erwägungen vollkommen freie Hand gelassen und alle Beschwerden der preußischen Stände über das Vorgehen des Markgrafen als unbegründet zurückgewiesen. Dies war von seinem Nachfolger Sigismund III. Wasa keineswegs zu erwarten; und falls Wilhelm darauf spekuliert hatte, daß Sigismunds Eingreifen in die Moskauer „Wirren" (Smuta) zwischen 1603 und 1613 dessen Aufmerksamkeit von anderen Reichsteilen ablenken würde, so hatte er nicht genügend in Rechnung gestellt, daß dann ja die adeligen Beamten des Königs die Geschäfte führten, die den Anliegen ihrer Standesgenossen stets Gehör schenkten. Als die Auseinandersetzungen in Kurland mit der Ermordung zweier Adliger, die auch noch in Diensten des polnischen Königs standen, durch Schergen Herzog Wilhelms ihren Höhepunkt erreichten[15], griff der polnische König scharf durch.

Nachdem eine königliche Untersuchungkommission ihren Bericht vorgelegt hatte, kam das Verfahren vor den Reichstag, der am 6. Mai 1616 Herzog Wilhelm, der gar nicht erst erschienen war, seines Titels und Lehens verlustig erklärte[16], Herzog Friedrich aber, der sich durch seine Räte verteidigen ließ, von allen Anklagen freisprach und ihm das ganze Herzogtum übertrug. Noch gravierender für die Zukunft des Herzogtums war die Entsendung einer zweiten Kommission, die eine Verfassung und ein Land-

---

[13] Vgl. dazu die unveröff. Magisterarbeit von *Martin Hübner,* Der Streit zwischen Adel und Herzog. Das Herzogtum Kurland 1561 - 1617. Universität Mainz 1991; eine Zusammenfassung enthält *Oberländer / Misāns,* Herzogtum (Anm. 2), 29 - 55.

[14] Dazu vor allem *Jürgen Petersohn,* Fürstenmacht und Ständetum in Preußen während der Regierung Herzog Georg Friedrichs 1587 - 1603, Würzburg 1963.

[15] *Carl Eduard Napiersky,* Actenstücke zur Geschichte der Noldischen Händel in Kurland zu Anfang des siebzehnten Jahrhunderts, nebst Anhang, Riga / Leipzig 1839.

[16] Decretum Privationis Feudi Ducatuum Curlandiae et Semigalliae latum contra Vilhelmum Curlandiae Ducem. 6. Mai 1616, in: *Dogiel,* Codex (Anm. 5), 362 - 363.

recht auszuarbeiten hatte. Beides, die Formula Regiminis[17], die an die Stelle aller bisherigen Landtagsrezesse trat, und die Statuta Curlandiae[18], die das Zivil-, Straf- und Prozeßrecht enthielten, wurden bereits am 18. März 1617 erlassen. Sie machten den einheimischen Adel endgültig zum entscheidenden Faktor im Lande, wobei der Anteil des Adels an dieser Entwicklung sehr hoch zu veranschlagen ist. Denn ein großer Teil der Vorschriften der Formula Regiminis war eine direkte Antwort auf jene Gravamina, deren Abstellung der Adel seit Jahren von den Herzögen gefordert hatte.

Schon einige wenige Hinweise lassen das Übergewicht des Adels deutlich erkennen. Die Regierung des Herzogs wurde auf sechs Räte begrenzt, die ihn in Abwesenheit zu vertreten und bei Minderjährigkeit die Regierung zu führen hatten; sie waren auch berechtigt, falls sie vom Adel dazu aufgefordert wurden, den Herzog zur Aufrechterhaltung der Freiheiten und Rechte des Adels zu ermahnen, womit sie praktisch zu Interessenvertretern ihrer Standesgenossen wurden. Dies war allerdings auch dadurch gesichert, daß von nun an alle Ämter nur mit im Lande besitzlichen Edelleuten besetzt werden durften, wobei der Herzog die Bezeichnung „Edel“ und die damit verbundene Eigenschaft eines indigenen Edelmannes nur denjenigen Personen zuerkennen durfte, die durch ein von Edelleuten zu bildendes Gericht, die sog. Ritterbank, als solche anerkannt würden. Die Herausbildung einer allein vom Herzog abhängigen Beamtenschaft war damit endgültig ausgeschlossen. Weiter bildeten die sechs Oberräte das Hofgericht, doch konnte bei allen Streitigkeiten zwischen Edelleuten und dem Herzog sofort an den polnischen König appelliert werden. Der Landtag, der von einer Viril- in eine Deputiertenversammlung nach polnischem Vorbild umgewandelt wurde (je ein gewählter Landbote aus den 27 Kirchspielen), sollte künftig alle zwei Jahre in Mitau (Jelgava) zusammentreten. Der Roßdienst durfte nur noch auf königliches Begehren hin aufgeboten werden; Ausnahmen waren nur im Falle einer plötzlichen Bedrohung des Landes gestattet.[19] Auch wenn die rechtliche Gleichstellung in Kurland „wohlbesitzlicher“ polnischer und litauischer Edelleute mit den kurländischen Adeligen sowie die Gleichberechtigung von römisch-katholischer und Augsburgischer Konfession einen gewissen Wermutstropfen bedeutete, so entsprach das Ergebnis doch im wesentlichen den Erwartungen des einheimischen Adels. Dabei

17 Formula Regiminis et Judiciorum in Ducatu Curlandiae et Semigalliae . . ., in: *Dogiel,* Codex (Anm. 5), 368-379. Deutsche Übersetzung: Theodor Schiemann (Hrsg.), Die Regimentsformel und die kurländischen Statuten von 1617. Nach dem Original herausgegeben und mit einer Einleitung versehen, Mitau 1876.

18 Jura et Leges in usum Nobilitatis Curlandicae et Semigallicae a Nobis promulgatae . . ., in: *Dogiel,* Codex (Anm. 5), 379-390.

19 Zum Roßdienst vgl. die unveröff. Magisterarbeit von *Volker Keller,* Der Roßdienst im Herzogtum Kurland 1561-1617. Universität Mainz 1991. Eine Zusammenfassung enthält *Oberländer / Misāns,* Herzogtum (Anm. 2), 57-98.

sollte aber nachdrücklich darauf hingewiesen werden, daß der Adel nie die Legitimität der Herzogsherrschaft an sich in Frage gestellt hat. Es genügte im übrigen auch ein Blick auf das überdünische Livland, wo König Stefan Bathory nach 1580 die im Privilegium Sigismundi Augusti gewährten Privilegien des Adels rigoros beschnitten hatte, um die Vorteile einer eigenen Landesherrschaft zu erkennen.

3. Angesichts all dieser Beschränkungen ist es umso erstaunlicher und ein Beweis für die Potenzen, die in dem kleinen Herzogtum steckten, daß es dem bedeutendsten kurländischen Herzog Jakob (1642 - 1681) gelang, das Herzogsamt nach innen und außen dank einer sehr erfolgreichen Wirtschaftspolitik wieder zu hohem Ansehen zu bringen. Da Herzog Friedrich kinderlos war, gab es zunächst eine jahrelange Auseinandersetzung um die Frage, ob Jakob, der Sohn Wilhelms, überhaupt zur Nachfolge zugelassen sei. Der Heimfall des Lehens an die Krone Polens wäre nach dem Tode Herzog Friedrichs rechtlich ohne weiteres möglich gewesen. Während König Sigismund III., der stets eine deutliche Tendenz zur Stärkung seiner persönlichen Machtstellung an den Tag gelegt hatte, auf den Einzug des Lehens zugunsten der Krone Polen drängte, bemühten sich Herzog Friedrich und der kurländische Adel unermüdlich um die Anerkennung des Erbrechts von Friedrichs Neffen Jakob. Der polnische Adel, der jedes Anwachsen der königlichen Gewalt verhindern wollte, nutzte daraufhin das auf den Tod König Sigismunds folgende Interregnum zu dem einstimmigen Reichstagsbeschluß (16. Juli 1632), Herzog Wilhelm zu begnadigen und damit der Erbfolge Jakobs den Weg zu ebnen — ein Beschluß, der vor allem unter dem Einfluß der mit den Kettlers verschwägerten Radziwiłłs zustande kam.[20] Da der Reichstag gleichzeitig dem künftigen König nahelegte, diesen Schritt ebenfalls zu vollziehen, sah König Wladyslaw IV. keine andere Möglichkeit als auch seinerseits Wilhelm zu begnadigen, allerdings unter der Bedingung, daß dieser niemals selbst die Regierung ausüben dürfe, was zugleich die Anerkennung von Jakobs Erbrecht bedeutete. Das hinderte den König allerdings nicht daran, 1635 auch Kurland als Entschädigung für die Verluste des königlichen Hauses im Krieg gegen Schweden zu verlangen, worauf der Reichstag aber wiederum nicht einging. Die polnisch-litauische Seite hatte damit die Möglichkeit zum Einzug des Lehens — nicht zuletzt aufgrund der mißtrauischen Haltung des Adels gegenüber jedem Machtzuwachs des Königs — versäumt; als dann der letzte Kettler, Herzog Ferdinand, 1737 ohne männliche Nachkommen starb, lag es nicht mehr in der Macht Polen-Litauens, über die Zukunft des Lehnsherzogtums zu entscheiden.

---

[20] Consensus omnium Ordinum Poloniae, tempore interregni pro Principe Jacobo datus 16 Julii 1632. Deutsch in: *Ziegenhorn,* Staats Recht (Anm. 11), Beylage 125, 163.

Gestützt auf seinen ausgedehnten Domänenbesitz und eine moderne Verwaltung entwickelte Herzog Jakob auf der Grundlage des Merkantilismus Handel und Industrie, baute Kupfer- und Eisenhämmer, Gewehrfabriken, Pulvermühlen, Glashütten und Textilmanufakturen, wobei er teilweise von den guten Absatzchancen profitierte, die sich nach dem Dreißigjährigen Krieg auch für kleine Länder eröffneten. Eine kleine Handelsflotte und einige Kriegsschiffe, die bei Windau (Ventspils) gebaut wurden, bildeten die Basis für eine weitausgreifende See- und Handelspolitik, die sogar zum Erwerb von Überseekolonien — in Afrika im heutigen Gambia und in Mittelamerika die Antilleninsel Tobago — führte und deren Fernziel offenbar die Teilnahme am Ostindienhandel war.[21] Übereinstimmungen mit den gleichzeitigen Bestrebungen seines Schwagers Friedrich Wilhelm von Brandenburg, des Großen Kurfürsten, mit dem er stets in bestem Einvernehmen stand, sind nicht zu übersehen. Auch Jakobs merkantilistische Wirtschaftspolitik zielte darauf, seine Stellung gegenüber dem mächtigen Adel dadurch zu verbessern, daß der Herzog sich als „fürstlicher Unternehmer" neue Einnahmequellen erschloß, die ihm ein hohes Maß an finanzieller, langfristig wohl auch politischer Unabhängigkeit gegenüber dem Adel verhießen.

Zugleich entfaltete Jakob eine lebhafte diplomatische Aktivität, um sein wehrloses Herzogtum aus den Auseinandersetzungen zwischen Polen, Schweden und Moskau, also aus dem sog. ersten Nordischen Krieg herauszuhalten, wobei es ihm z. B. 1655 gelang, bei Beginn des polnisch-schwedischen Krieges, in dem er eigentlich zur Heerfolge verpflichtet gewesen wäre, die Zusicherung der Neutralität vom polnischen König zu erlangen. Angesichts der verheerenden Niederlagen Polen-Litauens gegen Russen und Schweden und der anschließenden Moskauer Offensive gegen Schweden verhandelte Jakob 1658 sogar über ein Bündnis mit Moskau, ja über die Unterstellung Kurlands unter russische Oberherrschaft, wovon der Herzog sich Schutz vor der drohenden schwedischen Invasion und Moskau sich den lang erstrebten Zugang zur Ostsee versprach.[22] Aber Schweden, das sich nicht an die Neutralität Kurlands hielt, kam solchen Plänen zuvor und eroberte 1658 das Herzogtum, das erst 1660 im Frieden von Oliva wiederhergestellt wurde, nachdem es von schwedischen und polnischen Soldaten gründlich ausgeplündert worden war. Trotzdem konnte Jakob erfolgreich an seine Vorkriegspolitik anknüpfen; erst mit seinem Sohn

---

21 Vgl. dazu u. a. *Walter Eckert,* Kurland unter dem Einfluß des Merkantilismus. Riga 1927 und *Juris Juškevičs,* Hercoga Jēkaba laikmets Kurzemē (Die Zeit Herzog Jakobs in Kurland), Riga 1931.

22 *E. D. Ruchmanova,* K istorii peregovorov o prinjatii Kurljandii v poddanstvo Rossii v 1658 godu (Zur Geschichte der Verhandlungen über die Aufnahme Kurlands unter die Oberherrschaft Rußlands im Jahre 1658), in: Istorija SSSR H. 1 (1975), 157-163.

Friedrich Kasimir (1682-1698) begann dann die Periode wirtschaftlichen Niedergangs, die während des Großen Nordischen Kriegs ihren Höhepunkt erreichte. Der interessante und im Grunde ja auch wegweisende Versuch Herzog Jakobs, durch moderne Verwaltung und staatliche Wirtschaftspolitik auch eine politische Aufwertung der Herzogsgewalt herbeizuführen, ist zu früh von außen unterbrochen worden, um möglicherweise Früchte zu tragen. Ein auf den Landesfürsten konzentrierter Staatsgedanke ist auch in seiner Regierungszeit nicht entstanden; die einer starken Position des Herzogs widerstrebenden ständischen Interessen wurden vielmehr — wie schon zur Zeit Herzog Gotthards — nur durch die ausgleichende Politik und durch die starke Persönlichkeit des Herzogs im Zaum gehalten.

III.

Das Herzogtum Kurland und Semgallen, seit seiner Entstehung 1561 Lehnsherzogtum der Krone Polen und seit 1569 Teil der Union Polen-Litauen, ist hinsichtlich seiner Struktur und seiner Funktionen innerhalb der Union, aber auch hinsichtlich seiner internationalen Stellung kaum mit den Reichskreisen des Heiligen Römischen Reiches Deutscher Nation oder den Provinzen des französischen Königreichs zu vergleichen. Ebenso deutlich unterschied es sich als „Region unter polnischer Oberhoheit" vom Königlichen Preußen bzw. Polnisch-Livland, bei denen es sich trotz eines (zumindest anfänglich) beachtlichen Maßes an innerer Autonomie eben doch um Provinzen Polen-Litauens handelte. Gleichwohl läßt die Schaffung der erblichen Lehnsherzogtümer Preußen (1525) und Kurland (1561) die Tendenz Polen-Litauens und insbesondere des jeweiligen Königs und Großfürsten von Litauen erkennen, das Reich mit einem Kranz lehnsabhängiger Gebiete zu umgeben, die gewachsene Strukturen berücksichtigten und deren volle Eingliederung in den polnisch-litauischen Staat einer späteren Zeit vorbehalten blieb, so daß der Status einer mit den Reichskreisen oder den französischen Provinzen vergleichbaren Region eher die Perspektive als die Realität des 16. und 17. Jahrhunderts darstellte.

Das Herzogtum Kurland war also ein Lehnsstaat, dessen Herzog mit dem Oberlehnsherrn, dem König von Polen und Großfürsten von Litauen, lediglich durch die Pflicht zur Recognition und zur Heerfolge verbunden war, wobei der König für das herzogliche Aufgebot außerhalb der kurländischen Landesgrenzen Sold zu zahlen hatte. Im übrigen regelten Herzog und Adel alle inneren und äußeren Angelegenheiten des Herzogtums völlig selbständig — sie nahmen also weder Verwaltungsfunktionen der Warschauer Regierung wahr noch agierten sie im Rahmen des Subsidiaritätsprinzips. Der König als Oberlehnsherr hatte nur dann die Möglichkeit zum direkten Eingreifen, wenn es zu Kontroversen zwischen Adel und Herzog kam; diese ermöglichten es ihm freilich, jedem Versuch zur Steigerung der Herzogsgewalt Einhalt zu gebieten und seinen eigenen Einfluß zu erweitern, wie etwa durch das dem Adel gewährte Appellationsrecht in allen Streitigkeiten mit dem Herzog. Auf diese Weise hat die polnisch-litauische Seite zwar die Entwicklung des Herzogtums Kurland zur Adelsrepublik mit monarchischer Spitze tatkräftig gefördert, aber selbst die 1617 vom König für Kurland erlassene Formula Regiminis stellte keinerlei administrative Verbindung zum Königreich Polen-Litauen her.

Noch deutlicher wird diese weitgehende Selbständigkeit des Herzogtums im Bereich der internationalen Beziehungen, die die Herzöge zu vielen wichtigen Höfen Europas einschließlich des englischen und des französischen unterhielten, sowie in der — vor allem unter Herzog Jakob weit ausgreifenden — Handelspolitik. Auch das polnische Zugeständnis an den Herzog von Kurland von 1655, in dem gerade beginnenden schwedisch-polnischen Krieg neutral bleiben zu dürfen — dies Entgegenkommen entsprang der Einsicht, daß man nach den Niederlagen gegen die Russen zur Verteidigung Kurlands nicht mehr in der Lage war, — sowie die folgenden Verhandlungen Herzog Jakobs mit Moskau, mit denen er angesichts der eklatenten militärischen Schwäche Polen-Litauens einen Wechsel der Oberherrschaft und damit einen wirksamen Schutz vor schwedischer Eroberung zu erreichen hoffte, deuten trotz der grundsätzlich von den Herzögen stets gezeigten Loyalität gegenüber ihrem Lehnsherrn darauf hin, daß man sich keineswegs so sehr als ein Teil Polen-Litauens empfand, daß man dessen Schicksal unter allen Umständen teilen mußte. Erst als die „Königliche Republik" 1795 unterging, wurde auch Kurland zu einer Region im engeren Sinne — allerdings zu einer Region des Russischen Reiches.

Provinzen in Frankreich

Autonomie der Gemeinde und Autonomie der Provinz

Die Provence 1481 - 1789

Von René Pillorget, Paris / Lille

Zunächst möchte ich daran erinnern, daß das französische Territorium, wie es heute ungefähr aussieht, durch sukzessive Anschlüsse an die königliche Domäne, an das Erbgut des Kapetingerhauses gebildet wurde. Diese Domäne umfaßte ursprünglich nur die Umgegend von Paris und Orléans, d. h. die Ile-de-France und das Orléanais. Um das begrenzte Territorium zu vergrößern, auf dem die Könige nicht nur Suzeränitätsrechte, sondern auch Souveränitätsrechte ausübten, haben sie verschiedene Mittel angewandt; so wurden die Normandie militärisch erobert, die Bretagne durch Heirat, das Dauphiné und Korsika durch Ankauf erworben. An der Spitze dieser der königlichen Domäne annektierten Gebiete stand meist eine Dynastie von Herzögen und Grafen, die sie jeweils mit einer mehr oder weniger leistungsfähigen Verwaltung ausgestattet hatten: untergeordnete Territorialeinheiten, Richter, die auch ein Verwaltungsamt bekleideten, Finanzbeamte, eine repräsentative Versammlung.

Bei jeder Annektierung wußte die königliche Gewalt immer behutsam vorzugehen. Nur selten hat sie die bestehenden Institutionen abgeschafft; an den Gepflogenheiten der Bevölkerungen hat sie überhaupt nichts geändert; das in der Ile-de-France landesübliche Recht — la Coutume de Paris, das Gewohnheitsrecht von Paris — hat sie auch nicht eingeführt. Grafschaften und Herzogtümer haben ihre Namen und Statuten beibehalten, selbst wenn sie sich in der gewöhnlichen Verwaltungssprache immer mehr zu Provinzen entwickeln mußten. Dennoch hat der König den traditionellen herzöglichen oder gräflichen Institutionen, die mindestens am Anfang einigermaßen unangetastet geblieben waren, einige neue Institutionen übergeordnet, die damit beauftragt waren, den repräsentativen Versammlungen seine Anliegen und den Bevölkerungen seine Forderungen zu übermitteln.[1]

Seit dem Vertag von Verdun (843) ist die östliche Grenze des französischen Königreiches, die sogenannte Grenze der vier Flüsse: Schelde, Maas, Saône und Rhône. Als der König im Jahre 1349 das Dauphiné erwarb,

[1] Vgl. G. *Arnaud D'Agnel,* Politique des rois de France en Provence, I und II, Paris und Marseille 1914.

reichte diese Grenze in Wirklichkeit weiter in den Osten, bis an die Alpen. Die Grafschaft der Provence lag eigentlich östlich der Rhône und gehörte juristisch gesehen zum Heiligen Römischen Reich deutscher Nation.[2]

Noch im 14. Jahrhundert behaupteten bei lokalen Auseinandersetzungen die Provenzalen, die mit Landsleuten in Streit geraten waren, daß der Kaiser zu ihnen halte. Die Rechtszugehörigkiet war aber allmählich nur noch eine historische Remineszenz, die im kollektiven Gedächtnis nur in einem örtlichen Ausdruck fortlebte: bis zum 19. Jahrhundert nannten die Flußschiffer das rechte Rhôneufer: das Königreich; das linke Ufer: das Kaiserreich.[3]

Auf friedlichem Wege wurde die Provence dem Königreich Frankreich und der königlichen Domäne zugleich einverleibt. Karl III., Herzog von Anjou, Graf von Maine und Provence, der ohne Kinder geblieben war, setzte in seinem Testament vom 10. Dezember 1481 den König von Frankreich zum Erben seiner Besitztümer ein, und zwar unter der Bedingung, daß die Provence *in suis pactionibus, conventionibus, privilegiis, statutis, capitulis exemptionibus et prerogativis* bleibe. Anders gesagt, mit der ausdrücklichen Bedingung, daß die Provence ihre Autonomie behalten werde, daß es zu keiner eigentlichen Annektierung, sondern zu einer Personalunion komme.

Ludwig XI. zögerte keinen Augenblick, diese Bedingungen anzunehmen. Es war sein Glück, daß er ein gefügiges und kluges Werkzeug seines Willens fand: Palamède de Forbin.[4] Dieser hohe Beamte des Grafen der Provence, stammend aus einer reichen, geadelten Marseiller Bürgerfamilie, die dennoch weiterhin Seehandel trieb, hat in den Verhandlungen zwischen Ludwig XI. und dem Herzog von Anjou eine entscheidende Rolle gespielt. Zwar mußte er viele Schwierigkeiten überwinden, doch gelang es ihm, die Übergänge zwischen der tatsächlichen Unabhängigkeit der Provence und dem Einstieg in die französische Sphäre zu meistern. König Karl VIII., Sohn und Nachfolger von Ludwig XI. erklärte feierlich vor den Ständen der Provence, daß diese Grafschaft mit dem Königreich vereint werden solle, nicht wie ein unselbständiges Gebiet, nicht wie etwas Nebensächliches mit etwas

2 Bibliothèque de l'Institut, (Paris), Fonds Godefroy 293 f^0 8; Archives Nationales, E 97 B f^0 141.

Vgl. *F. de Dainville,* Le Dauphiné et ses confins vus par l'ingénieur d'Henri IV., Jean de Beins, Paris 1968; *Ed. Baratier / G. Duby / E. Hildesheimer,* Atlas historique, Provence, Comtat Venaissin, Principauté d'Orange, Comté de Nice, Principauté de Monaco, Paris 1969; *V. Raymon,* Cartographie de la Provence, in: Annales de la Société scientifique et littéraire de Cannes, XIV, 1953 - 1957, 155 - 170.

3 *R. Pillorget,* Les mouvements insurrectionnels de Provence entre 1596 et 1715, Paris 1975, 137.

4 Les Bouches-du-Rhône. Encyclopédie départementale, IV 2, Marseille, 1921, 207 - 214; *R. Pillorget,* (Anm. 3), 87 - 88.

Hauptsächlichem, sondern wie etwas Hauptsächliches mit etwas Hauptsächlichem, *non comme un accessoire à un principal, mais comme un principal à un autre principal.*[5]

Dieser Satz sollte bis 1789 tausendmal von Juristen wiederholt werden. Die Forbin-Familie aber wählte sich eine stolze Devise: Aus einem Grafen habe ich einen König gemacht. Die königlichen Edikte begannen immer häufiger mit der Formel: „Wir, Heinrich oder Ludwig, König von Frankreich, Graf der Provence". Anfangs zeigten sich die Könige vorsichtig. Aber trotz allen Erklärungen und Eidschwüren — jedes Mal, wenn ein König die Provence besuchte, schwor er, die Privilegien der Provinz zu respektieren — trotz aller Beteuerungen bemühten sich die Herrscher unablässig darum, die Autonomie des Gebiets zu schmälern.

Will man die Provence darstellen, wie sie in der frühen Neuzeit aussah, so muß man sie unter ihrem doppelten Aspekt betrachten: einerseits die Institutionen und Gewohnheitsrechte, die vor 1481 zur Zeit der Grafen bestanden und in der Folgezeit aufrechterhalten, andererseits diejenigen, die nach 1481 von den Königen geschaffen wurden. Der König, der die Autonomie der Provence scheinbar respektierte und eine Art Kontinuität beibehalten wollte, nannte sich, wie gesagt „König von Frankreich, Graf der Provence", aber der vollständige Titel, wie er in den diese Provinz betreffenden Urkunden vorkommt, lautet „König von Frankreich, Graf der Provence, von Forcalquier und von den „Terres Adjacentes" (Anliegerterritorien).[6] Die Provence nämlich bildete kein Ganzes. Sie war ein Gebilde aus mehreren Elementen. Sie bestand einerseits aus der eigentlichen Provence, „le pays", dem Land oder dem Kern des Landes. Es war in 22 „vigueries"[7] eingeteilt, oder „bailliages" (entspricht den Vogteien).[8] An der Spitze jeder „viguerie" stand ein „viguier", dessen Befugnisse relativ beschränkt waren, doch verfügte er über einen Kanzlisten und einen Schatzmeister.[9]

Aber neben diesem „corps du pays", dem Kern des Landes, der den weitaus größten Teil der Provence ausmachte, gab es an deren geographischer Peripherie eine ganze Reihe mittelgroßer Territorien, die gegenüber der Provence eine gewisse Autonomie besaßen: die Grafschaft von Forcalquier im Norden einerseits, und andererseits die „Terres Adjacentes", die Anliegerterritorien. Eine Liste davon wäre sehr lang und langweilig. Es

---

5 *R. Pillorget,* (Anm. 3), 137, Anm. 27.

6 *R. Brun,* La ville de Salon au Moyen-Age. Le régime seigneurial. Le régime municipal, Aix-en-Provence, 1924, 98-99 ff.

7 *M. J. Bry,* Les vigueries de Provence. Aperçu de leur histoire jusqu'à la fin du XVIéme siécle, Paris 1910, 66-67, 216-217 und 386-387.

8 Bibliothèque nationale, (Paris), ms frs 18678 f⁰ 232 ff. und 130.

9 Bibliothèque nationale, Fonds Clairambault, 390 f⁰ 273-279.

handelte sich übrigens in der Regel um eine Reihe sehr kleiner Ortschaften. Die „Communautés", d. h. die Gemeinden, die den „Terres Adjacentes" unterstanden, wurden durch besondere, fiskalisch vorteilhafte Statuten verwaltet; diese Statuten wurden aber von den Gemeinden, die nicht davon profitierten, angefochten. Diese „Terres Adjacantes" umfaßten einige von den größten Städten der Region, an erster Stelle Marseille, das auf Grund einer oft wiederholten Formel nicht zum „corps du pays" zählte. Es gehörte zum Königreich, und zwar nicht deshalb, weil der König Graf der Provence war, sondern weil er Herr von Marseille war, und das eigentlich schon seit langem, wie behauptet wurde.[10] Und aus diesem Grund wollte die Stadt einen eigenen Platz unter den „Terres Adjacentes" einnehmen. In geringerem Maße galt dies für Arles, deren Magistrate sich auf die direkten Bande beriefen, die ihre Stadt mit der Krone verbanden, aber niemals auf ihre Zugehörigkeit zu den „Terres Adjacentes". Die anderen Gemeinden dagegen, die dazu gehörten, schienen keinen ausgeprägten Autonomiewillen zu bekunden. Übrigens waren sie von geringerer Größe als Marseille oder Arles. Erwähnt seien: Salon, die Grafschaften von Sault,[11] Grignan und Mondragon — zwei provenzalische Enklaven im Dauphiné — ein paar Dörfer und schließlich zwei von den eben zitierten Ortschaften weit entfernter Gemeinden: Saint-Tropez an der Mittelmeerküste und Entrevaux an der Grenze des Herzogtums Savoyen. Während der Partikularismus in Marseille und auch in Arles gegenüber der Hauptstadt und den Behörden der Provinz auf juristischem Gebiet des öfteren zum Ausdruck kam, schien er die täglichen Beziehungen nicht beeinträchtigt zu haben. Andererseits schienen sich die Einwohner des „corps du pays" nicht von denjenigen der „Terres Adjacentes" unterscheiden zu wollen.[12]

Die „Communautés", die Gemeinden, bildeten die administrativen und fiskalischen Grundeinheiten. In deren Rahmen wurden zwei Hauptaufgaben durchgeführt: die Steuerveranlagung und- erhebung; hier wurden auch alle Maßnahmen getroffen, welche die Polizei, die Lebensmittelversorgung und die Stadtverwaltung betrafen. In Sachen Religion, Politik und Recht waren die Gemeinden einem gemeinsamen Gesetz unterworfen. Alle sollten die geistliche Autorität der Kirche, die weltliche Autorität des Königs, der Provinzstatuten und des römischen Rechtes anerkennen. Alle verfügten aber über zwei wesentliche Freiheiten: die Wahl des Magistrats — Schultheiß und Beigeordnete, „les Consuls" — und die Verwaltung der Finanzen; die königliche Autorität griff erst ein, wenn etwas Anlaß zu Zwischenfällen und schreienden Mißbräuchen gab.

---

10 *A. Cremieux,* Marseille et la royauté pendant la minorité de Louis XIV, Paris 1917, 6 ff.

11 Archives Nationales, H1 1267 (Franchises du comté de Sault).

12 *R. Pillorget,* (Anm. 3), 12.

Die damalige Provence kann also als ein Gebilde aus 650 bis 700 autonomen Republiken von unterschiedlicher Größe betrachtet werden.[13] In gewissen Fällen wurde die Autonomie sehr weit getrieben. So handelte Marseille mehr als Verbündeter denn als Untertan oder Vassall des Königs von Frankreich, und bis 1660 fand es stets Mittel und Wege, um ihm keine Steuer zu zahlen.[14] Diese kleinen Republiken waren nicht demokratisch. Sie wurden regiert von ihren Honoratioren, von ihrer örtlichen Elite, den Reichsten und Gebildetesten der Bevölkerung. Gehörten Adelige zu diesen Honoratioren, so beteiligten sie sich an der Verwaltung nicht als Adelige, sondern als Mitglieder der Gemeinde. Traditionsgemäß wurde ihrer sozialen Gruppe in der Stadt, zu der sie gehörten, der erste Rang zuerkannt. Es gab zahlreiche Gemeinden, insbesondere Dörfer, die einen auswärtigen Herrn hatten. In der frühen Neuzeit spielte die Gutsherrschaft in dem Leben der Provenzalen nur eine sehr beschränkte Rolle. Sie erwies sich als ein Relikt.[15]

Die 22 „vigueries", die von den Grafen geschaffen und wahrscheinlich im Jahre 1366 abgegrenzt wurden, sind Einheiten von durchschnittlich 30 Gemeinden. Ursprünglich war die „viguerie" ein Bezirk, der der Autorität eines „viguier", der hier den Grafen vertrat, unterstand. Obwohl Marseille und Arles zu den „Terres Adjacentes" gehörten, hatten sie doch einen „viguier". Aber seit der König von Frankreich auch Graf der Provence war, hatten sich die Dinge geändert. Der Machtbereich des „viguier" wurde derart eingeschränkt, daß ihn nunmehr nur ein hauchdünnes Band mit der „viguerie" verband. Dieses einem Edelmann vom König für mindestens drei Jahre anvertraute Amt war vor allen Dingen eine Ehrenposition. Ende des 16. Jahrhunderts erscheint die „viguerie" nur noch als eine Gruppe von Gemeinden, die über etwas Geld und eine repräsentative Versammlung verfügten. An ihrer Spitze stand der „viguier", aber seine Rolle bekam erst bei Zwischenfällen Bedeutung. Er hatte nämlich das Protokoll anzufertigen. Im Prinzip mußten diese Versammlungen neben den Magistraten der Gemeinde, die der Hauptsitz der „viguerie" war, die Vertreter aller Gemeinden einberufen, die zum „corps du viguerie" gehörten, wobei die Beteiligung ihrer Mitglieder sehr verschieden war[16]. In der „viguerie" von Aix-en-Provence[17] waren nur sieben Gemeinden vertreten, die „Hauptsächlichsten", d. h. diejenigen, die die größte Anzahl steuerpflichtiger Familien aufzuweisen hatten. Der „viguier" und die „chefs du viguerie" —

---

13 *R. Pillorget,* (Anm. 3), 76.

14 Archives de la Guerre, (Vincennes), A1 20, 164; Archives municipales de Marseille, BB 65, f^{0} 369-371 (September 1621); HH 256 A und B; HH 257.

15 *Coriolis,* Traité sur l'administration du comté de Provence, Aix-en-Provence, 1786-1788, I,II und III; Bd. II, 306.

16 *M. J. Bry,* (Anm. 7), 213, 222 f.

17 *M. J. Bry,* (Anm. 7), 241.

diese Bezeichnung bezieht sich auf die Magistrate des Hauptorts sowie auf den Hauptort selbst — waren theoretisch nur die Vollziehungsbeamten der Versammlungen, praktisch aber ersetzten sie diese oftmals. Bei den sogenannten Sonderversammlungen führten sie alle Verwaltungsakte aus, die allerdings eine Abstimmung der Generalversammlung der „viguerie" erforderten. Ihre Beratungen erwiesen sich oft als Ergänzungen zu denjenigen, die im Rat der Gemeinden „chef de viguerie" erfolgten. Ihre Protokolle stehen zwar in demselben Register, sind aber doch verschieden. Die „viguerie" hatte ihre eigenen Beamten: einen Kanzlisten, einen Schatzmeister und dazu eine Art Haushalt, dessen hauptsächliche, wenn nicht einzige Einnahme in einem Zuschlag zu den Geldern des Königs und des Landes, „les deniers du Roi et du pays" bestand, der gleichzeitig in allen Gemeinden des „corps du pays" eingesammelt wurde. Aus der Kasse der „viguerie" bezahlte der Schatzmeister unter anderem die Schützen, die dem „viguier" auf Grund von Polizei- und Justizrechten, die er beibehalten hatte, zu Verfügung standen.[18]

Aus der Vergangenheit sind neben Gemeinden und „vigueries" die Landstände und schließlich die „procure du pays" übriggeblieben. Die Stände[19] konnten lediglich durch „lettres patentes", Patente des Königs einberufen werden, auf Grund derer er zugleich einen oder mehrere Kommissare ernannte, die beauftragt waren, seine Anträge auf Hilfsgelder einzureichen. Diese Stände waren aus dem Zusammenschluß von drei verschiedenen Vertretungen zusammengesetzt; und zwar die des Klerus[20], die nur Mitglieder von Rechts wegen waren; die Vertretung des Adels, in der alle Besitzer eines Lehnguts — Adelige oder Bürger — sitzen konnten, die Vertretung des Dritten Standes, auch Versammlung der Gemeinden genannt, „assemblée des communautés", aus der die Versammlung der 37 ansehnlichsten Gemeinden des „corps du pays" bestand; einige von ihnen, aber nicht alle waren Sitze der „vigueries". Normalerweise entsandte jede „viguerie" ihren ersten oder zweiten Bürgermeister.[21]

Zum Schluß kommen wir zu einem anderen repräsentativen Organ der Provence, und zwar zur „procure du pays" — einer Art permanenten Abordnung, die zusammenberufen wurde, wenn dies die Mitglieder, die „procureurs du pays" für erforderlich hielten. Diese waren: fünf „geborene" procureurs, Mitglieder von Rechts wegen, nämlich der Erzbischof von Aix, die drei Bürgermeister und der Beisitzer der Stadt — der dem heutigen Generalsekretär entspricht, sowie sieben „beigeordnete" procureurs, nämlich zwei Bischöfe, zwei Edelleute und drei von den Gemeinden gewählte

18 *M. J. Bry,* (Anm. 7), 214 und 243; 326 f.

19 *R. Pillorget,* (Anm. 3), 101 - 104.

20 Bibliothèque Nationale, Ms frs 18678 f^{0} 129 - 131.

21 *R. Pillorget,* (Anm. 3), 102, Anm. 361.

Mitglieder.[22] Nur selten wies diese Versammlung die volle Anzahl auf, meist kamen nur die fünf „geborenen“ procureurs zusammen. Jedoch scheinen sie, mindestens bis 1660, eine beträchtliche Rolle in der Verwaltung der Provinz gespielt zu haben, mußten die „procure du pays“ doch alle Beschlüsse der Stände zur Ausführung bringen und waren sie nicht zuletzt und vor allen Dingen die Zahlungsanweiser des Landes. Der Schatzmeister der Stände zahlte erst nach Kenntnisnahme ihrer „attaches“, d. h. ihrer Vollzugsbefehle. Ihre Befugnisse betrafen den militärischen Bereich. Von entscheidender Bedeutung ist die Tatsache, daß bis 1660 keine Truppe ohne Befehl in die Provinz eindringen durfte. Den „procureurs“ oblag es, die Marschrouten festzulegen, welche die Truppen einzuschlagen hatten. Die mit den „attaches“, mit den Vollziehungsbefehlen versehenen Quartierzettel der Truppen mußten vorgezeigt werden, damit die bei dieser Gelegenheit von den Stadtbehörden ausgegebenen Summen vom Schatzmeister der Stände zurückgezahlt werden konnten. Die Gelder wurden dem „denier du pays“ entnommen, was zum Geschäftsbereich des Schatzmeisters gehörte.[23]

Alles in allem ist die „procure du pays“ eine der wichtigsten Organe der Provinzverwaltung. Man muß dabei aber betonen, daß zwischen der Verwaltung jeder „viguerie“ und der Verwaltung der Provinz ein gewisser Parallelismus bestand. Die „viguerie“ und die Provinz hatten beide ihre repräsentative Versammlung — Versammlung der „viguerie“ und Stände — sowie ihre Einnahmen: für die „viguerie“ bestimmte Steuern, für die Provinz, die „deniers du pays“. Jede „viguerie“ bildete eine Gruppe von Gemeinden, die einer von ihnen, dem Hauptort, „chef-lieu“, untergeordnet war, während „le pays“, das Land, eine Gruppe von „vigueries“ darstellte, die einer Hauptstadt: Aix unterstand. Die Magistrate im Hauptort jeder „viguerie“ verwalteten ihre Gemeinde und auch, wie es in der Realität öfter der Fall war, die untergeordnete „viguerie“; sie waren „chefs de viguerie“. Die Bürgermeister von Aix waren „chefs de la viguerie“ (d'Aix). In ihnen allein waren die drei Stufen der Volksvertretung, Gemeinde, „viguerie“, Provinz, vereinigt.[24] Die Könige von Frankreich haben dieser Verwaltung und diesen, den Grafen von ihren Vorgängern vererbten repräsentativen Organen, drei neue Organe übergeordnet: ein paar Tribunale, die Seneschall-Ämter, die hohen Gerichtshöfe — „les Cours Souveraines“ — der Gouverneur: später kam noch ein viertes Organ dazu: der Intendant.

Die Seneschall-Ämter wurden nach und nach in 12 der 22 „vigueries“ — Sitze ins Leben gerufen. Diese Gerichte spielten eine erhebliche Rolle. Alle

---

22 Bibliothèque du Sénat, ms 978, 293.

23 Archives départementales des Bouches-du-Rhône, C 27, f^0 359; *B. Durand,* Le rôle des consuls d'Aix dans l'administration du pays in: Provence historique, Dezember 1956, 244-259.

24 *M. J. Bry,* (Anm. 7), 253-254.

Prozesse zwischen Einzelpersonen oder von Einzelpersonen gegen eine Gemeinde wurden vor ihnen geführt.[25] Handelte es sich aber um eine wichtige Sache, so wurde sie von den hohen Gerichtshöfen evoziert. Diese waren für die ganze Provinz zuständig und hatten ihren Sitz in Aix. Sie waren drei an der Zahl: „la Cour des Comptes“[26], der Rechnungshof (eine veränderte Form eines alten gräflichen Organs), „le Bureau des Finances“, das Finanzamt[27], und schließlich das Parlament. Die ersten zwei befaßten sich mit allen feudalen und fiskalischen Fragen, das Parlament beschäftigte sich in erster Instanz, in Berufungsinstanzen oder durch direkte Evokation mit allen wichtigen Zivil- und Steuerprozessen.[28] Das Parlament war für die Provinz nicht nur ein Obergerichtshof, sondern auch die hauptsächliche Triebkraft ihrer Verwaltung. Es hörte nicht auf, Regelungsvorschriften zu erlassen, die sich auf die verschiedensten Bereiche bezogen: Generalpolizei, Krankenhäuser, Gasthäuser, Lebensmittelversorgung, Epedemiegefahren, Geldumlauf, Gymnasien, usw. Bei jedem Anlaß mischte es sich in die Verwaltung der Stadt Aix ein, lud die Bürgermeister vor und befragte sie auch über unwichtige Probleme der Stadtverwaltung.[29] In die Angelegenheiten anderer Gemeinden mischte es sich nicht so häufig ein. Es kam aber vor, daß das Parlament um seine Intervention gebeten wurde. Zum Beispiel konnte es vorkommen, daß sich ein Teil der Gemeindebewohner an das Parlament wandte, wenn eine Gemeindewahl angefochten wurde oder wenn der Magistrat und seine Mitglieder eine für ungerecht erachtete fiskalische Bestimmungen erließen. Es kam auch vor, daß das Parlament spontan in die inneren Angelegenheiten einer Gemeinde eingriff, selbst wenn sie weit von Aix entfernt lag, zum Beispiel, wenn es erfuhr, daß örtliche Fraktionen gewaltsam aneinandergeraten waren. Dann schickte es eine aus eigenen Mitgliedern zusammengesetzte Kommission dorthin ab. Diese wandte verschiedene Schlichtungsverfahren an, und bisweilen konnte sie die Gegner dazu überreden, sich die kommunalen Ämter zu teilen oder in Steuersachen eine Kompromißlösung zu finden. Es kam auch vor, daß die Kommission sich damit begnügen mußte, eine Untersuchung durchzuführen, Erkundigungen einzuziehen und Verhaftungen vorzunehmen. Als höchste Gerichts- und Verwaltungsinstanz der Provinz übte das Parlament auch eine repräsentative Rolle aus. Ähnlich wie die Stände, die Versammlung der Gemeinde, „l'assemblée des communautés“ und die „procure du pays“ sprach das Parlament im Namen der Provinzbevölkerung. Seine Mitglieder wurden an Ort und Stelle eingestellt. Sie hatten ihre Ämter gekauft und die Unabsetz-

---

25 *R. Pillorget,* (Anm. 3), 120-121.

26 Bibliothèque Nationale, ms 18678, f⁰ 153 v⁰.

27 Ibid. fol. 154; les Bouches-du-Rhône. Encyclopédie départementale, III, Marseille, 1921, 433-435.

28 Les Bouches-du-Rhône. Encyclopédie départementale, III, 329 ff.

29 Archives départementales des Bouches-du-Rhône, B 3359, f⁰ 457.

barkeit, die aus der Käuflichkeit der Ämter resultierte, verlieh ihnen eine uneingeschränkte Unabhängigkeit. Mit echt kritischem Geist prüften sie die von der königlichen Behörde erlassenen Akte, Edikte usw. Wenn sie den Eindruck hatten, daß diese Verfügungen die Privilegien des Landes oder die Interessen der Bevölkerung beeinträchtigten, dann verhinderten sie ihre Ausführungen, indem sie sich hinter der Formel: „mit dem gnädigsten Willen des Königs“ verbargen. Durch das Verfahren der „Remonstrances“, d. h. der „Vorstellungen“ versuchten sie die Zurücknahme oder die Abänderung dieser Verordnungen zu erwirken. Das setzen sie ohne weiteres durch, mindestens bis etwa 1660. Die einzigen Beamten, die in der Provinz dem König unmittelbar unterstanden, waren der Gouverneur- „der in seiner Provinz gegenwärtige König“, wie eine berühmte Formel lautete — und der erste Präsident des Parlaments. Beide wurden vom König ernannt, sie kauften nicht ihre Ämter und stammten nicht aus der Provinz.[30] Der Intendant aber, als Staatsrat dem Gouverneur beigeordnet und von einigen Sekretären unterstützt, war noch eine unbedeutende Figur.[31]

Die Mitte des 17. Jahrhunderts markiert aber eine tiefgehende Zäsur in der Geschichte der Provinz.

Wie im ganzen Königreich hatte die Fronde 1648-1653 eine sehr schlechte Erinnerung hinterlassen und in dem größten Teil der Nation das Verlangen nach Ordnung und Frieden erweckt. Die Provence befand sich in der gleichen Verfassung. Dennoch flackerten 1658 und 1659 in Marseille, Aix und Draguignan kurzzeitige Unruhen wieder auf. Die Ursache war der Durchmarsch der Truppen durch die Provinz und die Steuerbelastung, welche die Endphase des spanischen Krieges erforderte. Infolgedessen markiert das Jahr 1660 den Beginn einer von neuen politischen Verhältnissen geprägten Zeit. Zwischen dem Pyrenäen-Friedensschluß und seiner Hochzeit begab sich Ludwig XIV. nach Marseille. Er ließ einen Teil der Stadtmauern niederreißen und eine Festung bauen, die die Stadt in seine Gewalt bringen sollte. Wie die gesamte Provinz mußte Marseille nunmehr Steuern zahlen[32], es war dem König untergeben und dem gemeinsamen Gesetz unterworfen[33], nicht nur Vassall oder Verbündeter. Andererseits wurden nicht mehr die Landstände zusammenberufen: Nur die „assemblée des communautés“, die Versammlung der Gemeinden sollte nun einberufen werden, also lediglich die Vertreter des Dritten Standes, die viel fügsamer waren als die Vertreter der zwei anderen Stände. Schließlich war der

30 *R. Pillorget,* (Anm. 3), 123-127.

31 *R. Mousnier,* La plume, la faucille et le marteau, Paris 1970, 201-213.

32 Archives du Ministère des Affaires Etrangères, Mémoires et documents, France 1725, f⁰ 193, 198-199, 334-338; Archives de la Guerre, A1 164, f⁰ 21; Bibliothèque Nationale, ms frs 17397 f⁰ 193, 205-207, 233 und Mélanges Colbert, 105 f⁰ 113, 115, 251.

33 *R. Pillorget,* (Anm. 3), 823-827.

Vertreter des „in seiner Provinz gegenwärtigen Königs“ nicht mehr der Gouverneur, sondern der erste Präsident des Parlaments. In anderen Provinzen wurde der Gouverneur seiner hauptsächlichen Machtbefugnisse enthoben und mußte sich von nun an auf rein militärisch und repräsentative Aufgaben beschränken. Er übertrug dem Justizintendanten den Bereich der Polizei und der Finanzen. In der Provence sah es ganz anders aus. Vorerst ernannte der König keinen Intendanten. Er entzog dem Gouverneur den Hauptteil seiner Befugnisse und vergab sie dem ersten Präsidenten des Parlaments, einem zuverlässigen Mann, einem Angehörigen der berühmten Familie Forbin, Henri de Forbin-Maynier, Baron von Oppéde.[34]

Dieser wurde zum einzigen getreuen Werkzeug der königlichen Autorität und der Zentralisation auf politischem Gebiet. Oppéde, ein reiner Provenzale, war nun Intendant, ohne den Titel zu tragen. Nach seinem Tod im Jahre 1671 [35] wurde ein königlicher Kommissar zum Intendanten ernannt und bekleidete zugleich das Amt des ersten Präsidenten. Nun war der Intendant der erste Beauftragte des Königs in der Provinz, der das Parlament in seine Gewalt brachte. In der Folgezeit sollte das Parlament keinen anderen ersten Präsidenten als den vom König ernannten Intendanten haben.[36] In der Arbeitsweise der Justiz und der Verwaltung wurde keine wesentliche Änderung herbeigeführt. Außer daß das Parlament von nun an auf keinen Fall die Ausführung irgend eines königlichen Ediktes aufzuschieben wagen konnte.[37] Die drei hohen Gerichtshöfe, „les Cours Souveraines“, wechselten den Namen und mußten sich mit dem bescheideneren Titel Obergerichtshöfe, „Cours supérieures“, begnügen. In den Jahrzehnten nach 1660 machte sich eine allgemeine Unterordnung bemerkbar.[38] Viel spontaner als früher gewährte die Provinz dem König die Gelder, die er von ihr verlangte.[39] Die Volksaufstände, besonders diejenigen, die sich gegen die Vertreter der königlichen Behörde richteten, ebbten langsam ab. Festzustellen ist nur eine Änderung im Verwaltungsleben: die größere Rolle der „viguerie“ hatte zur Folge, daß man sich höheren Ortes mehr um die Verkehrswege kümmerte. Die Reglementierung, die vor 1660 in verschiedenen Erlassen des Parlaments und verschiedenen Beschlüssen der Gemeinde-

[34] *R. Pillorget,* (Anm. 3), 708-715, 740-750, 767, 784-801, 998.

[35] Archives du Ministère des Affaires Etrangères. Mémoires et Documents, France, 765, f⁰ 328-330; Vgl. *J. Marchand,* Un Intendant sous Louis XIV. Etude sur l'administration de Lebret en Provence 1687-1704, Paris 1889, 50.

[36] *J. Marchand,* (Anm. 35), 361-364.

[37] *R. Pillorget,* (Anm. 3), 876-877.

[38] *R. Pillorget,* (Anm. 3), 867 ff.

[39] Archives du Ministère des Affaires Etrangères. Mémoires et Documents, France 1729, f⁰ 105, 109 ff.; Archives Nationales, G7 462, Brief 22.X.1692; Vgl. *Sevigné* (Mme de), Lettres (Paris, Bibliothéque de la Pleïade, ed. *Gérard-Gailly,* 1955, 3 Bde), Bd 2, 249-250 und 256.

versammlungen zum Ausdruck kam, blieb einigermaßen unklar und wurde kaum in die Tat umgesetzt. Erst im Jahre 1687 stellte die Gemeindeversammlung, „l'assemblée des communautés", ein Verzeichnis der Wege auf und verteilte die mit ihrer Unterhaltung oder ihrem eventuellen Ausbau verbundenen Kosten.[40] Es wurde beschlossen, daß die Hauptverkehrswege bis zu einer gewissen Summe von den Gemeinden auf ihrem Gebiet unterhalten werden sollten; bei darüber hinausgehenden Summen mußte die „viguerie" die Kosten bestreiten, während die Provinz nur einen eventuellen Zuschuß leistete. Ferner hatten die Wege, die von einer Ortschaft zu einer anderen führten, auf denen aber die Postkutschen nicht verkehrten, von den Gemeinden unterhalten zu werden. Schließlich sollen die Wege, die zur Bequemlichkeit von Privatpersonen von den Städten nach außerhalb führten, ganz zu Lasten der Anliegereigentümer gehen. Das Reglement von 1757 stellte ein genaueres Verzeichnis auf und überließ der Provinz die Unterhaltung der vier Hauptstraßen. Das Reglement von 1771 zeigte dasselbe Tendenz. Es scheint, daß die Gemeinden, welche die Last der Straßenunterhaltung als zu schwer empfanden, es zwischen 1657 und 1757 geschafft haben, daß ein immer größerer Teil der Kosten von den „vigueries" übernommen wurden. Später, zwischen 1757 und 1771 war es den „vigueries"anscheinend gelungen, einen Teil ihrer Last auf die Provinz zu übertragen. Das heißt, daß sich auf diesem bestimmten Gebiet ein Zentralisationsprozeß innerhalb der Provinz entwickelte. Dieser Prozeß war 1789 noch nicht abgeschlossen; um diese Zeit liegt die Zentralisation auf nationaler Ebnene noch in ferner Zukunft.

Konnte die Provence von nun an weder über die Einmarschbedingungen der königlichen Truppen, noch über den Betrag der direkten Steuer verhandeln, so blieb doch ihr herkömmliches Statut so gut wie unangetastet. Im Justizbereich war ihre Autonomie unbeschränkt. Die Provenzalen wurden gemäß dem römischen Recht nur von Provenzalen gerichtet. Der einzige nichtprovenzalische Richter war der erste Präsident-Intendant; es handelte sich aber hier um einen politischen Posten. Gegen ein Gerichtsurteil Berufung einlegen konnte man bei dem in Paris tagenden Conseil royal. Im fiskalischen Bereich war auch eine gewisse Autonomie vorhanden. Die Summe, die man jedes Jahr dem König bewilligte, wurde gemäß besonderer Bestimmungen von den Gemeinden selbst verteilt und kassiert, dem Schatzmeister der Stände übergeben, der sie dann der königlichen Kasse überbrachte. Allgemeine Wehrpflicht gab es nicht; aber von Zeit zu Zeit führten die Kriegsbedürfnisse zur Schaffung von Milizen, die aber nicht außerhalb der Provinz eingesetzt werden durften.[41] Die Gründung und

---

[40] *R. Pillorget,* (Anm. 3), 75, Anm. 253.

[41] *R. Pillorget,* (Anm. 3), 927-928.

Bewirtschaftung von Schulen und Universität waren Angelegenheit der Gemeinden. Bis 1789 wurde der Provence nun weitgehende administrative Autonomie zuteil, die erst mit der napoleonischen Zentralisation verschwinden sollte.

Das Elsaß, eine französische Region[1]

Von Bernard Vogler, Strasbourg

Das Elsaß läßt sich nur schwer mit alten französischen Provinzen wie der Provence oder der Bretagne vergleichen.

Vor 1648 war das Elsaß nur ein geographischer Begriff, aber mit einem starken Bewußtsein der elsässischen Identität seit dem 15. Jahrhundert, welches vor 1618 verstärkt wurde durch etliche gesamtelsässische Landtage. So wie der ganze deutsche Südwesten war das Elsaß ein politisches Mosaik: Man fand hier mittlere und kleine Territorien (die beiden größten waren die habsburgischen Gebiete im Oberelsaß und das Fürstbistum Straßburg), zahlreiche Reichsritter und zwölf freie Städte (darunter der Zehn-Städte-Bund). Der Rhein wurde nicht als eine Grenze empfunden, im Gegensatz zum Westen, der Grenze zu Lothringen und Frankreich: Die Unterschiede mit den „Welschen" wurden sehr stark empfunden.

I. Eingliederung in die französische Monarchie und Prozeß der Ausbildung einer Provinz

Im Westfälischen Frieden kamen die Territorien und Rechte der Habsburger im Elsaß an die französische Krone. Da aber die Rechte nie niedergeschrieben wurden, war ihr Inhalt sehr unklar. Es handelte sich mehr um nichtssagende Titel: Landvogt der Decapolis, Landgraf von Oberelsaß und Landgraf von Unterelsaß.

In der zweiten Hälfte des 17. Jahrhunderts versuchte die französische Diplomatie im Rahmen ihrer territorialen Ausbreitungspolitik, unter Hinzuziehung von Juristen, diese Rechte auszuweiten, um das ganze Elsaß an die französische Krone zu bringen.

Diese Politik wurde in vier Etappen durchgeführt. Nach dem holländischen Krieg (1672-1678) wurde durch den Frieden von Nymwegen die Decapolis an Frankreich angegliedert. Im selben Jahr wurden die Reunionskammern eingerichtet. Diejenige von Breisach verkündete die Eingliederung aller Territorien im Elsaß an die französische Krone in den

[1] Für die Bibliographie verweise ich auf *B. Vogler,* Histoire culturelle de l'Alsace du Moyen Age à nos jours, Straßburg, 1993.

Jahren 1680-1682. 1681 wurde mitten im Frieden die große freie Reichsstadt Straßburg belagert, so daß sie sich gezwungen fühlte, eine Kapitulation, einen Vertrag, zu unterzeichnen, durch welche sie die Oberhoheit des Königs anerkannte. So war seit 1682 das ganze Elsaß (außer Mühlhausen, das bis 1798 ein zugewandter Ort der Schweizer Kantone blieb) eine französische Provinz. Diese Entwicklung wurde im Ryswicker Frieden (1697) juristisch anerkannt: Zum ersten Mal wurde der Rhein somit eine internationale Grenze auf juristischer und diplomatischer Ebene.

Diese Provinz behielt zum Teil den alten institutionellen Rahmen, also die Trennung zwischen direkten Verwaltungsgebieten (ehemalige habsburgische Territorien) und den Gebieten, die weiterhin von Fürsten, Rittern und Städten verwaltet wurden, den Reunionen. Hier wurde die königliche Souveränität bis 1789 immer weiter ausgebaut.

Aber es kam auch zu neuen Strukturen. Das Elsaß wurde die „province d'Alsace" unter der Leitung eines Intendanten. Dieser war eine bedeutende Persönlichkeit: maître des requêtes am Conseil d'Etat, der erst nach reichlicher Erfahrung ins Elsaß entsandt wurde. Im 18. Jahrhundert blieb er hier im Durchschnitt sechs bis zehn Jahre. Seine Funktion bestand in der Verwaltung, der Leitung des Fiskus und zu Kriegszeiten in der Verproviantierung der Truppen. Im Laufe des Jahrhunderts nahm seine Rolle bedeutend zu: Förderung von wirtschaftlichen Innovationen, des Schulwesens und Kontrolle der Ein- und Auswanderung. So übte der Intendant die wirkliche Macht aus, im Interesse der französischen Monarchie.

Die früheren Amtleute bleiben erhalten, nur daß sie jetzt zwei Oberherren unterstanden, dem Fürsten und dem Intendanten. Ihre Handlungsfreiheit blieb sehr beschränkt.

Für die Justiz wurde 1657 ein Appellationshof gegründet, der seit 1698 in Colmar unter dem Namen Conseil Souverain d'Alsace etabliert war, dessen Vorbild die französischen Parlamente waren. Er blieb aber zweitrangig, da er nie den Titel eines Parlaments erreichte. Dieser Conseil verbreitete das französische Recht, besonders durch die Veröffentlichung der *Ordonnances d'Alsace* durch den Präsidenten De Boug (1774). Bis 1789 nahm er meistens eine Appellfunktion in Zivil- und Strafgerichtsbarkeitsangelegenheiten wahr, aber nur wenn es sich um nicht zu geringe Geldsummen handelte. Nach 1750 nahm er nach und nach eine Haltung ein, die elsässischen Interessen gegenüber Paris zu verteidigen.

Für den militärischen Bereich wurde die Funktion eines Gouverneurs der Provinz geschaffen, die aber mehr ehrenamtlich war; in der Realität waren die Platzkommandanten der zwölf Garnisonen bedeutend.

II. Lokale und regionale Kompetenzen

Das alte territoriale Mosaik blieb erhalten. Die früheren habsburgischen Territorien unterstanden der direkten französischen Verwaltung, wurden aber zum Teil an Mazarin vergeben und kamen somit an die Grimaldi, also die heutige Dynastie von Monaco.

Die anderen Territorien blieben mit einer Regentschaft erhalten. Diese hatte als Befugnisse die reine Verwaltung, die Erhebung der Steuern, sowie die Kirchen, die Schulen und die Gerichte. Zum Teil handelte es sich um deutsche Fürsten: Kurpfalz, Fürstbistum Speyer, Landgrafschaft Hessen-Darmstadt und Herzogtum Württemberg, die „princes possessionnés".

Die früheren Reichsstädte haben ihre Strukturen erhalten, sowie ihre Kompetenzen, die aber im Laufe des Jahrhunderts zurückgingen, um so mehr, als der König in jeder Stadt einen königlichen Prätor einsetzte, dessen Hauptfunktion darin bestand, zu wachen, daß nichts gegen die Interessen des Königs durchgeführt würde. Die Mitglieder der Decapolis durften sich seit 1679 auch nicht mehr auf gemeinsamen Tagen versammeln.

Die anderen lokalen Kompetenzen blieben bescheiden: es handelte sich um die katholischen Diözesen. Seit 1704 war der Sitz von Straßburg in den Händen der Rohan, einer aristokratischen Familie, die enge Beziehungen zum französischen Hof hatte. Die evangelischen Landeskirchen verhielten sich sehr vorsichtig, um nicht neue Verfolgungen zu erleiden, blieben aber in Verbindung mit deutschen Theologen.

Die Volksschulen standen unter Kirchen- und Gemeindehoheit, ebenso die Gymnasien und Kollegien. Die katholische Universität stand unter dem Schutze des Bischofs, während sich die lutherische unter der Protektion der Stadt und des königlichen Prätors befand.

Zum Unterschied von anderen Provinzen und den deutschen Kreisen gab es absolut keine eigenen Funktionen und Kompetenzen. Im Unterschied zum 16. Jahrhundert kannte das Elsaß weder Stände, noch eine regionale Vertretung. Die speziellen regionalen Interessen wurden sonderbarerweise nur durch die königlichen Vertreter verteidigt: Der königliche Prätor von Straßburg war der Verteidiger der Stadt am Hof, während der Conseil Souverain im Laufe der Zeit immer mehr Sinn für elsässische Besonderheiten zeigte. Er bestand aus eingewanderten Familien aus Lothringen und Innerfrankreich, die sich aber in der zweiten und besonders in der dritten Generation gut einwurzelten.

Es hat sich ein starkes Bewußtsein in Straßburg und anderen Städten für die Erhaltung von Privilegien erhalten. In den Städten blieb der Wille der

Selbstverwaltung sowie ein republikanischer Geist sehr stark, trotz der Oligarchie, von der einige Mitglieder mit Vertretern der Verwaltung eng verbunden waren. Der Adel, dessen Interessen durch das *Directoire de la Noblesse de Basse-Alsace* vertreten waren, war mehr auf Erhaltung der persönlichen, juristischen und wirtschaftlichen Rechte und Vorteile gerichtet.

III. Die Beziehung zu Paris

Die Verwaltung handelte im Elsaß nach drei Hauptprinzipien. Zuerst die Gepflogenheiten nicht antasten *(ne pas toucher aux usages de l'Alsace)*, dann soviel wie möglich dem Beispiel der Erzherzöge folgen *(suivre autant qu'il se pourra l'exemple des archiducs)*, also der habsburgischen Verwaltung im Oberelsaß vor 1648.

In konfessionellen Angelegenheiten hingegen war der Druck viel stärker. Auf katholischer Ebene befahl der König die Wahlen *(le Saint-Esprit est aux odres du roi)*, während die Protestanten von allen königlichen Funktionen ausgeschlossen waren.

Die Innerfranzosen blieben relativ gering vertreten: Nur Wenige bekleideten Intendantenpositionen, im Conseil Souverain ging ihre Zahl im Laufe des 18. Jahrhunderts zurück, nur am Hof und in der Verwaltung des Bischofs blieben sie relativ zahlreich.

Auf dem Gebiet der Wirtschaft besaß das Elsaß den Status des Auslandes *(à l'instar de l'étranger effectif)*, so daß bis 1798 die wirtschaftlichen Verbindungen sehr gering blieben.

Der König erschien als Monarch, der unter dem Mythos der Ferne stand, so daß das dynastische Element nur eine untergeordnete Rolle im Elsaß spielte.

Eine ganz geringe Zahl von Ereignissen rief immerhin ein großes Echo hervor. So gab die Reise des Königs im Jahre 1744 Anlaß zu großen Festen in den Städten, besonders in Straßburg. Bei der Durchreise der zukünftigen Königin Marie-Antoinette gab der Rat von Straßburg einen großen Empfang. Nach dem Tod von Ludwig XV. läuteten in allen lutherischen Kirchen der Grafschaft Lützelstein die Glocken für sechs Wochen täglich drei Stunden lang. Ferner veranstaltete die Stadt Straßburg im Jahre 1781 eine große Feier (in trauriger Stimmung) in Erinnerung an die Angliederung an Frankreich und den Verlust der Freiheit hundert Jahre zuvor.

Die sozialen Kontakte nach Innerfrankreich blieben noch sehr gering. Immerhin stellte sich der Adel in der Mehrheit in den Dienst der französischen Armee. Außerdem knüpfte der Historiker Schoepflin enge Verbindungen zum Hof in Versailles.

IV. Erhaltung von Beziehungen zum deutschen Reich

Die lutherische Universität blieb eng verbunden mit der deutschen kulturellen Welt. 48% der Studenten stammten aus dem Reich, unter ihnen findet man Metternich, den zukünftigen Kanzler von Österreich, und Goethe.

Nach 1750 haben alle Straßburger Professoren einen Teil ihrer Studien in Göttingen, seit 1737 die fortschrittlichste Universität in Europa, absolviert. Etliche bekamen sogar einen Ruf, den sie wegen der Treue zu ihrer Heimatstadt ablehnten.

Die deutschen geistigen Bewegungen kannten einen gewissen Widerhall, sowohl der Pietismus, als auch die Aufklärung, diese wegen dem Sinn sowohl für Toleranz, als auch für Demokratie. Was die „Sturm und Drang" — Epoche betrifft, so hatte sie Einfluß durch das Treffen zwischen Goethe, Herder und Lenz (1770).

Die straßburgischen Buchhandlungen erschienen als allgemeine deutsche Buchhandlungen, sowohl was die Sprache anbelangte (66% der Buchtitel), als auch die Geographie der Druckorte (75% im deutschen Reich), die Struktur des Handelsnetzes und den Geschmack.

Auf wirtschaftlichem Gebiet erhielt sich ein enger Transithandel auf dem Rhein.

V. Das Elsaß vor 1789

Das Elsaß war vor der Revolution eine Provinz, die keine Landstände besaß. Im Jahre 1787 versammelte sich nach dem Muster der französischen Stände eine *Assemblée provinciale*, die folgendermaßen aufgeteilt wurde: Ein Viertel katholischer Klerus, ein Viertel Adel und die Hälfte Vertreter der Bürger. Diese bestanden fast ausschließlich aus dem Verwaltungspersonal der Städte und des Adels, so daß die wirtschaftlichen Kreise ganz fehlten: Gewerbe, Handel und Landwirtschaft. Die Versammlung tagte einen Monat. Die Berichte, die erhalten geblieben sind, zeigen einen starken Sinn für die Provinz als Ganzes und eine entwickelte Identität, besonders in zwei Aspekten: Zunächst in der Forderung nach Beschränkung der Steuergelder auf regionale Zwecke, wie nach Verstärkung des Rheinufers durch den Bau von schrägen Mauern *(épis)*, nach Unterhaltung einer berittenen Polizeiwache und ihrer Garnisonen, sowie nach Instandhaltung der militärischen Befestigungen und des Straßennetzes. Diese Vorschläge blieben aber nur Wünsche und fanden keine Durchsetzung, da die Versammlung, auf Befehl von Paris, nicht mehr zusammentrat.

Das regionale Bewußtsein wurde gefördert durch die Schule und eine Reihe von Veröffentlichungen über das Elsaß, besonders die *Alsatia illustrata* (1751) und *Alsatia diplomatica* von Johann Daniel Schoepflin und das *Topographische Lexicon* (1787) von Horrer. Es kam auch bei den Verhandlungen der *Assemblée provinciale* über das Straßennetz Interesse an Straßen für die beiden entferntesten Gegenden, Sundgau und Unterland, sowie für die Vogesentäler zum Vorschein.

Die Elite stand der Modernität sehr aufgeschlossen gegenüber und war sich des Reichtums bewußt, den der Kontakt von zwei Kulturen bedeutete. Die Unterschiede zwischen Elsässern und possedierenden Fürsten erschienen hier sehr schroff, diese werden beschuldigt, den Reichtum aus dem Elsaß auszuführen und keine Steuern zu bezahlen.

Von den Innerfranzosen wurde das Elsaß als Allemagne bezeichnet, dessen Einwohner Deutsche waren. Aber auch die Elsässer selbst sahen sich als Deutsche an; so sprachen sie ganz selbstverständlich von deutschen Schulen, deutschen Präzeptoren, von deutschen Schreinern und Bäckern, um sie von den eingewanderten Innerfranzosen zu unterscheiden.

So erscheint 1789 die Lage sehr komplex. Die Einheit war mehr im Bewußtsein verankert als in regionalen Kompetenzen. Die Privilegien von 1648 und 1681, die noch in den „cahiers de doléances“ von 1789 bestätigt wurden, schaffte man aber doch bereits im selben Jahr gänzlich ab.

Die Bretagne:
Von der Provinz zur Moderne, vom Pays d'État zur Région Economique

Von Jean Meyer, Paris

Das Wort „Provinz" ist Symbol des „Ancien Régimes". Es gehört zum allgemeinen Wortschatz mit einer, nicht selten, pejorativen Konnotation. Schon 1789 entsprach dieses Wort keiner präzisen, administrativen Norm. Die althergebrachten Provinzen deckten sich noch am besten mit den Militärgouvernements.[1] Aber man weiß, wie wenig Bedeutung die Historiker noch den Militärgouvernements zumessen. So könnte sich beispielsweise, zumindest in mancher Hinsicht, die historische Vulgata als zu wenig genau erweisen. Wie es auch sei, der Begriff „Province" schien in den letzten Jahrzehnten des Ancien Régimes wieder aufzuleben, und zwar in der Form der „Assemblées Provinciales".[2] Es handelte sich um ein Aufbäumen von kurzer Dauer, dann fegte die Revolution mit einem Federstrich das althergebrachte, prekäre Monument von der geschichtlichen Bühne hinweg. Dennoch überlebte das Wort sowohl im allgemeinen Wortgebrauch der „Völker" als auch in der politischen Kontroverse all derer, die sich im Laufe des 19. Jahrhunderts gegen die neuen, territorialen Gliederungen wandten. „Notion ambiguë" auch heute noch, und heute mehr denn je. Schon seit Jahren gibt der Toulouser Verlag Privat eine wohlbekannte Reihe von Geschichten der verschiedenen „Provinzen" unter dem Motto „Provinces de France" heraus. Während es für Deutschland verhältnismäßig einfach ist, territoriale Gebilde zu definieren,[3] liegen die Dinge hinsichtlich Frankreichs viel komplizierter. Manche Provinzen sind zwar auch heute noch ganz genau bezeichnete Einheiten, wie etwa die Bretagne, die Bourgogne, und die Franche-Comté. Aber gibt es eigentlich eine „Guyenne", oder die „pays d'Entre Loire et Garonne"? Es gibt eben Provinzen, die allen Zeitläufen zum Trotz, ihre Eigenheit beibehalten haben, und andere, die fast total verschwunden sind.

---

1 *M. Marion,* Dictionnaire des Institutions de la France aux XVIIe et XVIIIe siècles, Paris ^{2}1968, 465; *W. Mager,* Frankreich vom Ancien Régime zur Moderne. Wirtschafts-Gesellschafts-und politische Institutionsgeschichte, 1630-1830. Stuttgart / Köln / Mainz 1980.

2 *M. Marion,* a. a. O., 27-28; *P. Renouvin,* Les assemblées provinciales de 1787, Paris 1921.

3 Es fehlen allerdings genaue Atlanten, in denen die geschichtlichen Grenzveränderungen der Territorialstaaten markiert sind.

Wenn man die Sache einmal grob skizziert, so scheint es mir, daß sich die Geschichte der französischen Provinzen in zwei großen Etappen vollzog: In einer ersten Phase, die chronologisch in ganz weit auseinanderliegenden Zeiten faßbar ist, entstanden die sogenannten „Principautés territoriales", die in der deutschen Übersetzung etwa embryonalen Territorialstaaten entsprechen würden, also eine Art Feudalstaaten, die einige Ansätze zum Nationalstaat aufweisen können. Ein gut bearbeitetes Beispiel für das 16. Jahrhundert ist die Franche-Comté, die von Lucien Febvres großer These[4] behandelt wurde. Die Provinzen Burgund und die Bretagne hatten ihre Wurzeln im Mittelalter. Die zweite Phase begann mit der Einverleibung dieser im Entstehen begriffenen Feudalstaaten in den Nationalstaat Frankreich. Damit wurde die Weiterentwicklung der regionalen Staatengebilde definitiv verhindert. Zwar wurden die lokalen Gesetze und Institutionen zunächst beibehalten, sie waren aber auf lange Sicht der langsamen Eliminierung ausgesetzt. Die „Etats provinciaux" verschwanden entweder dadurch, daß sie vom Königtum einfach nicht mehr einberufen wurden, oder sie lebten in immer bescheidenerer, zwiespältigerer Form weiter. Auf diese Weise verschwanden die Etats d'Auvergne (1651) und die Etats de Normandie (1655). Sie sind mit manchen anderen in der allgemeinen Gleichgültigkeit untergegangen. Ähnlich erging es den Ständen der Provinzen Anjou, Aunis, Angoumois, Maine, Marche, Quercy, Touraine usw. Es überlebten lediglich Stände der peripher gelegenen Grenzprovinzen: die Stände von Artois, Béarn, Bourgogne, Bretagne, Cambrésis, Flandre, Navarre, Provence, ferner die der Territorien der Pyrenäentäler (Bigorre, Labour, Foix, Nebouzan, Quatre, Vallées, Soule usw.).[5] Auch in diesen Provinzen vollzog sich, ab Mitte des 17. Jahrhunderts, eine schwerwiegende Wende. Das Aufblühen der Großstädte, besonders im 18. Jahrhundert, und der dadurch entstandene Bevölkerungszuzug führte im alltäglichen Leben zu einer neuen, dynamischen Gebietsgliederung: den „bassins démographiques". So stieg die Bevölkerung von Bordeaux von ungefähr 40 000 Einwohner zu Anfang des „Siècle des Lumières" auf 130 000 Einwohner zu Beginn der Französischen Revolution an.[6] Das Einwanderungsgebiet entwickelte sich naturgemäß ohne Rücksicht auf die traditionellen Grenzziehungen der Provinzen. So sind die heutigen Einflußgebiete der Großstädte entstanden, konzentrisch zwar, aber manchmal in fast monströsen Auswüchsen sich an den Kommunikationssträngen entlangziehend (königliche Straßen, Flußtä-

---

4 *L. Febvre,* Philippe II et la Franche-Comté. La crise de 1567, ses origines et ses conséquences, Paris 1911.

5 Für die Bretagne: *A. Rebillon,* Les Etats de Bretagne de 1661 à 1789, Paris 1932; *H. Fréville*, L'intendance de Bretagne (1688 - 1690), 3 Bde., Rennes 1953.

6 *J. P. Poussou,* Bordeaux et le Sud-Ouest au XVIIIe siècle: Croissance, economique et attraction urbaine, Paris 1983; *J. P. Bardet,* Rouen aux XVIIe et XVIII siècles, Paris 1985.

ler, usw.). Je größer die Stadt und je dynamischer ihre Wirtschaft, desto verheerender waren die Auswirkungen auf das flache Land. So ist die Île-de-France heute in Wirklichkeit mehr ein rein theoretischer, historischer Begriff für eine Provinz, die seit dem 17. Jahrhundert durch den „ventre de Paris“ (Zola), durch eine frühkapitalistische Landschaft geprägt war. Die Metropole fraß die Umgebung auf, bestimmte sie bis ins kleinste Detail. Die im Laufe der zweiten Hälfte des 20. Jahrhunderts vielfach veränderten Grenzziehungen der „régions économiques,“ sind meines Erachtens als ständige und demzufolge auch sehr provisorische Kompromißversuche zwischen den zwei großen historischen Tendenzen zu werten.

Wie aber sind eigentlich die alten „Provinzen“ entstanden?

Vor dem ersten Weltkrieg hat der Geograph Vidal de La Blache die Bilanz gerade noch vor dem Erlöschen der traditionellen Agrarzivilisation gezogen.[7] Er beschreibt die „petits pays“ als die kleinen Länder, deren Koaleszenz die Provinzen entstehen ließ. Er meinte, so theoretisierte er, daß diese aus ihrer Großkomplementarität hervorgegangen seien. Die Theorie Vidals de La Blanche wurde dann später anhand der „Comté“ (Franche-Comté) bestätigt. Wie die Comté bestand die Bourgogne, ihr Spiegelbild, aus vier Typen von sehr verschiedenen, und darum sehr gut zusammenfügbaren, kleinen Ländern: 1. Die Hochebenen im Süden der Pariser Bucht, des Pariser Beckens, mit großen Wäldern und tiefen Tälern, in denen sich eine allenfalls kümmerliche Landwirtschaft entfaltete, geprägt vom Lärm der Hämmer der vielen Eisenhütten. 2. Die Côte d’Or, der weinrebenvergoldete, mit seinen „arrière-côtes“, von reichen Weindörfern prangende Hort der alten Römerkultur. 3. Die obere Löß-Terrasse der Saône, mit großen Haufendörfern, mit Scheunen voll von Getreide, das „gute Land“ mit den schweren Vierräderwagen. 4. Endlich das Überschwemmungsgebiet des Flusses, mit trägen Seen, Mooren, Teichen durchsiebt, das Land der großen Viehzucht auf den fast immergrünen Wiesen. So entstand im Norden Holz, mehr und mehr dem stets steigenden, ungeheuren Holzverbrauch der Großmetropole Paris zugedacht, des weiteren köstlicher Wein, der, nach der Menge der Ausfuhr zu schließen, für ganz Europa bestimmt war, ferner ließ sich aus den reichen Lößböden Brot und Mehl, von den Tieren auf den Weiden Fleisch und Milch gewinnen, so daß sich eine komplementäre Einheit ergab, ein reiches Land, in dem Milch und Honig floß und fließt. Es war eine gesegnete Landschaft, die im Kleinen Überfluß an allem bot, was zum Leben notwendig gewesen war und im Großen das, was größeren Luxus erlaubte, und die darüber hinaus über die für einen werdenden Staat

---

7 *P. Vidal* de la Blache, La France, tableau géographique, Paris 1906; repris dans le tome I de l’Histoire de la France de *E. Lavisse / J. Bruhnes / P. Desfontaines*, Geographie humaine de la France, Tome I de l’Histoire de la Nation francaise de G. Hanoteaux, 2 Bde., Paris 1908.

erforderlichen Steuern verfügte, einen prächtigen Staat, der in ganz Europa hoch angesehen war: Die Märchenpracht des burgundischen Hofes von Dijon.

Ein allzu schönes Beispiel. Dagegen finden wir auf einer niedrigeren Stufe, doch im Wesen durchaus vergleichbar, die kleinen Talstaaten der Pyrenäen. Oben die sommerlichen „Alpenwiesen des ports", mit hohen Talsohlen, die den Handel zwischen Spanien und Frankreich erlaubten: Die Transhumanzherden überwinterten in den kalten Monaten des Jahres in den Niederungen des Landes und des Aquitanischen Beckens; unten die vielfältigen Möglichkeiten des „plateau de Lannemezan", in dessen schmalen Feldern der Bauer Mais, Reben, Obst und Gemüse mit großer Mühe Reihe neben Reihe in einer Art von „Cultura promiscua" aufzog, da man sich nicht allzusehr spezialisieren durfte. Dazwischen befanden sich, von der Bergspitze bis zur niederen Talsohle, alle möglichen Arten von Bepflanzungen, von allem ein wenig, jeder Klimaschwankung zum Trotz, ein spärlicher, jedoch die Zukunft sichernder Anbau; auch hier, in den Tälern hörte man das Hämmern von primitiven Eisenwerken. Ein beinahe zu schönes Beispiel, ein gutes, ein fast schlechtes Land: je eine politische Einheit, die eine „groß", die andere „klein".

Es sind jedoch nur Beispiele und der Gegenbeispiele gibt es mehrere.

Geographisch gesehen war das Elsaß das fast „ideale" Gegenstück der Bourgogne: Noch höhere Berge und Wälder, noch dazu der Boden mit reichen Silber- und Bleiadern durchzogen, der Reichtum des Herzogs von Lothringen; die Kalkvorboten der Vogesen mit ebenso reichen — hier weißen Reben — übersäht, die Lößterrasse mit den Getreidefeldern; das Ried, sumpfig mit Wiesen durchzogen. Es entwickelte sich hier jedoch kein Feudalstaat, sondern eine Provinz als Einheit, die nur durch die Einverleibung Frankreichs, spät, in der zweiten Hälfte des 17. und während des 18. Jahrhunderts entstand.

Der politische Wille der Dynastien, der Staaten, war in dieser Hinsicht einzig bestimmend, so der Wille der bretonischen Herzöge, der „intendants d'Alsace", oder der prachtvollen Familie von Burgund, und schließlich der der französischen Könige selbst. Die Verschiedenheit der Sprache war nicht immer ein Problem: Die Basse Bretagne sprach von jeher die vier bretonischen Untersprachen; die Haute Bretagne von jeher hauptsächlich französisch. Identität entstand aus dem Zusammenleben über Generationen hinweg, unter derselben Herrschaft. Im Kleinen wie im Großen ist unsere Geschichte eine dynastische. Dynastien vergingen, die durch sie entstandenen Provinzen blieben bestehen, und noch mehr die Staaten, die einstmals durch die Zusammenlegung von Provinzen entstanden sind. Dazu kommt noch die durchaus gewollte Heiratspolitik: Diese nämlich erlaubte das zurückzuerhalten, was man den Töchtern oder den jüngeren Söhnen als „dot“ früher hatte hergeben müssen. So war die bretonische Herzogsfamilie im Spätmittelalter eine Nebenseite der Kapetinger, und durch die Heirat von Anne de Bretagne ging diese Nebenlinie in der französischen Dynastie auf. Auf diese Weise erlosch mit der kleinen, feinen „petite Brette“ — der kleinen Bretonin, der vielgerühmten, eigenwilligen, frommen und lieben Herzogin — der Herzogstamm. Sie hatte sich zwar mit Kaiser Maximilian verlobt, aber die Macht der königlichen französischen Artillerie kam der Heirat zuvor. So zeugen Wappen und Titulatur der Könige von diesem sehr persönlichen, erzwungenen Familienleben. Die ursprünglichen Feudalstaaten der Herzöge stützten sich jedoch letzten Endes auf etwas, was einem „Nationalbewußtsein“ ähnelte. Es war zwar noch sehr bruchstückhaft: bürgerliche Mittelschichten und niederer Adel, der sich in der beginnenden Provinzverwaltung Ehre und Förderung erhoffte. Der Hochadel jedoch, und mit ihm das „Großbürgertum“ — soweit es vorhanden war — wandten sich, ihren Interessen entsprechend, dem fernen französischen König zu. Vom Volk wissen wir nichts, allenfalls, daß es eben in blinder Liebe an den letzten Herzögen hing. Frankreichs König war aber auch Herzog der Bretagne. So hatte der Aufbau einer starken Verteidigungslinie, einer Art Maginotlinie — von Fougères und Vitré im Norden bis nach Chateaubriand und Nantes — herzlich wenig Bedeutung. Umso höher waren allerdings die Kosten der Städteerweiterungen, der großartigen Festungsanlagen, und daher den Stadtbewohnern verhaßt. Sie waren verspätete Anwandlungen, Defensivreflexe in einer so schnell überholten Technologie; heute sind sie allenfalls ein grandioser Hintergrund des Tourismusbetriebs. Der königlichen Artillerie — mit derjenigen von Nürnberg und Straßburg die beste Europas — waren diese Wälle und diese Türme nicht gewachsen. Der Ehebund zwischen Maximilian und Anne kam nicht zustande, vielmehr wurde Anne zweimal französische Königin: zuerst durch ihre Vermählung mit Karl VIII. (1491) und dann, nach dessen Tod im Jahre 1499, mit Ludwig XII. Ihre Tochter aus erster Ehe, Claudia von Frankreich, wurde ihrerseits die erste Frau von Franz I.

Bretonische Identität und das Ancien Régime

Es genügt aber nicht, die Bretagne einfach als „Pays d'Etats“ zu bezeichnen. Es genügt nicht einmal, die Bretagne mit den deutschen Ständestaaten zu vergleichen. Gewiß, die „Etats de Bretagne“ bestanden aus den traditionellen drei Ständen: Klerus, Adel und „Tiers Etat“. Sie versammelten sich alle zwei Jahre (sessions ordinaires), manchmal auch dazwischen (assemblées extraordinaires). Das Leben dieser Etats war zunehmend bewegt. Schwerwiegender war die Tatsache, daß die Stände mit dem Parlament mehr oder minder, oft auch in Gegnerschaft verbunden gewesen waren. Im Laufe des 18. Jahrhunderts entstand noch eine eigene Verwaltung der Stände, die dem Intendanten die Macht streitig zu machen versuchte. Es handelte sich um die „Commission intermédiaire permanente". Die Bretagne nahm also unter den anderen „Pays" insofern eine ganz besondere Stellung ein, als sie eigentlich zwei rivalisierenden Verwaltungen unterstand: 1. Die erste war mit dem „Intendant der Généralité de Bretagne" gegeben und entsprach in vollem Maße der alten Provinz Bretagne, wenngleich dem Intendanten die Macht mehrmals von derjenigen des „Commendant en chef" oder des „Gouverneurs" streitig gemacht wurde. Sie alle waren Stellvertreter des Königs. 2. Unterstand sie dem „Parlement de Bretagne", mit seinem „Premier Président". Wir dürfen jedoch nicht die dritte Instanz vergessen, nämlich den Bischof von Rennes, der Präsident des „Ordre du clergé" gewesen war. Genoß er, wie so oft, die Gunst des Königs, so konnte er eigene Politik betreiben, obwohl im Parlament theoretisch lediglich der „Premier Président", der „Avocat du Roi" und der „Procureur Général", also die Leute des Königs („Gens du roi") angehörten. Es genügt also nicht, die Institutionen als solche zu kennen, die Rolle der verschiedenen Persönlichkeiten ist oftmals viel entscheidender. Durch dieses Gegen- oder Miteinander, je nach dem das politische Spiel eben stand und sich entwickelte, vermittelte auch die „Commission intermédiaire" den Anschein einer Gegenregierung.[8] Die Stände konnten also auf einer doppelten Tabulatur wirken: derjenigen des Parlaments (selten des höheren Klerus), immer mehr aber auf derjenigen der „Commission intermédiaire".

Das Parlament der Bretagne, zwischen 1553 und 1554 entstanden, besaß innerhalb der anderen französischen Parlamente eine gewisse Originalität. Die „Offices de Conseillers" teilten sich in zwei Gruppen auf: die „Originaires" (d.h. eingessene Bretonen), und die „Non-Originaires" (die von Frankreich, hauptsächlich aber aus der Anjou und der Île-de-France stammten).[9] Jene Ämter kosteten ursprünglich bedeutend mehr als die letzteren. Die niederen Preise dieser Ämter entsprachen im allgemeinen einer oftmals sehr großen Königstreue ihrer Inhaber. Diese „Non-Originaires" bildeten bis zu Beginn des 18. Jahrhunderts die Manövriersreserve des Königtums. Dazu zählten z.B. die Descartes, die Farcy, Chertemps usw., teilweise aus der Klientel der Colberts stammend. Mit der Zeit verloren jedoch die Familien der „Non-Originaires" ihren ursprünglichen Sonderstatus. [10]

---

8 *J. Meyer,* La noblesse bretonne au 18e siècle, 2 Bde., Paris 1966 und ^{2}1989, 75-102. Vgl. Anm. 5.

9 Zur Zeit Colberts auch von der Champagne oder des Maines. Diesen non-originaires verdankte das Parlement de Bretagne die frühe Abkehr von den Hexenprozessen.

10 *F. Saulnier,* Le Parlement de Bretagne, dictionnaire bio-bibliographique (1554-1790), 2 Bde., Rennes 1909 und als Ergänzung: *G. Saulnier de la Pinelais,* Les gens

Dazu gesellte sich eine noch überaus wichtige andere Eigenheit: ab 1668 waren die „Conseillers“, von wenigen Ausnahmen abgesehen, durchweg Adelige. Das Parlament gefiel sich darin, sich mit dem venezianischen Senat zu vergleichen. Die lokalen „Almanachs“ enthielten die Jahreszahlen ab der Erschaffung der Erde, ab Christi Geburt, ab Gründung des venezianischen Senats, und schließlich ab der Gründung des „Parlement de Bretagne“. Man erwähnte natürlich überdeutlich die Daten der Gründung der drei Königshäuser: Merowinger, Karolinger und Kapetinger. Kann man also in der Bretagne von einer „Noblesse de robe“ sprechen? Die große Adelsreform (1658-1680) wurde hier nicht, wie anderswo, durch den Intendanten, sondern durch das Parlament und der von ihm eingesetzten Parlamentskommission durchgeführt, die ihrerseits von dem Generaladvokaten Huchet de la Bédoyère präsidiert wurde.[11] Die Kommission hat systematisch alle Parlamentarier als Altadelige betrachtet, obwohl zwei Drittel der „Officiers“ bürgerlichen Familien entstammten, die im 16. und in der ersten Hälfte des 17. Jahrhunderts geadelt worden waren. Ein Drittel der Mitglieder des „Parlement de Bretagne“ entstammte dem aus dem Mittelalter überkommenen Adel, eine Proportion, die man sonst nirgends so ausgeprägt auffindet. Mit anderen Worten hat die „Noblesse Seconde“ nicht davor zurückgeschreckt, in das bretonische Parlament einzutreten. Diese an sich eigenartige „Noblesse de robe“ setzte sich ab 1670 total von den Tiers ab: Neuankömmlinge waren unerwünscht.

Der Einfluß der Parlamentarier war sehr stark. Dies umso mehr, als sie systematisch alle großen Seigneurien des Hofadels aufkauften. Die „mandements“ des „procureur général“ sind als administrative Verordnungen neben, und des öfteren gegen diejenigen des Intendanten zu werten. Dieser sich immer verstärkende Einfluß des Parlaments war während der beiden Jahrhunderte des Ancien Régime spürbar.

Bis 1680/90 spielten die Etats de Bretagne eine weniger bedeutende Rolle. Die Zahl der Kleriker, die auf etwa 40 Mitglieder beschränkt war, blieb bis 1789 konstant, dasselbe galt auch für die Vertreter der „Tiers Etats“ (Mitglieder der 41/42 Städte der Bretagne). Die Zahl der Adligen war bis 1690 nur leicht ansteigend. Das Klientelsystem ermöglichte es, die 120 starken Versammlungen im Zaume zu halten: Es genügte Colbert, der Duchesse de Rohan zu befehlen, sich nicht in die Etats zu begeben, um auf diese Weise die Anzahl der aufsässigeren Adligen ihrer Klientele zu reduzieren.

---

du roi au Parlement de Bretagne, 1553-1790, Rennes 1902; *J. Meyer,* La noblesse parlementaire bretonne face à la pré-révolution et au début de la Révolution francaise: du témoignag à la statistique, in: E. Hinrichs / E. Schmitt / R. Vierhaus, Vom Ancien Régime zur französischen Revolution, Göttingen 1978, 279-317.

11 *J. Meyer,* la noblesse bretonne (Anm. 8), Bd. 1, 29-61.

Aber ab 1690 ist ein Massenauflauf mehr oder minder „armer" Adliger zu verzeichnen. Der Ordre des Adels stieg abrupt an, wahrscheinlich aufgrund sowohl der Einführung der intendance im Jahre 1688, als auch des starken Ansteigens der Steuern. Es kam zu Versammlungen von über 500 Anwesenden, eine nicht zu meisternde Masse. Der Adel schloss sich zu einer politischen Organisation zusammen, die sich „Bastion" nannte und sich insbesondere bei der Einführung der Capitation (1694) und des „Dixième" (1710) gegen den Absolutismus sträubte. Dies deshalb, weil es sich beidesmal um die Einführung von egalitären Steuern handelte, die zwar mit einigen Adelspriviligien für die Capitation, d.h. der Kopfsteuer, verbunden waren, aber entweder direkt oder indirekt den Adel und seine Besitzungen trafen. Die „Intendants" und die „Etats" wurden immer mehr zu Gegnern, und der Posten eines Intendanten von Rennes wurde progressiv, als einer der schwierigsten von ganz Frankreich empfunden. Nach einer kurzen Anfangsphase, einem gewissen „état de grâce", verwandelten sich die Intendanten, insbesondere der Chambre des Enquêtes, in schwarze Schafe, gebrandtmarkt von den „jeunes gens". Diese nämlich wurden von den Intendants in ihrer Korrespondenz als „Républicains" angeklagt. So kam es mehr als einmal zu einer objektiven Allianz zwischen dem Parlament und den Etats. Das ganze spitzte sich während der berühmten „Affaire de Bretagne" zu, in welcher sich La Chalotais als Rädelsführer gegen die königliche Politik auszeichnete.[12]

Es ging zwar hauptsächlich um die „neuen" Steuern, mehr jedoch um die Kontrolle der lokalen Finanzen. Innerhalb des wirtschaftlichen Systems von Frankreich besaß die finanzielle Handhabe der Etats einen ebenso guten Ruf wie die Languedoc, daß es um ihre Kredite besser als um die der Könige bestellt war. Wir besitzen in großer Zahl Quellen der „Chambre des Comptes", die in der historischen Forschung gerade bearbeitet werden und belegen, daß die Anleihen der Etats hauptsächlich von Pariser Oberschichten unterzeichnet wurden, zu denen sowohl der Adel, als auch das höhere und mittlere Bürgertum, Schriftsteller, Maler, Architekten und Bildhauer, inbegriffen, gehörten.

Daher sind auch die Trésoreries der Etats de Bretagne „Größen", mit denen man rechnen konnte. Die Haupteinkünfte stammten von den indirekten Steuern, wie insbesondere Alkohol und Wein, deren Konsum schon seit alters her im Vergleich mit anderen westeuropäischen Staaten überdurchschnittlich hoch gewesen war. Die direkten Steuern (Fouage= Taille, Capitation und Dixième) flossen in die königlichen Kassen, aber gerade diese

---

12 *J. Meyer,* Etats de Bretagne, impôts provinciaux et fermes d'impôts au début du XVIIIe siècle, in: Actes du 93e Congrès des Sociétés Savantes de Tours, 1968, Paris 1968, 47-57.

Steuern, die von den Etats gebilligt werden mußten, standen eher unter dem allgemeinen Niveau Frankreichs. So kam es einerseits zum öffentlichen Kampf um die Frage der Steuerbewilligung, andererseits aber auch zu einer unterschwellig geführten und deshalb umso mehr sich hinziehenden Auseinandersetzung, die den schwelenden Kampf immer wieder neu entfachte. Eine solch gespannte Situation zeigte sich in der zweiten Hälfte des 17. Jahrhunderts, wie aus der Korrespondenz von Madame de Sévigné, der Freundin des meist gehaßten Trésorier des Etats de Bretagne Montaran hervorgeht.[13] Zwar zeigten sich die Etats schon immer darin schwach, sich lediglich alle zwei Jahre zu versammeln, was der königlichen Gewalt freien Handlungsspielraum verschaffte, doch lag die Errichtung einer eigenen Verwaltung durchaus in der Logik der Etats. Eine solche war umso notwendiger, als das Steuersystem auf dem Ressort der Diözese lag. Auf diese Weise entstanden, in jeder Hinsicht provisorisch, die „Bureaux diocésains" mit jeweils drei Vertretern der Etats: ein Adliger, ein Kleriker und ein Mitglied des Tiers Etat. Die zwischentemporale Instanz bekam auch den Namen „commission intermédiaire". Es waren durchaus kompetente Leute. Und um die Steuerjurisprudenz von einer zur anderen Diözese auszugleichen, war es auch notwendig, eine „commission intermédiaire générale" für die gesamte Provinz einzuführen.

Kurz gesagt: Die Rolle des Intendanten wurde mehr und mehr zu einer Art ständigen Diplomatenstelle, und je wichtiger er in seiner Funktion wurde, desto unbedeutender wurde der Befehl.

Behüten wir uns aber vor einem Anachronismus, der uns heute nahe liegt. Es ging hier nicht um politische Unabhängigkeit, sondern um finanzielle Autonomie, die ja in der tat sehr weitgehend gediehen war. Das Paradoxe war die Tatsache, daß die gesamte Organisation von der Revolution von 1789 vernichtet, ja weggefegt wurde. Wir wissen ja, wieviel den „Club breton", der Urkeim des „Club des Jacobins" dazu trieb, der Assemblée Nationale die großen Reformen von 1789 rasch und sehr radikal, durch List und Versammlungsmanöver, durch Zeitungskampagnen und Einflüsterungen aller Art, aufzuzwingen. Der „Club breton" bestand ursprünglich aus den Déptés des Tiers Etat der Provinz. Gerade die „jüngeren Leute" (jeunes gens) des juristischen Bürgertums haßten geradezu den bretonischen Adel, und machten daraus auch keinen Hehl.[14] Der Adel aber

---

13 *R. Duchêne,* Madame de Sévigné, Correspondance, 3 Bde., Paris 1972-1978, (La Pléiade).

14 *E. Schmitt,* Repräsentation und Revolution. Eine Untersuchung zur Genesis der kontinentalen Theorien und Praxis parlamentarischer Repräsentation aus der Herrschaftspraxis des Ancien Régime in Frankreich (1760-1789), München 1969. Vgl. besonders 251-260. (der Anteil des Comité breton an den Entscheidungen im Mai / Juni 1789)

verteidigte die alten „Privilèges“, nicht nur seine, sondern auch diejenigen der gesamten Provinz. Die Wahlenthaltungen von 1789 aber wurde ihm zum Verhängnis. Der „Club breton“ wollte die totale Angleichung: „égalité oblige“.

In der Tat wurde dadurch der Vertrag von 1532 zunichte gemacht. An und für sich bedeutete dies automatisch einen drastischen Steueranstieg. Necker glaubte behaupten zu können, daß, wenn der Pariser 60 livres Steuern abgebe, die Bretonen vor 1789 nur ein Zehntel davon zahlten. Zwar argumentierte der „Club breton“ und dessen Anhänger, daß eine Gleichheit dem Volke zugute kommen würde. Es mutet sehr eigentümlich, daß diese Debatte jedoch fast überhaupt nicht zustande kommen konnte. Das Verschwinden der Adels- und Kirchenprivilegien konnte in Wirklichkeit die Provinzprivilegien nicht ausgleichen.[15] Adel, Etats und Parlament bildeten in der Bretagne ein solides Schild gegen königliche Steuern. Daß sie dabei nicht zu kurz kamen, ergibt sich von selbst.

Somit verteidigte der „Club breton“ eine sehr zentralistische Politik.[16] Das Wort „Province de Bretagne“ verschwand, und aus dem Land wurden fünf départements, nicht ohne große Streitigkeiten. Rennes verlor ihren Stand als Provinzhauptstadt, verlor sowohl die Intendanz als die Etats, und sogar das Parlament, um mit einem weit weniger glänzenden chef-lieu de département zu tauschen. Dabei spielten die „jeunes gens“ die Hauptrolle, also nicht das Parlament, sondern die Studenten der juristischen Fakultät von Rennes[17] sowie die „jungen Leute“ der größeren Städte der Bretagne. Genau genommen meinte dies auf Dauer gesehen die Bevorzugung des traditionellen, juristischen Bürgertums gegenüber dem aktiven und produktiven Bürgertum des Seehandels.[18] Die Enzyklopädie hatte ja in Rennes oder in Brest starke Verkaufsquoten erhalten; hatte jedoch viel weniger Anziehungskraft in Nantes.[19]

---

15 Mit der Ausnahme der Dîme. Ihr Verschwinden glich sehr wahrscheinlich ein guter Teil der Unterschiede aus. Leider fehlen hier gänzlich die Studien.

16 Was jedoch mit der großartigen, provisorischen Ausweitung der Autonomie der Städte usw. Schritt hielt.

17 Die bretonische Universität befand sich in Nantes. Das Übersiedeln der juristischen Fakultät vollzog sich um 1730-1735. Diese Fakultät erbrachte eine gute Ausbildung.

18 Vgl. die Werke von R. Darntons. Die Spaltung zwischen den „Négociants“ und dem Bürgertum trat 1793 zu Tage. Die Militärarsenale (Brest und Lorient) die kein Großbürgertum besaßen, und wo das Aufprallen der adligen Seeoffiziere gegen das kleinstädtische Bürgertum von Anfang an drastisch die Revolution aufflackern ließ, waren sehr revolutionär gestimmt. Ich rechne damit, daß in Nantes etwa 10 % der Négociants Anhänger der Revolution gewesen waren.

19 Man stellt das Gleiche mit den Städten innerhalb Frankreichs fest. Die Encyclopédie verkaufte sich bedeutend besser in Dijon als in Marseille.

Unterschwellig hatte im Laufe des 18. Jahrhunderts eine bisher zu wenig beachtete Evolution stattgefunden. Am Ende des Mittelalters und im darauffolgenden Jahrhundert hatte der lokale Großadel des Hofes eine glänzende Partie gespielt. Infolgedessen war die „noblesse seconde“ in großem Ausmaß in die Verwaltung des Hofadels getreten. Die Hauptstädte der baronnies und der großen Adelsseigneurien wurden zu lokalen Hauptstädten. Die lokalen Notablen des Tiers Etat fanden hier eine bequeme Aufstiegsmöglichkeit („cheminée d'ascension sociale“), d.h. eine gute vertikale Mobilität, während sich der lokale Kleinadel — ich möchte fast sagen, die noblesse tierce — unter den Laval, Penthièvre, La Trémoille, Rohan, usw. sich erdgebunden fühlte. Sowohl der Anschluß der Bretagne, als auch der wirtschaftliche Aufschwung unterbrachen diese soziale Dynamik. Der Hochadel wurde mehr und mehr von Paris angezogen, zumal diese Familien sich eines weitausgelagerten Streubesitzes über große Teile Frankreichs hinweg erfreuen konnten. Die Verwaltung dieser Besitztümer mußte naturgemäß weiter zentralisiert werden. So begannen die Provinzhauptstädte zu stagnieren; die „noblesse seconde“ emigrierte nach Rennes oder Nantes; die Aufstiegsmöglichkeiten der Notabeln des „flachen Landes“ und der Kleinstädte reduzierten sich auf das mindeste. Die große Wende, so die These von Antoine Pacault[20] wäre den Religionskriegen der zweiten Hälfte des 16. Jahrhunderts zuzuschreiben. Zwar gab es ein ungefähr von 1580 bis 1630/1650 anhaltendes Zwischenstadium, während dessen die Kontrolle der Feudalverwaltungen in den Händen gewisser conseillers du Parlement gelegen war, die als Stellvertreter des Hofadels fungieren konnten. Dieses Zwischenstadium dauerte jedoch nicht lange an: die Zentralisierung als rationales Element der Rentabilitätsverbesserungen und die damit verbundene Ballung der Verwaltung in Paris, bzw. in Chantilly für die Penthièvre, fiel immer stärker ins Gewicht. Das ist einerseits Anzeichen der nationalen Integration der lokalen Märkte, andererseits des lokalen Niedergangs, insbesondere durch die Verkrustung der klein- und mittelstädtischen Adelsgeschlechter. Gleichzeitig verschwanden in zunehmenden Maße die Aufstiegsmöglichkeiten des elitären Bürgertums der Kleinstädte. Parallel konzentrierte sich die „noblesse seconde“ in den Provinzhauptstädten und verschmolz mit einem im Aufstieg begriffenen Element der Geld- und Finanzwirtschaft im Schatten des Staates. Hinzu kommt der Aufstieg des Heeres (mit allerdings im 17. Jahrhundert noch wenig Impakt auf die Bretagne), und wenigstens im 18. Jahrhundert die Entwicklung der Kriegsmarine: Die Adelskadetten erreichten in der Marine zwar durch die Zahlungsrückstände einen gehemmten, aber insgesamt gesehen doch unerwarteten Lebensstandard und demzufolge auch Möglichkeiten zur Familien-

[20] *A. Pacault,* La baronnie de Chateaubriand, thèse Paris IV, 1993.

gründung, wenn eine sorgsame Haushaltsführung garantiert war. Demzufolge kam die Politik der Etats de Bretagne durch das Überlappen provinzieller und sozialer Privilegien schließlich doch dem Kleinadel zugute. Daher auch der Anlauf des Kleinadels auf die Versammlungen der Etats, wo er, durch lautes Geschrei über Klerus und Stadtgesandte, die königliche Politik weitgehend zunichte machte. Es gibt zwar bei etlichen Familien eine gewisse Annäherung an die königliche Reformpolitik, wobei hier als Beispiel insbesondere die Familie La Bourdonnaye zu nennen ist. Im Parlament und in den Etats vertreten, bilden diese Familien die Klientele der Intendants, zumal etliche Familienmitglieder selbst Intendants wurden („noblesse administrative").

Das 19. Jahrhundert

Das Programm einiger Revolutionäre, insbesondere der Girondisten, bestand darin, Paris dem Staat wieder zu 80 % einzuverleiben. Parallel dazu reduzierte die Einteilung der Bretagne in fünf départements unter dem Strich auf je ein fünf Achzigstel des gesamten Staates. Dies war 1789 zwar politisch zu rechtfertigen, widersprach jedoch gänzlich dem wirtschaftlichen Trend. Es war dem 20. Jahrhundert vorbehalten, neue administrative Einheiten zu bilden. Dieser Vorgang wurde durch die ziemlich timiden Neuerungen der dritten Republik eingeleitet, durch Vichy erweitert, und entwickelte sich mit der sechsten und siebten Republik etwas rascher.[21] Die ersten Versuche gingen auf 1917 zurück, als die regroupements régionaux des chambres de Commerce = regionaler Zusammenschluß der Handelskammern gebildet wurden. Vichy schuf in den Jahren 1941-1945 die „préfectures régionales", die noch nach 1945 erhalten bleiben sollten und 1947 in „igamien" umgewandelt wurden. Die Igamie Bretagne ging jedoch weit über die östliche Grenze der Provinz hinaus.[22] Die „régions de programme", die bereits 1941-1944 eingeleitet worden waren, sind ja nicht mehr durch die Notion „Provinz" bestimmt. Die Départements Morbihan und Loire Inférieure (es entspricht dem heutigen Gebiet der Loire-Atlantique) wurden der neuen Region Nantes einverleibt. Das erste Departement wurde jedoch 1944-1945 wieder dem Orbit der Bretagne zugeschlagen, während die Loire Inférieure entsprechend den aktuellen „régions de programme", bei den Pays de Loire bleiben sollte.[23] Hier wurde folglich, ebenso wie anderswo, die „décentralisation" sehr spät und nur zögernd aufgenommen.

---

21 *Sinclair,* Atlas géographique historique de la France et de la Gaule de la conquête césarienne à nos jours, Paris E.D.E. 1985, 149-150.

22 ibd., 151.

23 ibd., 150-153.

Dies ist durch die Ereignisse der Revolutionszeit zu erklären. Sowohl die Bretagne als auch die Vendée galten lange als Provinzen, die der Aufklärung fremd gegenüberstanden und erschienen demzufolge der Republik als höchst gefährlich. Der französische Staat konzipierte seine Großinvestitionen im Westen Frankreichs nicht nur unter dem Gesichtspunkt der Küstenverteidigung gegenüber England, sondern gleichzeitig auch als Vorsichtsmaßnahme gegen einen möglichen bretonischen Aufstand. Die zwei Schienenstränge Rennes–Brest und Nantes–Quimper verliefen parallel zur Küste, um sowohl einer englischen Landung, als auch einem eventuellen Bürgerkrieg zuvorzukommen. Dazu waren zwei periphäre Eisenbahnlinien besser geeignet als nur eine Verbindungslinie im Landesinneren. Die Pazifikpolitik Napoleons I. und Napoleons III. bestimmt auch heute noch, mit den schnurgeraden, des öfteren auch auf den Höhen sich entlang ziehenden Hauptstraßen, das Landschaftsbild der Bretagne und der Vendée. Der weit sichtbare Telegraph Paris-Brest, bereits unter der Convention entstanden, war zwar hauptsächlich für die Marine bestimmt gewesen, aber die Antenne Rennes-Nantes von 1832 entsprach dem Versuch der Duchesse de Berry, die Vendée aufzuwiegeln.

Die Provinz blieb lange unter dem Niveau der durchschnittlichen Alphabetisierung des Landes zurück, und zwar entsprechend der nordwestsüdost Analphabetisierungsdorsale Bretagne-Provence. Der Aufbau des Eisenbahnnetzes ermöglichte die als gewaltig zu bezeichnende Emigration nach Paris sowie zu den Seehäfen von Le Havre und Toulon, die bis ins 20. Jahrhundert als die drei größten Städte der Bretonen galten. Die Integration des 20. Jahrhunderts war nicht nur auf Sprache und Schule bezogen, sondern darüber hinaus auch auf das Heer, und mehr denn je auf die Kriegsmarine, denn ein Drittel der Besatzung der französischen Kriegsschiffe stammte bis zum zweiten Weltkrieg aus der Bretagne, und sie bezog sich auch nicht zuletzt auf die Emigration. Geographisch gesehen beschränkt sich die bretonische Sprache auf die Basse Bretagne. Ihre östliche Grenze weicht nach Westen, während sie gleichzeitig von innen ausgehöhlt wird.[24] Die laizistische Schule der dritten Republik ist sowohl auf das Zurückdrängen der bretonischen „Patois“ als auch als Kampfmittel gegen den Einfluß der katholischen Kirche gedacht.

Folglich stand die Bretagne in der Epoche der Romantik im Zeichen eines „anderen“ Landes, zwar archaisch, aber gerade dadurch literarisch und etwas später piktural sehr anziehend. Hiermit entstand ein traumverklärtes, verwischtes — ich möchte sagen, ein impressionistisches — Bild, indem

---

24 Vom 16. bis zum 18. Jahrhundert ging die Sprachgrenze von der Linie Saint-Brieuc Mündung der Vilaine in den Ozean und zur neuen Linie Paimpol-Vannes zurück.

sich das Geniale mit dem leicht Wilden eng verband. Denken wir beispielsweise an den „mystisch keltischen“ Roman von Julien Gracq: „le château d'Argol“, ein magisches, etwas verruchtes Widerspiegeln einer mysteriösen Bretagne. Ohne diesen literarischen Hintergrund wäre das intellektuelle Klima der Bretagne überhaupt nicht denkbar.

Das bemerkenswerteste an der ganzen Geschichte ist, daß die Wurzeln dieses Mythos sich früher alle auf Troja berufen haben. Geoffrey of Monmouth, in seiner „Historia regum Brittaniae“, gab die geträumte, ideelle Genealogie der bretonischen Könige. Der Sohn des Aeneas war Askanios, dieser wiederum hatte einen Enkelsohn namens Brutus, der schließlich Stammvater aller Briten wurde — von ihm erhielten sie auch ihren Namen — und erster König des Reiches, in dem später Artus mit seiner Tafelrunde herrschte. Die Könige von Frankreich oder sogar von Schweden behaupteten nicht minder von den Zinnen Trojas herzustammen. Das 19. Jahrhundert ließ die alten Mythen wieder aufflammen, die historische, poetische, sprachwissenschaftliche Forschung herausfordernd. Grob skizziert entstanden drei Hauptrichtungen: eine musische, eine literarische und eine geschichtsmythologisch-poetische.

Chateaubriand, im minderem Maße Lamennais, beide Bretonen, gaben durch ihr Schrifttum das neue Modell „pour être breton“ — eine „andere Art, Bretone zu sein“. Überhaupt spielte die Bretagne eine große Rolle in der französischen Literatur des 20. Jahrhunderts. Auf Chateaubriand und Lamennais folgten — auf wieder ganz andere Weise — Renan und Villiers de l'Isle-Adam. Die Suche nach der „couleur locale“ bestimmten sowohl Victor Hugo, als auch Balzac, Flaubert u.a., manche ihrer Werke der Bretagne zu widmen. Für literarische Neuerungen war die Bretagne obligatorischer Einführungsort. Die Gegend führte auch durch ihre Farbenpracht seiner regnerisch verträumten Landschaft in die Malerei. Impressionismus und Nachimpressionismus haben mit Bernard und Gaugin das Aufblühen der Schule von Pont-Aven bestimmt, die sowohl aus Zufall als auch aus lebensnotwendigen Bedürfnissen heraus entstanden war.

Zu Ende des 19. Jahrhunderts ging die Bretagne dann langsam in die Moderne über, zuerst weniger in wirtschaftlicher, als vielmehr in literarischer und edukativ-malerischer Hinsicht. Parallel dazu holte die Provinz sehr schnell den Rückstand bezüglich der Analphabetisierung ein. Das Departement Finistère stand Mitte des 20. Jahrhunderts an der Spitze Frankreichs: es war das Land der Schulmeister, und ferner, seiner traditionellen, politischen Zweiteilung entsprechend, der Pfarrer und Missionare der katholischen Kirche. Dieser Überschuß an katholischen Geistlichen diente einerseits dazu, den anderen bretonischen Diözesen zu Hilfe zu kommen, andererseits das Defizit eines guten Teils Frankreichs zu decken.

Es ist schwierig, Ende des 20. Jahrhunderts Bilanz zu ziehen. Politisch betrachtet ist die Bretagne durch spektakuläre Attentate der F.L.B. gekennzeichnet. Diese sind das Werk kleiner Gruppen von Independisten, die eigentlich einen sehr geringen Anteil der Bevölkerung darstellen. Doch um diesen harten Kern hat sich eine nicht genau definierbare Schar von Sympathisanten gebildet, innerhalb derer drei Richtungen sich herausfiltern lassen. Die eine ist bereits auf das Ancien Régime zurückzuführen und fußt auf einer optimistischen Sichtweise der Geschichte, die andere, eher mit europäischen Tendenzen verfolgt das Ideal eines vereinten Europas, das aus vielen „Provinzen" besteht und eher als Zusammenfassung mehrerer Regionen, denn als Staaten zu betrachten ist, und schließlich eine „gemäßigte" Richtung, welche die rationelle „Regionalisierung" anstrebt.

Diese drei unterschiedlichen Strömungen sind zunächst insofern zu erklären, als es vor 1914 keine nationalistischen Bestrebungen gegeben hat. Man war hinsichtlich eines romantisch geprägten Geschichtsbewußtseins meist rechtsgerichtet. Während des Ersten Weltkrieges, und insbesondere ab 1917, wurde die Bretagne aber Asyl der aus Irland fliehenden Freiheitskämpfer. Diese fanden hauptsächlich aus „keltischer Solidarität", einige Sympathisanten. Die Aufnahme war allerdings sehr unterschiedlich. Zwischen 1919 und 1939 sammelten sich um diejenigen, die die Asylsuchenden aufzunehmen bereit waren, kleine Gruppen, die sich oftmals feindlich gegenüberstanden. Ab 1934 wurden sie durch die Nazis unterstützt. Im Sommer 1940 kam es in Rennes zu einer großen, von den deutschen Behörden gewollten und geförderten Versammlung all dieser Gruppen, die jedoch bedeutungslos bleiben sollte. Die Bevölkerung setzte die bretonischen Independisten mit den „collaborateurs" gleich, wobei nicht unerwähnt bleiben sollte, daß sich dazu etliche Gruppen hinreißen ließen. Auf diese Weise entstand der bereits klassisch gewordene, als drastisch zu bezeichnende Teufelskreis: Denunziation, Attentate, Terrorismus und Gegenterrorismus, Deportation. Brutal gesagt, weil wahrheitsgemäß, war die Resistance, die in der Bretagne sehr schnell und tiefgehend Fuß gefaßt hatte, zahlenmäßig diesen kleinen „Grüppchen" überlegen. Es sollte dabei aber auch nicht unerwähnt bleiben, daß etliche bretonische Nationalisten nicht mit der Besatzungsmacht zusammenarbeiteten. Nach 1945 mußten die meist kompromittierten Personen nach Irland fliehen.

Dieses kurze, stichwortartige Resüme zeigt die Rolle des kulturellen Elements für die politische Entwicklung auf, ohne das sich die Politik in durchaus anderer Weise hätte vollziehen können. Dieses Kulturelle bestand aus verschiedenen Elementen. Die Entwicklung der französischen Literatur förderte paradoxerweise das Hochzüchten eines neuen Bildes der bretonischen Kulturen. Die „Matière de Bretagne" mit den großen mittelalterlichen Dichtungen eines Chrétien de Troyes, eines Thomas und eines Béroul, bildet den Grundstock eines der größten europäischen Mythen. Die keltisch-bretonischen Sagen um König Arthur und seine Tafelrunde, um Tristan und Isolde und die „traurige Mähr“, um Parzivals „Quest“ sowie um den Gral sind Gemeingut des Abendlandes geworden und haben darüber hinaus in der mittelhochdeutschen Literatur mit Gottfried von Straßburg, Wolfram von Eschenbach und Hartmann von Aue, einen großartigen Impuls gegeben. Das 19. Jahrhundert entdeckte diesen Kreis von Mythen in zweifacher Weise, nämlich der musikalischen mit Richard Wagner und der wissenschaftlichen mit der Entwicklung der deutschen, englischen und französischen Literaturgeschichte.

Dabei beruht all dies in der Bretagne auf einem geographisch bedingten, sprachlichen Mißverständnis. Die „Matière de Bretagne“ hat wenig mit der „Petite Bretagne“, der kleinen Bretagne zu tun: Sie enstand, — weiß man eigentlich wie? — aus sehr verschiedenen Quellen, hauptsächlich von den britischen Inseln, verankerte sich dann tief im Herzen von Nordfrankreich und Deutschland, durchaus mit größeren Einflüssen der Romane aus hellenistischer Zeit und deren Nachfolger. Etliche Episoden sind jedoch mit der „Petite Bretagne“ im Gegensatz zur „Grande Bretagne“ zu verbinden, so der Wald von Paimpont, der berühmte „forêt de Brocéliande“.

Die erste musikalische Tendenz ist eher international, denn als typisch bretonisch anzusehen. Zitieren wir hier Silvio Lazzari (1817-1844), ein Südtiroler französischen Naturells, im Herzen ein Bretone, doch aufgrund seines Wohnsitzes ein Pariser. Ein guter Musiker, der in Paris wenig Anklang fand und heute fast untergegangen und vergessen ist. Die zweite Richtung, die literarische, mündet nach Chateaubriand, Lamennais und Renan in die weniger bekannten, jedoch beachtenswerten Autoren wie beispielsweise Anatole Le Braz oder Charles Le Goffic. Sie schrieben auf französisch, was ihnen später heftig vorgeworfen wurde. Die dritte Richtung ist sowohl wissenschaftlich als auch als Idealwertung zu beurteilen, sprachwissenschaftlich — eine Spezialität der Universität Rennes — kommt man zur Entdeckung des Bretonischen als Literatursprache. Erst im Laufe des 18. Jahrhunderts wurde man sich des gemeinsamen Ursprungs des Gälischen, Irländischen und Bretonischen bewußt. Auf diese Weise kam es zur ersten Grammatikstudie, zu den ersten Wörterbüchern des 18. Jahrhunderts, wenngleich zuerst nur wenige Exemplarer verkauft werden konnten. Die erste Grammatik fand nur 32 „souscripteurs“. Die Etats de Bretagne hatten jedoch über 200 Exemplare verschenkt. Die bretonische Sprache des 18. Jahrhunderts wurde aber sehr schnell als „Pfaffenbretonisch“ verpönt. Die ersten soliden, sprachwissenschaftlichen Studien verdanken wir dem Universitätsprofessor Joseph Loth. Es ist jedoch das Los aller sehr „spitzfindigen“ Forschungen, daß je enger der eingeweihte Kreis, desto drastischer die Auseinandersetzungen. Das Bretonische bildet hier keine Ausnahme. So entstand eine etwas artifizielle, künstliche Neusprache, deren Zukunft kaum absehbar ist.[25] Es gibt ja in der Welt große Literaten, die auf enger demographischer Basis aufgewachsen sind. So die Sagenliteratur Islands oder die gälisch-irländische Literatur, von den Großleistungen des antiken Griechenlands oder der kleinen Völker des Nahen Orients ganz zu schweigen. Die Bretagne hat bei weitem nichts Vergleichbares aufzuweisen. Der Geist läßt sich durch verschiedene Einflüsse inspirieren, und so kam man auf die Volksliteratur. Die Sammlung des „Barzas-Breiz" von de la Villemarqué steht natürlich im Schatten von Herder und Ossian, im Schatten der Romantik. Das Werk wurde zuerst als eine großartige Liedersammlung empfunden, später aber kam es zu heftigsten Auseinandersetzungen hinsichtlich der Autenzität. Trotz mancher Eigenschaften ist der „Barzas-Breiz" nie recht zum Allgemeingut geworden. Noch weniger bedeutsam war allerdings die bretonische, nun eindeutig authentische Melodiensammlung von Bourgault-Ducoudray, der aus einer Reederfamilie in Nantes stammte. Dementsprechend blieb die bretonische Literatur überwiegend französisch.

Die Väter der bretonischen Geschichtsschreibung sind die beiden aus der ersten Hälfte des 18. Jahrhunderts stammenden Mauristen Don Lobineau und Don Maurice. Die „Histoire de Bretagne" gehen jedoch nicht über das 16. Jahrhundert hinaus. Don Lobineau stieß auf die Feindschaft der Familie Rohan: er hatte sich erlaubt, das sagenhafte Königtum des Conan Meriadec — hypothetischer Ahnvater der Rohan — als reine Erfindung zu brandmarken. Als Dokumentensammlungen — viele davon sind in der Zwischenzeit verloren gegangen — sind die beiden Geschichten von sehr hohem Wert. Erst Ende des 19. Jahrhunderts entstand einerseits die Universitätsgeschichte des Mittelalters von A. de la Borderie und andererseits diejenige von B. Pocquet de Haut-Jussé, die die neuere Geschichte bis 1789 behandelt. Der Erste Weltkrieg hatte verheerende Folgen und Auswirkungen. In der Zeit zwischen 1870 und 1914 gab es viele lokale Geschichtsforscher, die überaus gute Forschungsarbeit geleistet haben; auch landadelige Gutsbesitzer, kultivierte Pfarrer, Notare und Rentner bildeten eine ansehnliche Zahl wissenschaftlich-historischer Kreise („sociétés savantes"), unter denen meines Erachtens insbesondere F. Saulnier mit seinem „Dictionnaire bibliographique du Parlement de Bretagne"[26] und mehr noch A. Cochin herausragen. F. Saulnier war einer der Vorgänger der modernenen Geschichtsschreibung, denn er benutzte erstmals die Notariatsakten. A. Cochin hat F. Furet eines seiner Hauptwerke gewidmet.[27] Die Neuinterpreta-

---

25 *Jean Balcou / Yves Le Gallo / L. Le Guillou* (Hrsg.), Histoire littéraire et culturelle de la Bretagne, 3 Bde., Paris 1980; Y. *Le Gallo,* Clergé Religion et société en Basse-Bretagne de la fin de l'Ancien Régime à 1840, Lonrai 1991.

26 Vgl. Anm. 10.

tion der französischen Revolution geht weitgehend auf die Analyse der „société de pensée“ durch Cochin zurück. Leider hat der Tod auf dem Schlachtfeld Cochin in der höchsten Blüte seiner Jahre dahingerafft (1876-1916). Die soziale Krise, die der Weltkrieg entfachte, nahm diesen Gesellschaften auch die Existenzbasis. So wurde die Geschichtsforschung weitgehend Monopol der Universitätsprofessoren: A. Rébillon, Pocquet de Haut-Jussé jun., H. Fréville. Daß deren Ergebnisse nicht Gemeingut des Volkes und der Politiker geworden sind, ist ja ein europäisches Phänomen. So ist es meines Erachtens überholt, die Bretagne im Konfliktfeld der „Bleus“ und der „Blancs“ zu sehen.

Ein Bindeglied zwischen dem Gelehrten, dem Buch und der Masse bildet das illustrierte Buch. Nach 1919 hat dieses einer Anzahl von Künstlern der bretonischen Richtung — oft in Anlehnung an den deutschen Expressionismus — ermöglicht, einen wenn auch kleinen Kreis von Bewunderern um sich zu scharen, der allerdings weit über die ersten Independisten hinausging. Von ganz anderer Tragweite war die „Folklore“. Die bretonische Musik, mit den „wiederentdeckten“ mittelalterlichen Instrumenten, wie beispielsweise der keltischen Harfe, erfreute sich größeren Publikums. So bereiteten die Festivals nolens volens ein Rezeptionsfeld für regionalpolitische Anschauungen. Wie diese Bewegungen — oft Modeerscheinungen und stark kommerzialisiert — in der Zukunft sich weiterentwickeln werden, ist nicht voraussehbar. Die Folklore kann sich eng an die politische Ökologie anpassen.

Jedenfalls steht heute die wirtschaftliche Lage im Vordergrund. Von 1945 bis etwa 1985 hat die Bretagne einen großartigen wirtschaftlichen Aufschwung genommen. Der Modernisierungsprozeß, der insbesondere von den katholischen Syndikaten der Bauern gefördert wurde, hat nicht nur die Landschaft, sondern auch das soziale Gefüge grundlegend verändert. Gleichzeitig wurde die Bretagne zunehmend industrialisiert. Die Urbanisierung machte großartige Fortschrittte.

Dieser Prozeß stößt jedoch an unüberwindbare Grenzen. Wir befinden uns in einer Strukturkrise, die die heutige konjunkturell und strukuturell bedingte Weltwirtschaftskrise verschlimmert. Die Agrarstabilität, die so stark gestiegen war, ist in Frage gestellt, die Wasserversorgung — sowohl der Wasserverbrauch als auch die Wasserverschmutzung — steht immer mehr im Vordergrund. Die geographische Lage, weit in das westliche Meer hineinragend, abseits der europäisch lombardischen Rhône und der rheinischen Achse des „römisch-industriellen heutigen Reiches“, stellt die „Finis

[27] *F. Furet,* Penser la Révolution francaise, Paris 1978, Teil II, Kapitel 3: *Auguste Cochin:* la théorie du jacobinisme, 257-316. Vgl. 259-260 die Bibliographie von A. Cochin.

Terrae" in eine schwierige Lage, als eine ständige „Provokation". So hat sich eine Art Mythos eines „atlantischen Bogens" (arc atlantique) als Möglichkeit in zweifacher Hinsicht herausgebildet. Die eine von Dünkirchen bis Bayonne in rein französischer Sicht, die andere von Irland nach Kantabrien und Galicien, in europäischer, aber auch stark keltisch geprägter Sicht. Die europäischen Kommunikationsstränge orientieren sich jedoch, insbesondere durch die deutsche Wende, mehr und mehr in west-östlicher Richtung. Das Wesen der Bretagne war jedoch immer während den Prosperitätsperioden nach dem Weltmeer gerichtet. Vom Sklavenhandel des 18. Jahrhunderts bis zu Pierre Lotis „Pêcheurs d'Islande" hat der Ruf des weiten Ozeans das bretonische Schicksal bestimmt. Hat nicht Eugenio d'Ors die europäischen Meerinseln als „balcon sur l'infini"bezeichnet?

Sich gleichzeitig der weiten Welt zu öffnen und dennoch seine Identität zu bewahren ist heute notwendig. Die Möglichkeit, das Meer gegen den Kontinent oder den Kontinent gegen das Meer auszutauschen gibt es nicht. Beide sind bittere Notwendigkeiten. Ist es aber nicht das heutige Dilemma Europas, daß es im Norden und im Süden von je zwei „Mittelmeeren" umgeben ist, gerade wie die Bretagne zwischen dem Ärmelkanal und dem Atlantischen Ozean „verborgen" liegt?

Alte Straßen: Sie waren bretonische Straßen. Handelt es sich hier um die letzte keltische Frage am Ufer des „großen Wassers" der Sankt Brandaswanderungen, der großen Unbekannten, die Pytheas von Marseille ehemals bewältigte, den „großen Weltfluß Okeanos"?[28]

---

[28] *F. A. Schrader,* Auguste Cochin et la République française. Französische Übersetzung aus dem Deutschen, Paris 1992; die Untersuchung von B. Valade, in: Universalia 1993, Paris 1993, 418-419. Darüber ferner: *F. Furet / D. Richet,* La révolution française, 2 Bde, Paris 1965-1966; *A. Corvisier / J. Meyer / J.P. Poussou,* La Révolution francaise, 2 Bde., Paris 1990.

Ergebnisprotokoll der Diskussionen

Ergebnisprotokoll der Diskussionen

Von Ludolf Pelizaeus, Mainz

Am Mittwoch Vor- und Nachmittag wurden die Referate über die Reichskreise diskutiert.

Von Herrn Kraus wurde zu Anfang die Frage aufgeworfen, welches die grundsätzlichen Probleme der Kreiseinteilung seien und wie die Zusammensetzung der Kreise seit den Vorüberlegungen von 1495 aussehe. Herr Neuhaus hob die Überlegungen über Kreiseinteilungen schon vor 1495, besonders für das Reichskammergericht, hervor. Der wichtigste Unterschied bei der Kreisfunktion zwischen 1495 und 1500 sei der gewesen, daß die Frage der Sicherung des Landfriedens durch die Kreise nur eine untergeordnete Rolle spielte und erst 1506 zu einem Ergebnis führte. Für Herrn Angermeier zeigte bereits die Kreiseinteilung von 1438 ein Prinzip. Danach sollten die Reichskreise ein Hilfsorgan für die Bekämpfung von Landfriedensbrechern und die Bereitstellung von Reichstruppen sein. Das Wichtigste dabei sei gewesen, daß die Reichskreise nicht als Unterordnung unter die Bezirke des Reiches, sondern als Exekutionsorgane ohne Gerichtsorganisation verstanden worden seien. Niemals jedoch hätten sie eine gemeinschaftliche Basis oder eine Selbstverwaltung besessen. Sie seien keine Bezirksverwaltung, sondern vom Reich geplante Zweckorgane für ganz bestimmte Fragen, wie Münzwesen, Türkenfrage, überhaupt die Reichskriegsfrage gewesen. Nachdem man dem Kaiser keine zentrale Exekutionsgewalt habe zubilligen wollen, seien die acht Kreise des Reiches von vornherein als Subsidiärorgane der Reichsgewalt zu verstehen und eben nicht als genossenschaftlich, selbständig agierende Teile des Reiches. Eine adäquate Selbstorganisation, wie bei der Schweizer Eidgenossenschaft, habe es jedoch nicht gegeben. Dem stimmten die Herren Molitor und Blaschke zu. Die Bildung der Reichskreise sei eher eine Verlegenheitslösung gewesen, die Kreise hätten keine bestimmte Landschaft repräsentiert und keine Auftragsverwaltung des Reiches übernommen. Sie seien Instrumente ständischer Interessen gewesen und von oben initiiert worden.

Dieser Deutung der Kreise als einem Subsidiärorgan der Reichsgewalt widersprach Herr Hartmann: Reichskreise hätten zwar der Durchführung der Beschlüsse der Reichstage gedient, aber die relative Unabhängigkeit ihrer Beschlüsse könne und dürfe als Indiz für ihre selbständige Handlungsfähigkeit und, zumindest im 18. Jahrhundert, für eine gewisse Selbstorganisation verstanden werden. Herr Press mahnte zur Vorsicht, denn man solle den Begriff „Reichskreis“ nicht dadurch überfordern, daß man ihn mit anderen Regionsbegriffen konfrontiere, wenngleich er sicher positiv zur regionalen Identifizierung diene.

Herr Kohler stellte die Bedeutung der Funktionstüchtigkeit der Kreise heraus. Herr Lanzinner verwies auf die Aufgaben der Reichskreise im 16. Jahrhundert als Subsidiärorgane der Reiches. Nach 1648 sei das Reich als Impulsgeber weniger wichtig geworden und es habe in stärkerem Maße zu einer Selbstorganisation der Kreise kommen können. Von Herrn Sellert wurde daraufhin erneut die Frage der Einordnung der Reichskreise aufgeworfen, die er als eine kooperative Vereinigung, nicht als eine Region betrachtet sehen möchte. Den Reichskreisen hätten sowohl Selbstverwaltungsaufgaben als auch übertragene Aufgaben obgelegen. Dabei stellten sie das Produkt gemeinsamer Bemühungen von Ständen und Kaiser dar. Zur Frage der Funktionstüchtigkeit der Kreise nahm Herr Dotzauer am Beispiel des Oberrheinischen Kreises Stellung. Es gebe in diesem Kreis kein genossenschaftliches Prinzip, sondern die Dominanz gewisser Fürsten, die ursprünglich kreisfremd gewesen seien, namentlich die der Habsburger. Dieser Kreis sei, wie der Kurrheinische, ein geographisches Unding gewesen. Die kleinen Stände seien an den Rand gedrängt worden und der Oberrheinische Reichskreis zu einem Satellitenkreis und Sammelbecken des Kurrheinischen Kreises geworden. Darüberhinaus wies er auf die zunehmende Verbeamtung und Normierung innerhalb der Kreise im Laufe der Jahrhunderte hin. Eine Begleiterscheinung sei gewesen, daß sich kein Stolz entwikkelt habe, im Kreisdienst zu stehen. Von Herrn Hartmann wurde wieder Rekurs auf die Ausführungen von Herrn Neuhaus genommen. Dessen Deutung, der Niederrheinisch-Westfälische Reichskreis sei keine Region gewesen, könne er nicht zustimmen, denn was über die Territorien in diesem Raum überhaupt noch an Reichangelegenheiten geregelt wurde, sei doch regional auf Kreisebene geschehen. Steuererhebung, Reichsgerichtsurteile, Münzwesen im Rahmen des Kreises, all dies sei durch die Reichskreise geregelt worden und eben auch durch den Niederrheinisch-Westfälischen. Hier könne man doch sehen, wie wenig Exekutivgewalt das Reich als Ganzes hatte. Es sei also zu fragen, ob dann nicht doch ein gewisses regionales Gebilde mit regionalen Funktionen bleibe? Denn auch bei dem Referat von Herrn Dotzauer sei ja klar geworden, daß bis zu einem gewissen Grad doch Regionen vorhanden waren. Auch hier seien die Reichstagsabschiede durch den Kreis durchgeführt worden. Gerade dies beweise die Realität der Regionen und die Realität des Reiches.

Von Herrn Quarthal wurde darauf hingewiesen, daß die Durchsetzung von Forderungen durchaus nicht immer friedlich und bereitwillig geschehen sei, sondern oft auch mit Gewalt erreicht worden sei. Dabei habe die Kreisverwaltung die Exekutionsgewalt für die Reichsverwaltung gestellt.

Herr Neuhaus führte den Begriff der Auftragsverwaltung in die Diskussion ein, an dem man bezüglich der Aufgabendefinition der Reichskreise festhalten solle. Hierzu führte er aus, daß der Reichstag zunächst immer einmal Impulsgeber gewesen sei. So werde der Kreis 1515 / 17, vor allem aber nach 1530 auf Beschluß des Reichstages aktiv. Das gelte für die Frage der Reichsabgaben, für das Reichsmünzwesen und andere Fragen. Erst mit der Reichsexekutionsordnung von 1555 komme dann hinzu, daß einzelne Kreise aus sich selbst heraus aktiv geworden seien, wenn in ihrem Bezirk ein Landfriedensbruch vorgefallen sei. Der Betroffene für Gegenmaßnahmen sei in einem solchem Fall der Kreis oder, wenn dieser nicht ausreichte, der Nachbarkreis gewesen. Aber eben diese Landfriedensangelegenheiten seien hinsichtlich der Entscheidungen des Kreises vor einem reichsrechtlichen Hintergrund zu sehen. So sei die Kreiseinteilung 1500 zwar noch nach regionalen Gesichtspunkten geschehen, nicht aber die von 1512. Bei der letzteren seien eher verfassungspolitische Gründe ausschlaggebend gewesen, vornehmlich habe es sich um die Landfriedenswahrung gedreht. Wohl habe der Niederrheinisch-Westfälische Reichskreis funktioniert, auch nach 1706, obwohl dann keine regelmäßigen Münzapprobationstage mehr gehalten wurden, und ebenso nach 1757, als überhaupt keine Kreistage mehr stattfanden. Daher könne man sehr wohl sagen: er habe funktioniert, aber ob das hinreichend sei, um ihn als eine Region zu bezeichnen, eben dies halte er für fraglich.

Von Herrn Angermeier wurde klargestellt, daß für ihn das Reich nicht als Genossenschaft, aber auch nicht als Staat zu verstehen sei. Vielmehr handele es sich um eine zusammengesetzte politische Einheit. Von einer Genossenschaft könne allenfalls noch beim Rheinischen Bund von 1254 gesprochen werden, denn schon 1383 habe man das Reich in Zirkel geteilt. So seien die Kreise als Funktionsträger in die Mitte gerückt. Keinesfalls habe man im Reich eine dritte Gewalt gewünscht, auch hier hätten sich Kaiser und Reich gegenübergestanden. Gewiß hätten sich manche Kreise Selbstverwaltungskompetenzen angeeignet, besonders in den Regionen ohne Herzöge, nämlich Schwaben und Franken. Hier seien den Kreisen eher Aufträge übertragen worden, was dazu geführt habe, daß sie Ausnahmekreise wurden. Insgesamt seien aber alle Reichskreise über Kunstgebilde des Reiches nicht hinausgekommen. Dem widersprach Herr Hartmann, indem er postulierte, daß der Schwäbische und Fränkische Reichskreis sehr wohl als Region angesprochen werden könnten. Zwar sei ihre Schaffung künstlich und oft habe es dominierende Fürsten gegeben, aber in ihrer weiteren Entwicklung ab etwa 1650 hätten sie sich durchaus als natürliche Gebilde und gewachsene Regionen erwiesen.

Herr Kraus gab zu bedenken, daß es fraglich bleibe, inwieweit die Kreise in Krisenzeiten, besonders während des Dreißigjährigen Krieges funktioniert hätten, eine Zeit, in der das konfessionelle Moment wichtiger gewesen sei, als die Kreiszugehörigkeit. Daher sei zu fragen, wie die grundsätzlichen Probleme der Kreiseinteilung beschaffen seien und wie die Zusammensetzung dieser Kreise aussehe, zu deren Einteilung es ja schon seit 1495 Vorüberlegungen gegeben habe. Von Herrn Neuhaus wurde dieser Gedanke aufgegriffen. Schon vor 1495 habe man Überlegungen über Kreiseinteilungen, besonders für das Reichskammergericht angestellt, die 1500 realisiert worden seien. Dabei könnten die Überlegungen nicht losgelöst von den Kreisen, die es im Mittelalter gegeben habe, betrachtet werden. Wohl habe es einen wichtigen Unterschied bei der Kreisfunktion gegeben, zwischen 1495 und 1500 habe die Frage der Sicherung des Landfriedens durch die Kreise eine nur untergeordnete Rolle gespielt und erst 1506 zu einem Ergebnis geführt.

Von Herrn Press wurde erneut der Frage nach der Definition der Reichskreise nachgegangen. Für ihn stellten die Kreise ein Modell funktionsfähiger Körperschaften dar, bei denen das Streben nach regionaler Verbindung einwirke. Bei diesem Prozeß seien manche Kreise, wie der Obersächsische Kreis, auf dem Stand von 1542 stehen geblieben, ein Jahr, das nicht nur für die Kreise, sondern auch für die Reichsritterschaft ein Stichjahr dargestellt habe.

Von Herrn Molitor wurde im Anschluß die Frage eingebracht, ob es bei den Kreisen ein Raum- oder ein Grenzbewußtsein gegeben habe; und wenn ja, wie tief es gegangen sei, was für eine bessere Kenntnis des Selbstverständnisses der Kreise wichtig zu wissen sei.

Erneut kam die Diskussion auf die Frage der Definition der Reichskreise zurück. Herr Lanzinner sah in ihnen kooperative Gebilde mit Selbstverwaltung. Den Begriff der Auftragsverwaltung durch die Kreise hielt er hingegen für wenig geeignet, da es sich dabei um modernes Vokabular handele. Es sei eher angebracht zu sagen, daß die Reichskreise als Subsidiärorgane des Reiches für andere fehlende Organe gehandelt hätten. Von Herrn Quarthal wurde die Definition der Reichskreise als Genossenschaften abgelehnt, denn es habe das Prinzip der Zwangsmitgliedschaft bestanden. Sie seien vielmehr Zwangskörperschaften gewesen. Dennoch hätten manche Kreise, wie der Schwäbische Kreis, ein Vehikel zur Modernisierung geboten, da hier die kleineren Stände Machtunterschiede zu Fürsten ausgleichen konnten. Herr Ott verwies in diesem Zusammenhang darauf, daß besonders der Fränkische und der Schwäbische Reichskreis Gegenstand von Untersuchungen gewesen seien, während viele andere Kreise bisher noch kaum das Interesse der Forschung gefunden hätten. Dies bestätigte auch Herr Ebneth.

Herr Wunder nahm zunächst auf Herrn Kraus Bezug und machte deutlich, die Reichskreise hätten im Dreißigjährigen Krieg nur das Schicksal des Reichstages erlebt und seien ebenso konfessionell gespalten gewesen. Bei der Friedenssicherung hätten die Reichskreise durchaus ihre Leistungsfähigkeit unter Beweis gestellt. Zu der Frage von Herrn Kohler stellte er fest, daß die Reichskreise Institutionen der Obrigkeit geblieben seien. Auch wenn Erlasse und Verordnungen im Namen der Kreises angeschlagen wurden, seien die Kreisgrenzen der Bevölkerung wohl nicht bewußt gewesen. Es habe eher ein Reichsbewußtsein gegenüber Frankreich gegeben.

Die Reichskreise seien ein Staatenbund ohne Judikative, ergänzte Herr Sicken. Sie hätten sich durchaus auch ohne den Kaiser versammeln können, und es sei von Kreis zu Kreis verhandelt worden. Auch ihr Bild als Zwangsgenossenschaft habe im 18. Jahrhundert eine Wandlung durchgemacht. Er verwies darüber hinaus auf Probleme der Terminologie und Qualifizierung der Kreise. Der Fränkische Reichskreis sei durchaus als eigenständig Handelnder aufgetreten, Patente seien im Namen des Fränkischen Reichskreises ergangen, die fränkische Judenschaft habe sich an den Kreis gewandt, Sträflinge, die ausgewiesen oder verkauft worden seien, habe man mit einem „FC“ gebrandmarkt.

Im Anschluß des Vortrags von Herrn Sellert fand eine weitere Diskussionsrunde statt. Herr Hartmann eröffnete diese mit dem Hinweis, es habe immer wieder Schwierigkeiten bei der Exekution gegeben, insofern als bei kleinen Reichsständen schnell exekutiert worden sei, bei großen hingegen nicht. Aber durch die Existenz der Reichsgerichte sei eine Reichsfriedensordnung im Reich gewahrt worden, die es ermöglicht habe, daß auch kleinste Reichsstände sich hätten halten können. Somit hätten die Reichsgerichte doch bewirkt, daß sich eine Art Reichsfriedensordnung durchsetzen konnte, besonders nach 1648.

Von Herrn Sellert wurde der Blick auf den Reichshofrat gelenkt. Zwar sei in Deutschland der Schwerpunkt immer auf das Reichskammergericht gelegt worden, doch sei er mit Peter Moraw einig, daß der Reichshofrat wichtiger sei als das Reichskammergericht. Betrachte man das Reichskammergericht und seine Funktion bei der Vollstreckung, so falle zunächst auf, daß es ein Forum offeriert habe, in dem man miteinander sprechen, wo gleichzeitig aber auch etwas drohte. Zur Vollstreckung habe man die Reichskreise gebraucht. Hätte es die Reichskreise nicht gegeben, so wäre diese Vollstreckungsmöglichkeit entfallen, insofern hätten sie friedensstiftende Funktionen gehabt. Sicher seien gegen die mächtigen Reichsstände oft Urteile nicht vollstreckt worden, dafür gegen ungefährliche Gegner um so schneller. Dies habe sich zwar auf das Rechtsverständnis der Bevölkerung ausgewirkt, als sie gesehen hätte, daß gegen Kleine vollstreckt wurde, gegen Große aber nicht. Aber im Ergebnis habe schon die Drohung und die daraus entstehenden Unannehmlichkeiten meist zu einer Einigung geführt und zur Ausschaltung der Selbstjustiz. So seien viele Streitsachen mit einem Vergleich geendet. Hierzu müßten die Akten im HHStA in Wien durchgearbeitet werden, denn die von Moser edierten Conclusa seien vielfach zu abgeschnitten. Herr Quarthal kam noch einmal auf den Reichshofrat zurück. Sein Verhältnis zu den Reichskreisen sei nur wenig untersucht. So gebe es für den Schwäbischen Reichskreis einen unbenutzten Bestand „Reichshofratsdelegatskommission" für Württemberg, der zwischen 1648-1803 rund 360 Fälle enthalte. Einer seiner Doktoranden habe sich jetzt an dessen Durchsicht und Überarbeitung gemacht. Dabei zeige sich, daß schon vor den Exekutionen sehr viel mehr geleistet worden sei, als bisher angenommen. So hätte der Reichshofrat ohne den Informationsprozeß der kreisauschreibenden Fürsten überhaupt nicht zu einer Entscheidungsfindung kommen können, da sie das Material für den Fall zur Verfügung gestellt hätten. Schon in dieser Phase sei mit den streitenden Parteien verhandelt worden. Oft sei es zu einer reichshofratlichen Entscheidung mit dem Auftrag einen Vergleich durchzuführen, gekommen. Die Exekutionen machten nicht den Hauptteil des Bestandes aus, sondern die Abhilfe bei verschiedenen Mißständen. Die zweite Gruppe seien die Prozesse, die sich nur mit den Reichsständen beschäftigten. Es gehe hier um eine Modernisierung der Verwaltung. Der Reichshofrat habe die Funktion, die der Landesherr in den Territorien bei der Änderung der Kommunalverfassung hatte. Um diese Modernisierung durchzuführen, seien landesfürstliche Beamte im Auftrag des Reichshofrat tätig geworden, um Schuldwesen, Steuerwesen, Stadtverfassung etc. neu zu organisieren. Hier hakte Herr Sellert ein: Der Reichshofrat habe mit Kommissionen versucht, durch den „Processus informativus" eine gütliche Einigung herbeizuführen. Einer solchen Kommission habe zumindest ein Reichshofrat angehört. Es seien aber auch Reichskreise beauftragt worden, um eine gütliche Einigung herbeizuführen. Welche Streitgegenstände dabei eine Rolle spielten, sei interessant zu untersuchen. Es sei dabei zu beachten, daß damals nicht zwischen Justiz und Verwaltung unterschieden worden sei, auch diese Angelegenheiten seien zur judiziellen Tätigkeit zu zählen. Wenn man nun die Vorgänge aus der Sicht des Reichshofrats und dann aus den Akten der Reichskreise betrachten würde, so könne man ein zuverlässiges Bild erhalten.

Herr Sicken brachte die Frage der Untertanenprozesse in die Diskussion. So habe es die Möglichkeit der Prozesse der Untertanen gegen ihren Landesherren auch dann gegeben, wenn hier das Privilegium de non appellando oder de non evocando dagegen gestanden hätte. Untertanen, aber auch Innungen und Juden, hätten sich an das Reichskammergericht gewandt. Alle seien durch die Privilegia de non appellando und de non evocando eingeschränkt gewesen. Die Reichsgerichte habe man nur über iustitia denegata und protracta anrufen können. Die Landesherrn hätten ihrerseits versucht, solche Prozesse durch massiven Druck zu verhindern.

Entscheidend sei aber gewesen, daß die Bevölkerung sich darüber im Klaren gewesen sei, daß es noch ein oberstes Gericht gab, das einem zu seinem Recht verhelfen konnte. Auch untere Bevölkerungsschichten hätten geklagt. Daher sei in den Reichshofratsordnungen immer wieder erwähnt worden, die Armensachen zuerst zu behandeln. Um Kosten zu sparen, seien die Parteien oft als Gruppen nach Wien gereist. Eine Aufarbeitung dieser ganzen Materie stehe aber noch aus. Hier warf Herr Quarthal ein, es gebe Stimmen, die behaupten, daß die Leute prozessiert hätten, weil sie von den vielen, schlecht ausgebildeten Winkeladvokaten dazu aufgehetzt worden seien. Von Herrn Sellert wurde die Frage dahingehend beantwortet, daß es — damals wie heute — Juristen gegeben habe, die ihren Bedarf produzierten. Aber man müsse sie auch positiv sehen, jeder Mensch habe dadurch die Möglichkeit erhalten, Rechtsfragen lösen zu lassen.

Die Diskussion am Donnerstag Vormittag schloß sich an die Vorträge über die Regionen unter polnischer Oberhoheit an. Eingeleitet wurde sie von Herrn Hartmann mit dem Hinweis auf die Ausführungen von Herrn Oberländer, der am Ende seines Referates in Frage gestellt habe, ob man Kurland überhaupt als Region bezeichnen könne. Dabei sei für den Referenten letztlich das Kriterium die Heerfolge gewesen, sonst habe es sich um einen kleinen selbständigen Staat, aus polnischer Sicht aber um ein inkorporatives Modell gehandelt. Da Kurland unter polnischer Oberhoheit stand, so würde ihn Herr Hartmann ganz vage als eine Region in einem größeren staatlichen Verband bezeichnen. Dasselbe würde er auch bei dem von Herrn Małek vorgetragenen Beispiel sagen. Man müsse zeitlich differenzieren und prüfen, inwieweit sich auch später, etwa durch die Sprache, die Eigenständigkeit, das Eigenbewußtsein der Provinz erhalten habe. Im 15. Jahrhundert sei die Eigenständigkeit mit eigenem Landtag und eigener Innenpolitik noch stark herausgebildet gewesen. Dabei bewegten sich diese Gebiete innerhalb eines Ganzen, das eben die Außenpolitik bestimmt habe. Natürlich zeigten diese Beispiele, wie schwierig jeder Vergleich im Ansatz sei, weil bei näherer Analyse wieder so viel unvergleichbar und anders erscheine. Trotz aller Probleme sei es aber wichtig, solche Vergleiche zu stellen, um weiterführende Ansätze zu erhalten, auch wenn vieles nicht zu vergleichen oder einzuschränken sei.

Herr Bömmelburg verwies auf die Verfaßtheit Preußens. Im 18. Jahrhundert seien dort zwei Parteien entstanden, die gefordert hätten, daß nur preußische Indigenaten Starosteien besitzen und Großgrundbesitzer werden dürften. Dies habe sowohl für den protestantischen, wie den katholischen Adel gegolten, der als Ganzer ein deutliches Ständebewußtsein im königlichen Preußen gehabt habe. Diese Stände hätten sich als preußische Stände gefühlt, aber der polnische Adel habe sich durchaus auch preußisch gefühlt. Das Preußen Brandenburg-Preußens sei hingegen in der Optik der

Stände immer nur Brandenburg gewesen. Herr Salmonovicz betonte im Zusammenhang mit der Situation der beiden Preußen die großen Bedeutung der „erworbenen Rechte“ für die Verfassungsentwicklung.

Herr Blaschke rekurrierte auf diesen von Herrn Salmonovicz eingebrachten Begriff der „erworbenen Rechte“. Die Provinzen seien, wie dies in den Vorträgen ausgeführt worden sei, mit ihren Rechten konserviert und in dieser Struktur übernommen und nichts sei geändert worden. Gleichzeitig seien diese territorialen Einheiten auch wirtschaftliche Funktionseinheiten gewesen. Bei Friedensschlüssen und Landesteilungen, auch in Deutschland bis etwa 1800, seien die gewachsenen Strukturen auch hier nicht verändert, Rechte und wirtschaftliche Funktionszusammenhänge stets geachtet worden. Erst der Wiener Kongreß habe erstmals solche gewachsenen Einheiten, um einer rein strategisch orientierten Machtpolitik willen, rücksichtslos zerschnitten. Von dieser Beobachtung her sei es ihm nicht möglich, die polnischen Beispiele als Regionen zu bezeichnen und sie mit den Reichskreisen zu vergleichen. Dort hätte man überhaupt keine Berücksichtigung der gewachsenen Verhältnisse, sondern eine von oben her festgelegte künstliche Einteilung, im echten Sinne einer Region. Region sei immer nur ein Teil des Ganzen und nie etwas in langer Zeit von unten her einheitlich selbst Gewachsenes. Dem stimmte Herr Press grundsätzlich zu. Aber, so fügte er an, es sei weiter zu fragen, wie es in den anderen Teilen Polens aussah und ob es eine Versammlung für Großpolen und Kleinpolen gegeben habe, wie die auf Woiwodschaftsebene. Damit gewinne man den Punkt, den man doch vergleichen könne.

Herr Małłek betonte, daß Königlich-Preußen und Pommerellen durchaus als richtige Regionen des polnischen Staates bezeichnet werden könnten. Bis zum 16. Jahrhundert noch separat, seien sie dann im 17. und 18. Jahrhundert zu einer Region geworden. Ob dies auch für das Herzogtum Kurland zutreffe, bleibe diskutabel. Zumindest seien die polnischen Ansprüche auf dieses Land sehr groß gewesen. Zur Frage der Sprachlichkeit bemerkte er, daß man in den großen Städten wie Danzig, Elbing, Thorn nur Deutsch gesprochen habe, im Kulmer Land oder bei den Kaschuben Deutsch und Polnisch, genauso in den kleinen Städten. Normalerweise habe die Bevölkerung zwei Sprachen gekonnt. Die polnische Sprache sei zu diesem Zeitpunkt jedoch noch keine literarische Sprache gewesen, diese Anfänge seien auf 1543 zu datieren. Auch außerhalb Preußens hätten viele zwei Sprachen gesprochen. Der preußische Adel habe sich mit dem polnischen Adel identifiziert und gewisse Aufstiegschancen im Osten gesehen. Dies führte Herr Salmonovicz weiter aus. Alle Änderungen in Königlich Preußen seien vor dem Hintergrund anderer Änderungen im gesamten polnischen Staat zu sehen. Man müsse die Zeit nach dem Dreißigjährigen Krieg in die Perioden 1648-1717 und 1717 bis 1768 einteilen. Durch die

Schlachta sei es zunehmend zu einer Dezentralisierung des Landes gekommen. In der Folge sei die polnischen Adelsrepublik in Kleinpolen, Großpolen und Litauen zerfallen. Bis zur Mitte des 18. Jahrhunderts seien sowohl die Rechte der polnischen, wie die der preußischen Abgeordneten in Königlich-Preußen nivelliert worden, d. h. ein Rechtsunterschied habe zu diesem Zeitpunkt nicht mehr bestanden. Herr Kohler schnitt die Frage nach der Herkunft der merkantilistischen Kaufleute in Osteuropa an, eine Anregung, an die Herr Mysanz anknüpfte. Die Konjunktur sei für Lettgallen nach dem Dreißigjährigen Krieg recht günstig gewesen, da in Europa viel zerstört gewesen sei und dementsprechend ein großer Bedarf, besonders im Kriegswesen erwachsen sei. Dieser erkläre, warum ein so kleines Land wie Lettgallen so viel erreichen konnte. Hinsichtlich der Sprache sei zu bemerken, daß es einen kulturellen Dualismus gegeben habe, d. h. die Oberschicht ging in die polnische Messe, was auch Zeichen ihrer Zugehörigkeit zur Oberschicht war. Die Unterschicht hingegen wohnte der lettgalischen Messe bei. Ein sozialer Aufstieg habe automatisch auch eine Assimilierung bedeutet.

Herr Oberländer schloß die Diskussion ab: Zunächst bemerkte er zur Sprache, daß das Archiv der kurländischen Herzöge vollständig in Deutsch, der Schriftverkehr mit der polnischen Krone in Latein sei. Hinsichtlich der Rolle des Adels in Kurland seien zwei Handlungsweisen zu unterschieden. Während es nämlich dem Herzog Georg Friedrich von Brandenburg-Ansbach in Preußen gelungen sei, den Einfluß des Adels zurückzudrängen, sei dies in Kurland dem Herzog nicht geglückt. Dies habe daran gelegen, daß das Appellationsrecht an den polnischen König in beiden Ländern bestand. Stephan Báthory, der aus Siebenbürgen stammte und dem die polnischen Verhältnisse mißfielen, habe Georg Friedrich völlig freie Hand gelassen, er wünschte, einen zentralen Staat zu schaffen. Alle Beschwerden nach Warschau seien nicht beachtet worden. Bei Wilhelm sei es genau umgekehrt gewesen. Sigismund III. sei keinesfalls bereit gewesen, Sonderrechte zu genehmigen. Die Frage der Durchsetzung der Herzogsgewalt habe also letztlich vom Oberlehnsherr abgehangen. Abschließend ging Herr Oberländer noch auf die Frage nach der Region für das Herzogtum ein. Wenn er die in der Diskussionsrunde behandelten Gebiete betrachte, so stelle er fest, sie seien alle von oben künstlich eingerichtet worden. Kurland sei aus Livland künstlich herausgeschnitten worden, ebenso Königlich-Preußen. Vielleicht liege der gemeinsame Nenner in der Bewährung dieser künstlichen Strukturen und darin die Möglichkeit des Vergleichs. Das Herzogtum Kurland hätte, wenn es nicht in russische Hände gefallen wäre, ganz vernünftig überleben können. Auch die Reichskreise hätten sich bis zu einem gewissen Grade sehr unterschiedlich bewährt. Wenn man zur Prämisse mache, alles seien künstliche Gebilde gewesen, liege darin ein Vergleichsmoment. Unter einem solchem Gesichtspunkt könne man Kurland mit hereinnehmen.

Am Donnerstag Nachmittag wurden die Vorträge über die Provinzen in Frankreich diskutiert. Bevor man jedoch auf Frankreich einging, hob zunächst Herr Sellert hervor, daß die Reichskreise unter Mitsprache der Reichsstände als eine kooperative Vereinigung entstanden seien, aber keine Region darstellten. Ihr Aufgabenbereich habe Selbstverwaltungsaufgaben und übertragene Aufgaben umfaßt. Herr Hartmann wandte ein, daß die Reichskreise bei Steuererhebung, Exekution von Reichskammergerichtsurteilen und Münzfragen aber eben doch die stärkste Exekutive in einer Region gewesen seien und deshalb auch die Funktion von Regionen ausgeübt hätten.

Nun lenkte Herr Press das Augenmerk auf Frankreich: Ihm sei aufgefallen, je früher eine Provinz zu Frankreich gekommen sei, desto evolutionärer sei die Entwicklung gewesen. Im Elsaß habe man die Stände aussterben lassen, nie sei ein Parlament gegründet worden, im Gegensatz jeweils zur Bretagne und Provence. Je später die Integration erfolgt sei, um so stärker habe sich der Zugriff der Zentralgewalt gestaltet. Daran anschließend hob Herr Kirchgässner hervor, daß das Bild eines monolithischen Ancien Régimes täusche. Ein solches Bild habe die französische Historiographie zu schaffen versucht. Es habe aber eine ganze Reihe von Sonderentwicklungen gegeben und diese seien durch ihre wirtschaftliche Bedeutung ermöglicht worden. Dies ergänzte Herr Meyer durch die Bemerkung, die Bretagne stelle durchaus einen Sonderfall, ganz besonders hinsichtlich der Steuern, dar. Herr Vogler nahm auf den Beitrag von Herrn Press Bezug: Erst seit den 60er Jahren beginne in der Historiographie in Frankreich mit der Regionalgeschichte eine verstärktes Interesse für die partikularen Entwicklungen aufzutreten. Vorher habe es sich mehr um die Darstellung Frankreichs als Zentralstaat gedreht. Diese Zentralisierung, besonders durch die Sprache, sei vor allem mit der Revolution und während der III. Republik mit Jules Férry vorangetrieben worden.

Herr Blaschke hob die Notwendigkeit hervor, Allgemeingültigkeiten herauszuarbeiten. Alle bisherigen Beispiele seien Sonderfälle. Hierbei sei die Rolle des wachsenden Rechts ganz bedeutend für die Problemstellung. Das Recht der Länder bzw. Provinzen sei respektiert worden, sowohl vom König von Polen, wie auch von Frankreich. Von da aus müsse die Frage nach den Reichskreisen gestellt werden. In den Reichskreisen gebe es kein gewachsenes Reichsrecht, hier sei etwas von oben übergestülpt worden. Königlich-Preußen, Lettgallen, Kurland seien einheitliche Territorialgebilde gewesen, gewissermaßen vorgegeben für das Königreich Polen. Als etwas Gewachsenes seien sie respektiert worden. Mit der Herausbildung des modernen Staates seien die gewachsenen Rechte beseitigt worden. Nun sei ein Staat im modernen Sinne entstanden, in welchem die Sonderrechte des Adels, der Kirche, der Justizorgane abgeschafft worden seien. Insgesamt sei zu bemerken, daß man bei den Reichskreisen nicht von Regionen sprechen könne, da Regionen immer nur der Teil eines Ganzen seien. Sie unterschieden sich grundsätzlich von dem, was über die Reichskreise gesagt worden sei. Beim Zusammengehen einer Provinz spiele hingegen das personale Prinzip eine besondere Rolle. Solange Herrschaft personalisiert gewesen sei, habe es den Respekt vor der Verfassung gegeben.

Zum Schluß verwies Herr Meyer auf die unterschiedliche Verteilung des Militärs in Frankreich: In den französischen Provinzen sei die Militärpräsenz im Vergleich zur Hauptstadt relativ stark gewesen. In der Bretagne und Provence habe man die königliche Gewalt mit der Marine als präsent erlebt, nicht jedoch in Paris. Dort habe die Revolution ausbrechen können, weil die Polizeikräfte zu schwach gewesen seien. In anderen europäischen Hauptstädten habe die Lage anders ausgesehen. So habe in London erheblich mehr Militär als in Paris gelegen, in Berlin / Potsdam seien auf nur 200.000 Einwohner sogar 50.000 Soldaten gekommen.

In direktem Anschluß an die Vorträge über die Provinzen in Frankreich entwickelte sich die Generaldiskussion, die von Herrn Hartmann eingeleitet wurde. Er führte aus, man sei ausgegangen vom Europa der Regionen und von der zunehmenden Regionalisierung. Es sei zu fragen, inwieweit Regionen der Frühneuzeit Orientierungspunkte für uns heute darstellen könnten. Heute werde unter Region viel verstanden, es sei kein wirklich historischer, vielmehr ein recht elastischer Begriff. Regionen, das seien Gebiete, die eine relative Unabhängigkeit und Eigenständigkeit in weiten Bereichen innerhalb eines größeren Staatsgebilden hätten. Im Verlauf des Kolloquiums habe man Reichskreise, relativ unabhängige Gebiete unter polnischer Oberhoheit und die französischen Provinzen vergleichen wollen. Zugegebenermaßen sei es schwierig, die gesamte historische Komplexität in ein Schema zu pressen. So träfen bei manchen Reichskreisen dieser obigen Kriterien die Definition zu, bei andern nicht. Je nach Zeit, im 16. oder 17. oder 18. Jahrhundert, seien die Reichskreise verschieden gesehen worden. Aus dem Blickwinkel des 16. Jahrhunderts sei bei den Reichskreisen stark die Delegierung ihrer Befugnisse von oben betont worden. Wer mehr vom 17. und 18. Jahrhundert und von den Quellen dieser Jahrhunderte ausgegangen sei, habe, besonders für Schwaben und Franken, eigenständige Entwicklungen gesehen. Bei manchen Beispielen habe der Vergleich gestimmt, manchmal eher nicht. Es sei also zu konstatieren, daß neben vielem Vergleichbaren vieles nicht vergleichbar sei und nicht hineinpasse.

Herr Sellert nahm zu zwei Begriffen Stellung. Das „Gewachsene Recht“ sei eine Vorstellung, die impliziere, Recht würde wie die Sprache wachsen, daher solle man diesen Begriff nicht gebrauchen. Zweitens äußerte er sich zu der Frage der Regionen. Man könne sehr gut von Regionen in zentralistisch strukturierten Ländern sprechen, dort gäbe es Regionen mit gewissen Traditionen innerhalb eines zentralistischen Staatssystems. Von Regionen in einem föderalistischen Staatsgebilde zu sprechen, halte er für sehr bedenklich, denn die Reichskreise seien Verwaltungseinheiten, aber keine Regionen gewesen. Sie hätten nur zufällig mit Territorien übereingestimmt, in denen es solche Traditionen gab. Aber im Abstrakten seien sie als Verwaltungseinheiten gedacht gewesen und hätten mit Regionen nichts zu tun. Daß sie sich zu Regionen entwickeln konnten, sei wieder eine andere Frage, beim Fränkischen Kreis habe man solche Ansätze gesehen, besonders wenn das Gebiet mit einem solchen Bezirk übereinstimme.

Herr Hartmann ergänzte, es hätte sich in der Praxis eine Art Kompromiß gebildet. Von rechtlichen Standpunkt seien sie zwar als Verwaltungseinheiten gedacht gewesen, hätten sich dann aber, wie der Fränkische und der Schwäbische Kreis, zu Regionen entwickeln können.

Herr Angermeier verwies darauf, nur in bestimmten Kreisen habe sich ein regionales Bewußtsein entwickeln können, dann nämlich, wenn diese Regionen sich gegenüber ganz andere Kulturen und Rechtseinheiten behauptet hätten. Franken hätte sich gegen Bayern abgesetzt, ebenso gegen Sachsen. In Schwaben sei das Gleiche zu beobachten. Das gehöre unbedingt dazu, wenn man davon spreche, daß Kreise als Regionen eine gewisse Entfaltungsmöglichkeit gehabt hätten. Wenn diese Voraussetzung nicht zutreffend gewesen sei, dann habe es auch in den Kreisen keine Möglichkeit zur Entwicklung eines solchen regionalen Bewußtseins gegeben. Woraufhin Herr Hartmann einwandte, daß auch bei anderen Kreisen gewisse Möglichkeiten bestand hätten, sich zu Regionen zu entwickeln. Dies wollte Herr Angermeier so nicht gelten lassen. Es seien bestenfalls rudimentäre Ansätze vorhanden gewesen, die aber nicht als genügend anzusehen seien. So sei im Falle des Obersächsischen Kreises die Bildung eines Regionalbewußtseins durch die Zusammenfassung von so gegenteiligen Gebieten wie Brandenburg und Sachsen unmöglich gemacht worden.

Auch von Herrn Neuhaus wurde nun die Frage der Begrifflichkeit angeschnitten. Es sei sehr wichtig mit welchem übergeordneten Ganzen man es zu tun hätte, nämlich ob man einen Zentralstaat oder einen föderalen Staat untersuche. Im Zentralstaat zeigten sich Regionen, einen Begriff, den er trotz aller Problematik verwende; Herr Press habe von Landschaften, Herr Blaschke von Gebieten gesprochen. In föderalen Staatsgebilden wie dem Heiligen Römischen Reich könnte man so etwas wie Regionen am ehesten dort fassen, wo innerhalb des Föderalgebildes die Situation besonders komplex gewesen sei: Dies gelte für Schwaben und Franken, mit dem thüringisch-sächsischen Raum habe er hingegen Probleme. Bei den ersten beiden könne man die Kreise auch als Regionen mit all ihren Schwierigkeiten begreifen. Es bestehe das Problem, Regionen zu umgrenzen; man müsse sagen, Regionen seien grenzenlos begrenzt. Innerhalb eines föderalen Staatsgebildes spielten Gesichtspunkte wie Zusammengehörigkeit, Zusammengehörigkeitsgefühl, wie Kreisbewußtsein oder Regionalbewußtsein dann eine ganz große Rolle. Ihm erscheine wichtig, Regionen als etwas Gewachsenes zu verstehen, das sich einer zeitlichen Differenzierung entziehe. Regionen seien da, sie träten zu verschiedenen Zeiten mal deutlicher, mal weniger deutlich hervor. Geographische und ethnische Gegebenheiten spielten dabei eine wichtige Rolle. Die Frage nach Zentralstaat oder föderalem Staat sei der Schlüssel zu der Frage, was eigentlich eine Region sei. Im Niederrheinisch-Westfälischen oder im Niedersächsischen Kreis, wo man weniger komplexe Gebiete habe, sei so etwas wie Regionalbewußtsein geschwunden. Auch beim Obersächsischen Kreis scheine ihm das in weiten Teilen zuzutreffen und eben das habe Herr Angermeier gesagt. Darüberhinaus sei die Frage zu stellen, wie es eigentlich 1512 zur Teilung des Sächsischen in den Niedersächsischen und den Obersächsischen Kreis kommen konnte und nicht analog zum Kurrheinischen ein zweiter Kurkreis gebildet wurde.

Herr Kohler fügte an, Reichskreise seien durch ein wechselseitiges Abhängigkeitsverhältnis ausgezeichnet. Von Bewußtsein solle man hier nicht sprechen, die Bewußtseinsfrage mit einer Definition sei schließlich überhaupt nicht angeschnitten worden. So falle es ihm schwer, in der Habsburger Monarchie Regionen festzumachen, die etwas anderes darstellten als die einzelnen Länder. Die Kreisorganisationen seien etwas anderes. Auch Spanien stelle eine besondere Entwicklung dar. Wenn man von der Regionalisierung Spaniens spräche und Katalonien erwähne, so hieße das auch Aragon und Barcelona, sei also identisch mit einem ehemaligen Königreich. Hier seien also auch gewisse Regionen vorhanden. Hier hakte Herr Oberländer ein. Polen-Litauen könne man als ein föderativ organisiertes Gebilde mit dem Heiligen Römischen Reich vergleichen, aber da störten die Reichskreise. Nicht zur besserem Funktion des Staates sei Polen in Gebiete aufgeteilt worden, sondern weil ethnisch und strukturell ganz unterschiedliche Gebiete hinzu gekommen seien. Es seien Inkorporationsmodelle entwickelt und angewandt worden, um die Sonderrechte so schnell wie möglich abbauen zu können. Hinter diesen Modellen stünden andere Erwartungen, als die Intentionen, die hinter den Reichskreisen standen; was jene bewirken sollten. Denn bei letzteren sei der Weg in die andere Richtung gegangen, vom Reich zum Kreis, bei den polnischen Beispielen umgekehrt. Dort seien es nur Zwischenstufen gewesen, die zu einer intensiveren Integration nach Polen geführt hätten. Solche massiven Unterschiede müßten zum Ausdruck kommen, wenn all dies in einem Band zusammengefaßt werden sollte. Über diese konkrete Problematik hinaus wäre ein Vergleich der beiden Reiche außerordentlich fruchtbar.

Von Herrn Kraus wurde noch einmal der Regionalbegriff in die Diskussion gebracht. Dieser sei sehr allgemein, und ein Regionalbegriff, der vom Verfassungsrechtlichen her stimme, tue not. Für die Begriffsbestimmung sei der Begriff „Region“ in einer etwas diffuseren Form gelassen worden. Wirtschaftsregionen wie der Raum Mühlhausen-Basel, Bayern oder der Alpenraum reichten auch über gewisse Grenzen hinweg. Die Stammburg der Wittelsbacher sei aus wirtschaftspolitischen Gründen von Augsburg annektiert worden. Daher seien diese Landkreise zu Schwaben gekommen. Wirtschaftlichen Verflechtungen könnten sogar ethnisch-sprachliche Konsequenzen haben, wie dies im Ammerseeraum zu beobachten sei. Dem pflichtete Herr Press bei, denn Region sei ein höchst unscharfer Begriff. Hier würden unterschiedliche historische Schichtungen parallel gesetzt werden. Als Beispiel brachte er Liechtenstein, wo im Untertitel eines von Herrn Willoweit und ihm herausgegebenen Buches der Begriff „Land“ auftauchte. Dies habe zu erbittertem Widerstand der Liechtensteiner geführt. Diesen sei es so erschienen, als ob Liechtenstein ein Bundesland der Republik Österreich, oder noch schlimmer, Deutschlands sei. Der Begriff sei durch „Staat“ ersetzt worden, obwohl es sich um vergangene Zeiten gehandelt habe. Betrachte man nun Frankreich, so müsse man konstatieren, bei den drei Vorgestellten handele sich alles um Provinzen des Königreichs. Hier seien die drei Exponiertesten herausgegriffen worden, die bekanntlich zerschlagen worden seien. Sie deckten sich heute zum Teil mit modernen Wirtschaftseinheiten, die Départements hingegen seien zu klein. Daher rührten zwei Schichten von historischer Identität. Ein Elsässer sage nicht: „ich stamme vom bas-rhin“, sondern „ich bin Elsässer“. Diese Provinzidentitäten seien in Frankreich offenbar sehr lebendig, und Pétain habe mal damit gespielt. Es gäbe hier historische Einheiten, die offenbar ungeheuer zählebig seien.

Zuletzt ging er auf die deutschen Reichskreise ein. Hier zeige sich ein Phänomen der deutschen Geschichte. Das Reich sei in gewissem Sinne ein oberdeutsches Reich gewesen, denn hier habe der Schwerpunkt gelegen. Es hätten sich geographische Vorstellungen durchgesetzt, die vom Süden her auftraten. Und bei der Reichsentwicklung hätten beide Probleme, Präsenz und Wirksamkeit des Kaisers und Kenntnis der regionalen Strukturen mitgespielt. Ein interessantes Beispiel sei das Fehlen eines böhmischen Reichskreises. Am Anfang sei Böhmen nicht einzubinden gewesen, als es dann habsburgisch wurde und die Reichsmitte sich enorm verstärkte, habe niemand mehr daran gedacht, und die Habsburger seien nicht mehr an einer Einbindung interessiert gewesen. Hier liege eine deutliche Parallele zu der Phase der Angliederung der französischen Provinzen an die Monarchie. Man solle daher die Frage der Zwischenstufen des Königtums funktional analysieren. Ganz sicher käme man zu dem Ergebnis, daß alles ganz verschieden sei, aber man solle zumindest mal das territorialisierende Deutschland berücksichtigen. Am Ende könne man dann erfahren, was Regionen oder Teile oder regionale Strukturen bedeuteten.

Hierzu nahm Herr Vogler Stellung. Die elsässischen Stände hätten im 16. Jahrhundert im Oberrheinischen Kreis eine eigene Gruppe gebildet und seien in diesem Jahrhundert mehrmals zusammengetreten. Bezugnehmend auf Herrn Press führte er aus, im Elsaß sage man, wenn man mit einem Elsässer spreche, „ich komme aus dem Unterelsaß oder Bas-Rhin", aber wenn man mit jemanden von woanders spreche, so sage man bewußt nur „ich bin ein Elsässer".

Herr Wunder nahm zunächst zu Herrn Meyer Stellung. Er habe ausgeführt, die Regionen seien eigentlich spätmittelalterliche politische Einheiten, die dann von größeren Staaten annektiert wurden und dies führe zu Problemen bis in die Gegenwart. Diese Regionen seien durch Herrschaft politisch gebildet worden und hätten Verwaltung und Rechtseinheit als Folge erlebt. Alle anderen Faktoren wie Sprache oder die nicht faßbare Mentalität und die Wirtschaft seien sekundäre Faktoren bei der Regionenbildung. Primär sei es eben die Herrschaft. Das Elsaß sei durch die französische Herrschaft gebildet worden. Die Kreise seien etwas ähnliches, auch sie seien der Versuch Regionen zu bilden, leider aber meist gescheitert. Nur im Ausnahmefall könne man hier Regionen fassen. Auch Kurland sei ein solcher Fall: Herrschaft, die zur Region hätte werden können, unabhängig von Sprache, Konfession, Wirtschaft. Es sei aber aufgrund der politischen Entwicklung nichts daraus geworden. Der politische Faktor rücke in den Vordergrund bei der Bildung von Regionen. Somit sei es unsicher, ob das Zeitalter der Regionen oder ob ein einheitlicher Brei der modernen Zivilisation komme, ein Prozeß, der nicht nur auf Europa beschränkt sei, sondern darüber hinausgehe.

Herr Bömelburg verteidigte den Regionenbegriff für Frankreich und Polen. Freilich sei die Definition nicht in jedem Fall zutreffend, sie sei aber handhabbar. Man könne nicht nur mit reiner Woiwodschafts- oder Provinzgeschichte arbeiten. Eine Region sei über viele Jahrhunderte gewachsen, sie stelle ein sehr komplexes Gebilde dar. Ob man es unbedingt auf die Reichskreise beziehen könne, wisse er aber nicht. Woraufhin Herr Hartmann erwiderte, daß der Ausdruck „Regionen" sich noch am ehesten eigne, weil er am wenigsten festgelegt sei.

Dem widersprach Herr Sellert. Bei Reichskreisen könne man nicht von Regionen sprechen, sondern von Territorialisierung. Das sei aber von der Genese etwas völlig anderes. Die Reichskreise seien Verwaltungseinheiten. Er empfehle, den Begriff der Regionen nicht zu verwenden. In keiner Verfassungsgeschichte — man könne nehmen was man wolle — fände man den Begriff der Regionen, sondern den Begriff der Verwaltungseinheit, so wie er gedacht sei. Man solle keinen unscharfen Begriff für etwas verwenden, für das schon ein Begriff bei den Rechts- und Verfassungshistorikern bestehe. Das hier Diskutierte sei sehr schwer unter eine einheitliche Thematik zu bringen. Hier sei etwas verglichen worden, was nicht zu vergleichen sei. Dazu nahm Herr Hartmann direkt Stellung. Er habe etwas Neues anstoßen wollen. Um diese drei Bereiche zu vergleichen, habe er einen Begriff gebraucht, der relativ elastisch sei, sonst sei überhaupt kein Vergleich möglich. Die Reichskreise seien in der Forschung mit all ihren Aspekten zu wenig behandelt worden, hier sei nur der Verwaltungsbereich berücksichtigt worden, und vieles müsse noch geklärt werden.

Herr Sicken mochte den Begriff Regionen in einem Band in dem man Landschaften, Provinzen und Reichskreise anführt, mit einem Fragezeichen versehen. Wenn man davon ausgehe, diese Landschaften seien primär politische Schöpfungen, gegebenenfalls auch administrative Einrichtungen, dürfe man nicht außer Acht lassen, daß längerfristig funktionale Bezüge eingetreten seien. Dies sei ein wesentliches Kriterium. Ein dritter Indikator sei außerordentlich wichtig, nämlich die Perspektive von außen: Wie erfahre man sie bei einem Blick von außen? So gebe sich z. B. das Elsaß in seiner Identität von außen anders als von innen. In einer vergleichenden Studie könne man zu einer vorwärtsdrängenden Entwicklung kommen. Dagegen wandte Herr Hartmann ein, daß Landschaft ein Ausdruck sei, der auch die Landstände bedeute, der historisch zu sehr belegt sei. Er könne das allgemeine Anliegen nicht abdecken.

Als letzter Diskussionsteilnehmer meldete sich Herr Blaschke zu Wort: Der Begriff Regionen sei ein neuer Ausdruck für eine neue Sache, genauso wie das Wort Staat einmal als neues Wort für eine neue Sache aufgekommen sei. Wenn man also heute von der „Region Augsburg“ oder der „Region Saar, Lothringen, Luxemburg“ spreche, sei dies nur unbestimmt. Es sei nötig, darüber zu sprechen, um zu klären, was damit gemeint sei. Die Bezeichnung Region sei erst im 19. Jahrhundert für die wirtschaftlichen Strukturen und die Strukturen des modernen Staates eingeführt worden. Eine vorhandene Einheit werde in Regionen geteilt, insofern passe es schlecht auf historische Länder. So gebe es heute zudem das neue Wort „Großraum“, aber was sei ein Großraum? Es sei also zu konstatieren, daß es eine Reihe von Ausdrücken gebe, die historisch in verschiedene Epochen gehörten und „Region“ gehöre eben auch dazu.

Die sehr angeregt und teilweise kontrovers, aber immer kollegial und sachlich geführten Diskussionsrunden wurden von den Herren Kraus (München), Ott (Freiburg i. Br.), Salmonovicz (Thorn / Warschau), Press (Tübingen), Kirchgässner (Mannheim) und Hartmann (Mainz) geleitet. Herr Hartmann dankte in seinem Schlußwort allen Teilnehmern für die Vorträge und die lebhafte Beteiligung an der Diskussion und wünschte Ihnen eine gute Rückreise.

Teilnehmer des Kolloquiums

Dr. *Konrad Amann,* Mainz

Prof. Dr *Heinz Angermeier,* Regensburg

Prof. Dr. *Karlheinz Blaschke,* Dresden

Bernd Blisch MA, Mainz

Hans-Jürgen Bömelburg, Mainz

Prof. Dr. *Winfried Dotzauer,* Mainz

Dr. *Franz Dumont,* Mainz

Dr. *Bernard Ebneth,* München

Priv.-Doz. Dr. *Jörg Engelbrecht,* Düsseldorf

Prof. Dr. Dr. *Peter C. Hartmann,* Mainz

Prof. Dr. *Bernhard Kirchgässner,* Mannheim

Prof. Dr. *Alfred Kohler,* Wien

Prof. Dr. *Andreas Kraus,* München

Prof. Dr. *Maximilian Lanzinner,* Passau

Prof Dr. *Janusz Małłek,* Toruń (Polen)

Prof. Dr. *Jean Meyer,* Paris (Frankreich)

Prof. Dr. *Ilgvars Misans,* Riga (Lettland)

Prof, Dr. *Hansgeorg Molitor,* Düsseldorf

Prof. Dr. *Helmut Neuhaus,* Erlangen

Prof. Dr. *Erwin Oberländer,* Mainz

Cand. phil. *Christian Ohler,* Mainz

Prof. Dr. *Hugo Ott,* Freiburg

Cand phil. *Ludolf Pelizaeus,* Mainz

Prof. Dr. *Volker Press †,* Tübingen

Prof. Dr. *Franz Quarthal,* Stuttgart

Prof. Dr. *Stanisław Salmonowicz,* Toruń / Warszawa (Polen)

Cand. phil. *Helmut Schmahl,* Mainz

Prof. Dr. *Wolfgang Sellert,* Göttingen

Prof. Dr. *Bernhard Sicken,* Münster

Prof. Dr. *Franz Staab,* Landau i. d. Pf.

Prof. Dr. *Bernard Vogler,* Strasbourg (Frankreich)

Prof. Dr. *Bernd Wunder,* Konstanz

Verzeichnis der Mitarbeiter

Prof. Dr. *Karlheinz Blaschke,* Am Park, 01468 Friedewald bei Dresden

Prof. Dr. *Winfried Dotzauer,* Historisches Seminar III der Joh. Gutenberg-Universität Mainz, Saarstr. 21, 55099 Mainz

Dr. *Bernhard Ebneth,* Historische Kommission bei der Akademie der Wissenschaften, Marstallplatz 8, 80539 München

Prof. Dr. Dr. *Peter C. Hartmann,* Historisches Seminar I der Joh. Gutenberg-Universität, Saarstr. 21, 55099 Mainz

Prof. Dr. *Janusz Małłek,* ul. Dobra 13, 87-100 Torun (Polen)

Prof. Dr. *Jean Meyer,* 109, avenue Ledru-Rollin, F-75011 Paris

Prof. Dr. *Helmut Neuhaus,* Inst. f. Geschichte der Universität Erlangen, Kochstr. 4, 91054 Erlangen

Prof. Dr. *Erwin Oberländer,* Institut für Osteuropäische Geschichte der Joh. Gutenberg-Universität, Saarstr. 21, 55099 Mainz

Prof. *René Pillorget,* 95, Boulevard Jourdan, F-75014 Paris

Prof. Dr. *Wolfgang Sellert,* Konrad-Adenauer-Str. 25, 37075 Göttingen

Prof. Dr. *Bernhard Sicken,* Historisches Seminar der Universität Münster, Domplatz 20-22, 48143 Münster

Prof. Dr. *Bernard Vogler,* 49, Boulevard Clémenceau, F-67000 Strasbourg

Prof. Dr. *Bernd Wunder,* W.-Sombart-Str. 4, 78464 Konstanz

Prof. Dr. *Rudolf Endres,* Lehrstuhl f. Bayerische Landesgeschichte der Universität Bayreuth, Geschwister-Scholl-Platz 3, 95445 Bayreuth

Register

Von *Michael Müller*

Orte, Länder, Regionen, Territorien

Btm. = Bistum
Dep. = Departement
dt. = deutsche(s/r)
Ebtm. = Erzbistum
Est. = Erzstift
franz. = französische(s/r)
fränk. = frankische(s/r)
Freigft. = Freigrafschaft
Fstm. = Fürstentum
Gft. = Grafschaft
Gfstm. = Großfürstentum
Ghgtm. = Großherzogtum
Herrsch. = Herrschaft
Hgtm. = Herzogtum
Hst. = Hochstift
ital. = italienische(s/r)
Kgr. = Königreich
Kftm. = Kurfürstentum
Lgft. = Landgrafschaft
Mgft. = Markgrafschaft
oberrhein. = oberrheinische(s/r)
österr. = österreichische(s/r)
Prov. = Provinz
Rab. = Reichsabtei
schwäb. = schwäbische(s / r)
span. = spanische(s/r)

Personen

Admin. = Administrator
amerik. = amerikanische(r)
Bf. = Bischof
brit. = britische(r)
breton. = bretonische(r)
dt. = deutsche(r)
Ebf. = Erzbischof
Ehg. = Erzherzog
franz. = französische(r)
fränk. = fränkische(r)
Frhr. = Freiherr
Fst. = Fürst
Fürstbf. = Fürstbischof
Gem. = Gemahlin
Gf. = Graf
Gfst. = Großfürst
Ghg. = Großherzog
hess. = hessische(r)
Hg. = Herzog
Kf. = Kurfürst
Kg. = König
Koadj. = Koadjutor
Ks. = Kaiser
ksl. = kaiserliche(r)
Lgf. = Landgraf
Mgf. = Markgraf
Min. = Minister
oberrhein. = oberrheinische(r)
österr. = österreichische(r)
Pgf. = Pfalzgraf
poln. = polnische(r)
Präs. = Präsident
preuß. = preußische(r)
Prof. = Professor
RKG = Reichskammergericht
röm. = römische(r)
russ. = russische(r)
schwed. = schwedische(r)
schweiz. = schweizerische(r)